普通高等教育"十四五"经管类专业系列教材

证券投资学

刘　克◎主　编
吴　南　张玉智◎副主编

ZHENGQUAN TOUZIXUE

中国铁道出版社有限公司
CHINA RAILWAY PUBLISHING HOUSE CO., LTD.

内容简介

本书既阐述证券投资学的基本原理，又兼顾了证券投资实务；既研究了发达证券市场的一般规律和成熟经验，又介绍了我国证券市场的现行体制；既吸收了现代投资理论的精要，又介绍了具体实用的投资分析方法，具有时代感和现实感。

本书主要介绍股票、债券、投资基金及衍生投资工具、证券市场运行机制、证券发行市场、证券流通市场、证券投资的基本分析、证券投资的技术分析、证券市场监管、证券投资的风险、证券投资组合理论等内容。

本书适合作为普通高等院校金融学专业和经济、管理类专业的教材，也可作为在职人员的培训教材或相关人员的自学教材。

图书在版编目(CIP)数据

证券投资学/刘克主编．—3版．—北京：中国铁道出版社有限公司，2022.8

普通高等教育“十四五”经管类专业系列教材

ISBN 978-7-113-29266-9

Ⅰ．①证…　Ⅱ．①刘…　Ⅲ．①证券投资-高等学校-教材　Ⅳ．①F830.91

中国版本图书馆CIP数据核字(2022)第099278号

书　　名：证券投资学
作　　者：刘　克

策　　划：贾　星　　**编辑部电话：**(010)63549501
责任编辑：贾　星　许　璐
封面设计：高博越
责任校对：孙　玫
责任印制：樊启鹏

出版发行：中国铁道出版社有限公司（100054，北京市西城区右安门西街8号）
网　　址：http://www.tdpress.com/51cds/
印　　刷：三河市宏盛印务有限公司
版　　次：2009年8月第1版　2022年8月第3版　2022年8月第1次印刷
开　　本：787 mm×1 092 mm 1/16　**印张：**19.5　**字数：**484千
书　　号：ISBN 978-7-113-29266-9
定　　价：53.00元

前言

（第3版）

时光荏苒，自本教材第2版（2016年8月）出版发行至今，已过去近6年。

中国资本市场发生了深刻的变化，在对外开放、制度建设和市场建设诸方面进行了积极和有益的探索，实施了若干重大举措。深港通（2016年12月5日）和沪伦通（2019年6月17日）的正式开通使中国资本市场更具开放性；上海证券交易所设立的科创板（2019年7月22日）和深圳证券交易所的创业板（2020年8月24日）实行注册制标志着市场制度改革更加深入；北京证券交易所（2021年9月3日）的建立并于2021年11月15日正式开市运行则预示着中国多层次资本市场结构进一步完善，中国资本市场将更有活力和韧性。

国际环境的重大变化和国内资本市场发生的一系列重要改变，促使我们对本教材的内容进行必要的调整，以期为广大读者提供新的知识与信息。本教材第3版的修订力求尽可能反映近6年来市场的变化，以及制度改革和法律法规及政策调整的内容。

《证券投资学》（第3版）仍沿用第1、2版的编写体例，主要进行了如下改变：

（1）依据证券市场的发展变化对部分章节进行了调整与增删，如在第4章4.3节中删除“分级基金的价值分析”，增加“基础设施REITs的价值分析”，在第8章8.3节中增加“上证科创50指数”。

（2）对开篇案例、复习思考题、案例讨论、推荐阅读等进行了较大的修改、更新；对第2版中存在的个别错漏，做出了补正。

（3）对数据资料进行了更新，教材中涉及的主要数据更新至2022年3月。

本次教材修订由长春财经学院金融学院刘克教授主持并担任主编。长春财经学院金融学院吴南副教授和长春工业大学经济管理学院张玉智教授担任副主编，负责对各章节进行修订，最后由刘克教授定稿。

本教材第1、2版的作者和修订者为教材编写做出了开创性的贡献，为本教材第3版的修订打下了坚实的基础。本次再版修订参考了大量学界前辈的文献，吸收了他们的研究成果，在此谨向这些学者表示衷心的感谢和敬意。

刘　克

2022年4月17日于长春

前言
（第2版）

《证券投资学》（第 1 版）于 2009 年出版，由于本书注重理论联系实际，坚持内容的连贯性和知识体系的完整性，既阐述证券投资学的基本知识和基本原理，又兼顾证券投资操作实务；既研究了发达证券市场的一般规律和成熟经验，又探讨了我国证券市场的现行体制；既吸收了现代证券投资理论的精要，又介绍了具体实用的投资分析技巧；结构新颖，特色鲜明，受到广大读者的欢迎和喜爱，被一些院校选为教科书。

时光荏苒，2009 年至今已过去 7 年，中国证券市场发生了许多变化，如创业板市场和新三板市场的建立，沪港通的开通，证券市场改革不断深入；国际资本市场环境发生了深刻变化，有鉴于国内外证券市场形势的发展变化和相关领域的新动向，为了让广大读者及时掌握新的知识与信息，我们对本书进行了修订。

《证券投资学》（第 2 版）沿用第 1 版的编写体例，在下列方面做了改变：

（1）对部分章节进行了调整和增删，重点在于依据证券市场的发展变化增加一些新知识，如在第 4 章第 3 节中增加了“分级基金的价值分析”的内容，在第 8 章第 3 节中增加了“创业板指数”的内容。

（2）更新数据资料，书中涉及相关数据更新至 2016 年 6 月。

（3）更换了部分案例，并对推荐阅读的文献进行了更新。

（4）对第 1 版中存在的个别错漏，作了必要的补正。

本次修订由长春财经学院金融学院刘克教授主持。除仍按第 1 版分工各自负责原编写章节的修订外，长春财经学院张秀莲协助修订第 10 章，刘克对全书进行再修订并定稿。

由于编者水平所限，不当和疏漏之处在所难免，敬请广大读者批评指正。本书的修订与再版得到了中国铁道出版社的大力支持，在此深表谢意。

编　者

2016 年 6 月 20 日于长春

前言

（第1版）

中国证券市场经过20年的发展，取得了举世瞩目的成就，成为社会主义市场经济体系的重要组成部分。尽管在其发展中出现了一些问题，但总体的发展是好的、健康的，对于促进具有中国特色的社会主义市场经济、建立完善的体系、优化资源的合理配置、丰富公众的投资活动、建立现代企业制度，都起到了比较积极的作用。在过去的20年里，不论是个人投资者，还是投资机构，都经历了多次惊心动魄的市场变动。证券投资是当今许多家庭正在参与的一项重要经济活动，证券市场已经成为社会公众和企业重点关心的经济领域。在应对全球金融危机的背景下，研究和探讨证券投资的理论与我国证券市场发展的实践问题具有重要的现实意义。

为适应证券市场发展的需要，满足高等院校金融学专业和其他相关专业的教学需求以及广大投资者学习证券投资理论与技巧的需要，我们在总结教学实践经验的基础上，根据证券投资理论研究和证券市场的新变化，借鉴国内同类教材的研究成果和编写经验，编写了本教材。本书在编写过程中，注重理论联系实际，坚持内容的连贯性和知识体系的完整性，突出专业知识的实用性，力求熔理论分析与操作技巧于一炉，展现证券投资理论研究的新成果和证券市场的新发展。全书共分10章，主要介绍了各种证券投资工具，证券市场的运行环境，股票价格指数，证券投资分析的基本理论与方法，证券投资风险和证券投资组合，证券市场的监管与国内外监管体系。本书每章由教学先导、开篇案例、章节正文、本章小结、复习思考题、案例讨论、推荐阅读等部分构成，结构新颖，适用性强。

本书由长春工业大学工商管理学院组织编写。第1章、第2章、第8章由刘克教授编写，第3章、第4章由郭树副教授编写，第5章、第6章、第7章和第10章第2节由刘强编写，第9章由张璇编写，第1章第2节和第10章第1节、第3节由张玉智教授编写。全书由刘克负责总纂和定稿。

本书编写历时2年，但因证券市场瞬息万变，加之中国的证券市场还是一个新兴的市场，证券投资的许多理论和实践问题都有待在证券市场的发展中不断地探索和完善；因此，疏漏与不足之处在所难免，真诚希望并欢迎各院校师生、证券业内同仁和广大读者对本书给予指正。

编　者

2009年8月于长春

教学建议

一、课程简介

证券投资学是建立在经济学和现代金融理论基础之上的应用学科，是与经济学、金融学、投资学、统计学、管理学等学科密切结合的一门综合性、基础性、实践性的独立学科。证券投资学是金融学专业的专业课程，也是国际贸易和财务管理专业的专业基础课程。本课程的任务是帮助学生了解和掌握证券投资的基本原理与操作方法，为今后更好地解决投资问题打下扎实的理论基础和技能基础。

二、选课建议

本课程适合金融学专业和经济、管理类专业学生在先修课程（相关的经济学、金融学、统计学等课程）基础上，进一步提高实践能力和综合能力所用。

三、课程任务和教学目标

通过本课程的学习，使学生掌握证券投资的基本概念和理论，明晰证券市场的操作流程，熟悉当前证券市场的最新趋势和特征。通过证券投资原理、证券投资实务、证券投资分析、案例研讨、模拟操作等，培养学生发现、分析和解决问题的基本技能，提高学生的投资能力，为学习后续课程打下坚实的基础。

四、课程基本要求

通过本课程的教学，要求学生了解当前资本市场的特点，掌握证券投资和实物投资的区别；熟悉证券市场的流程和内容（包括：股份制度、证券发行市场、证券交易市场、证券投资环境分析、证券市场监管、证券投资策略的选择），学会基于以上理论基础上的实践应用，包括证券投资分析的基本方法，证券投资组合策略，根据公开信息进行的市场分析、投资目标定位、投资策略的制定和实施。

五、教学内容、学习要点及课时安排

教学内容	学习要点	课时安排	
		金融学专业必修课	经济、管理类专业选修课
第 1 章　证券投资概述	（1）了解证券投资的基本知识 （2）掌握证券的种类和基本特征 （3）深刻理解证券投资的类型和经济效用 （4）熟悉证券投资学的学科体系	4	3

续表

教学内容	学习要点	课时安排	
		金融学专业必修课	经济、管理类专业选修课
第2章　股份制度与股票	（1）了解股份制度的产生与发展 （2）了解股份制度的性质及职能 （3）掌握股份公司的类型 （4）熟悉股票的种类	4	3
第3章　债　券	（1）掌握债券的概念和特征 （2）明确债券的分类及功能 （3）了解金融债券及我国金融债券的发展历程 （4）熟悉公司债券及其信用评级 （5）正确理解国际债券及其特征	4	3
第4章　投资基金	（1）掌握投资基金的特征和基本分类 （2）了解我国投资基金的发展历史与现状 （3）熟悉投资基金的运作与管理 （4）能够正确进行投资基金的价值分析	4	3
第5章　证券市场	（1）了解证券市场的形成和发展，及其在金融市场中的地位 （2）掌握证券市场的构成 （3）熟悉证券市场的参与者和世界主要证券市场	3	2
第6章　证券发行市场	（1）了解证券发行市场的构成、发行方式、发行审核、保荐人制度 （2）明确股票、债券的发行条件、程序以及承销、信息披露 （3）掌握股票定价方法、申购	4	3
第7章　证券交易市场	（1）了解证券交易市场的特点、功能 （2）熟悉股票、债券上市条件，证券交易的程序和方法 （3）掌握股票、债券、基金的交易特点，并能进行模拟交易 （4）了解明确禁止的交易行为	4	2
第8章　股票价格指数	（1）了解股票价格指数的基本含义 （2）掌握股票价格指数的编制方法 （3）了解世界主要股价指数的特点 （4）了解中国现行股价指数的种类 （5）深刻理解中外股价指数的共性和个性特征	5	4

续表

教学内容	学习要点	课时安排	
		金融学专业必修课	经济、管理类专业选修课
第9章　证券投资分析	（1）掌握宏观经济分析、行业分析、公司分析和财务分析的基本理论与方法 （2）了解证券投资技术分析的基本理论 （3）理解和掌握K线、切线、形态等的基本图形分析方法 （4）熟练运用MA、MACD、OBV、BISA、KDJ、RSI等技术指标进行实战操作	5	3
第10章　证券投资风险与监管	（1）了解证券投资风险的基本概念、种类 （2）掌握投资组合的基本原理 （3）理解证券市场监管的定义、本质、体系及形态 （4）深入了解多层次金融监管体系	3	3
案例讨论：结合本课程各章的内容，提供若干中外案例，建议各章至少选择1个案例，让学生参与讨论分析，提出解决问题的方案		8	3
课时总计		48	32

目 录

第 1 章　证券投资概述

教学目的

通过本章的学习使学生了解证券投资的基本知识，掌握证券的种类和基本特征，对证券投资的类型和经济效用有深刻理解，并熟悉证券投资学的学科体系。

教学内容

(1)证券的概念、种类和基本特征。
(2)金融衍生证券。
(3)证券投资的类型和经济效用。
(4)证券投资学的体系结构。

教学重点

证券的种类和基本特征；证券投资的类型和经济效用；证券投资学的体系结构。

教学难点

金融衍生证券。

开篇案例

投资关键在于评估企业价值

巴菲特在解释2008年自己抛售强生、宝洁等公司股票的原因时说："我并不是不看好这些企业的前景，当时抛出股票的根本原因是我对伯克希尔公司的现金情况感到不满意，市场在快速地变化，但是公司手头的现金储备水平没有到达让人满意的水平，这是导致我出售一些股票的原因，我需要现金来购买价格便宜的企业。"

巴菲特告诫股东，投资股票并不需要整天关注股价的变动。他说："投资并不是一个复杂的事情，但是并不容易。如果我去购买一家公司的股票，我不大会去看它的价格变动走势。"

对于巴菲特来讲，决定是否购买一家公司股票的关键是他和公司对于企业的价值评估。

他解释说："如果你决定投资股票，你并不需要了解所有的企业，在纽约证券交易所上市的几千家公司中，你不需要了解所有的企业，你也不需要了解几百家或者几十家企业，但是你需要清楚了解你所投资的企业，跟着企业的运行发展，了解市场和企业自身之间的关联，这样你才能够做到低买高卖。你可以从短期的企业运行周期开始入手。你需要了解会计制度，这是了解企业的基本工具，但是你并不能依赖于会计对于企业的判断，你需要知道其中的取舍。"

巴菲特说："投资并不只是一个关于智商的游戏。但是你同时需要足够的情商和判断力，因为你会听到各种不同的建议，你需要从中筛选，最终作出自己的决定。"①

1.1 证券的概念、种类与特征

1.1.1 证券的概念

证券是商品经济和社会化大生产发展到一定阶段的产物，是一个含义非常广泛的概念。从经济意义上讲，证券是各类财产所有权或债权凭证的总称，是用来证明其持有者有权取得相应的权益，或证明其曾经发生过的行为的凭证。从法律意义上讲，证券是指各种记载并代表一定权利的法律凭证的统称，用以证明其持有人有权依其所持证券记载的内容而取得应有的权利的凭证，如股票、公司债券、国库券、票据、存款单、投资基金凭证等都是证券，它们被用来证明或规定某些权益，是权益的具体表现形式。

证券作为一种信用凭证或金融工具，它不是现实的资本，而是"虚拟资本"，是生产过程中实际运用的职能资本所有权的证明。证券本身并无价值，因为它不是劳动产品；证券本身不能参加生产过程，而是独立于实际资本之外的一种特殊的资本存在形式，是生产中实际运用的职能资本的"纸制复本"。虚拟资本不仅在质上区别于实际资本，而且在量上也不同于实际资本，通常情况下，虚拟资本的价格总额要大于实际资本额，其变化并不反映实际资本额的变化。

①摘自新华网，2009年5月5日。

证券具有法律和书面两个基本特征。法律特征是指证券所反映的是某种行为的结果，它的产生、使用、流通以及它所包含的特定内容必须具有合法性并受法律保护；书面特征是指它必须采取书面形式或与书面形式有同等效力的形式，并且必须依照规定的格式进行书写或制作，载明相关法律规定的全部必要事项。只有同时具备上述两个特征的书面凭证才称之为证券。

证券的票面要素通常包括四个方面：第一，持有者，即证券归谁所有；第二，证券的标的物，即证券券面上所载明的特定的具体内容，它表明持有者权利所指向的特定对象；第三，标的物的价值，即证券所载明的特定对象的价值的大小；第四，权利，即持有者持有该证券所拥有的权利。

1.1.2　证券的种类与特征

1. 证券的种类

依据不同的标准，可以将证券分成不同的种类。

(1)按照证券性质的不同，可以分为无价证券和有价证券。

①无价证券是指证券本身不能使持券人或第三者取得一定的收益，但能证明某一特定事实和持有人拥有某种私权的证券。无价证券可分为证据证券和凭证证券两类。

• 证据证券是单纯证明某一特定事实的书面凭证，如收据、借据、证据(书面凭证)等。

• 凭证证券是指能够证明持券人是某种私权的合法享有者的书面凭证，也称占有权证券。如购物券、供应证、存款单等。

②有价证券是指标明一定票面金额，可以自由转让与买卖，代表一定财产所有权或债权的书面凭证，能够给其持有人带来一定收入的证券。有价证券具有两个特征：一是表示一定量的财产权利，即券面上必须载明财产的内容和数量，持有者可凭以取得一定量的商品、货币，或是取得利息、股息等收入；二是证券所表示的财产权利与证券本身不可分离，即权利的享有或转让，必须以出示或交付证券为依据。

有价证券有广义和狭义之分。广义的有价证券可以分为商品证券、货币证券和资本证券。

• 商品证券是证明持券人对商品有所有权的凭证，拥有商品证券就等于取得商品的所有权，持券人对该证券所代表的商品所有权受法律保护。商品证券包括提货单、运货单、仓库栈单等。

• 货币证券是能使持券人或第三者对货币享有请求权的有价证券。货币证券可以代替货币使用，是商业信用工具，其功能主要用于单位之间的商品交易、劳务报酬的支付及债权债务的清算等经济往来。货币证券可以分为两大类：一类是商业票据，即商业汇票和商业本票；另一类是银行票据，包括银行汇票、银行本票和支票。目前各商业银行发行的信用卡，本质上也属于货币证券。

• 资本证券是有价证券的主要形式，是指由金融投资或与金融投资有直接联系的活动而产生的证券。持券人拥有对一定资本的所有权、相应的收入权及其他派生权利，主要包括股票、债券及其衍生品种，如基金证券、可转换证券、认股权证等。

狭义的有价证券即指资本证券。现实经济生活中，人们通常将资本证券直接称为有价证券或证券。除特别说明，本书所使用的证券一词专指狭义的有价证券。

(2)按照证券发行主体不同,可以分为公司证券、金融证券和政府证券。

①公司证券是指公司、企业等经济法人为筹集资金而发行的有价证券。公司证券包括的范围较广泛,主要包括股票、公司债券、优先认股权证和可转换债券等。

②金融证券是指商业银行及非银行金融机构为筹集经营资金而发行的,承诺支付一定利息并到期偿还本金的债务凭证,主要包括金融债券、大额可转让存单等。

③政府证券即政府债券。它是指政府为筹集财政资金,凭借政府信誉,以信用方式发行的一种债权债务凭证。政府证券从形式上可分为国库券和公债券两类;从发行主体上分,中央政府发行的称为国家公债或国债,地方政府发行的称为地方债。

(3)按照证券是否上市,可以分为上市证券和非上市证券。

①上市证券又称挂牌证券,是指经证券监管机构批准,并向证券交易所注册登记,获得在证券交易所公开买卖资格的证券。为了保护投资人的利益,证券交易所对申请上市的证券都规定了严格的条件。发行股票或债券的公司要在交易所上市其证券,必须符合规定的上市条件并遵守交易所的规章制度。当上市公司不能满足证券交易所关于证券上市的条件时,交易所有权取消该公司证券挂牌上市的资格。

证券上市可以扩大上市公司的社会影响,提高公司的名望和声誉,保持公司证券的流动性,使公司能以较为有利的条件筹集资本,扩大经济实力。对投资者而言,由于上市公司必须定期公布其经营业绩和财务状况,使得投资人能够及时获得更多的投资决策信息。同时,上市证券的成交价格是竞价买卖形成的,较为公平合理,因而有利于降低投资风险。

②非上市证券也称非挂牌证券、场外证券,是指未在证券交易所注册登记,不能在交易所买卖的证券。非上市证券不允许在证券交易所内交易,但可以在交易所之外的“场外交易市场”进行交易。一般说来,非上市证券无论在种类还是交易量上都比上市证券要多。

证券不上市交易的原因各异,大多数非上市证券因不符合证券交易所规定的上市标准而未能登记注册,但有些规模大且信誉好的商业银行、保险公司等,为了免去每年向交易所支付上市费用和定期呈送财务报表等,即使符合证券交易所规定的条件,也不愿意在交易所注册上市。有些公司则是出于保密或是避免股权分散等原因。此外,现代电子通信网络技术的快速发展,也为场外非上市证券的交易提供了非常便利的条件。

(4)按照证券收益是否固定,可以分为固定收益证券和变动收益证券。

①固定收益证券是指持券人在特定的时间内取得固定的收益并预先掌握收益的数量与时间的证券,如固定利率证券、优先股股票等。

②变动收益证券是指因客观条件的改变其收益也随之改变的证券,如浮动利率证券、普通股股票等。

上述两种证券的收益与风险差别较大,投资人应根据自己的投资偏好选择不同的证券。一般说来,变动收益证券比固定收益证券的收益高、风险大,但在通货膨胀情况下,固定收益证券的风险要比变动收益证券大得多。

(5)按照证券的发行方式不同,可以分为公募证券和私募证券。

①公募证券是指发行者通过中介机构向不特定的社会公众投资者公开发行的证券。此类证券的发行,要经过严格的审批和市场公示制度。

②私募证券是指向预先特定的少数投资者发行的证券。其审查条件较为宽松,发行程序简单,采取直销方式,投资者较少,不采取市场公示制度。私募证券的投资人多为与发行者有

特定关系的机构投资者或发行公司(企业)的内部职工。私募证券一般不允许转让。

(6)按照证券的发行地域和国家不同,可以分为国内证券和国际证券。

①国内证券是指由一国政府、国内的金融机构、公司或其他经济组织为筹集资金在国内市场上以本国货币为面值所发行的证券。

②国际证券是指由一国政府、金融机构、公司、国际经济组织为筹集资金在国际证券市场上以外币为面值而发行的证券。国际证券包括国际债券和国际股票两大类。

2. 证券的特征

证券作为重要的金融工具,具有下列基本特征:

(1)产权性。证券的产权性是指有价证券记载着权利人的财产权内容,代表着一定的财产所有权,拥有证券就意味着享有财产的占有、使用、收益和处置的权利。在现代经济社会里,财产权利与证券已密不可分,财产权利与证券两者融为一体,财产权利证券化,证券已成为财产权利的一种形式,尽管证券持有人并不实际占有财产,但可以通过持有证券,合法拥有有关财产的所有权或债权。

(2)收益性。收益性是指证券持有者凭借证券可以获得一定的报酬,它是证券投资者转让资金使用权的回报。证券代表的是对一定数额的某种特定资产的所有权或债权,而资产是一种特殊的价值形态,它要在社会经济运行中不断运动,不断增值,最终形成高于原始投入价值的价值,由于这种资产的所有权或债权属于证券投资者,投资者持有证券也就同时拥有了取得这部分资产增值收益的权利,因而证券本身具有收益性。有价证券的收益表现为股息、红利收入,以及利息收入和买卖证券的差价。收益的多少通常取决于该资产增值数额的多少及证券市场的供求状况。

一般情况下,收益越高,证券的价值越大,反之则相反。同时,证券的收益性与风险性、偿还期成正比,与流动性成反比。

证券收益按确定与否可分为固定收益、半固定收益和变动收益三种。

(3)流动性。证券的流动性又称变现性或兑换性,是指证券持有人可以根据自己的需要灵活地转让证券以换取现金。证券的流动性不仅可以满足证券持有人随时将证券转变为现金的需求,而且还使投资人可以根据自己的偏好选择持有证券的种类。证券的流动性是通过承兑、贴现、交易实现的。证券流动性的强弱受诸多因素影响,如宏观经济形势、市场波动、期限等。通常情况下,流动性与风险性、债务人的信用能力成正比,与偿还期成反比。

(4)风险性。证券的风险性是指证券持有人面临着预期投资收益不能实现,甚至使本金也受到损失的可能。这是由证券的期限性和未来经济的不确定性所致。在现有的社会生产条件下,未来经济的发展变化有些是投资者可以预测的,而有些则无法预测。因此,证券投资者难以确定他所持有的证券将来能否取得收益和能获得多少收益,从而就使持有证券具有风险。证券的风险性与收益性成正比,收益是对风险的补偿,无风险的证券投资是不存在的。证券投资者面临的风险主要有市场风险、利率风险、信用风险、购买力风险、公司财务风险、经营风险等。

1.1.3　证券的经济效用

在现代市场经济条件下,无论是对于宏观经济运行还是对于微观经济活动,证券都发挥着多方面的影响，具有如下基本经济效用：

1. 筹集资金的重要手段

筹集资金是证券的首要功能。证券作为一种直接融资工具，能够较为迅速、广泛地筹集资金，有效地解决社会经济不断发展、生产经营规模不断扩大所需要的巨额资金。随着商品经济和社会化大生产的发展，作为市场主体的企业要不断扩大再生产规模，向生产领域投入更多的资金，然而，企业自有资本金的积累难以满足企业扩大再生产的长期资金需求，企业需要从外部融资。融资方式主要包括银行间接融资和发行证券直接融资。通常说来，银行提供的贷款期限较短，适合解决企业短期资金周转的需要，而长期贷款不仅数量有限，且条件较苛刻，对企业不利。发行证券则不同。企业通过发行证券，将分散的社会闲置资金集中起来，形成巨额的可供长期使用的资本，用于支持社会化大生产和企业扩大经营规模。发行证券所达到的筹资规模和速度是企业依靠自身积累或银行贷款所无法比拟的。企业发行股票可以迅速地将社会闲置资金汇集成为长期自有资本，并且可以无限期使用；发行债券的情况下，企业可以根据自己的实际需要确定融资条件和期限，在运用资金时一般也不会受到债权人的限制。就政府而言，在税收收入难以满足日益增长的财政支出时，通过发行政府债券，可以迅速地筹集长期巨额资金，用于经济建设或弥补财政赤字。

由此可见，证券作为一种重要的直接融资手段，有效地解决了资金余缺之间的供需矛盾。证券融资更有利于资金的供需双方明确债权、债务关系，能够给不同的市场主体提供多种可供选择的投融资工具，特别是给中小投资者提供了便利的投融资渠道，所筹集的资金具有期限长、相对稳定、成本低的优点。

2. 促进资金合理流动，优化资源配置

通过证券价格的影响，能够引导资金的合理流动，从而实现资源的优化配置。证券的产生与发展适应了社会化大生产的需要，同时也促进了社会化大生产的发展。通过发行股票和债券广泛吸收社会资金，大规模地集中一切闲置资金并把它们直接配置于各市场主体，突破了单个资本数量有限且难以进入一些产业领域的障碍，使投资者有条件也有可能筹集到进入某一产业领域最低限度的资本数额。证券的出现，很大程度上削弱了生产要素在部门间转移的限制。企业的财产权利采取有价证券的形式，可以在证券市场上自由买卖，打破了实物资产的凝固和封闭形态，使资产具有极强的流动性，资金自发地向优秀企业和朝阳产业集结，从而发挥出优化资源配置的效用。投资者通过各种证券在市场上表现出来的收益差别及证券发行人所发布的财务信息，可以了解资金使用者的经济效益、技术水平和经营状况，从而选择或改变投资对象，将资金投向经济效益高的证券，社会资金就流向高效产业部门。投资者择木而栖的趋利行为不仅使效益好的、有发展前景的企业和产业获得了充裕的发展资金，而且督促效益差的企业加强管理，改善经营状况，用最少的耗费生产出尽可能多的适销对路产品，既满足社会需求，又降低资源消耗，提高资金的使用效率。还将迫使那些效益差、前景黯淡的企业难以为继，逐渐衰落、消亡或被效益好的企业兼并、收购，进而推动产业结构的调整，实现资源的合理配置。

3. 促进社会信用体系的发展与完善

发展社会主义市场经济，不但要依靠商业银行的间接融资，也要大力发展资本市场的直接融资。商业银行间接融资的一个重要原则，就是必须兼顾盈利性、流动性和安全性，因此必须实行资产负债比例管理，资金的运用必须和资金的来源相适应。资金来源的性质决定资金利用的形式，商业银行的资金来源多为活期存款，吸收的存款又要缴存存款准备金并留足备付金，所以商业银行的资金运用以短期性的流动资金贷款为主，贷放资金的能力有限，难以满足企业日益增长的资金需求。企业运用直接融资方式发行有价证券，不仅可以满足其日益增长的资金需要，而且有利于完善金融市场结构，提高金融市场效率，维护金融安全。为此要大力发展资本市场，提高直接融资比例，创造和培育良好的投资环境，充分发挥证券在促进资本形成、促进社会信用体系的发展与完善等方面的作用。

4. 促进企业转换经营机制的重要手段

证券作为促进企业转换经营机制的重要手段是指通过证券的发行与运作，促进和实现企业法人治理结构和经营机制的转化。

要增强企业活力，就要建立"产权明晰、责权明确、政企分开、管理科学"的现代企业制度，而建立现代企业制度的关键在于产权结构的改革。

证券不仅为货币转化为资本、货币所有者转化为资本所有者提供了有效的工具，而且也为产权的分割、组合与重组创造了条件。企业通过证券市场发行股票，从社会多方面、多渠道筹集资金，改变原有单一的产权结构为按照投资股份重新分配产权，实现产权的多元化和人格化，促进企业的产权分离和自主经营，有利于现代企业制度的建立，完善公司法人治理结构，规范公司运作。按照现代企业制度要求，真正形成权力机构、决策机构、监督机构和经营管理者之间的制衡机制。

5. 国家实现产业政策、实施宏观调控的重要工具

近年来，随着经济全球化、一体化进程的加快，各国政府对经济生活的干预有不断加深的趋势，证券便是国家干预经济生活的重要工具之一。

国家干预经济生活就必须掌握足够的财力资源。目前，发达国家财政收入占国民经济的比重不断提高，通常在30%以上，中央财政收入占全部财政收入的比重也增加到60%以上。尽管如此，发达国家还是不断发行规模较大、品种繁多的国家债券，以满足政府干预经济生活的资金需求。为了增加国家财力，增强政府的宏观调控能力，调整经济结构，我国自20世纪90年代以来，连续发行了巨额国债，极大地增强了国家干预经济生活和进行宏观调控的能力。

证券对国有经济的结构调整和战略性改组，实现国家产业政策也发挥着重要的作用。产业政策是国家制定的，利用各种手段，通过规划产业结构的目标、干预产业结构的形成等措施，最终实现国民经济各产业部门均衡发展的产业指导原则，也是指导投资者合理、正确进行投资的依据。投资者按照国家产业政策的要求进行投资，就可以在国家实行的各项优惠政策的作用下取得较好的投资效益。因此，投资者就会向那些国家产业政策鼓励的、发展前景广阔、社会经济效益高的产业部门进行投资，购买其发行的有价证券，促使这些部门得到充裕的发展资金，从而促进整个社会的产业结构不断向国家产业政策要求的方向变动。而那些不符合产业政策要求的部门与企业，由于发展前景暗淡，社会经济效益不好，投资风险较大，它们发行的有价证券必然受到投资者的冷遇，生产经营所需要的资金得不到满足，其发展必将受到限制。

此外，证券还发挥着调控货币流通的作用。在公开市场上，中央银行大量抛售证券，就会减少货币供应量；反之，如果中央银行大量收购证券，则会增加货币供应量。证券还能影响流通中的货币结构，中央银行通过其信用政策、利率政策来改变货币在证券市场和商品市场的流

通比例以及货币在不同地区的流通比例,使货币的流通结构发生变化。所以,证券又是调节货币流通的重要手段。

1.2 金融衍生工具

1.2.1 金融衍生工具的概念与产生

1. 金融衍生工具的概念

金融衍生工具,又称“金融衍生产品”,是与基础金融产品相对应的一个概念,指建立在基础产品或基础变量之上,其价格随基础金融产品的价格(或数值)变动的派生金融产品。这里所说的基础产品是一个相对的概念,不仅包括现货金融产品(如债券、股票、银行定期存款单等),也包括金融衍生工具。作为金融衍生工具基础的变量则包括利率、汇率、各类价格指数甚至天气(温度)指数等。

在实践中,为了更好地确认衍生工具,各国及国际权威机构给衍生工具下了比较明确的定义。1998 年,美国财务会计准则委员会(FASB)所发布的第 133 号会计准则——《衍生工具与避险业务会计准则》是首个具有重要影响的文件,该准则将金融衍生工具划分为独立衍生工具和嵌入式衍生工具两大类,并给出了较为明确的识别标准和计量依据,尤其是所谓“公允价值”的应用,对后来各类机构制定衍生工具计量标准具有重大影响。2014 年,国际会计准则委员会发布的《国际财务报告准则第 9 号——金融工具》(IFRS9)和 2017 年我国财政部修订的《企业会计准则第 22 号——金融工具确认和计量》,均基本沿用了 FASB 133 的衍生工具定义。

近年来,衍生品市场的快速崛起成为市场经济史中最引人注目的事件之一。过去,通常把市场区分为商品(劳务)市场和金融市场,进而根据金融市场工具的期限特征把金融市场分为货币市场和资本市场。衍生品的普及改变了整个市场结构:它们连接起传统的商品市场和金融市场,并深刻地改变了金融市场与商品市场的截然划分;衍生品的期限可以从几天扩展至数十年,已经很难将其简单地归入货币市场或是资本市场;其杠杆交易特征撬动了巨大的交易量,它们无穷的派生能力使所有的现货交易都相形见绌;衍生工具最令人着迷的地方还在于其强大的构造特性,不但可以用衍生工具合成新的衍生品,还可以复制出几乎所有的基础产品,它们所具有的这种不可思议的能力已经改变了“基础产品决定衍生工具”的传统思维模式,使基础产品与衍生品之间的关系成为不折不扣的“鸡与蛋孰先孰后”的不解之谜。

2. 金融衍生工具的产生

金融衍生工具的产生,有金融创新的原因,也有金融风险的原因,还有金融竞争、金融中介等方面的因素。

(1)金融创新。金融衍生品的出现具有金融创新典型的特征。就衍生工具中的金融期货、期权和互换而言,其创新动力主要基于降低交易成本和规避风险,这一动因亦充分体现在金融衍生品所具有的功能和特征当中。20 世纪 70 年代初期,布雷顿森林体系连续出现危机并于 1973 年正式瓦解,与此同时,货币主义学说和新古典主义经济学说相继成为西方主要国家的主流学说。在它的影响下,以金融自由化为基调的金融创新浪潮席卷整个西方世界,发达国家相继放宽或取消了对利率的管制,放松了对金融机构及其业务的限制,导致金融市场波动频繁。为迎合市场的这一需求,作为新兴投资与风险管理工具的金融衍生品便应运而生。

(2)金融风险。20 世纪 70 年代初期,布雷顿森林体系解体后,大多数国家转而采取不同程度的浮动汇率制度,西方主要国家间汇率变动频繁。为了保证资产价值不受难以预料的汇率变动的影响,许多公司和金融机构都想通过新的手段减少、规避汇率风险;投机者们则想通过对风险下赌注谋求巨额利润。人们要借助先进的技术,运用低成本、高效率、高流动性的金融工具实现自己的目标。

(3)金融竞争。在金融衍生品的产生和创新过程中,银行业和其他非银行金融机构一直发挥着重要的推动作用。金融部门之间、金融部门与非金融部门之间以及本国金融业与进入本国市场的外国银行、证券、保险业之间的竞争日趋激烈。寻求工具创新是保持并扩大市场份额,提高自身实力的有效手段。从某种意义上讲,竞争对创新的刺激是具有普遍性的。

(4)金融中介。金融中介机构在金融衍生品的发展中扮演了推动者的角色。20 世纪 70 年代以来,世界经济不断发展,银行业务经营环境即银行赖以存在的基础和发展条件发生了变化。一方面,商业银行利差日益缩小,反映在商业银行经营收益上,使传统借贷领域可提供的纯利的缩小;另一方面,由于证券市场的发展,投资人和筹资人比以往更多地通过证券市场直接融资,银行可吸收的存款减少,同时,由于筹资人减少对银行的依赖,银行的贷款业务也在萎缩,传统业务的萎缩使得银行拓展新的业务领域。此外,投资银行的发展也为金融衍生品市场的发展提供了广阔的空间。投资银行是国际资本市场的主角,代表金融高科技和金融领域的知识经济,其天职就是创造能够促进市场流动性并且能够规避风险的金融工具。

1.2.2 金融衍生工具的特征与类型

1. 金融衍生工具的特征

(1)金融衍生工具的价值随特定利率、金融工具价格、商品价格、汇率、价格指数、费率指数、信用等级、信用指数或其他类似变量的变动而变动,变量为非金融变量的,该变量与合同的任一方不存在特定关系。金融衍生工具可以以某种商品、货币为基本资产,也可以以某种虚拟资本(如股价指数)为基本资产。当金融衍生品以股票、股价指数之类的虚拟资本为衍生基础时,它们所依赖的基础是股价运行的轨迹。虚拟性是几乎所有有价证券的基本特征之一,作为以传统金融工具为基础工具的金融衍生品,具有双重的虚拟性:一方面是实物资产价值在传统金融工具上的虚拟,如股票、债券等;另一方面是已虚拟的传统金融工具在金融衍生品上的虚拟。

(2)不要求初始净投资,或与对市场情况变化有类似反应的其他类型合同相比,要求很少的初始净投资。在传统金融工具的投资过程中,金融工具的持有者的相当一部分资金注入社会实业生产过程,参与生产过程的利润分配。而衍生证券资金并未进入实业界,其利润来源于金融衍生市场利润的再分配。由于这种利润是在衍生证券市场投资者之间来回转手,既不能产生新的价值,也不会发生价值漏出(略去交易成本)。因此,可将金融衍生品投资看成为一种完全的“零和博弈”。

(3)在未来某一日期结算。投资者在进行投机交易、套期保值、实物交割和套期图利时,首先要考虑未来收益。当预期的未来收益大于其交易成本时,就会选择交易,反之则停止交易。如果预期的未来收益远远大于其成本,则会诱发市场操纵行为的发生:2008 年,美国金融衍生品市场巨大的次贷未来收益和与之相对应的极低的操作成本之间的收支不对称给国际游资造成了难得的市场操纵机会,并最终导致了国际金融危机的发生。而我国的金融衍生品市场由于未来收益与现实成本的差距不大,且金融体系仍处于半封闭状态,因此,金融危机对我国的影响整体上也比较有限。

(4)金融衍生工具市场能够迅速接受新的技术和观念,充分利用现代科技通信手段。全球金融衍生品交易所采用电子化交易的时间和程度远远领先于传统的证券交易所。金融衍生品市场之间的竞争也随着国际金融一体化的发展而日益加剧。在竞争中取胜的关键除了品种,很重要的是交易成本的降低和服务质量的提高,换言之,技术是取胜的关键。利用互联网和卫星通信的电子化交易手段,打破了传统意义上的金融市场的覆盖面局限,不仅降低了交易费用,提高了交易速度,而且迅速扩大了市场参与者的范围,最终促进了金融衍生品市场的发展。正是金融衍生品市场的这种先进性特征,使得其发展越来越快。

2. 金融衍生工具的类型

(1)按原生产品不同分类。金融衍生工具按原生产品不同,分为远期合约、期货、期权、互换。其中,远期合约是其他三种衍生工具的基础,期货、期权、互换可以认为是远期合约的延伸或变形。

(2)按交易的场所不同分类。金融衍生工具按交易的场所不同,分为场内交易衍生工具和场外交易衍生工具。场内交易是指在交易所的场内交易市场上集中进行的竞价交易,场外交易是指在交易所的场内交易市场以外的市场(柜台市场)上分散地进行交易,两者主要区别如表 1.1 所示。

表 1.1　场内交易衍生工具和场外交易衍生工具的区别

项　　目	场内交易	场外交易
交易场所	交易所场内	交易所场外
交易品种	期货、期权	远期、互换
交易规则	交易所统一制定规则	交易双方自定
交易方法	公开竞价	双方议价
交易合同	事先制定标准的统一格式	没有标准的统一格式
保证金	有	通常无,以信用为保证

(3)按交易双方的风险收益不同分类。金融衍生工具按交易双方的风险收益不同,分为两类:一类是交易双方的风险收益对称,即交易双方都负有在将来某一日期按照一定条件进行交易的义务,如远期合约、期货、互换等;另一类是交易双方风险收益不对称,合约购买方有权选择是否履行合同,包括期权及期权的变形,如认股权证、可转换债券等。

(4)按金融衍生工具的形式不同分类。金融衍生工具从形式上可分为两类:一类是普通型衍生工具,也称第一代衍生工具,即指远期合约、期货、期权、互换,这些衍生工具的结构与定价方式已基本标准化和市场化;另一类是复合型的衍生工具,它是将各种普通型衍生工具组合在一起,形成一种特制的产品。复合型衍生工具大多是银行专门为满足客户的特殊需要或出于自身造市获利及推销包装的目的,根据银行对金融市场走势的判断,运用数学模型进行推算而制作的。由于复合型衍生工具的内部结构一般被视为是一种“知识产权”而不向外界透露，因而其价格与风险都难以从外部加以判断与分析。

1.2.3　金融衍生工具的作用与风险

1. 金融衍生工具的作用

金融衍生工具的品种繁多，对社会经济和金融事业发展的作用也各有侧重。但是，作为金融衍生工具，它们之间在经济和金融发展中的作用也有诸多共同之处，即金融衍生工具的总体作用具有一致性。在金融衍生工具的作用中，有积极作用和消极影响两大类。

(1)金融衍生工具对社会金融经济发展具有积极的作用。一方面，金融衍生工具对投资者具有重要的作用。首先，是投资者进行金融风险管理的有效手段。由于金融衍生工具的价格与标的资产的市场价格密切相关，因此它们可以用来控制和转移现货市场的风险，这是金融衍生工具的基本功能所在。同时，金融衍生工具又具有很强的杠杆作用，投资者可以用少量的资金签订大量金额的衍生证券合同，以对冲的方式，将自己不愿意承担的风险转移给其他愿意承担风险的投资者。其次，是投资者扩大企业融资渠道的有效途径。金融衍生工具具有套期保值的功能，从而增加了投资者购买标的金融资产的积极性，金融机构也会更踊跃地承销证券，从而提供了更充足的资金来源，有利于工商企业以更低的成本进行融资。另外，金融衍生工具还为工商企业提供了新的、低成本的外部融资渠道。再次，是投资者提高金融市场效率的有效方式。判断一个金融市场是否具备较高的效率，关键看这个市场是否服从“一价定律”。也就是说，任意两种具有相同风险报酬特征的金融资产，其市场价格应该完全一样。显然，套利行为的存在是保证“一价定律”成立的基本条件。如果具有相同风险特征的两种金融资产存在着价差，则必然导致市场上出现相应的套利机会。如果套利者能很快发现这种机会，他们将采取相应的低买高卖的套利策略。显然，这种套利行为将影响市场上有关金融产品的供求关系，从而使价差迅速消失。金融衍生工具市场为投资者提供了便捷、低成本的交易途径，使得在金融衍生工具市场上的套利交易变得十分方便。由于金融衍生工具价格与标的资产价格之间存在着密切的联系，这将有效地保证标的资产的价格同其价值趋于一致，从而提高了金融市场的效率。此外，金融衍生工具的出现和金融衍生工具市场的发展还加强了不同金融市场之间的联系。例如，货币远期合同把不同货币的利率和汇率联系到了一起。这不仅有利于削弱市场障碍和消除金融证券的不正确定价，同时也增强了金融市场的竞争，进一步促进了金融创新。

另一方面，金融衍生工具对金融机构也具有重要的作用。金融衍生工具为金融机构创造了拓展业务的机会。在传统业务的发展受到越来越多限制的背景下，金融衍生工具交易已经成为金融机构的主要利润来源之一。金融机构一方面通过向客户提供能够满足其特殊需要的产品，从中获得中介费用；另一方面，也可以通过金融衍生工具调整自己的资产负债结构，从事更为广泛的业务。

总之，金融衍生工具及金融衍生工具市场的存在和发展使得资本市场的概念得以拓展和延伸。任何一种金融活动都可以看作一种资产组合管理的活动，因此组合管理是资本市场活动的最终目标。一些基本的金融资产(权益证券、固定收益证券、货币市场工具和外汇等)构成了资本市场的起点和基础，而金融衍生工具和金融衍生工具市场则是连接起点和最终目标的中间层次。

(2)金融衍生工具也具有一定的负面影响。金融衍生工具是一把“双刃剑”,如果运用不当,会产生一些负面影响和消极作用。其实,金融衍生工具市场的负面影响是客观存在的,是不以人的意志为转移的。金融衍生工具的负面影响主要表现在以下几个方面。一是对金融监管的负面影响。金融衍生工具的发展增加了金融监管的难度。各国金融监管机构对银行以及其他金融机构的监管主要是通过这些机构的资产负债表来实现的。由于金融衍生工具交易不仅涉及大量的表外业务,而且可以在极短的时间内通过对冲实现,因此通过会计报表的方式就很难对金融机构的衍生证券交易进行监管。同时,金融衍生工具的发展日新月异,监管当局很难掌握有关领域的最新进展,更谈不上制定合适的监管措施了。对于金融衍生工具的场外交易市场,监管问题尤其突出。二是对金融机构的负面影响。金融衍生工具市场一方面为投资者获取高额利润提供了机会,另一方面也为投资者提供了对冲风险的有效途径。在衍生证券交易的高杠杆特征以及由此带来的高利润率的诱惑下,许多投资者往往放弃自己熟悉的标的证券市场,进入金融衍生工具市场,从而极大地影响其自身资产的安全性。投机套利和套期保值本来就是一枚硬币的两面,在实践中很难加以区分。三是对金融衍生工具最终使用者的负面影响。金融衍生工具是技术性很强的一种金融产品,不是每个交易者都能对其有充分的认识。因此,在运用衍生证券进行风险转移的过程中,过度的风险可能被转移给那些不能对风险进行正确判断和评估的个人和机构,从而埋下了严重的隐患。近年来,有关金融机构和工商企业因参与衍生证券交易而蒙受巨大损失的报道不断出现在人们面前。四是对金融体系稳定性的负面影响。作为金融体系的一个新的组成部分,金融衍生工具市场的稳定性对整个金融体系的稳定起着重要作用。衍生证券在消除市场障碍的同时,也大大加强了各个市场之间的关联度。因此,一个金融市场的动荡会很快地波及其他金融市场,引起连锁反应,并有可能诱发全球性的金融危机。

2. 金融衍生工具的风险

金融衍生工具的风险是与它的功能相伴而生的,可以看作是衍生工具的“负面功能”。衍生工具的正负功能都是其特有的、精巧的运行机制的产物。由于划分标准和研究目的不同,衍生工具的风险可以分为不同种类,但主要风险有以下五种:

(1)市场风险,是指因为原生金融产品(如股票指数)价格发生变化,从而为金融衍生品交易商带来损失的一种风险。在金融衍生工具的各种风险中,市场风险是金融衍生工具最为普遍、最为经常的风险,存在于每一种金融衍生工具之中。因为该风险是由原生资产的价格波动引起的,绝对价格变动风险是金融衍生工具市场风险的主要表现形式,而且在该市场进行的交易大多是保证金交易,其作为高度杠杆性操作的投机工具极易加剧此类风险。

(2)流动性风险,主要包括两类,即市场流动性风险和资金流动性风险。前者是指由于缺乏合约对手而无法变现或平仓的风险。后者是指交易方因为流动资金的不足,造成合约到期时无法履行支付义务,被迫申请破产,或者无法按合约要求追加保证金,从而被迫平仓,造成巨额亏损的风险。整体而言,流动性风险的大小取决于合约标准化程度、市场交易规模和市场环境的变化。

(3)信用风险,是指金融衍生工具交易中合约的对方出现违约所引起的风险。在金融衍生工具市场上,信用风险的大小与合约的期限长短有着密切关系,一般说来合约的期限越长,此风险就越大,同时,对同一期限的合约来说,其信用风险随着时间的推移还会发生不断的变化。由于不同的产品可以在不同的交易所交易,相对而言,没有制度保障的场外交易中交易双方存在更大的信用风险。

(4)营运风险,是指由于公司或企业内部管理不善、人为错误等原因而带来的损失。其风险来源包括两种情况:一种是在日常经营过程中由于各种自然灾害或意外事故;一种是由于经营管理上的漏洞,使交易员在交易决策中出现故意的错误或者非故意的失误,从而给整个机构带来损失的风险。前者还能通过保险等方式进行转嫁,带来的损失通常有限,而后者往往会带来巨大风险,并且无法避免、无法转嫁,更无法承担。

(5)法律风险,是指因为法规不明确或交易不受法律保障,从而使合约无法履行而给交易商带来损失的风险。此风险在相当大的程度上是由于金融衍生工具市场的过快发展造成的,其形成原因主要有两方面:一是合约确认文件不充分,交易对手不具法律授权或超越权限,或合约不符合某些法律规定,法院依据有关规定宣布金融衍生品合约无效;二是交易对方因破产等原因不具备清偿能力,对破产方的未清偿合约不能依法进行平仓,导致损失。

此外,金融衍生工具还具有外汇风险、利率风险、股权风险、商品风险以及模型风险等,在此不再一一赘述。

1.3 证券投资概述

1.3.1 投资的概念

“投资”一词在现实社会经济生活中使用得相当广泛,如:基建投资、房地产投资、股票投资、证券投资,甚至有智力投资、健康投资、感情投资等,人们对投资的一般理解是:将钱用在什么地方,期望获得什么。

1. 西方经济学界对“投资”的理解

《简明不列颠百科全书》认为:“投资是指在一定时期内期望未来能产生收益而将收入变换为资产的过程。”

萨谬尔森《经济学》指出:“对经济学者来说,投资总是意味着实际资本的形成——存货的增加量,或新生产的工厂、房屋或工具。对大多数人们来说,投资往往意味着只是用货币去购买几张通用汽车公司的股票,购买街角的地皮或开立一个储蓄存款的户头。”

约翰·伊特韦尔《新帕尔格雷夫经济学大词典》:“投资就是资本形成——获得或创造用于生产的资源。资本主义经济中非常注重在有形资本——建筑、设备和存货方面的企业投资。但是政府、非营利公共团体、家庭也进行投资,它不但包括有形资本,而且包括人力资本和无形资本的获得。原则上,投资还应包括土地改良或自然资源的开发,而相应的,生产度量除包括生产出来用于出售的商品和家务外,还应包括非市场性产生。因此,政府或家庭购置一辆汽车同厂商购置一辆汽车一样都是投资。汽车在所有的场合都是用于运输服务的生产。同样,政府营造道路、桥梁和机场,同企业获得卡车和飞机一样,都是投资,花在研究和发展上的支出,不论由企业、政府还是由非营利的大学承担,都是投资。更为重要的是,无论在何处,教育和培训都是人力资本投资的主要形式。”

上述概念从功能、主体、范围、对象、形式等多角度对投资的含义进行了经典性的界定。

在西方经济学家看来,投资的主体是多元化的,包括政府、企业、非营利公共团体和家庭(个人);投资的范围是广泛的,可以是生产领域、也可以是非生产领域,甚至可以是人力或自然资源的开发;投资的形式可以是直接投资,也可以是间接投资;投资的对象可以是有形资产,还可以是无形资产。

2. 我国理论界对“投资”的认识过程

20 世纪 80 年代中期以前,我国理论界对投资概念的界定主要以制度条件为标准,分为资本主义投资和社会主义投资。

《辞海》(1979 年版)对投资的解释是:“在资本主义制度下,为获取利润而投放资本于国内和国外的行为。”“在社会主义制度下,一般指基本建设投资。”

《经济大辞典·财经卷》的解释是:“在资本主义社会指货币转化为资本的过程,在社会主义社会指货币转化为生产经营资金的过程。”

《投资大辞典》则认为:“投入再生产的固定资产和流动资产的费用的总和,运用资金以购置固定资产和流动资产投入的经济活动,在我国投资一般指基本建设投资。”

长期以来,人们将基本建设投资与社会主义条件下的投资等同起来,这是与我国当时以国家为单一投资主体,以实物投资为主的计划经济体制相适应的。

在相当长的时间里,投资的概念在普通人的眼里是很生疏的字眼。因为在计划经济条件下,投资是国家的事。国家每年下达投资指标,确定投资规模,并由财政拨款和国家银行贷款来分配资金。在计划经济体制下,企业可以进行部分投资,但对于国有企业来说,受国家总投资规模的控制,所有投资计划都需报批,没有自行投资的权利。集体企业有部分自行投资,但规模很小,速度很慢,效率很低。无论是国家还是企业投资,其资金来源基本是财政、银行和少部分的自我积累。而投资对象基本是实际资产(即再生产过程中的固定资产和流动资产),因为在理论上不允许非金融机构投资金融资产,而且事实上不存在金融市场和可供金融投资的金融工具。在计划经济条件下,可以说基本上堵塞了个人参与投资的渠道,城镇职工收入来源单一,扣除吃穿用外,所剩无几,而且不允许参加直接投资。农村社员主要是实物分配,货币收入很少,处于刚够温饱的状态,更谈不上用余钱进行投资。城乡居民实际上参与了部分投资,即通过银行储蓄积累部分资金,由国家进行再投资。但是几乎没有人认识到这是投资,而且到 1978 年底,全国城乡居民储蓄存款余额仅为 210 亿元。

20 世纪 80 年代中期至 1992 年,人们对投资范围的认识有所扩大,将投资学的范围由基本建设投资扩大到固定资产投资,开始注意对流动资产投资问题的研究,但仍囿于固定资产投资,即基本建设投资、更新改造和流动资产投资。

1992 年以来,随着市场经济的不断发展,我国融资与投资渠道和方式都发生了根本性的变化,人们对投资主体和投资范围的认识不断深化。首先,改变了单纯依靠国家进行投资的状况,形成了国家、企业、个人包括外国投资者的多渠道筹资、融资进行投资的局面。其次,中国证券市场的迅速发展。1990 年底,我国上市公司只有 13 家,全年股票成交额只有 20 亿元,而到 2022 年 1 月 21 日,我国上市公司达到 4 717 家。上市 A 股 4 705 只,上市 B 股 90 只,总股本 70 991. 78 亿股,流通股本 61 126. 9 亿股,股票市价总值达到 881 206. 62 亿元,沪深北三市流通市值为 725 763. 15 亿元。2021 年沪深两市全年累计成交额达 256. 22 万亿元,已超过 2015 年的 255. 6 万亿元,创历史新高,两市日均成交额达 10 544. 03 亿元。2021 年 12 月,沪深两市投资者开户总数达到 19 740. 85 万户。这不仅增加了我国的融资和投资渠道,促进了资源通过市场方式在社会范围内的优化组合,加速了经济市场化的进程,重要的是,它给我国广大公众(包括机构投资者)提供了广阔的投资场所,增加了投资渠道和投资机会,他们不仅可以投资于实物资产（经商、办企业），而且可以投资于金融资产。居民资产持有形式已多元化。居民不仅可以得到按劳分配收入，而且可以得到资产投资收益，居民的投资意识、风险意识也有所增加。

投资实践活动的不断深入，使理论界对投资的认识不断深化，人们从不同的角度、不同的侧面对投资的含义进行描述和界定。认为投资应当包括投资主体、对象、手段、目的和方式，不仅包括直接投资，也应包括间接投资。其中最具代表性的观点是："投资，是指一定经济主体（法人和自然人）为形成资产而投入资金（资本）或经济要素以获取利益的经济活动。"［《当代中国经济大辞典》周道炯主编］

3. 本书对投资概念的表述

投资本身是一个复杂的概念，并具有复杂的内涵。在我国原有的计划经济体制下，投资的内涵却十分简单，实际上，投资包括的领域甚为广泛，既包括生产投资、教育投资、科技投资、卫生投资等实际资产，也包括金融资产，如居民储蓄、购买股票、债券等。

从经济学上说，投资与储蓄、消费是密不可分的。进行投资必须有资金来源，广义上说，全部投资来源于全部储蓄，一定时期的投资总额总是等于储蓄总额。而储蓄来自消费剩余或消费牺牲。牺牲消费的目的是得到回报和收益，获得更大的价值或资产，储蓄是延期的消费。正是有牺牲，应当有回报，有投资收益。因此，有人将投资定义为：为了可能不确定的将来消费（价值）而牺牲现在的一定消费（价值）。

对于投资者来说，投资可定义为：个人或机构投资者在买进实际资产或金融资产后的期间内，可以获得由该资产所产生的与所承担的风险成比例的收益。在此，提出了投资中收益与风险的关系问题。同时，又将投资分为实际投资和金融投资。

还有人从资产保值和产权的角度来定义投资：投资的主要目的是保存财富或取得收入而拥有任何资产或财产的权利。此定义认为，投资的目的除了获取收入外，还有保存财富即保持财产价值的意义。并且，投资并不一定拥有实际的资产或财产，也可以持有其权利。如在期权交易中，就是以金融资产的权利作为交易对象的。

总之，从上述各定义中可以看出，投资是个人或机构对其现时所持有的资金的一种运用，或是用来购买实际资产或金融资产，或取得这些资产的权利，目的是在一定时期内取得与风险成比例的一定收入和资产增值，或者只是为了保持现有财富的价值。因此，可以将投资定义为：投资是一定经济主体在一定时期内为取得收益而将现有资金或经济要素变为资产的经济活动过程。

1.3.2 投资的类型

根据投资的对象、时间、收益方式等，投资可划为不同种类：

1. 直接投资与间接投资

从广义上说，投资于实际资产（固定资产、流动资产等）为直接投资；投资于金融资产，包括银行和金融机构储蓄、购买股票、债券等有价证券为间接投资。就投资于金融资产而言，投资于银行储蓄、购买金融机构债券及各种投资基金为间接投资；而从证券市场上直接购买股票、企业债券等有价证券为直接投资。

2. 短期投资与长期投资

一般地说，投资周期在一年以下的为短期投资；一年以上的为长期投资；严格地说，一至五年或七年为中期投资,五或七年以上的投资才是真正意义上的长期投资。选择短期投资还是长期投资,是很重要的事,它直接涉及投资者的收益、资金周转速度及机会成本等问题。一般,短期投资相对于长期投资来说收益率相对较低,如投资于短期国库券(一年以下)比投资于10年期债券收益要低,否则无人进行长期投资了。但短期投资风险相对小些,资金周转快,也许会从再投资中获取新的收益。进行短期投资还是长期投资,一般是由投资者的投资偏好决定的。另外,长期投资和短期投资是可以转化的。购买股票是一种长期投资,无偿还期,但股票持有者可以在二级市场进行短线操作,卖出股票,这又是短期投资。

3. 固定收益投资与非固定收益投资

进行证券投资,其目的是获取收入。证券种类繁多,其投资性质、期限各有不同,收入高低和支付方式也不同。一般地说可分为两类,即固定收益投资和非固定收益投资。固定收益投资,是指该种证券预先规定应得的收入,用百分比表示,按期支付,在整个证券投资期限内不变。非固定收益投资是指证券的投资收入不预先规定,收入不固定。多数债券和优先股的收入是固定的,而普通股的收入则是不固定的。一般地说固定收益投资风险小,但收益也小;非固定收益投资风险大,但收益高。

1.3.3 投资与投机

1. 投机的含义

投机一词也被人们广泛使用,但其内涵却十分含糊,且多用在贬义的场合。按照习惯看法,投资与投机是两个截然不同的概念,投资是正常行为,投机则是不正当甚至非法行为。从经济学意义上讲,投机几乎是投资的同义反复。约翰·伊特韦尔《新帕尔格雷夫经济学大词典》的解释是:"为了再出售(或再购买)而不是为了使用而暂时买进(或出售)商品,以期从价格变化中获利。"依照此定义,任何商品都可以成为投机性购买的对象。但是如果运输成本过高,或者商品缺乏流动性,那么即便买卖价格相差很大,对这种商品的投机也是没有吸引力的。这里的流动性是指存在一个完全或近乎完全的市场,即商品随时可以按确定的价格卖出,这一要求大大限制了可以用来进行大规模投机的商品范围。通常有组织的期货市场上交易的商品和金融资产比较适合于投机。因此,格林沃尔德在《现代经济词典》中将投机定义为:"在商业或金融交易中,甘冒特殊风险希图获取特殊利润的行为。"

证券投机是指在证券交易市场上,利用证券价格在不同时间、不同空间的变动差异,在短期内买进或卖出证券,以获取利润的一种行为。典型的证券投机是买空卖空。

人们往往将证券投机与各种非法的不道德行为如欺诈、狡猾、赌博联系在一起,认为证券市场是投机者的乐园,是一个赌博和尔虞我诈的场所。但是,只要有风险,就一定会有投机。投机不仅是一种正当的交易行为,也是证券市场发展所不可或缺的重要因素之一。

投机是寻找和掌握投资的机会,正是千百万人在市场上寻找投资机会,才能形成市场的均衡价格和社会平均利润。在股票市场交易中,投资者为了获得更高的预期利润,卖出自己认为企业效益低,或风险大、未来行情下跌的股票,买入自己认为企业效益好,或风险小、未来行情上涨的股票。有人先买后卖,有人先卖后买;有人低价买进高价卖出,获取差价。人们常把从事股票短线操作的人称为"投机者"。但通过证券买卖,企业的效益得到了社会评价和承认,效益好、资产增值的企业,股价上升;反之,股价下降。另外,通过证券交易,证券市场的社会集资功能得到充分发挥,资金向效益好的方向流动。因此,可以说,投机是投资的一种手段或方式。正常的投机对平衡证券价格和市场供求关系,增强证券的流动性,加速资金周转,维持证券市场正常运转具有积极作用。从某种意义上说,没有投机,就没有证券市场。

当然要警惕和防止过度投机。过度投机会对市场乃至经济造成危害。过度投机行为容易造成盲目性,出现各种风潮。比如,股票行情看涨时,大家都盲目购进,造成股票价格远高于其实际价值,潜伏着暴跌危机;当有风吹草动,行情看跌时,又可能出现纷纷抛售,造成股价惨跌,投资者损失惨重的情况。应当禁止不正当的、非法的投机。不正当的、非法的投机行为,主要是指通过各种权力或其他关系,事先获取行情,从而牟取非法暴利,买空卖空、囤积居奇、制造谣言、内幕交易、操纵市场等行为。这些行为对证券市场的危害是相当大的,应予严厉打击。

2. 投资与投机的区别

投资与投机两种行为,既有相同的地方,也有不同的方面。相同的是,两者都是现在投入资金谋取将来的收益,都要承担本金损失的风险。因此,在实践中,二者相互交叉,相互转化,很难区分。

理论上,两者具有不同的含义,在使用投资与投机概念时,人们习惯于从不同特性上将投资与投机加以区别。

(1)两者交易的动机不同。证券投资通常着眼于长期的正常的投资报酬。投资债券是为了获取债息,投资股票是为了获取股息、红利及资本的增值。而证券投机一般更看重证券市场价格的涨跌,追求证券买卖差价的资本利得,不大注意利息、股息或红利的多少。

(2)两者持有证券时间长短不同。持有时间短,热衷于资金的快速周转,在市场上频繁买进或卖出有价证券为投机;长期保留证券,不轻易换手,按期坐收资本收益者为投资。

(3)两者承担的风险不同。投资所承担的风险有一定的限度,投资者所购买的证券一般仅限于预期收入较为确定,且本金相对安全。投机者购买的证券一般具有较高的风险,且预期收入较不确定,本金有损失的可能性。

(4)两者对证券实际价值重视的程度不同。投资者着重对各种证券所代表的实际价值、公司的业绩和创利能力进行分析,选择投资对象;而投机者主要注重市场的变化,注意证券市场行情的变化,频繁买进卖出,以获取市场差价为主。投资者注重证券内在价值,而投机者则注重证券的市场价格。

(5)两者交易方式不同。投资者通常选择现货交易方式,交易一旦达成,便进行实际交割。而投机交易方式多数为买空卖空交易,并偏好期货、期权等保证金需要量小、交易数额大的交易方式。

1.3.4 证券投资学的学科体系

1. 证券投资学的研究对象与内容

任何一门学科都有其特定的研究对象,而特定的研究对象决定了该学科的研究内容与方法。了解一门学科的研究对象,对于深入、系统、准确地把握该学科的知识体系是十分重要的。

作为经济活动过程,证券投资行为是极为复杂的,具有较高的盈利性、投机性和风险性。要想获得成功,一方面,必须充分认识证券投资过程中存在的各种客观规律;另一方面,则必须尊重、顺应和驾驭规律。通俗地说,就是要充分认识什么是证券投资,怎样有效地进行证券投资。而作为指导证券投资实践的理论学科,证券投资学正是要为此提供全面、系统、深入的解答。

我们可以将证券投资学的研究对象概括为:研究证券投资过程中客观存在的各种经济现象和客观规律,研究这一行为过程的内在机理,了解证券投资中各种范畴的内涵;基于证券投资的收益目的,认识证券投资中存在的各种复杂经济关系的实质,把握其处理准则;并为最大限度地获得证券投资收益、防范证券投资风险提供理论指导和具体的分析与操作方法。

证券投资学研究的主要内容有:①证券投资工具,各种投资工具的本质、特征;②股份制度,股份制度的功能,股份公司的设立、变更、兼并和终止,股份公司的法人治理结构;③证券投资的市场环境,证券的发行市场、流通市场;④证券价值评估,证券价格的确定,证券价值分析,股票价格指数;⑤证券投资风险的衡量与防范;⑥证券投资的基本分析,证券投资收益分析、宏观分析、行业分析、区域分析、上市公司分析;⑦证券投资的技术分析与证券投资策略,证券投资技术分析的基本理论、基本方法和分析指标,组合投资理论及其应用;⑧证券市场的监管和自律,证券监管模式,监管机构及职能,自律组织。

2. 证券投资学研究方法的特点

(1)强调定性分析与定量分析相结合。证券投资受多种因素的影响,而这些因素本身所具有的量化状态又可能决定证券投资收益与风险程度的差别。因此,证券投资学各种结论的得出都应当是建立在定性分析与定量分析结合运用的基础上(当然,某些无法进行定量分析的因素可以例外)。没有这种结合,证券投资学给出的结论就是值得怀疑的,或缺乏说服力的。

(2)强调结论、观点的特定性即适用性,而不刻意追求其普遍适用性或唯一性。证券投资实践中的情况十分复杂,变数很多,市场走势往往还要受到投机及其他某些人为因素的影响。因此,证券投资学中所给出的许多观点与结论也只能是针对大多数情况或某些情况的,有其特定的适用范围。例如,技术分析中,有时出现了同样或近似的图形、指标,而在不同的宏观经济背景和市场氛围下,也会预示着不同甚至相反的市场演变趋势,这就使得人们对证券投资理论的准确把握相对较为困难,运用时自然也不能过于机械和片面。也正因为如此,在研究和学习过程中,对每一种结论、观点适用的背景,都要认真琢磨和体会。当然,这并不是说证券投资学的所有理论都是模糊的和不确定的。

(3)重视相关因素的综合分析。如前所述,证券投资学理论的特定性是较强的,而这种特定性,又是由于影响证券投资因素的多样性所决定的。以市场趋势的研判为例,可能同时存在着有利于市场活跃、股价扬升的利好因素和与此相反的利空因素,如果我们只注意到了前者而忽视了后者,得出的结论就会过于乐观,与客观实际相悖;反之亦然。因此,要科学地研究、总结证券投资的规律性,就必须对各种因素进行全面、系统地分析与论证,弄清不同因素在不同条件下的作用方式与程度,以及它们之间的互动关系,否则,就难免会得出错误的观点和结论。

(4)强调动态的分析考察。证券投资学作为一门指导证券投资实践的学科,不仅要在其理论体系中解决如何归纳现象、认识现象的问题,更重要的是要告诉人们如何根据现象或现状,判断事物发展、演变的趋势,以掌握先机,提高证券投资的成功概率。事实上,人们在进行证券投资时,最关心的也正是证券未来的行情走势。适应证券投资主体的这种要求,证券投资学也格外强调动态地进行分析考察。在证券投资学的核心部分——投资分析中,重视的就是不同的因素发生作用时或不同的技术图形、指标出现时,可能引致的下一步的行情趋势。另一方面,强调动态研究,还意味着证券投资学的理论观点也更侧重于在动态分析的基础上确立。

对历史轨迹的追踪和历史经验的概括,对每一种典型市场形态出现后进一步运行趋势和空间的理论界定,对各种相关因素影响证券价格变化的时间效应的分析,凡此等等,都充分地体现着这一特点。既然证券投资本身就是一种面向未来的经济行为,那么,作为其理论指导的证券投资学强调动态的分析研判也是理所当然的。

(5)强调分析方法的多样化和综合运用。证券投资分析的方法是多种多样、十分丰富的。针对不同的对象和背景,分别有多种不同的分析方法,同时每一种分析方法又都各有其自身的优点和局限性。因此,要使分析的结论尽可能全面、可靠,一方面必须充分了解每一种分析方法的适用范围及其优缺点,以保证方法的选用合理、有效;另一方面,则应力求综合运用多种分析方法。显然,如果运用多种方法得出的结论趋于一致,那么,这种结论也就具有较高的可靠性。证券投资学发展到今天,内容之所以仍在不断丰富,新的投资分析方法之所以还在不断出现,正是因为每一种分析方法都还存在着特定的局限,而多种分析方法的综合运用则可以消除这种局限,从而使分析结论更准确地趋近事实。

3. 证券投资学的体系结构

证券投资学是研究证券投资运行及其规律的学科,证券投资学的体系结构应根据证券投资学研究对象与内容的要求来确立。从基本框架上说,可以分为四大部分,即:证券投资基础理论与基本知识;证券投资的市场环境;证券投资分析与操作理论;证券投资的监管。证券投资基础理论与基本知识,是学习证券投资学所必须认真掌握的重要内容,也是作为一个理性的投资者所必须充分理解的部分。其内容大致包括:证券投资中涉及的一些最重要的概念和范畴、证券投资的功能、证券投资的要素、证券投资的对象等。证券投资的市场环境,即从事证券投资活动的空间,包括证券的发行市场、流通市场,证券价格的决定,股票价格指数,证券投资的收益与风险问题等。证券投资分析与操作理论是实践性较强的部分。其主要内容包括证券投资的操作原则、证券投资的实施程序、证券投资基本分析方法、证券投资技术分析方法、证券投资操作策略等。证券投资的监管主要是对证券市场的法律与制度规范。对于完全没有或很少掌握金融知识的学生来说,应当系统地学习本书各章的内容,而对于金融专业的学生,由于已经具备了一定的金融市场知识,则可以将学习的侧重点放在证券投资分析与操作理论上。但即使如此,为了保证学习的系统性,对于基础理论和基本知识部分仍需要做必要的温习。

本 章 小 结

证券是各类财产所有权或债权凭证的总称,是用来证明其持有者有权取得相应的权益,或证明其曾经发生过的行为的凭证。证券作为重要的金融工具,具有产权性、收益性、流动性、风险性等特征。在现代市场经济条件下,无论是对于宏观经济运行还是对于微观经济活动,证券都发挥着筹集资金、促进资金合理流动、优化资源配置、促进社会信用体系的发展与完善、促进企业转换经营机制的经济效用,是国家实现产业政策、实施宏观调控的重要工具和重要手段。

金融衍生工具是与基础金融产品相对应的一个概念,指建立在基础产品或基础变量之上,其价格随基础金融产品的价格(或数值)变动的派生金融产品。

投资是一定经济主体在一定时期内为取得收益而将现有资金或经济要素变为资产的经济活动过程。证券投机是指在证券交易市场上,利用证券价格在不同时间、不同空间的变动差异,在短期内买进或卖出证券,以获取利润的一种行为。投资与投机两种行为,既有相同的地方,也有不同的方面。

证券投资学是研究证券投资运行及其规律的学科,证券投资学的体系结构分为四大部分,即:证券投资基础理论与基本知识;证券投资的市场环境;证券投资分析与操作理论;证券投资的监管。证券投资学研究的主要内容包括证券投资工具、股份制度、证券投资的市场环境、证券价值评估、证券投资风险的衡量与防范、证券投资的基本分析、证券投资的技术分析与证券投资策略、证券市场的监管和自律。

复习思考题

一、名词解释

证券　有价证券　货币证券　资本证券　商品证券　上市证券
非上市证券　固定收益证券　变动收益证券　公募证券　私募证券
金融衍生工具　远期合约　期货　期权　投资　投机

二、判断题

1. 证券是各类财产所有权或债权凭证的总称。（　）
2. 狭义的有价证券即指货币证券。（　）
3. 证券投资通常着眼于短期的、正常的投资报酬。（　）
4. 金融衍生工具对社会金融经济发展具有消极的作用。（　）
5. 证券的收益性与风险性、偿还期成正比,与流动性成反比。（　）

三、单项选择题

1. 严格地说,长期投资是指期限在(　　)年以上的投资。
   A. 3　B. 5 或 7　C. 10　D. 15
2. 下列衍生工具中能够作为其他衍生工具基础的是(　　)。
   A. 远期合约　B. 期货
   C. 期权　D. 互换
3. 下列证券中属于有价证券的是(　　)。
   A. 证据　B. 存折
   C. 认股权证　D. 借据
4. 下列证券中属于无价证券的是(　　)。
   A. 土地使用证　B. 汇票
   C. 股票　D. 栈单
5. 下列证券中属于凭证证券的是(　　)。
   A. 股票　B. 购物券
   C. 银行存款　D. 汇票

四、多项选择题

1. 证券的票面要素通常包括(　　)。
   A. 持有者　B. 证券的标的物
   C. 标的物的价值　D. 权利

2. 证券作为重要的金融工具,具有下列基本特征(　　)。

A. 产权性　　B. 收益性

C. 流动性　　D. 风险性

3. 按照证券的发行方式不同,可以分为(　　)。

A. 公募证券　　B. 国内证券

C. 上市证券　　D. 私募证券

4. 按照证券发行主体不同,可以分为(　　)。

A. 公司证券　　B. 政府证券

C. 商品证券　　D. 金融证券

5. 根据投资的对象不同,投资可划分为(　　)。

A. 直接投资　　B. 间接投资

C. 长期投资　　D. 短期投资

五、简答题

1. 简述证券投资学研究方法的特点。
2. 说明证券投资的主要特征。
3. 金融衍生工具有哪些特征?
4. 简述金融衍生工具的风险。
5. 简述投资与投机的区别。

六、论述题

论述证券的经济效用。

德国"铁血宰相"的投资术

任何一位学过世界历史的人都不会忽略奥托·冯·俾斯麦这个人物。生活在19世纪的俾斯麦是当年欧洲政治舞台上的风云人物,人称"铁血宰相"。

先了解一下俾斯麦的历史。俾斯麦(1815—1898)是德国近代史上一位举足轻重的人物。作为普鲁士王国容克资产阶级最著名的政治家和外交家,他是"从上至下"统一德国的代表人物。俾斯麦于1815年4月1日出生于普鲁士勃兰登堡阿尔特马克雪恩豪森庄园一家大容克贵族世家。1862年任普鲁士首相兼外交大臣,极力推行"铁血政策",主张通过战争,由普鲁士统一德国。他相继发动了对丹麦、奥地利和法国的战争,逐步实现了德国统一。1871年俾斯麦出任新成立后的德意志帝国宰相,并受封为公爵。此后的20年间,他权倾朝野。

不过,鲜为人知的是,在这爬上人生顶峰的30年间,俾斯麦也通过投资,运用自己的眼光、地位和能力积累了巨额财富。

俾斯麦招募了一位名为布莱希罗德的人来替他理财。投资之初,布莱希罗德通过大量内幕交易获得暴利。例如,在某一个时期,因为德国政府即将宣布的一些政策将有利于俄国铁路股,俾斯麦本人的投资组合中就有70%被投到了俄国股票上;再比如,他们会购买一些优秀公司的股票，购买时价钱很便宜，然后俾斯麦会做出一些事情，让这些公司的股票升值。

俾斯麦在股市上挣了钱后，就把利润抽走，用于购买土地和森林，他坚信投资纸质证券是赚快钱的好办法，但真正的财富却要靠能够生长树木的土地来保存。俾斯麦自己做了研究认为，土地的价格会随着人口增长而逐步升高，差不多每年2个百分点，德国的木材价格每年上涨2.75%，而那一阶段的通货膨胀几乎为0，因此，他从林场获得的实际收益约为每年4.75%，即使出现通货膨胀，他也确信他的土地和木材会随之升值，他认为，这是一种无须冒什么风险的财富投机。

事实已经证明，俾斯麦的理财方向完全正确，尤其是在接下来的50年间，德国战火频频，通货膨胀飙升、经济萧条接踵而来，林场比其他任何东西都更能保值。

从俾斯麦的理财方式可以看出，俾斯麦似乎也有一种特殊的能力，能看到眼下的某个举动可能在未来引发的一连串事件，直到今天，这仍是投资成功的要诀。尽管俾斯麦可以不断通过内幕交易来迅速扩大的自己财富，尽管生活在那样一个充满动荡、怀疑的年代，他并不一味追求投资回报率，即富了要更富，而是保持冷静一直把利润抽走，购买他认为更实在的土地。

俾斯麦和他的投资顾问有一种俾斯麦曾说过的"投资胆怯症"，每年追求的仅是4%的真实收益率(扣除通货膨胀后)，但正是这种胆怯使得他躲开了19世纪70年代的新发行市场以及后来让许多德国人和银行家倾家荡产的殖民地投资热。这种所谓的胆怯事实上就是对市场的敬畏，对不确定性的防范。只要你投资股市，市场的系统性风险是回避不了的，任何一个稳健的投资者都不应该把他所有的资产都投入股市。

从俾斯麦的理财故事中，我们也可以想象，俾斯麦可能担心自己的后代在继承了股票和债券的组合后会不知如何管理，而且就算是当时最伟大的成长股也会衰老，要想超过一代人有效地管理资产，绝大多数的投资顾问都不能指望，所以俾斯麦喜欢拥有林场，这种财富生生不息，不需要投资天才就能管理，他的后代只需永远保有它们，通过卖出木材就可以获得收入。①

讨论题：俾斯麦的投资术带给我们什么启示？

推荐阅读

[1] 徐高. 理解"证券投资研究"[J]. 金融博览，2022(1).

[2] 王国刚，郑联盛. 中国证券业70年：历程、成就和经验[J]. 学术研究，2019(9).

[3] 郑飞鸿. 大数据时代应用型本科证券投资学课程教学模式改革研究[J]. 科技视界，2021(35).

[4] 应海芬. 基于OBE理念的《证券投资》课程实践教学改革[J]. 中国乡镇企业会计，2021(12).

[5] 秦蓉. 行为金融视角下投资者行为分析[J]. 中国中小企业，2021(12).

[6] 武美铮，王嵘杰，焦兴华. "证券投资学"设计研究探讨[J]. 中国市场，2021(22).

[7] 黄璐，倪兴兴，李苏一，等. 互联网+金融背景下的证券投资学实验教学探索[J]. 实

①摘自《中国证券报》，2009年2月14日。

验室研究与探索,2021,40(4).

[8] 桂浩明.三十年:资本市场“三大步”[J].金融博览(财富),2021(5).

[9] 林丽娟.基于应用型人才培养的“证券投资学”课程的模块化教学设计[J].当代教育实践与教学研究,2019 (4).

[10] 余小阳.“金课”理念下的应用型本科“证券投资学”课程实训体系构建[J].齐齐哈尔大学学报(哲学社会科学版),2021(7).

第 2 章　股份制度与股票

教学目的

通过本章的学习使学生了解股份制度产生和发展的历史背景,理解股份制度的性质和职能,了解股份公司的类型,掌握股票、普通股、优先股的概念及特性。

教学内容

1. 股份制度的产生与发展。
2. 股份制度的性质及职能。
3. 股份公司的类型。
4. 股票的种类。

教学重点

股份制度的性质及职能;股份公司的类型;股票的种类。

教学难点

股份公司的类型;股票的种类。

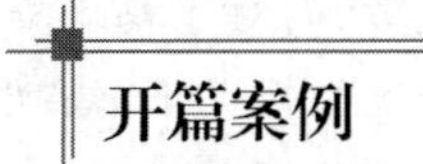

开篇案例

蚂蚁集团推迟上市

2020 年 11 月 3 日上交所发布消息称,蚂蚁集团因不符合发行上市条件及信息披露要求,决定暂缓其在科创板上市。蚂蚁集团在港交所公告称,同步暂缓 H 股上市,有史以来全球最大的首次公开募股(IPO)戛然而止。

蚂蚁上市被按下暂停键,与 2020 年 10 月底国家金融委召开的专题会议有关。会议指出,要加强监管,依法将金融活动全面纳入监管,有效防范风险。之所以要加强监管,是为应对放开金融网贷试水后,一些互联网公司浑水摸鱼的情况。这些公司利用旗下网络小贷牌照,借发行 ABS、助贷或联合贷款等方式规避杠杆限制,有可能造成极大的风险。据《金融时报》报道,大型互联网企业开展金融业务可能带来市场垄断、监管套利、数据安全和保护、信息技术监管有效性以及更易触发系统性风险等一系列问题。

蚂蚁集团的最主要利润来源,是其旗下的"花呗"和"借呗"两款网络放贷产品,而"支付宝""余额宝""相互宝"等主要业务在本质上也都属于金融业务。有业内人士指出,蚂蚁集团的"花呗"和"借呗"是通过高杠杆实现的。由于蚂蚁集团下的小额贷款公司自身提供的资金有限,于是便通过联合贷款等方式从银行获得资金。而近几年,互联网巨头的流量与金融机构的资金相结合,让联合贷款模式迅速发展壮大,部分小贷公司出资比例甚至低至1%,这意味着该业务可以通过极少的投资便可从中赚取大量的收益。

2020 年 11 月 2 日,银保监会和人民银行发布了《网络小额贷款业务管理暂行办法(征求意见稿)》(以下简称《办法》),加强针对网络小额贷款的管理。新规中对于网络小贷公司的单笔联合贷款、出资比例、注册资本、跨省经营等都提出了严格要求。根据新规,在单笔联合贷款中,经营网络小贷业务的公司出资比例不得低于 30%,类似蚂蚁集团的网络小贷公司以较少资本金撬动高额贷款规模的高杠杆做法将不会再出现。

根据《蚂蚁集团招股说明书》披露的相关内容,对比《办法》的规定,蚂蚁集团在多个重要方面不符合监管要求,这也就意味着如今的蚂蚁集团已经不符合早前的上市规则,其盈利能力和市场估值也深受影响,需要重新予以技术性整改。对广大投资者来说,如果此时不及时叫停,可能出现上市后公司经营表现与预期完全不一致或者股价暴跌的情况,投资者会被深度套牢。因此,这次相关部门紧急出台新规叫停蚂蚁上市,实质上是为了加强对网络小额贷款的监管并保护投资者特别是广大中小投资者的利益。

2020 年 12 月 26 日,中国人民银行、银保监会、证监会、外汇局等金融管理部门联合约谈蚂蚁集团。监管部门提出了重点业务领域整改要求,督促指导其按照市场化、法治化原则,落实金融监管、公平竞争和保护消费者合法权益等要求。对此,蚂蚁集团通过官方微信号发布公告称,蚂蚁集团将在金融管理部门的指导下,成立整改工作组,全面落实约谈要求,规范金融业务的经营和发展。公告指出,蚂蚁集团已立即着手制定整改方案和工作时间表,并将在过程中及时寻求监管的指导。蚂蚁集团承诺,在整改过程中坚持"两不加、两不降"原则:不增加消费者成本,不增加金融机构等合作伙伴成本;不降低消费者服务体验,不降低风险防范标准和要求。

可以说,这次暂缓蚂蚁集团IPO是对我国金融系统和监管系统的一次大考,而对于蚂蚁集团来说,相应的重要调整是无可避免的。在各方没有就任何可行计划达成一致的情况下,蚂蚁集团在重启IPO方面将面临更长时间的延迟,甚至可能比许多分析师预计的期限还要长。[①]

2.1 股份制度

股份制度,是指按一定的法律程序,通过投资的方式将分散的、属于不同所有者的资本集中起来,建立独立的法人企业,即公司,对生产要素实行联合占有、联合使用,并按投资入股的份额参与公司的管理、分配的一种企业组织形式和财产制度。股份制度由三个基本要素组成,即股份公司、股票和股票市场。三要素构成一个有机的整体,是以发行股票为基础,以股票市场为依托,以股份公司为核心的三位一体的经济现象。

股份制度是现代企业的基本组织形式,它的代表是现代股份有限公司以及规范化股票市场的建立与发展。像任何经济制度一样,股份制度也不是从来就有的,从它的萌生到成熟规范经历了一个漫长的历史过程。

2.1.1 股份制度的起源与形成

股份制度是商品经济及信用制度发展到一定阶段的产物,是随着商品经济而萌发出来的一种企业制度,是生产社会化发展的必然结果。股份制度的源头可以追溯到两三千年前的古希腊和古罗马时代。当时,随着商品经济的发展、市场的不断扩大,一家一户的个体生产方式已难以满足社会的需要。于是人们开始通过协商将各自的生产工具、作坊、原材料集中起来,进行合伙经营,并按投入资产的多少分配劳动成果,如古罗马帝国时期的股份委托公司。这种合伙经营的组织形式,可以说是股份制经济的雏形。

中世纪(约476—1453年),这种股份经济形式在地中海地区得到了进一步发展。此时,资本主义生产关系已在欧洲封建制度内部逐渐产生,在地中海地区出现了发达的商业和繁荣的城市,并从两个方面推动了股份经济的发展:一是在城市中出现了子女或亲属共同继承祖传产业、共同承担经营风险、共同负担收益盈亏的家族经营团体或称家族企业。随着商品经济规模和范围的不断扩大,这种家族合伙经营团体逐渐演化成一种家族以外的人也可以参加,或是几个家族联合起来组成的合伙经营团体。到中世纪末期,这种合伙经营团体已广泛流行于欧洲各国。它虽然保持了家族经营团体那种继承祖传产业、承担无限责任的特点,但已具备了股份无限公司的若干形式。二是在海外贸易中,由于所需资本巨大,又要冒很大风险,故而出现了多个贸易商共有船舶、共担风险、共同经营的海上合伙组织,这种合伙组织实际上就是合伙公司或合营公司。这种合伙经营的经济组织,完全是自发产生的,组成这类经济组织的出资人之间,在合伙资格、合伙内容、合伙经营方式、收益分配等方面,并不做出受到法律认可和保障的允诺,存在明显的短期性和不稳定性。所以这类经济组织与现代股份制企业之间是有许多明显区别的,但是这类合伙经营的经济组织无疑是现代股份制的原始形式。

历史上,促成股份制最后发育成熟的重要因素是西方资本主义的原始积累。众所周知,资本原始积累是资本主义社会化大生产的前提,而资本原始积累的重要方式是海外殖民掠夺。

---

① 摘自和讯网和讯名家,2021年1月11日

正是这种为资本原始积累而进行的海外殖民掠夺，成了股份制迅速发展和走向成熟的一个历史契机。

15世纪末期，哥伦布等人的地理大发现开通了东西方之间的航线，使得世界贸易的格局发生了很大的变化。欧洲的西班牙、葡萄牙、荷兰和英国迅速成为实力强大的从事海外贸易的国家。这些海外贸易国之间激烈竞争，争夺新的海外市场。在这个过程中，参与国之间的冲突和它们在殖民地遇到的各种抵抗，都是不可避免的，"单枪匹马"从事世界贸易，使世界贸易的拓展受到很大的限制。这就在客观上要求有与之相适应的新的经济组织，能够有效地开展世界贸易活动，这个经济组织，不能只是由少数人组成和由少数人经营的，而应由较多的人参与，并且由较多的人共同经营。只有这样，才能具备开展世界贸易的经济实力。1553年，英国人以单纯入股形式创立了"莫斯科尔公司"，它拥有股份240股，每股25英镑，共有6 000英镑资本。1581年，英国成立了真正以股份制形式建立的海外贸易公司，即"土耳其公司"，该公司以股票方式公开招股募资，股东将全部或部分资本长期留在公司使用，公司每年从利润中按入股资本分配一次红利。1600年，经伊丽莎白女王特许，英国成立"东印度公司"。采取股份的形式向全国集资，组建时股本为6.3万英镑，到1680年，该公司股本增至160万英镑，股东达500人。成为当时英国最大、资本实力最雄厚的海外贸易股份公司，几乎垄断了英国对东南亚和中国的一切贸易，并行使了印度殖民地政府的职能达100多年。1602年，荷兰也在全国以集资入股的形式筹集资金，建立了专门从事世界贸易活动的"东印度贸易公司"。荷兰的这家贸易公司总资本达850万荷兰盾，有60名董事。随着英国和荷兰率先组建海外贸易公司，法国、瑞典、丹麦等国也纷纷仿效，组建股份公司。17世纪上半叶，英国詹姆士一世时期，第一次确认了公司作为独立法人的观点。1609年，世界上第一个股票交易所在荷兰的阿姆斯特丹成立。

通过集资入股形式而建立起来的海外贸易公司，基本上已经具备了现代股份公司的主要特征，如像现代股份公司一样筹集资金的范围很广，股东来自社会的各个阶层，在公司的内部已经有较完备的管理机构及相应选举办法等。只是在利益分配上这些公司与现代股份公司存在区别，比如在红利分配的同时还偿还股本，继续保持股东地位需要重新入股等。从事海外贸易的股份公司，通过各种形式谋取利润，从而为资本原始积累和资本主义生产方式的建立提供了大量资金，同时也为投资者带来了丰硕的收益。因而从一开始，这种企业制度形式就表现出强大的生存能力和发展潜力。

17世纪末开始，股份制的社会影响日渐扩大，股份制从商业和海外贸易领域逐渐扩展到金融、交通运输等领域。1694年，资本主义最早的国家银行英格兰银行——以股份制的形式成立；1790年，美国第一家国家银行——"合众美国银行"也以股份制形式出现。自1826年英国颁布股份银行一般法律许可的条例后，股份制银行得到迅速发展。据资料记载，1833年，英国有33家股份银行，1841年发展到115家，1865年已达到250家，到19世纪末，几乎所有的银行都股份化了。在金融领域的竞争中，股份制银行明显占据优势，很快统治了英国的金融市场。与此同时，股票交易活动日益规范化，证券交易所相继成立。1724年，法国建立巴黎证券交易所；1773年，英国建立了伦敦证券交易所，之后又在利物浦和曼彻斯特建立了证券交易所；美国分别于1790年和1817年建立了费城交易所和纽约交易所。在生产领域，股份公司的发展也很快。特别是最先在英国兴起的产业革命浪潮，为股份公司的发展创造了前所未有的社会经济条件。在产业革命中，机械大工业在规模和范围上都突破了传统生产方式的界限，发展社会大生产所要兴办的大型工程，如矿山的开采、铁路的铺筑，是单个私人资本力所不能及的，在这种情况下，能够把分散的资本集中到一起的股份公司，自然就成了一种具有生命力的企业制度。通过股份公司把分散的资本集中到一起，使兴办大型工程不受私人资本的限制。可以说，股份公司实现的资本集中，在客观上为产业革命所创造的社会化大生产方式提供了资本保证。如果没有股份公司制度，很难想象产业革命能带来社会生产力那样高速的发展。

19 世纪中期，发生了比英国第一次产业革命规模更大的第二次产业革命。像第一次产业革命一样，这次产业革命极大地提高了社会分工和协作水平，企业规模迅速扩大，生产社会化程度有了进一步提高。社会经济的发展对公共事业和基础工业的发展提出了更高的要求，而公共事业和基础工业如铁路、自来水、船坞、矿山、航运等行业普遍需要较大的资本，只有众多的私人资本集中起来，才能从事这些行业的生产经营活动，于是股份制方式被广泛运用，筹集资本的范围进一步扩大，集中的资本数量也越来越多，并取得了明显成效。英国从 19 世纪开始修建铁路，1838 年建成通车铁路 500 英里（1 英里约为 1.6 千米），1848 年就达到 5 000 英里。1862—1886 年，英国平均每年新建的股份公司就有 1 041 家，仅 1897 年一年，英国就创建了 4 975 家股份公司。由于这些行业实行股份制的成功，到 19 世纪末，在以铁路、煤炭、机器制造业为核心的重工业部门及纺织等轻工业部门，也广泛采用股份公司制度的形式。股份制度最终在资本主义经济中确立了其主导地位。

近代股份制度产生、形成的过程，也就是股份制度走向成熟、规范的过程，这主要表现在：

（1）股份公司行为趋向规范化。在 1855 年以前，股份公司通常是无限责任公司，在公司破产时，股东需按其持股份额共同负担公司的全部债务。在 1720 年的大崩溃中，无限责任制使英国的许多股东蒙受了惨重损失。1855 年，英国认可了有限责任制。在公司破产时，股东只需承担与其所持股票面额对应的公司债务，无须担忧牵累其他事业和家计，由此使公司资本、资产、负债关系明晰化、规范化，投资者利益得到保护。同时，公司内部结构趋向合理，股东大会、董事会、总经理负责制三位一体的组织关系基本形成，从而使所有者与经营者的关系得以明晰、规范，改变了过去所有者凭个人偏好滥用资本及随意干预企业经营的状况。再者，购买股票后不能退股抽资得到确立，保障了公司经营资本数量的稳定，使股份公司成为永久性的资产经营实体，从根本上瓦解了所有者个人对公司活动的不良干预。

（2）公司法规初步建立。伴随着股份制度的发展，有关法律制度也逐渐完善起来。在这个过程中，西方各国通过制定商法、证券法、公司法、破产法、海商法等一系列经济法律，来规范经济行为，协调经济关系，限制、克服和消除股份制度的消极因素，以利其积极作用的发挥。自从 17 世纪上半叶英国首次确认公司作为独立法人的观点后，各国有关公司的立法就逐渐增加。1673 年，法国颁布商事条例，以法律的形式确认家族营业团体为公司制度。1844 年，英国制定了公司法；1862 年又颁布了股份公司法。到了 1875 年，美国大多数州都为股份公司的发展制定了法律。公司的设立、股份的募集、股票的买卖就变得有章可循，从而促进了股份制度的形成与发展。

（3）证券市场和金融体系发育形成。不仅证券交易所普遍建立，而且各种金融公司、投资银行、信托投资公司、证券公司、持股公司也有了大量发展，从而形成了功能比较齐全、组织比较完备的金融体系和证券市场。在证券品种结构上，公司股票或债券逐渐替代政府发行的公债和国库券占据主要地位，成为市场的基本品种。

从上述股份制度产生、形成的历史过程来看，股份制度首先是社会生产力发展的产物。我们知道,生产力在其发展过程中有着生产规模扩大、生产要素增多的趋向。在生产力较落后的小农经济时代,小块土地、简单工具、少量资本即可开展生产经营活动。但在发生产业革命后的大机器工业时代,随着生产社会化程度的不断提高,单个人的资金已很难达到一个企业有效生产所必需的最低资本限额;而且,依靠传统的个别资本内部积累的方法很难满足迅速增长起来的社会资本需求。于是,股份制这种社会化的资本组织形式应运而生,它可以在短时间内从民间筹集大量资金来满足铁路、运河、银行、保险及重工业部门对资本的巨额需要,适应并促进生产社会化水平的提高。其次,股份制度是商品经济及信用制度发展的必然结果。信用作为一种借贷行为,是商品货币经济的产物,而正是信用聚集资金的职能成为股份制形成的基础。马克思曾说过:信用制度是资本主义的私人企业逐步转化为资本主义的股份公司的主要基础。因为如果没有在商品经济发展基础上的信用制度和货币市场,股票的发行和推销是不可能的。股份制就其作为筹集资金的手段而言,实质上就是一种特殊的信用形式。此外,股份制作为一种企业联营形式,也是适应商品经济优胜劣汰的竞争要求而产生的。资本规模大的企业在市场竞争中具有显然的优势,而小企业因风险承受力弱、缺乏规模经济效益,在竞争中容易失败。这样,为收益所吸引,为竞争所强制,企业通过联合及发行股票方式来聚集资本、壮大实力的现象必然发生。

2.1.2 股份制度的发展与变化

自从19世纪下半期股份制度最终确立在资本主义经济中的主导地位后,它的发展便进入一个新的历史阶段,即现代股份制阶段。“二战”结束后,西方国家爆发了第三次产业革命,这次产业革命比前两次产业革命的规模更大,影响更为深远。科学技术在生产领域的广泛应用,使得生产经营活动和资本运用开始超越国界,跨国公司大量涌现,对资本的进一步集中提出了更为迫切的要求。于是,明显带有垄断特性、跨国、跨行业经营的现代股份公司迅速发展起来。

经过数百年的成长和发育,股份公司在发达的西方国家已成为一种普遍通行的企业组织形式,在全部企业中占统治地位。据有关资料统计,1980年,美国已有271万家股份公司,其营业收入占美国全部企业收入的88.9%;1982年,英国已有股份公司60多万家,其生产总值占全国生产总值的51%;在日本,1983年拥有资本1 000万日元以上的股份公司达23万多家,约占同类规模企业总数的87%,拥有资本1亿日元以上的股份公司16 891家,占同类规模企业总数的99%。

现代股份制的发展与新的科技革命、高度发达的生产力相适应。并具有如下特点:

(1)股份公司的垄断性不断加强,形成了垄断财团。在19世纪末20世纪初,资本主义由自由竞争过渡到垄断阶段,在这一过程中,股份有限公司这一典型的股份制企业组织形式起到了一种杠杆作用。少数实力雄厚的大公司通过不断发行股票把大量社会财富聚集到自己手中,形成了规模巨大的垄断财团;而且,它们又通过参与制,支配着一大批子公司、孙公司,从而基本上能控制一国的经济命脉。例如,19世纪末20世纪初,美国第一批垄断财团形成,当时有15~20家工业和银行集团,其中,资本实力最雄厚的是摩根集团和洛克菲勒集团。这两大集团控制了397亿美元的资本,占当时美国工业和银行业总资产的36%。1974年,美国最大的220家大公司中,明显地属于洛克菲勒、摩根、第一花旗银行、波士顿、杜邦、梅隆、克利夫兰、芝加哥、加利福尼亚、得克萨斯等十大财团的就有161家,而这些大公司本身通常又是一个巨大的垄断组织。日本股份公司发展虽晚,但速度很快,“二战”前就形成了以三井、三菱、住友、安田四大家族集团为中心的垄断财阀。战后,三菱、三井、住友、芙蓉、三和、第一劝业等六大财团控制了日本大量的公司,掌握了日本的经济命脉。

(2)股份制度的法规越来越严格和完善。现代股份制度走向成熟和规范是与股份制度的有关立法趋向完备紧密联系在一起的。立法的目的有两个方面:一是保护公司的法律地位,保障公司权利义务的实现;二是促进证券市场有效运行,防止过度投机行为,保护投资者利益。上述目的或要求在1929年世界股市爆发大危机后显得尤为重要和迫切。人们认识到,股份公司设立不规范、信息披露不充分、投机者操纵哄抬股价、证券商及交易所内部人员营私舞弊等是造成股票市场混乱、股票价格暴跌的重要原因,对经济危机的迅速蔓延起着推波助澜的作用。为此,各国政府采取了一系列措施来加强对证券市场的管理和控制。例如,从1933年至1940年,美国国会先后制定并通过了《证券法》《证券交易法》《投资公司法》《投资顾问法》等一系列法规,对股份公司的设立、证券的发行、上市、交易所及证券商的登记、管理、投资者利益保护等制定了更为严格、细密的原则和内容,从而形成了一套较完整的社会化管理和监督体系。

(3)股份经济国际化。这有两个方面的表现:一是跨国公司的大发展。“二战”后,由于世界市场、世界分工的形成,生产国际化及资本国际化程度大大提高,加上现代交通工具和通信手段的出现,使许多资本主义国家的大公司谋求到国外发展,通过股权参与的方式在国外设立分公司、子公司,形成跨国生产和经营的公司或集团。二是股票发行、交易的国际化。由于资本的国际化、股票发行已不再局限于本国境内,完全可以根据需要到国外市场发行股票筹集资本;而且,股票上市交易也可以到国外证券交易所进行。目前,美国纽约、日本东京、英国伦敦和我国香港等世界大证券交易所都已向外国公司开放,证券市场国际化、一体化的进程大大加快。

股份制度经过五百多年的发展,至今仍有很强的生命力。在当代,它除了继续沿着规范化、制度化、完善化、科学化的轨道向前发展外,股份制度或股份经济又呈现出一些新的变化趋势,主要表现在:

(1)股份结构的多元化、复杂化的趋势。由于现代股份公司股票发行量增加、股票交易活跃,使公司股东大大分散,股东结构、股权结构发生变化。如由于近年来西方国家职工股份制的推行及股票的小额化,个人持股人数不断增长,但个人持股的比率呈下降趋势。如日本从1949年到1986年,个人股东人数上升了4.4倍,达到2 213万人,个人持股率却下降2.89倍。在西方国家的股份公司中,个人股东持股率超过1%的现象已极为少见。与此同时,法人持股比率不断增长。如在日本,法人股东在股份公司持股比例从1949年的15.5%上升到1986年的66.2%,而个人股东持股比率从69.1%下降到23.9%。在持股的法人中,金融机构占了近三分之二的比例。其他西方国家的法人持股比率一般也高达50%以上。此外,国家股、外资股、职工集体股在股份中也占了一定的比重,各种公私合营公司、控股母子公司、跨国公司、参股公司大量增加,使股份经济的发展呈现一种多元化、复杂化的新格局。

(2)股份公司的权力向经营者倾斜的趋势。股份公司是实现所有权与经营权、所有者与经营者相互分离的一种企业组织形式。按照传统的公司权力来源理论,公司的最高权力属于由所有者组成的股东大会,一切重大问题均需由其投票决定,而实际决策权力掌握在公司董事会手中,董事由股东担任。但是,由于现代股份公司股东的高度分散化、流动化以及持股目的由控制企业到实现利益的单一化发展,加上现代公司经营管理的高度复杂性与专业性,使得公司权力重心逐渐由股东或董事向公司经营者即专业化的经理人员转移,经营者的地位不断上升,逐步登上企业领导的舞台。西方一些学者称这一现象为“经营者革命”或“经理革命”。例如在日本,会经营、懂管理的非股东董事在公司董事会中占有较大比重;1985 年末,在日本上市企业的 814 名董事长中,有 163 名是由公司非股东担任。

(3)股份公司经营的多元化趋势。现代市场竞争日趋激烈。科技进步速度、产品更新速度日趋加快,为适应这种多变环境,现代股份公司经营的多元化趋势非常明显。这样,一方面公司能长出许多新的触角,探索产品、技术、市场的新的生长点;另一方面有利于分散经营风险,使公司立于不败之地。因此,绝大部分股份公司都已逐渐发育成全方位、多功能、广视角的经营集团,所生产的产品从几十种到上万种,正如日本三菱公司最得意的广告词所说“从方便面到导弹”;而美国参议员布莱尔在参议院听证会上所说的一段话更为精彩:“每个家庭都可以从国际电话电报公司获取所有的日用消费品,可以买到房屋,进行房屋保险,出外旅游能够住到国际电话电报公司开设的旅馆,乘坐它的出租汽车,吃到它所生产的面包,看到它制造的彩色电视,可以从该公司生产的自动售货机里买到香烟和咖啡,还可以从该公司的金融机构里得到贷款。”由此可见,西方国家股份公司的多元化经营,已经达到相当高的程度。

在我国,股份制度最早是随着帝国主义的入侵而被带进来的,最先出现在列强在我国开办的工商、金融企业中。例如 1862 年在上海开办的美国旗昌轮船公司,1872 年创立的英商太古轮船公司,都实行了股份制集资,股份多数为华商购买。1873 年在上海开办的上海轮船招商总局,是由中国人自己创办的第一家股份公司。但是民族资本企业内部,股份公司形式并不发达,股份制度当时并没有占据主要地位,这主要是因为旧中国腐败的半殖民地和半封建的社会制度所决定的。外国资本和官僚政权的压迫,以及商品经济和信用关系没有真正发达起来,使得股份制度难以发展。

通过对股份制的历史考察,不难发现,商品经济和社会化大生产的发展,是股份制产生、存在和发展的根本原因。马克思曾对股份公司制度进行过精辟的论证,他认为:首先,股份公司制度是商品经济和社会化大生产的产物。股份公司产生和发展的经济根源在于存在着私人资本积累的有限性同发展社会化大生产要求巨额资本之间的矛盾。生产的社会化使其规模越来越大,创办企业和实现扩大再生产所需的资本也不断增加。只有拥有巨额资本才能利用规模经济效益,才能在激烈的竞争中发展壮大。但是私人资本主义的生产资料占有形式却使资本分散在各个资本家手中,单纯依靠企业获得的一部分剩余价值转化为资本,即个别资本自身的积累,是远远不能满足社会化大生产的需要的。股份公司的出现有助于缓解这一矛盾,它通过发行股票可以在短时间内把大量资本集中在股份公司手中,尽快用于企业的发展。因此,在资本主义社会,股份制所起的作用主要是使资本从分散走向集中,从而适应商品经济和社会化大生产不断发展。其次,股份公司制度是在资本主义范围内的一种积极扬弃。股份公司制度的积极意义不仅在于弥补个别资本积累的不足,促进生产规模的扩大,而且在于使私人资本直接取得了社会资本的形式,使私人企业在形式上表现为社会企业,因而是作为私人财产的资本在资本主义生产方式本身范围内的扬弃。正是在这个意义上,马克思才肯定私人资本向股份公司转变在经济上是一种进步。

2.1.3 股份制度的特征与功能

1. 股份制度的特征

股份制度是一种规范化、社会化的资本组织形式;作为其核心的股份公司制度,与传统的自然人企业制度相比，具有许多不同的特征，主要表现在以下四个方面：

(1)企业所有权分解为最终所有权和法人所有权。股份制企业所有权包括两个方面：一是投资者作为公司股东享有法律上的原始所有权即最终所有权；二是公司本身作为独立的法人具有经济上的实际所有权即法人所有权。最终所有权与法人所有权相对独立，同时又相互影响。

具体地说，在股份制度下，投资者一旦将资本投入企业，就失去了直接控制或支配这部分货币及相应实际资产的权力，而只是作为股东，拥有虚拟化的资产即股票，并按持股份额参加股东大会，间接影响企业经营决策，保留他作为资本最终所有者的权力。任何单个投资者既无权决定企业利润的分配水平，也不能抽回资本，随意处置公司的法人财产。与此同时，股份公司取得独立的法人资格，即成为不依赖其资本最终所有者而独立存在的民事主体，拥有直接控制法人资产的权力。如有权独立支配和使用企业税后利润，有权直接处置法人资产，不允许个别股东侵犯企业的整体利益，可以依法参加社会各种经济活动，等等；在责任和义务方面，公司将以法人资产独立地承担债权债务，当企业破产时，债务追索的对象不再是投资者(股东)而是企业法人本身。而投资者对企业的风险责任明显减轻，它不再需要以个人的全部财产对企业的经营风险承担无限责任，而只按其所投资的那部分资本额承担有限责任。

但另一方面，股东作为最终所有者能在一定程度上制约法人所有权的运用，法人所有权的独立只具有相对性质。这是因为，股东作为所有者必然要关心自身的利益是否得到实现，而股东与公司是“利益共享，风险共担”的关系，利益上一荣俱荣、一损俱损。因此，基于对自身利益的关心，股东必然要通过各种方式影响企业的经营决策，如参与股东大会投票表决，选举董事，以及掌握控股权直接进入董事会等。现在，随着股东的分散化、流动化，股东对公司的约束逐渐由内部转向外部，即通过在股票市场上买卖股票的方式“用脚投票”，从外部影响和制约企业董事会的经营决策。这是因为一个公司股票的交易量及交易价格是社会各界对公司经营绩效全面评价的结果，其高低必然在很大程度上影响公司今后的发展决策，如增资配股计划、项目投资计划等。这种约束虽然是间接的，但却是社会化的，有时比直接的内部约束更为有力。

(2)企业经营权相对独立。现代股份制经济不但实现了企业最终所有权与法人所有权的分离，在此基础上，又进一步实现了所有权与经营权的相对分离。也就是说，投资者(股东)不仅将企业的直接控制权让渡给企业法人，而且将具体经营权让渡给专业化的经理人员，从而实现了第二次“两权分离”。其结果，一方面是使股东逐渐退出了直接经营者的地位，变为凭借资本最终所有权取得股利收入的单纯资本家、食利者，另一方面又使公司的经营权掌握在熟悉业务、有经营管理才干的经理手中，进一步避免了所有者对公司经营的不良干预，有利于公司连续、稳定地发展。而经理成为一种社会职业，成为一个拥有众多人数且彼此竞争激烈的社会阶层，其薪酬的高低直接决定于其经营业绩的好坏。但是，经理毕竟是公司的高级职员，为保证经理人员对企业经营权的妥善运用，公司董事会一般都保留了对企业的重大决策权，包括总经理的任免权和监督权。所以，公司经营权的独立也是相对的。

(3)股权平等、流动、分散。股份制经济是股东投资入股组建的联合经济，实行“利益共享，风险共担”的原则，单个股东权力、责任、利益的大小以其投资入股的份额大小为依据，权责利对等，同股同权，同股同利，同权同责，在股东之间实现股权平等、权责一致，股利均沾的原则。比如，凡是公司股东，均可参加股东大会，并实行“一股一票”的选举表决制度；在利益分配上，同股同权同利，不搞特殊化、歧视性政策。

由于在典型的股份制企业中股权采取商品化、证券化形式，即股票形式，通过股票在二级市场的买卖,股权能够流通或转让,从而一方面分解或转移了股东的风险,增加了其运用个人资金的自由度,另一方面又由于"两权分离"不会对公司的正常运转产生直接影响,反而有助于打破实物资产的凝固和封闭状态,实现经济资源的合理流动及优化组合。

现代股份经济还具有股权分散的特点。由于现代股份公司股票发行量增大且多采用公开招股方式,使得公司法人或自然人只要有一定投资资金都可成为公司股东,加上股票的流通性,一个公司拥有数十万的股东已非个别现象。股权的分散导致企业所有者社会化程度的提高,从而突破了传统的以血缘关系为基础的家族式的私人企业的局限性;现代股份公司所有者不但遍及社会各阶层、各行业、各区域,而且遍及各种所有制关系、经济活动的各层次,并且向国际化方向发展,形成纵横交错的多元所有者结构。同时,股权的分散导致对单个企业控股所需资本限额的降低,使少数大资本更容易实现对社会资本的垄断控制。一般来说,一个人只需拥有一个公司 10% ~15% 的股权便足以控制这个企业,获取经营大权。所以在西方国家,股权的分散与控制权、经营权的集中是相互并存的。

(4)公司财务公开化。现代股份经济是大众化、开放性的经济,在公司财务上须实行公开化原则。世界各国公司法中一般都有明确规定,股份有限公司应定期向社会公众公布其财务和经营状况,如在每一经营年度的季度、中期和年度终了时,公告其季度、中期财务报告和年度财务报告,内容包括资产负债表、损益表和现金流量表等主要公司报表及其账目。此外,公司在招股、上市等重大活动中也应公告公司财务报表,在其股票交易过程中还应就可能影响股票交易价格的重大事件进行及时的信息披露,等等。之所以实行财务公开原则,主要是因为现代股份公司大多面向社会公开招股,所有者众多且经常流动,为了对股东的财产负责,让股东及社会公众能够及时了解公司的财务和经营状况,以便做出正确的个人投资选择,同时也为了吸引更多的投资者,扩大公司影响,所以股份公司应定期公开财务和经营情况,以便保护投资者的利益,实现所有者对企业法人的有效制约和监督,推动企业的经营管理向更高层次发展。

2. 股份制度的功能

股份制度是适应商品经济及生产社会化发展的产物,它的形成及在资本主义经济中主导地位的确立极大地推动了社会经济的发展,推动了商品生产、资本组成的社会化、国际化程度的进一步提高。它与传统的自然人企业制度相比,显示出极大的优越性。如果没有股份制,没有股份公司、股票市场,资本主义在几百年的时间内建立起如此高的生产力水平是难以想象的。实践证明,股份制仍然是现代企业组织的最佳方式,是适应并能促进现代社会生产力发展的企业制度及产权制度。之所以如此,主要是因为股份制度具有以下基本功能:

(1)筹集社会资金的功能。股份制是一种灵活、有效的融资手段,可以在短时间内为社会化大生产筹集巨额资金。由于生产社会化程度不断提高,要求企业生产规模、资本规模不断扩大;但由于单个私人资本积累的有限性,远远不能满足这种迅速增长的资本需求,而且巨额投资对单个资本来说风险太大,因此,需要寻找一种社会集资、风险分散的融资方式。通过银行借贷关系、商业信用关系、发行债券等固然能暂时解决资本数量的不足,但借债总是要还本付息的,故上述融资方式主要是解决企业短期性、周转性资金需要,以补充正常资本的不足。但通过发行股票筹集的资本能为公司长期运用,不用担忧中途归还而影响公司运行;而且股票筹资面广,对社会闲置资金的"挖掘"程度深,筹资速度快。马克思曾指出:"假如必须等待积累去使某些单个资本增长到能够修筑铁路的程度,那么恐怕直到今天世界上还没有铁路。但是,通过股份公司转瞬之间就把这件事完成了……”(《资本论》第一卷)股份制是把社会暂时闲置资金转化为长期生产资本的最有效形式。

(2)产权界定、主体明晰的功能。股份制不仅是一种有效的社会集资方式,而且是一种科学的企业组织制度或产权制度。在股份公司内部最终所有权、法人所有权与经营权既相互分离又相互制约,形成一个合理的产权结构。其中,股东是企业财产的最终所有者,享有各项股东权利,即股权。如参加股东大会间接参与公司经营管理;通过组建监事会对公司财务及公司董事、经理行使职权情况进行监督,以保障所有者权利不受侵害;等等。这些都是股东最终所有权的体现。但是,由于股东只以出资额为限承担有限责任,故没有直接经营管理企业的权力,这种权力由公司的法人代表即董事会来掌握和行使,故也称法人所有权。公司的具体经营则又由总经理负责。如制订生产或销售计划、确定融资方案等。这样,股权、法人所有权和经营权明晰清楚,三权主体及其主权明确界定,三权相互联系又相互制约,避免了产权主体单一、产权界定不清的状况,从而有利于企业动力机制、风险制衡机制的形成以及独立经营、自我约束、自负盈亏等功能的充分发挥。股份公司制度实现了个人资本所有权与经营权的分离,使公司的经营管理得到了优化。正如马克思所言:“实际执行职能的资本家转化为单纯的经理,即别人的资本的管理人,而资本所有者则转化为单纯的所有者,即单纯的货币资本家。”(《资本论》第三卷)这种分离一方面使分散于社会的资本所有权,被一个强大的经营权所集中和统一,另一方面还使生产的管理由资本家的皮鞭变为科学的管理方式,推动经济的迅猛发展。

(3)优化资源配置的功能。股份制度不仅是指股票的发行、股份公司的建立,更包括股票市场的建立、运行。也就是说,股份制企业的股权要实现商品化、货币化、证券化,能够通过股票市场进行流通或转让。股票市场是股份公司经营业绩的“晴雨表”,企业的经营决策和管理者无论是贯彻了还是违背了股东的意志和利益,股东都可通过购买或抛售该公司股票,来表示对企业经营者的支持或反对,奖励或惩罚。对于政府的宏观决策,股东也可以通过购买或抛售股票做出反应。可以说,这是一种有效的反馈机制。经营业绩好、有发展前途的企业,其股票被更多的人购买,因而股价不断上升,公司发售新股时则能更多更快地筹集到资金,资本规模不断扩大;相反,那些经营业绩差、发展前景暗淡的行业或企业,股价不断降低,不仅发售新股增资困难,而且很容易被其他公司兼并或收购,实现存量资本的重新组合。因此,股票价格是一个“导向标”,它最终引导社会资源不断向经济效益好、经营效率高的行业和企业集中,使产业结构、投资结构自发地得到不断调整,而资本效益低的企业因得不到公众的支持最终将不得不关、停、并、转,从而实现社会资源合理流动、优化配置,提高整个社会的资源使用效益和经济效益。

(4)分散投资风险的功能。股份公司实现了有限责任的承担,成为分散投资风险而又经久不衰的一种企业形式。按照股份制度的要求,股份公司的股东在其所持有的股份限额内对公司担负责任,除此之外,股东不直接负有任何连带责任。股东与公司的债权人不直接发生法律关系,公司债务完全以公司财产清偿。由于公司财产的原始成分是由股东出资组成的,且公司财产又是公司清偿债务的基础。所以股东对公司债务负有一种间接有限责任。也正是由于这种有限责任原则,使得股份公司能够成为分散投资风险的一种良好企业形态,使得这种企业形式与社会及其经济发展相适应而经久不衰保持下来。

股份制度除具备上述基本功能外,还有发展经济联合、促进企业家阶层形成、方便社会投资等功能;特别是在社会主义国家股份制更有其特殊的功能和意义。

2.2 股份公司

2.2.1 股份公司的概念与特征

1. 股份公司的概念

股份公司是股份制度的载体,是证券投资存在和发展的基础。股份公司是商品经济发展到一定阶段的产物,是在社会化大生产条件下,适应组织大规模商品生产和商品交换的要求而产生的一种企业组织形式。通常认为,股份公司是由若干人(一般是两个以上)以盈利为目的,联合其资本并按照一定程序创立的一种法人组织。

2. 股份公司的特征

股份公司一般具有以下几个方面的基本特征:

(1)股份公司是以盈利为目的的经济组织。股份公司的盈利性主要表现为,股份公司是为了自身财产的增加并获得利润而组织生产和经营活动,盈利性既是设立股份公司的出发点,也是它的归宿,因而成为股份公司的基本经济特征。

(2)股份公司的资本是联合资本。股份公司的资本是由若干人(通常是两个以上的人)共同出资构成的,因而是一种联合资本。出资人称为股东,其出资行为则是一种投资行为。

(3)股份公司是法人。股份公司的盈利性决定了股份公司必须具有法人地位,以区别于以其他组织形式存在的企业。股份公司的法人地位主要体现在以下几个方面。第一,拥有独立的财产。独立的财产是法人作为独立主体存在的基础和前提条件,也是法人依法独立享有民事权利和承担民事义务的物质保证。对股份公司来说,法律不仅要求其具有独立的财产,而且要达到法定的数额。股份公司的财产主要由全体股东的出资构成,公司享有公司财产的所有权。第二,拥有自己的名称、组织机构和住所。名称是区别不同股份公司的标志;组织机构则是产生和实现法人意志的载体,就股份公司来说,其经营目的、设立的宗旨及为实现其目的而产生的一切行为,都是通过一定的组织机构而体现的;而住所则是股份公司生产经营活动所必需的。第三,独立承担责任。这包括:①股份公司以它的全部财产对其债务承担责任,如果公司不能清偿到期债务,其资产也不足以抵偿债务时,就应依法宣告破产;②股份公司对它的代表人和代理人的经营活动承担民事责任;③股东仅以其对公司的出资额对公司的债务间接地承担责任,而不承担直接偿还债务的责任。

(4)股份公司必须依法设立。股份公司的法人资格实际上就是由法律赋予的法律人格,故法人必须依照法律规定的程序设立,且设立的目的、宗旨、组织机构、经营范围、经营方式等都必须是合法的。通常各国的公司法都专门规定设立股份公司的程序和条件。

2.2.2 股份公司的类型

股份公司在基本原则、机制上具有共同性,但在具体形式上有不同的种类。按照股东对公司承担责任的大小划分,股份公司一般可分为:无限责任公司、有限责任公司、两合公司、股份两合公司及股份有限公司。其中股份有限公司和有限责任公司是最基本也是最典型的股份公司;而狭义上,人们通常所说的股份公司就是指股份有限公司。

1. 无限责任公司

无限责任公司是指由两个以上的股东出资组建的对公司债务负连带无限清偿责任的公司。

所谓连带责任,就是股东共同对同一债务负责,而且每个股东都有承担公司全部债务的责任。即公司的债权人遇到公司资产不足以清偿债务时,债权人可要求股东全体或某个股东来偿还。股东中无论何人,无论出资多少,都负有清偿全部债务的责任。同时,一旦部分股东清偿了全部债务,他们就成了公司其他股东的新的债权人,有权要求他们支付其应分担的债务。所谓无限责任,是指必须将公司全部债务清偿完毕,当公司全部资产不足以清偿债务时,股东必须以其个人资产偿清债务。

无限责任公司的股东对公司的债务负连带无限责任通常还包括:①公司成立后,新加入的股东对其加入前公司发生的债务也要负责;②退股时,股东应向地方主管机关申请退股登记,对登记前公司发生的债务,在登记两年内仍负连带责任;③无限责任公司解散后,股东对公司所欠债务一般在3~5年内仍负偿还责任。

无限责任公司具有以下特点:

(1)无限责任公司应有两个以上的股东,发起人必须半数以上在国内有住所。股东通常为信用较高、财力较强的富豪,其姓名一般体现在公司的名称中,所以在日本又称为"合名会社",德国称之为"人名公司"。有些国家(如德、法、日)将无限责任公司视为独立的法人,而有些国家(如美、英)则不承认其法人资格,只是把它作为合伙企业对待。

(2)股东对公司的债务负连带无限清偿责任。

(3)股东个人的出资额未经其他股东同意,不得随意转让他人。

(4)股东可以以现金以外的财产作为股金,公司的盈亏一般按出资比例分配。

(5)股东直接参与公司的经营管理,每个股东都有执行公司业务的权利,也可以通过协商由其中一人或数人执行。

无限责任公司的优点在于:组织简单,组建时不需履行繁杂的法律登记手续,一般不要求必须具备最低股本额;无须对外公开财务状况,保密性强;信用较高,有利于竞争。

无限责任公司的缺陷在于:股东要对债务负连带无限清偿责任,经营风险大,公司一旦破产就会使股东倾家荡产,不利于保护投资人利益;公司以个人信用为基础,筹资规模有限,不利于大规模经营;股东直接参与经营管理,难以使经营管理专业化、规范化、科学化,不利于提高企业的经营管理水平。因此,无限责任公司已不适应现代经济发展的需要。

2. 有限责任公司

有限责任公司是指股东以其出资额为限对公司债务承担责任,公司以其全部资产为限对公司债务承担责任的公司。它以资金的联合和股东间的信任为基础,因此有限责任公司是人资两合性公司,也叫股份不上市公司。有限责任公司1892年首创于德国,依据公司法规定,有限责任公司具有如下特征:

(1)股东人数具有严格的数量限制。多数国家都以法律的形式规定了有限责任公司股东人数的最低限和最高限。英国、法国、日本和我国都规定有限责任公司股东人数必须在2~50人,如超过50人时要转为股份有限公司或解散。我国公司法规定,一个自然人股东或者一个法人股东可以设立一人有限责任公司,一个自然人只能投资设立一个一人有限责任公司。该一人有限责任公司不能投资设立新的一人有限责任公司。一人有限责任公司的股东不能证明公司财产独立于股东自己的财产的,应当对公司债务承担连带责任;由国家授权投资的机构或者国家授权的部门可以单独投资建立国有独资的有限责任公司。

(2)公司资本不划分为等额股份,公司不公开发行股票,只向股东签发出资证明书。

(3)公司股份不得随意转让,转让须经股东会或董事会讨论通过。

(4)股东承担有限责任,即股东仅就出资额对公司债务负有限责任,公司以其全部法人资产对债务负有限责任。

(5)公司的债务不对外公开。

(6)公司的设立程序简单,实行准则登记制,只要符合法律规定的条件,政府均给予注册,而没有烦琐的审批程序。

(7)公司内部组织机构设置灵活、简便。

有限责任公司作为兼具资合性和人合性的中间型公司,它既在一定程度上克服了无限公司对债务负连带无限清偿责任、经营风险大的缺陷;又注重股东之间的相互信任,且在有限责任公司建立之后,一般不得随便增加或变更股东,股东的身份比较稳定。所以,公司对于股东及股东与股东之间比较了解,容易组织管理。同时有限责任公司的股东常常出任董事或经理,直接参与公司的经营和管理,股东的利益与公司的经营状况紧密相关,促使其保持应有的责任心。有限责任公司在现代公司制度中占有重要的地位。

有限责任公司的缺陷在于:公司不能发行股票,筹资范围与规模有限,这种组织形式一般适合于中小企业。

3. 两合公司

两合公司是指由负无限责任股东和负有限责任股东共同出资组成的公司。这种公司至少有一名股东是无限责任股东,他们对公司债务负有连带清偿的无限责任;同时,至少有一名股东是有限责任股东,有限责任股东仅以出资额为限对公司债务负责。两合公司具有如下特点:

(1)它是一种介于无限责任公司和有限责任公司之间的股份公司。

(2)公司内部股东的关系由契约规定。

(3)公司中两类股东的权利与义务不同。无限责任的股东直接经营管理公司,无限责任股东必须征得其他所有股东同意,才能转让其所持股份;有限责任股东不参与公司的经营管理,对外也不能代表公司执行业务,他们所持有的股份,在未得到无限责任股东超过半数的同意时,不得转让他人。

4. 股份两合公司

股份两合公司是两合公司的一种特殊形式。它是由一个以上负无限责任的股东和法定最低人数以上负有限责任的股东共同出资组成的公司。它是介于无限责任公司和股份有限公司之间的一种股份公司。无限责任股东对公司债务负有连带清偿的无限责任,有限责任股东仅以出资额为限对公司债务负责。这种公司除具有上述两合公司的基本特点外,与两合公司的区别之处在于:股份两合公司中的有限责任股东的资本可以划分为等额股份,可以公开发行、买卖股票,其股东仅就其认购的股份负责。这种公司还可以由有限责任股东组成股东大会,选举监察人,监察公司事务,股东大会的决定对有限责任股东具有约束力;但有限责任股东通常不能代表公司,不能执行业务,而两合公司中的有限责任股东的资本不划分为等额股份,也不公开发行股票,股份也不能任意转让。

组建两合公司或股份两合公司的目的是要把负无限责任的经营人才和负有限责任的出资人结合在一起,发挥各自的优势与特长。但出资人的出资如果集中过多,将增加无限责任股东资本的危险性,因而在一定程度上限制了资本的集中,限制了公司的规模。因此,两合公司和股份两合公司的规模不可能发展得太大。

5. 股份有限公司

股份有限公司简称股份公司,是指其全部资本分为等额股份,股东以其所持股份为限对公司承担责任,公司以其全部资产对公司债务承担责任的公司。股份有限公司起源于 17 世纪,在现代经济社会,股份有限公司是最具代表性、地位最重要、采用最广泛的企业组织形式。股份有限公司具有以下特征:

(1)股份有限公司是独立的法人。股份有限公司是按一定的法律程序建立的,具有自己的组织、章程,拥有自己独立的财产,有自己的权利并承担相应的义务。股份有限公司可以以自己的法人资格取得资产、签订合同、履行民事权利与义务。

(2)承担有限民事责任。股份有限公司的有限责任表现在两个方面:第一,股东以其认购的股份对公司承担有限责任,不承担任何连带责任;第二,公司以其全部资产对公司债务承担责任。

(3)全部资本划分为等额股份。股份有限公司的资本由不同的投资者分别投入,每个投资者投入的金额可以不等,但公司的资本必须全部划分成等额股份,股东的出资按股计算。股东按持股比例享受权利,履行义务,承担责任。

(4)股份有限公司实行财务与经营公开原则,即公司的财务状况与经营状况按照法定要求向社会公众完全公开,以便社会监督和公众选择投资。

(5)股份有限公司的股票公开发行并可依法进行转让。

(6)股份有限公司的所有权与经营权相分离。

股份有限公司的优点是:可以广泛动员、吸收社会资金,快速筹集起巨额资本,有利于资本集中;股东人数众多,有利于分散经营风险;所有权与经营权相分离,有利于提高公司的经营管理水平和效率。

股份有限公司的缺点在于:设立程序比较繁杂,并且要定期公布财务状况和经营状况,保密性较差;股东流动性大,难以控制;股票可随意转让,容易助长投机性。

2.2.3 股份有限公司的组织机构

股份有限公司的内部组织机构由股东大会、董事会和监事会等构成。股东大会是公司的最高权力机构;由股东大会选举产生的董事会是公司的常设权力机构与执行机构;监事会是公司常设的监督机构。由董事会委托或选聘的总经理及其下属机构是公司的业务经营管理机构。各机构、部门各司其职,各负其责,既相互联系又相互制约。

1. 股东大会

(1)股东大会的性质。股份有限公司的股东大会由全体股东组成,是公司的最高权力机构,是股东参加公司有关重大事务决策的表决和表达其意志、利益和要求的主要场所和工具。

股东大会是一个非常设的最高权力机构。通常情况下,公司的重要人事任免和重大决策均须得到股东大会的认可和批准方为有效。股东大会的决定,董事会必须执行,但股东大会对外不能代表公司,对内也不能执行业务。

(2)股东大会的职权。对股东大会职权范围的规定,各国立法虽有差异,但其基本内容是一致的。根据我国《公司法》的规定，股东大会行使以下职权：

①决定公司的经营方针和投资计划；

②选举和更换非由职工代表担任的董事、监事，决定有关董事、监事的报酬事项；

③审议批准董事会的报告；

④审议批准监事会或者监事的报告；

⑤审议批准公司的年度财务预算方案、决算方案；

⑥审议批准公司的利润分配方案和弥补亏损方案；

⑦对公司增加或者减少注册资本作出决议；

⑧对发行公司债券作出决议；

⑨对公司合并、分立、解散、清算或者变更公司形式作出决议；

⑩修改公司章程；

⑪公司章程规定的其他职权。

(3)股东大会的类型。股东大会的会议分为股东年会和临时股东大会。

股东年会又叫股东常会或公司年会，是指每年一次必须召开的全体股东会议。通常在每年结算后的一定时间内召开，两次年会之间的间隔为13～15个月。它主要决定公司的经营方向、选举董事等重要事项，或就例行的事务进行审议批准。

临时股东大会也叫特别股东会，是指在两次股东年会之间不定期召开的全体股东会议。我国《公司法》规定出现下列特别情况之一时，应在特别情况出现两个月内召开临时股东大会：①公司董事人数不足(公司法)规定的人数或公司章程所定人数的三分之二时；②公司累计未弥补亏损达公司股本总额的三分之一时；③单独或者合计持有公司百分之十以上的股东请求时；④董事会认为必要时；⑤监事会提议召开时；⑥公司章程规定的其他情形。

(4)股东大会的召集。股东大会会议由董事会负责召集，由董事长主持。董事长因特殊原因不能履行职务时，由副董事长主持；副董事长不能履行职务或者不履行职务的，由半数以上董事共同推举一名董事主持。召开股东大会，应当将会议召开的时间、地点和审议的事项于会议召开二十日前通知各股东；临时股东大会应当于会议召开十五日前通知各股东；发行无记名股票的，应当于会议召开三十日前公告会议召开的时间、地点和审议事项。单独或者合计持有公司百分之三以上股份的股东，可以在股东大会召开十日前提出临时提案并书面提交董事会；董事会应当在收到提案后二日内通知其他股东，并将该临时提案提交股东大会审议。临时提案的内容应当属于股东大会职权范围，并有明确议题和具体决议事项。股东大会不得对通知中未列明的事项作出决议。无记名股票持有人出席股东大会会议的，应当于会议召开五日前至股东大会闭会时将股票交存于公司。

股东出席股东大会，持有的每一股份拥有一票表决权；公司持有的本公司股份没有表决权。股东也可以委托代理人出席股东大会，在授权范围内行使表决权。股东投票表决方式分为直接投票、累计投票、偶尔投票、分类投票和不按比例投票五种，其中最常用的是直接投票与累计投票。

股东大会作出决议，必须经出席会议的股东所持表决权的半数以上通过。股东大会对公司的合并、分立、解散或者变更公司形式，增加或者减少注册资本以及修改公司章程做出决议，必须经出席会议的股东所持表决权的三分之二以上通过。

2. 董事会

(1)董事会的性质。董事会是公司常设的权力机构,也是公司管理、决策的最高业务执行机构。对内负责组织管理,对外是公司进行业务活动的全权代表,董事会对股东大会负责。

(2)董事会的组成。董事会由股东大会选举产生的董事所组成,人数各国规定不一,但一般由不少于5人的奇数董事组成。《中华人民共和国公司法》(以下简称《公司法》)规定,有限责任公司董事会成员为3~13人,股份有限公司董事会成员为5~19人。董事可以是股东也可以不是股东,因为公司董事只是以股东代理人和财产受托人的身份代表公司对公司事务进行管理。董事任期一般为3年,可以连选连任。

董事会一般设董事长1人,副董事长1~2人,常务董事若干。董事长或副董事长由董事会全体董事过半数选举产生。董事长是公司的法定代表人,董事长或副董事长可以兼任公司经理。

(3)董事会的职权。董事会在股东大会闭会期间代行股东大会职权,我国《公司法》规定董事会的职权是:

①召集股东会会议,并向股东会报告工作;

②执行股东会的决议;

③决定公司的经营计划和投资方案;

④制订公司的年度财务预算方案、决算方案;

⑤制订公司的利润分配方案和弥补亏损方案;

⑥制订公司增加或者减少注册资本以及发行公司债券的方案;

⑦制订公司合并、分立、解散或者变更公司形式的方案;

⑧决定公司内部管理机构的设置;

⑨决定聘任或者解聘公司经理及其报酬事项,并根据经理的提名决定聘任或者解聘公司副经理、财务负责人及其报酬事项;

⑩制定公司的基本管理制度;

⑪公司章程规定的其他职权。

(4)董事会的召集。董事会每年度至少召开两次会议,会议由董事长召集并主持,每次会议应于会议召开10日前通知全体董事,且要有二分之一以上的董事出席方能举行。董事会做出的决议,须经过半数的董事通过。董事会表决时,董事一人一票。

3. 监事会

监事会是公司常设的监察机构,是在股东大会领导下,与董事会并列设置,对公司财务及业务活动进行监督和检查,对董事会及其成员和经理等管理人员行使监督职能的内部组织机构。监事会向股东大会负责并报告工作。监事会行使下列职权:

(1)检查公司财务;

(2)对董事、高级管理人员执行公司职务的行为进行监督,对违反法律、行政法规、公司章程或者股东会决议的董事、高级管理人员提出罢免的建议;

(3)当董事、高级管理人员的行为损害公司的利益时,要求董事、高级管理人员予以纠正;

(4)提议召开临时股东会会议,在董事会不履行法定的召集和主持股东会会议职责时召集和主持股东会会议;

(5)向股东会会议提出提案;

(6)对董事、高级管理人员提起诉讼；

(7)公司章程规定的其他职权。

监事会由监事组成。股份公司的监事人数一般为3人以上，监事任期3年，可以连选连任。监事会的成员由股东代表和适当比例的公司职工代表组成，其中职工代表的比例不得低于三分之一。监事不得兼任公司董事、经理及其他高级管理职务。

4. 经理

经理是指股份公司中对内有管理业务权限，对外有商业代理权限的管理者。经理是公司法定代表人的代理人，同时又是公司行政工作的首脑，总经理负责公司的全面业务活动。

经理是公司的雇员，而不是公司资产的所有者，经理与公司的关系一般属于委任契约关系。在现代股份公司中，由于所有者、经营者的界限日趋模糊，经理往往由董事兼任。

我国《公司法》规定的经理的职权是：

(1)主持公司的生产经营管理工作，组织实施董事会决议；

(2)组织实施公司年度经营计划和投资方案；

(3)拟订公司内部管理机构设置方案；

(4)拟订公司的基本管理制度；

(5)制定公司的具体规章；

(6)提请聘任或者解聘公司副经理、财务负责人；

(7)决定聘任或者解聘应由董事会决定聘任或者解聘以外的负责管理人员；

(8)董事会授予的其他职权。

公司章程对经理职权另有规定的，从其规定。

2.2.4 股份有限公司的设立、变更和终止

1. 股份有限公司的设立

股份有限公司的设立是指依照《公司法》《中华人民共和国公司登记管理条例》等法律、法规规定的程序创办股份有限公司，并使其取得法人资格的一系列行为和活动的总称。

按照我国《公司法》的规定，股份有限公司的设立有发起设立和募集设立两种方式。

(1)发起设立方式是指由发起人认购公司应发行的全部股份而设立股份有限公司的方式。发起设立方式是欧洲大陆国家及其他大陆法系国家广泛采用的方式。

(2)募集设立方式是指由发起人认购公司应发行股份的一部分，其余部分向社会公开募集或向特定对象募集而设立股份有限公司的方式。我国股份有限公司的募集设立可分为定向募集和社会募集两种形式。在募集设立方式中，股份有限公司发行的股份除由发起人认购外，如果其余股份向其他法人或公司内部职工发行，则视其为定向募集；如果其余股份向社会公众公开发行，则视其为社会募集。

我国公司法原则上实行准则主义的设立方式，即凡符合《公司法》规定条件的，即可登记为公司。设立股份有限公司应具备下列条件：

(1)发起人符合法定人数。设立股份有限公司应当有2人以上200人以下为发起人，其中须有半数以上的发起人在中国境内有住所。

(2) 发起人认购和募集的股本达到法定资本最低限额；股份有限公司注册资本的最低限额为人民币500万元。法律、行政法规对股份有限公司注册资本的最低限额有较高规定的，从

其规定。

(3)股份发行、筹办事项符合法律规定。

(4)发起人制定公司章程,采用募集方式设立的经创立大会通过。

(5)有公司名称,建立符合股份有限公司要求的组织机构。

(6)有公司住所。

股份有限公司的设立程序依设立方式的不同,有所区别。

发起设立方式一般包括:发起人订立公司章程、发起人认足股份、发起人缴纳股款、发起人选任公司组织机构、设立登记、公告等程序。

募集设立方式的程序一般包括;发起人订立公司章程、发起人认购股份、发起人募股、认股人认股缴纳股款、召开创立大会、设立登记、公告等步骤。

2. 股份有限公司的变更

(1)股份有限公司的合并。合并是指两个或两个以上的公司,依法定程序合并成一个公司的行为。我国《公司法》规定的公司合并方式有两种,即吸收合并和新设合并。

①吸收合并,也叫兼并。一个公司吸收其他的公司后继续存在,被吸收的公司解散。存续公司仍然保持原有的公司名称,并承继其他被吸收公司的资产和负债。

②新设合并,又称创设合并。两个或两个以上的公司合并设立一个新的公司。原合并各方解散,取消法人资格,新设立的公司承继原有各公司的一切资产和负债。

(2)股份有限公司的分立。分立是指一个股份有限公司分开设立为两个以上公司的行为。分立通常也有两种形式,即新设分立和派生分立。新设分立是一个公司将其全部资产分为两个或数个部分,分别设立两个以上的公司,原公司解散。派生分立是将一个公司的资产或营业的一部分分离出去,设立一个或数个新的公司,原公司继续存在。

3. 股份有限公司的终止

股份有限公司的终止是指股份有限公司的破产、解散与清算。

(1)股份有限公司的破产。股份有限公司的破产是指公司不能清偿到期债务时,依法用其全部财产抵偿其所欠的各种债务,并依法免除其无法偿还的债务。公司破产必须按照规定的破产程序进行。

我国《公司法》规定,股份有限公司因不能清偿到期债务,被依法宣告破产的,由人民法院依照有关法律的规定,组织股东、有关机关及有关专业人员成立清算组,对公司进行破产清算。此外,因公司解散而清算,清算组在清理公司财产、编制资产负债表和财产清单后,发现公司财产不足清偿债务的,应当立即向人民法院申请宣告破产。公司经人民法院裁决宣告破产后,清算组应当将清算事务移交人民法院。

(2)股份有限公司的解散。公司解散是指由于公司章程规定的原因或法定原因,致使公司丧失经营能力并使其法人资格消失的过程。公司解散包括的含义既指公司业务活动的停止,也指公司对外法律关系的结束。按照我国《公司法》规定,当公司出现下列情形之一时,可以解散:

①公司章程规定的营业期限届满或者公司章程规定的其他解散事由出现;

②股东会或者股东大会决议解散;

③因公司合并或者分立需要解散;

④依法被吊销营业执照、责令关闭或者被撤销;

⑤公司经营管理发生严重困难,继续存续会使股东利益受到重大损失,通过其他途径不能解决的,持有公司全部股东表决权百分之十以上的股东,可以请求人民法院解散公司。

公司解散的方式有自愿解散和强迫解散两种。

①自愿解散有多种形式:一是公司刚建立或尚未正式营业,因各种原因(如资金未达到限额等)创办人员自愿解散;二是公司的股东自愿解散;三是由于公司合并或分立而自愿解散。

②强迫解散,是指公司违背法律法规,或者公司无力偿付债务、破产而被法院或政府主管部门强令解散。

(3)股份有限公司的清算。清算是指在公司解散时,清查公司的财产、债权、债务,将公司财产在分别支付清算费用、职工的工资、社会保险费用和法定补偿金,缴纳所欠税款及清偿公司债务后的剩余财产按比例分配给股东的法律行为。

公司合并或分立、公司解散时应当依法成立清算组,对公司财产进行清理。清算期间,公司不得开展新的经营活动。

清算方式分为普通清算和特别清算。普通清算是指公司自行进行的清算;特别清算是指依照法院的命令,并自始至终都在法院的严格监督下进行的清算。特别清算的目的是避免解散的公司破产,从而保护股东和债权人的利益,它介于普通清算和破产之间。

2.3 股　　票

2.3.1 股票的概念、性质与特点

1. 股票的概念

股票是股份公司发给股东作为其投资入股的证书和索取股息红利的凭证,也是持股人拥有公司股份的书面证明。马克思曾在《资本论》第二卷中指出:“股票,如果没有欺诈,它们就是对一个股份公司拥有的实际资本的所有权证书和索取每年由此生出的剩余价值的凭证。”股东凭持有的股票向公司要求得到相应于其股本的各项权益,而公司则按股票兑现其向股东做出的各项承诺。对股份有限公司来讲,股票是筹资工具,对资金所有者来说,股票是投资工具。

股票作为一种所有权凭证,有一定的格式与内容,从股票的发展历程看,最初的股票票面格式和内容既不统一,又不规范,由各发行公司自行决定。随着股份制度的发展和完善,为了避免纠纷与混乱,各国对股票票面格式和内容作了规定,提出票面应载明的事项和具体要求。我国《公司法》中规定:股票采用纸面形式或者国务院证券监督管理机构规定的其他形式。股票应当载明下列主要事项:公司名称,公司成立日期,股票种类、票面金额及代表的股份数、股票的编号。股票由法定代表人签名,公司盖章。发起人的股票,应当标明发起人股票字样。

一般而言,股票的票面内容包括正、反两面载明的内容。股票的正面应载明下列事项:①发行股票公司的名称,所在地址;②批准发行股票的机构、批准日期和批准文号;③股票种类、票面金额及代表的股份数;④股票的编号;⑤发行日期;⑥公司的印章及法定代表人签字签

章;⑦防伪暗记。股票的背面一般印制和登记下列内容:①股票持有人的姓名及证明身份的证件号码;②记载股票转让、过户的登记栏;③公司认为需要说明的其他事项。

2. 股票的性质

对于股票性质的理解,应该把握以下几点:

(1)股票是一种有价证券。一般讲到有价证券,主要是指其所代表的权利是一种具有财产价值的权利,同时行使这种权利必须以持有该证券作为必要条件。由此来看,股票是有价证券的一种。第一,虽然股票本身没有价值,因为它不是劳动的产品,但其包含着股东要求股份公司按规定分配股息和红利的请求权,它能给持有者带来一定的收益,所以股票也反映和代表着一定的价值。第二,股票与其代表的股东权利具有不可分离的关系,股票与股东权利合为一体。或者说,股东权利的转让应与股票占有的转移同时进行,不能只转移股票而保持原来的股东权利,也不能只转让股东权利而不转移股票。

(2)股票是一种要式证券。股票应记载一定的事项,其内容要全面真实,表现在股票的制作程序、记载的内容和记载方式都必须符合法律规定和公司章程的规定。从票面内容看,股票的票面内容应当完备,否则就失去了应有的价值,所以许多国家和地区的法律都具体规定了股票必须记载的内容。如果股票记载的内容欠缺或不真实,缺少规定的要件,股票就无法律效力。另外,股票的制作和发行都必须经过证券主管机关的审核和批准,并受到国家的严格控制和监督,任何个人或团体,不得擅自印制发行股票。

(3)股票是一种资本证券。股份公司发行股票作为吸引认购者投资以筹措公司自有资本的手段,对认购者而言,购买股票就是投资行为。股票可以作为买卖或抵押的对象,是金融市场上主要的、长期的信用工具。因此,股票是投入股份公司的资本份额的证券化,属于资本证券。但股票不是现实的财富,股份公司通过发行股票筹集的资金,是公司用于经营的真实资本,股票独立于真实资本之外,只是代表着股份公司现实资本的相应部分,凭借着它所代表的资本额和股东权益在股票市场上进行着独立的价值运动,股票的资本价值具有虚幻的性质,是一种虚拟资本。

(4)股票是一种证权证券。证券可以分为证权证券和设权证券。设权证券是指证券所代表的权利本来不存在,而是随着证券的制作而产生,即权利的产生是以证券的制作和存在为条件的。证权证券是指证券是权利的一种物化的外在形式,它是权利的载体,权利是已经存在的。股票代表的是股东权利,它的发行是以股份的存在为条件的,股票只是把已经存在的股东权利表现为证券的形式,它的作用不是创造股东的权利,而是证明股东的权利。股东权利可以不随股票的损毁或遗失而消失,股东可以依照法定程序要求公司补发新的股票。因此,股票是证权证券。

(5)股票是一种综合权利证券。股票既不属于物权证券,也不是债权证券。物权证券是指证券持有者对公司的财产拥有直接支配处理权的证券。债权证券是指证券持有者是公司债权人的证券。股票持有者作为股份公司的股东,享有独立的股东权。股东权是一种综合权利,包括出席股东大会、投票表决、分配股息红利等权利。股东虽然是公司财产的所有者,享有种种权利,但对于公司的财产不能直接支配处理,而对公司的财产直接支配处理是物权证券的特征,所以股票不属于物权证券。此外,投资者一旦购买了股票,他就成为公司部分财产的所有人,但该所有人在性质上是公司内部的一分子,而不是与公司对立的债权人,所以股票也不是债权证券。

3. 股票的特点

股票是投资者对股份有限公司投资入股的凭证,又是股份的书面表现形式,作为投资工具,股票一般具有如下几方面的特点:

(1)不可返还性。股票的不可返还性是指股票是一种无返还期限的投资工具,投资者一旦购买了股票,就不能要求发行股票的公司退还其投资入股的本金。股票的有效期与股份公司的存续期间相联系,两者是并存关系,这种关系实质上反映了股东与股份公司之间稳定的经济关系。因为股本是无还本可能的,除非公司破产清偿或因故解散,故股票的不可返还性是由股本的非偿还性所决定的。这一特征是股票与其他金融市场工具之间的重要区别。理解股票的不可返还性应注意两点:其一,股票虽然属于永久性投资,但因其具有流动性,股票持有者可以通过出售股票而转让其股东身份;其二,一旦股份公司不再存在,其发行的股票也就分文不值。

(2)风险性。证券投资风险的内涵是预期收益的不确定性。股票尽管可能给持有者带来收益,但该收益是不确定的,投资于股票必须承担一定的风险。股票作为高风险的投资工具,是由股本清偿性上的附属性和报酬上的剩余性所决定的。公司实现的税后利润要首先支付到期的对外负债并提取公积金,然后才能以股息、红利的方式向股东支付报酬,如果剩余利润少或没有剩余利润,可以少发或不发放股息、红利。股票的收益直接受到公司盈利状况的影响,有利则分,无利不分,利多多分,利少少分。当公司解散或破产清算时,其财产要首先清偿其所欠税款和债务,剩余财产才能分配给股东。一旦公司倒闭,该公司股票可能一文不值。此外,股票的价格也受公司盈利状况及相关政治、经济等因素的影响,变化无常,如果股票价格下降,投资者也会蒙受损失。

(3)收益性。投资者购买股票的目的在于获取收益。由于股本具有报酬上的剩余性,剩余利润越多,报酬便越多,既不受股票面额影响,也没有一个事先严格规定的封顶标准,所以,股票具有潜在的收益性。股票的收益分成两类:第一类来自股份公司,即股票持有者从股份公司领取的股息或分得的红利,股息红利的多少取决于公司的经营状况和盈利水平;第二类来自股票流通,投资者低买高卖获得的价差收益。

(4)流通性。流通性是指股票持有人可按自己的意愿和市场情况,灵活地转让股票。法律赋予了股票的可自由转让性,因而股票成为一种流动性较强的证券。事实上,是股本的有限责任性决定了股票必须能够自由转让。假如股本具有无限责任,股东投入了股本就要以个人全部财产作为清偿公司债务的保证,一旦公司的全部财产不足以清偿其全部债务时,债权人有权要求公司股东以其个人财产清偿。这时的股本便不代表股东投入公司的金额,而是代表股东的全部财产。在这种情况下,如果股东把代表股本的股票转让给他人,股票的价值就会因持有人的富有程度而发生变化。同一张股票,富人持有时价值高,穷人持有时价值低,这样的工具是无法转让的。具有有限责任的股本则不然,股票的价值完全不取决于谁持有股票,股票才成为一种非个人性的可转让的投资工具。

(5)决策性。股票的持有者作为股份公司的股东,具有相应的权利和义务。股东权利之一就是有权出席公司的股东大会,参与公司的经营决策。当然,股东决策权的大小取决于股东持有股票份额的多少或比例的大小。

(6)波动性。波动性是指股票的市场交易价格存在较大的变动,或者说股票交易价格与股票票面价格不一致。影响股票交易价格的因素有很多,除公司的经营状况和盈利水平外,政治、社会、经济、军事等多方面的因素都会综合在一起影响股票的交易价格,导致其交易价格不断变化。

(7)投机性。股票的投机性是指投资者利用股票交易价格与票面价格的不一致及交易价格的频繁波动,通过低买高卖来获取价差收益的行为。股票的投机性虽然对公司股东的稳定和经济具有一定的破坏性,但对活跃市场交易、加速资本流动也具有积极意义。

2.3.2 股票的种类

股票的种类繁多,可以按不同的标准将股票划分成不同的类型,这里只介绍常见的股票分类。

1. 普通股和优先股

按股东享有权利和承担风险大小不同,可将股票分为普通股股票和优先股股票。

(1)普通股。

①普通股股票的含义与特点。普通股是股份有限公司资本构成中最基本的股份,每一普通股股份对公司财产都拥有平等权益,且对其股东享有的平等权利不加以特别限制,并能随公司利润的变化而分取相应的红利。普通股股票的持有人是公司的基本股东,也是拥有经营管理参与权的股东。通常在股份有限公司中必须有一定数量的普通股股东。普通股股票一般表现出如下的特点:

- 普通股股票是股份有限公司发行的最基本、最重要且发行量最大的股票。
- 普通股股票的持有者可以平等地享有不受特别限制的权益。
- 普通股股票是风险最大的股票,其风险主要表现为收益的不确定性和交易价格的波动性。

②普通股股东享有的权利。持有普通股股票的股东,在公司内处于平等的法律地位,股东的平等地位不会因股东的信誉、身份、工作能力及财产状况等条件的差别而发生改变。按各国公司法的规定,在公司的存续期间,普通股股东都平等地享有下列法定的不受任何特别限制的权利:

公司经营决策的参与权。经营决策的参与权主要表现为通过参加股东大会并对公司重大事务的决策行使表决权。他们有权出席股东大会,听取董事会的业务报告和财务报告,行使表决权和选举权。如果认为公司的账目不清,有权查阅公司的有关账册;如果发现董事有违法、失职或违反公司章程、损害公司利益的,有权诉诸法庭。普通股股东平等的经营决策的参与权表现为:每持有一个股份,就有一票表决权,同股同权,任何人不得以任何理由剥夺其表决权。表决权的多寡视其持有的股份数而定,持有的股份数越多,享有的表决权就越多。股东可以直接出席股东大会来行使表决权,也可以按规定手续委托代理人出席股东大会代为行使表决权。在实践中,与股东参与权相联系的一个问题是控制权,股东享有参与权并不意味着就能完全控制股份公司的经营管理决策。由于股东人数众多,所以,对公司的控制不一定需要持有绝对多数股票。少数股东如能根据公司章程规定的表决制度达到选举董事所需的一定比例的股票份额,就可以选派董事,通过这些董事及其选定的经理人来控制股份公司的运作。股东投票制可以采取多数投票制和累积投票制两种方法。多数投票制下,股东的表决权按其实际拥有的股票份数计算,每持有一股就有一票表决权;累积投票制下,股东的表决权则按其实际拥有的股票份数乘以待选董事人数来计算。无论如何,少数大股东都能通过经营决策参与权的行使来控制股份有限公司的经营。

公司盈余分配权。公司盈余分配权是指普通股的股东有权获得股利,但必须是从公司的净利润中分取。即公司的税后利润必须先弥补亏损,偿还债务,提取公积金、公益金,发放优先股股息,之后才能支付普通股的股息和红利,且数额不固定。净利润多,可以多分配,净利润少就少分配,没有净利润就不分配。一般而言,股份有限公司的净利润并非全部分配给普通股股东,通常要保留一部分盈余用于增加公司资本的投入量,或用于维持未来收益分配的稳定性。

剩余资产分配权。在公司因破产或解散而进行清算时,普通股的股东有权要求分得公司的剩余资产,但必须是在公司资产满足了公司债权人的清偿权和优先股股东分配剩余资产的请求权之后。

优先认股权。普通股股东有优先认股权,即公司增发股票时,普通股东有优先购买新发行股票的权利,以保持其持有的股票在公司总股本中的比例不变,从而维持其在公司中的权益。拥有优先认股权的股东可以有三种选择:一是行使其优先认股权,认购新发行的股票;二是出售、转让其认股权并从中获利;三是转让或出售认股权比较困难时,放弃优先认股权,听任其过期失效(认股权的有效期一般不超过3个月)。

③普通股股票的种类。不同股份公司发行的普通股股票由于其在市场中的公众形象、投资功能及风险让渡等方面的不同,表现出不同的特点,从而形成了不同的类别。常见的普通股股票的种类有:

蓝筹股股票。蓝筹股股票专指一些业绩优良的大公司发行的普通股股票。这些大公司一般都是经营业绩好、资信程度高、金融实力强,又在所属行业居于重要甚至支配性地位的优秀企业。它们发行的普通股股票收益稳定且优厚,投资者乐于认购并持有。当然,如果发行公司不再拥有上述优势,则其发行的股票也就不再称为蓝筹股。

成长性股票。成长性股票通常是指成长率高于整个国家及其所在行业增长水平的股份有限公司所发行的股票。企业的成长率主要表现在其销售额及利润的增长幅度方面。成长率高的公司,其销售额及利润的增长幅度要比国民经济增长率高出几倍甚至十几倍。公司的成长率会随着企业规模的扩大、所处行业的发展而逐渐降低。20世纪20年代,美国铁路股票是成长股,接着是汽车工业股票,美国的钢铁工业、化学工业、电子工业、计算机工业等都曾有过高成长的经历,这些行业的公司所发行的股票也都曾是所谓的高成长性股票。

成长性股票的发行公司为了谋求进一步的发展,通常是将公司盈余的大部分留作发展基金,以扩大再生产。随着公司的高速成长和发展,其股票的价格也会大幅度上升,使股东从中享受到增值的收益。当然,一旦公司放慢了增长步伐,成长率下降,其所发行的股票也就不再是成长性股票。

周期性股票。周期性股票是指股票收益随经济周期而波动的公司所发行的股票。这类股票的特点是:当经济繁荣时,股份公司的利润增加,股票的价格也随之上升;在经济萧条时,公司利润减少,股票的价格下跌。如航空、机械制造、汽车、钢铁、建筑材料等行业的公司发行的股票都属于周期性股票。

防守性股票。防守性股票是与周期性股票相对应的股票,指的是在经济条件普遍恶化时,收益高于其他股票的平均收益的股票。防守性股票的主要特点在于,当经济衰退或经济条件恶化时,其收益具有一定的稳定性。如公用事业、医药等行业的公司发行的股票。

投机性股票。投机性股票是指自身价格很不稳定或其发行公司的前景很不确定的股票。由于各种不稳定或不确定因素的存在,这些股票的价格可能在短时间内发生大幅度的涨跌,因而投机性很强,同时风险也很大。如我国股票市场上出现的“重组概念股”,它们要么是经营业绩不好,每股收益很低,要么是由于连续亏损而被特别处理。但市场上对这类股票的朦胧的重组传闻,使其投机性大增,往往被过度炒作。但是,如果预期的重组活动没有发生,或重组后其业绩没有发生大的改变,其股价又会大幅度下跌,甚至可能被停牌。

(2)优先股。

①优先股股票的含义。优先股股票是相对于普通股股票而言的,是在分配公司收益和剩余资产方面比普通股股票拥有某些优先权的股票。优先股股票一般要在票面上注明“优先股”字样,它是特殊股票中最重要的一个品种。对优先股的内涵可以从两个角度理解:一方面,优先股股票作为一种股权证明,代表着对公司的所有权,这一点与普通股股票一样,但优先股股东又不具备普通股股东所具有的基本权利,它的有些权利是优先的,有些权利却要受到限制;另一方面,优先股股票又兼具债券的某些特点,它在发行时事先确定固定的股息率,像债券的利息率事先固定一样。

②优先股股东享有的权利。优先股股票具体享有哪些优先权必须由公司章程加以明确规定,一般包括:

- 优先股优先分配股息的顺序和定额;
- 优先股优先分配股份有限公司剩余资产的顺序和定额;
- 优先股优先行使表决权的条件、顺序和限制;
- 优先股股东的权利和义务;
- 优先股股东转让股份的条件等。

其中最重要的优先地位体现在:一是优先领取股息,即公司实现的税后利润,在弥补了亏损(如果有),提取公积金、公益金之后,如果还有剩余,应先支付优先股股票的股息,然后才向普通股股票进行分配;二是优先分配剩余资产,在公司破产或解散进行清算时,可先于普通股股票分得公司的剩余资产。

③优先股股票的特点。与普通股股票相比,优先股股票具有如下特点:

股息率固定。优先股股票通常在发行时就约定固定的股息率,不管公司经营状况和盈利水平如何变化,约定的股息率不变。如果没有剩余利润或剩余利润不足以按固定股息率派发股息,则按公司章程的规定或不派发股息(对非累积优先股),或累积到以后年度补发(对累积优先股)。优先股的股息率一般以票面价值的百分比表示,对于没有票面价值的优先股则直接标出其股息数。

优先分配剩余资产。当公司破产或解散进行清算时,在对公司剩余资产的分配上,优先股股东排在债权人之后,普通股股东之前。即优先股股票先于普通股股票分得公司的剩余资产。

优先股股票的表决权受到一定限制。一般情况下,优先股没有投票表决权,无权过问公司的经营管理。但对涉及优先股权益的问题,如公司连续若干年(各国规定不同,一般为3~4年)未支付优先股股息,或要将一般优先股转为可转换优先股时,优先股也可获得相应的表决权。应该指出的是,优先股股票尽管有分配利润和剩余资产的优先权,但仍是有风险的。公司能否支付优先股股东应得的股息,得看公司是否有营业利润。当利润不足以付息时,优先股股东将得不到应得的股息。另外,优先股对公司资产的优先分配权亦不过是一项附带的条件,一般是徒有虚名。这是因为公司在倒闭破产时其剩余财产已所剩无几,即使有也大都成为公司债务的抵押品,能分到股东手中的实在是寥寥无几。

具有可赎回性。优先股股东不能要求退股,但却可以依照优先股股票所附的赎回条款,由发行公司以高于发行价格的赎回价格赎回。

设立和发行优先股股票,对于发行公司而言,其意义在于既可以广泛地筹集资金,又不影响普通股东对公司的经营管理权;同时,优先股股息固定,也不影响公司的利润分配。对投资者来说,购买优先股股票收益固定,风险小于普通股,股息高于债券收益,而且股份可以转让,适合保守型投资者。

④优先股股票的种类。股份公司为了满足广大投资者和公司的多种需要,常常对优先股附加不同的优惠条件,形成了一系列既有同类本质共性又互相各异的优先股股票。

累积优先股与非累积优先股。累积优先股是最常见的、发行范围最广泛的优先股股票,是指可以将公司在以往年度未支付的股息累积起来,由以后营业年度的盈利一起支付的优先股股票。它具有股息率固定、股息可以累积计算的特点。如果公司当年经营不佳甚至发生亏损,没有盈利而不能分配股息,或盈利不足以支付全部股息,公司就将未分配的股息累积计算,直到公司盈利足以完全付清为止。累积优先股股东有权要求公司补付累积股息。非累积优先股是指按当年盈利分配股息,所欠股息不予累积计算,也不在以后年度的营业利润中补给的优先股股票。

参与优先股票与非参与优先股票。参与优先股股票是指除按规定的股息率获得股息外,还可以同普通股股票一起参加剩余利润分配的优先股股票。反之,不能与普通股股票一起参与剩余利润分配的优先股股票就是非参与优先股股票。参与优先股股票还可分为全部参与分配的优先股股票和部分参与分配的优先股股票。前者是指在优先获得固定股息后,还有权与普通股股东共同等额分配本期剩余利润的优先股股票;后者则是指在优先获得固定股息后,还有权按规定额度与普通股股东共同参与分配本期剩余利润的优先股股票。

可转换优先股股票和不可转换优先股股票。可转换优先股股票是指公司在发行这种优先股时,就附加“转换”条款,规定股票的持有人在特定条件下可将其与公司发行的其他证券(通常是普通股或公司债券)进行转换。一般地,应在公司章程中明确规定转换的具体要求,即转换权限、转换条件、转换期限、转换内容和转换手续。持有这类股票的股东可以根据公司的经营状况及公司普通股股票或债券的价格自行决定是否将其转换成普通股股票或公司债券。不可转换优先股股票,是指发行后不允许其持有者将它转换成其他种类股票或债券的优先股股票。

可赎回优先股股票和不可赎回优先股股票。可赎回优先股股票是指在发行后一定时限内,公司按特定的赎买价格收回的优先股股票。股份公司一旦赎回自己的股票,必须在短期内予以注销。可赎回优先股股票有两种类型:一种是强制赎回,发行时就规定,股份公司享有赎回与否的选择权。一旦发行公司决定按规定条件赎回股票,股票持有人别无选择而只能缴回股票。一种是任意赎回,即股东享有是否要求股份公司赎回股票的选择权。若股东在规定的期限内不愿继续持有该股票,股份公司不得拒绝按赎回条款赎回。不可赎回优先股股票是指发行后按规定不能赎回的优先股股票。这种股票一经投资者认购,在任何条件下都不能由股份公司赎回。由于投资人不能从股份公司抽回股本,保证了公司资本的长期稳定。

股息率可调整优先股和股息率固定优先股。股息率可调整优先股是指股票发行后股息率可以根据情况按规定进行调整的优先股。该种股票与一般优先股股息事先固定的特点不同,它的特点在于股息率是可变动的。但股息率的变化一般与公司经营状况无关,股息率的变化是随其他证券价格或银行存款利率的变化进行调整。这种优先股是为适应国际金融市场动荡不定、各种有价证券价格和银行存款利率经常波动的状况而产生的,其目的在于保护投资者的利益,扩大股份公司的股票发行量。股息率固定优先股是指股票发行后股息率固定不再变动的优先股。

从上述对优先股的分析可看出,优先股是股份有限公司出于特定的需要和满足投资者的不同要求而发行的股票。它是用一定的优先权作为对股东的某些权利限制的补偿,通常在公司急需筹集资金而又不想分散公司经营决策权时发行。而对于不关心经营决策权的稳健的投资者来说,优先股的收益率固定且高于普通公司债券或其他债券,是一种很好的、可供选择的投资工具。

2. 有面值股票和无面值股票

按股票有无票面额可将股票分为有面值股票和无面值股票。

(1)有面值股票。有面值股票是指股票的票面上记载有一定金额的股票,也称有面额股票。现在各国股份有限公司发行的股票多是有面值股票,许多国家都以法律的形式明确规定了有面值股票的最低票面金额,但英、美等国家的相关证券法规均不作规定,而由发行公司自己决定。

(2)无面值股票。无面值股票是指股票的票面上不记载金额的股票,也称无面额股票。这种股票仅在票面上标明每股在公司总股本中所占的比例,因此又称为比例股。无面值股票并不是说股票没有票面价值,只是它的价值随着公司实际资产总额的增减而增减,总处于变动状态,其票面金额不确定而已。在美国,这种股票比较常见,但大多数国家的证券法规则不允许发行这种股票。

无面值股票和有面值股票在性质上相同,都代表着股东对公司资本总额的投资比例,股东都享有同等的权利。但由于形式上的差异,无面值股票又具有下列特点:①无面值股票发行价格更为灵活自由。由于没有票面金额的限制,其发行价格可以自由确定,还能随公司的经营效益而浮动。②便于进行股权分割。该种股票没有票面金额的限制,可以顺利地分割股份,划分股东的权利与义务,计算盈余分配比例。所以这类股票又叫分权股票。③具有更强的流动性。由于公司可以灵活地确定无面值股票的发行价格,合理地进行股票的分割,投资者在认购时能计算股份的真实价值,不会被票面金额所迷惑,因此,能够提高股票的流通数量和流通速度,具有更强的流动性。无面值股票的缺陷在于:股票金额具有不确定性,公司不便于掌握,有可能产生欺诈行为。

3. 记名股票和不记名股票

按股票记名与否可将股票分为记名股票和不记名股票。

(1)记名股票,是指把股东的姓名记载在股票票面和公司的股东名册上的股票。记名股票所代表的股东权益归属于记名股东,除记名股东或其正式委托授权的代理人外,任何人不得行使股权。记名股票如果遗失,记名股东的资格和股东权利并不消失,可依照法定程序要求公司补发。转让记名股票,必须依照法律和公司章程规定的程序办理过户手续,将受让人的姓名(名称)及其住所登记在股票票面和公司的股东名册上,否则,转让无效;只记载于股票票面而未记入公司股东名册上也无效。就是说,记名股票不得私自转让,必须通过公司,并且必须通过法定程序办理过户手续。

(2)不记名股票，是指股票上不记载股东姓名的股票，无论是谁，只要持有股票就具有股东资格。股票转让时不需要办理过户手续，只要将股票交付给受让人，转让就是有效的。

记名股票与不记名股票相比，其区别只是是否记载股东姓名，其代表的股东权的内容并无区别。我国《公司法》规定，公司发行的股票，可以为记名股票，也可以为不记名股票。公司向发起人、法人发行的股票，应当为记名股票，并应当记载该发起人、法人的名称或者姓名，不得另立户名或者以代表人姓名记名。

4. 表决权股票和无表决权股票

按股东是否对股份有限公司的经营管理享有表决权，可将股票划分为表决权股票和无表决权股票。

(1)表决权股票，是指持有人对公司的经营管理享有表决权的股票。根据被赋予的表决权不同，表决权股票又可分为：①普通表决权股票，即每股股票只享有一票表决权，也称为单权股票，该类股票符合同股同权的原则，各国公司法均予以确认，其适用范围广泛，发行量大；②多数表决权股票，即每股股票享有若干表决权，也称多权股票或议决权股票，这种股票是股份有限公司向特定的股东(如公司董事会或监事会成员)发行的，其目的在于保证某些股东对公司的控制权，限制公司外部股东对公司的控制，或限制股票的外国持有者对本国产业的控制；③限制表决权股票，即表决权受到法律和公司章程限制的股票，如当某股东持有的股票达到一定数量后，即限制其拥有的表决权，以保护众多小股东的权益；④有表决权优先股股票，这种股票是优先股中的特例，持有该股票的股东可以参加股东大会，有权对规定范围内的公司事务行使表决权。

(2)无表决权股票，是指根据法律或公司章程的规定，持有人对公司的经营管理不享有表决权的股票。发行人通常要提供收益分配和剩余财产清偿的优先权作为对股东不享有表决权的补偿。公司发行无表决权股票既有利于少数大股东对公司的控制，也可满足那些只为获取投资收益而不重视决策参与权的投资者的需要。

5. 国有股、法人股、个人股和外资股

我国股份有限公司的股份按其投资主体划分，分为国有股、法人股、个人(公众)股和外资股。

(1)国有股，是指有权代表国家投资的部门或机构以国有资产向股份有限公司投资形成的股份，包括公司现有国有资产折算的股份。在我国企业股份制改造中，原来一些全民所有制企业改组为股份公司，从性质上讲，这些全民所有制企业的资产属于国家所有，因此在改组为股份公司时，就折成国有股。此外，国家对新组建的股份公司进行投资，也形成了国有股。国有股由国务院授权的部门或机构持有，或根据国务院决定，由地方人民政府授权的部门或机构持有，并委派股权代表。本质上讲，这部分股份的最终所有权应为全体人民，所以，国有股也被称为公股。政府授权的部门或机构只是代表全体人民在行使股东的权利。

国有股的资金来源主要有三个方面：①现有国有企业整体改组为股份公司时所拥有的净资产；②现阶段有权代表国家投资的政府部门向新组建的股份公司的投资；③经授权代表国家投资的投资公司、资产经营公司、经济实体性公司等机构向新组建的股份公司的投资。如以国有资产折价入股的，须按国务院或国家国有资产管理局的有关规定办理评估、确认、验证等手续。

国有股是国有股权的一个组成部分,国有股的另一组成部分是国有法人股。在我国,国有资产管理部门是国有股权行政管理的专职机构。国有股权可由国家授权投资的机构持有。在国家授权投资的机构未明确前,则由国有资产管理部门持有或由国有资产管理部门代政府委托其他机构或部门持有。如国有股权委托持有的,国有资产管理部门一般要与被委托单位办理委托手续,订立委托协议。如国家授权投资的机构持有国有股权的,国有资产管理部门代授权方拟订有关协议。国有股股利收入由国有资产管理部门监督收缴,依法纳入国有资产经费预算并根据国家有关规定安排使用。国有股采取普通股的形式,国有股权可以转让,但转让应符合国家制定的有关规定。国有资产管理部门应考核、监督国有股持股单位正确行使权利和履行义务,维护国有股的权益。

(2)法人股,是指企业法人或是具有法人资格的事业单位和社会团体以其依法可支配的资产向股份公司非上市流通部分股权投资所形成的股份。法人持股所形成的股份也是一种所有权关系,是法人经营自身资产的一种投资行为,法人股股票以法人记名。

如果是具有法人资格的国有企业、事业单位及其他单位以其依法占用的法人资产向独立于自己的股份公司出资形成或依法定程序取得的股份,则称为国有法人股,国有法人股也属于国有股权。

法人股可分为发起人股和社会法人股。发起人股是指股份公司的法人发起人认购的公司第一次发行的股份。社会法人股是指社会法人自由认购的公司公开发行的法人股。

作为发起人的企业法人或具有法人资格的事业单位和社会团体,在认购股份时,可以用货币出资,也可以用其他形式的资产,如实物、工业产权、非专利技术、土地使用权作价出资。但对其他形式的资产必须进行评估作价,核实资产,不得高估或低估作价。

(3)个人股,也称公众股,是指社会个人或股份公司内部职工以个人合法财产投入公司形成的股份。个人股有两种基本形式,即公司职工股和社会公众股。

①公司职工股,是指股份有限公司的职工在本公司公开向社会发行股票时按发行价格认购的股份。按国家有关规定,公司职工认购的股份数额不得超过向社会公开发行的股份总数的10%。公司职工股在本公司股票上市6个月后,即可安排上市流通。

需要说明的是,公司职工股和内部职工股是两个完全不同的概念。在我国股份制试点之初,出现了一批不向社会公开发行股票,只对法人和公司内部职工募集股份的股份有限公司,被称为定向募集公司,内部职工作为投资者所持有的公司发行的股份被称为内部职工股。1993年,国务院正式发文明确规定停止内部职工股的审批和发行。

②社会公众股,指股份公司采用募集设立方式设立时向社会公众(非公司内部职工)募集的股份。我国《证券法》规定,公司申请股票上市的条件之一是,向社会公开发行的股份达到公司股份总数的25%以上;公司股本总额超过人民币4亿元的,向社会公开发行股份的比例为10%以上。

(4)外资股,是指外国和我国香港、澳门、台湾地区的投资者以购买人民币特种股票形式向国内的股份有限公司投资形成的股份。外资股又可分为境内上市外资股和境外上市外资股。

①境内上市外资股,是指股份有限公司向境外投资者募集并在我国境内上市的股份。境内上市外资股包括B股和H股。

B股是以人民币标明票面价值、以外币认购、在境内上市、专供外国及我国香港、澳门、台湾地区的投资者买卖的股票,也称人民币特种股票。上海交易所的B股是以美元认购;深圳交易所的B股是以港币认购。2001年2月19日,经国务院批准,中国证监会决定允许部分境内居民以合法持有的外汇投资B股市场,即境内居民可以开立B股账户,交易B股股票,并于2001年6月1日起对境内居民全面开放。

H股也是人民币特种股票中的一种。它由国内的股份有限公司发行,以人民币标明面值、供外国投资者或我国港、澳、台地区投资者以外币认购或交易。H股的转让只能在香港联合证券交易所进行。

②境外上市外资股,是指股份有限公司向境外投资者募集并在境外上市的股份。它采取记名股票形式,以人民币标明面值。在境外上市时,可以采取境外存股证形式或者股票的其他派生形式。在境外上市的外资股除了应符合我国的有关法规外,还须符合上市所在地国家或地区证券交易所制定的上市条件。我国在境外上市的外资股包括N股、S股等。

N股是以人民币标明面值,供境外投资者以外币认购,获纽约证券交易所批准上市的股票。目前几乎所有的外国公司(即非美国公司,但不包括加拿大公司)都采用存托凭证(DR)形式,而非普通股的方式进入美国市场。存托凭证是一种以证书形式发行的可转换证券,通常代表一家外国公司的已发行股票。

S股是指那些主要生产或者经营等核心业务在中国大陆、而公司的注册地在新加坡(Singapore)或者其他国家和地区,但是在新加坡交易所上市挂牌的股票。

6. A类股票和B类股票

A类股票与B类股票是一种特殊的分类方法,是指同一家公司发行的两种不同类型的普通股股票。A类股票和B类股票的区别,主要表现在股票面额和股票所包含的股东权内容上。从面额看,A类股票的面额较大,而B类股票的面额通常只有A类股票的十分之一;从股票包含的股东权内容看,通常是A类股票和B类股票均为一股一个表决权,也有A类股票仅有收益权而无表决权,B类股票则既有收益权又有表决权的情况。同一公司发行两种普通股股票的目的在于既可以扩大筹资范围,又能保证某些控股公司用较少的投资来控制公司。不同国家与地区A类股票和B类股票的含义也不尽相同。

(1)在我国证券市场上,A股指的是由国内股份有限公司发行的,以人民币标明面值,供国内投资者以人民币在国内市场上进行买卖的普通股股票。B股是人民币特种股票中的一种。它是由国内的股份有限公司发行的,以人民币标明面值且必须用现汇外币进行买卖的记名股票。B股的投资者可以是我国港、澳、台地区的居民及境内外的外国居民,也可以是国内居民,B股的转让只能在国内的证交所内进行。A股和B股在股票面额和股权内容上是一致的。

我国香港的A股是指普通股。B股是同一公司发行的、面值仅及普通股十分之一(或五分之一),但拥有和普通股同样投票权的股票。发行B股的目的是以较少的资金拥有较大的控制权。如某公司A股面值20元,股份数为8万股,要取得50%的控制权需要资金80万元,掌握4万股股份,但若发行具有同样投票权但面值仅为2元的B股,要取得4万股股份只需要8万元资金。香港上市公司在两种情况下发行B股:第一,公司认为市场过分高估该公司股价,可能引起大股东大量抛售其控制的股票,使公司控制权不稳时,发行面值较低的B股,以继续掌握公司的控制权;第二,公司准备为大规模的收购计划而发行新股,但大股东无意承担相应的财务支出,为了使自己对公司的绝对控制权不产生动摇,也会发行B股。

(2)美国的 A 股、B 股是对普通股的分类,根据股东对盈余分配权和经营投票权的要求不同而划分的。A 股是一般的普通股,既享有投票权又有股息。B 股是相对于 A 股而言,由公司发起人购买,有投票权,但在公司创办初期没有股息,在公司盈余增长到一定水平时才能派息。

2.3.3 股票与相关概念的比较

1. 股票与股本、股份、股东

股本、股份和股东是股份有限公司中紧密相连的三个要素。股本和股份是股份有限公司的经济基础,股东是股份有限公司基本财产的出资者,也是其最终所有者。因而,股本、股份和股东是股份有限公司成立、存在和运转的基本条件。

(1)股本。股份有限公司的股本又称为资本,是指在股份有限公司成立时,按公司章程规定并由股东出资所构成的公司财产总额。股份有限公司的资本必须划分为等额的股份。一般来说,股本有以下四个基本性质:

①股本期限上的永久性,是指公司可以永久性地占有股东的出资,只要公司不解散、不破产清算,作为股本的资金一般不还给股东。股东对这笔资金的所有权只能体现在公司按股本赋予股东的相应权益上。在正常情况下,股东要抽回作为股本投入公司的资金,只有将公司赋予的相应权益出售,而无权向公司索回投入的资金。

②股本报酬上的剩余性,是指公司实现利润后,只有在完成了所有支付,才能将剩余利润以股息、红利的方式作为股本的报酬分配给全体股东。如果没有剩余利润,股东就得不到股本的报酬。一般来说,剩余利润越多,股本的报酬才能越多。

③股本清偿上的附属性,是指股本并不是必须偿还的。当公司破产或解散时,所有债务均需偿还,但对股本来说却是能还则还,不能还则可不还。按照清偿的惯例,股份有限公司宣布清偿时要分别支付清算费用、职工工资和劳动保险费用,缴纳所欠税款,清偿公司债务等,之后才允许将剩下的(如果有剩余)财产按股东持有的股份比例分配给股东。

④责任上的有限性,指股份有限公司的股东仅以其出资额为限对公司债务负清偿责任。股东出资构成的财产法律上归公司所有,公司仅以此项财产清偿公司的债务。

(2)股份。股份是股本的最基本构成单位,换句话说,股份是均分公司资本的最小计量单位,代表着一定的财产价值份额,是股份有限公司财产的一部分。如公司总资本 5 000 万元,被分成5 000 万份,则每 1 份即是 1 个股份,这时,每 1 股份所代表的金额是 1 元。总资本与股份间的关系是:

$$总资本 = 每1股份所代表的金额 \times 公司股份总数 \tag{2.1}$$

股份具有以下几个特点:①股份具有金额性,就是说,股份作为均分股份有限公司资本的最小单位,是一种价值的反映,可以用货币度量。②股份具有平等性,股份的平等性是说每一个股份代表着平等的权利和义务,即同股同权,同股同利。③股份具有不可分割性,股份已经是均分股份有限公司资本的最小单位,不可再分。若干人共同认购或继承同一股份,形成共有的股份,各股东只能推举一人行使股东权利,而不能将股份分割。④股份具有可转让性。

(3)股东。股东是股份有限公司的股份的所有者。投资者一旦取得公司的股份,即成为公司的股东。股东按其所持股份的比例享有相应的权利并承担相应的义务。股东所享有的权利通常由公司章程加以规定,一般包括以下内容;①出席或委托代理人出席股东会并行使表决权。②按公司章程的规定转让股份。③有权查阅公司章程、股东名册、公司债券存根、股东大会会议记录、董事会会议决议、监事会会议决议、财务会计报告。④对公司的经营提出建议或者质询。⑤按其股份取得股利。⑥公司终止后依法取得公司的剩余财产。⑦当股东大会、董事会的决议违反法律、行政法规,侵犯股东合法权益时,股东有权向人民法院提出要求停止该违法行为和侵害行为的诉讼。股东的义务与股东的权利是相对应而存在的。股东义务主要包括:①遵守公司章程。②依其所认购股份和认购方式缴纳股金。③以其所持股份为限,对公司的债务承担责任。④在公司办理工商手续后,股东不得退股。⑤依照法律和公司章程的规定行使权利。

股票是股份的书面证明形式。股份的表现形式是股份证书,不同类型的股份公司,其股份证书的具体形式不尽相同。只有股份有限公司用来表现其股份的形式才叫股票。股票根据股份所代表的资本额,将股东的出资份额和股东权予以记载固定,以供投资者认购和交易转让。持有了股票就意味着占有了股份有限公司的股份,取得了股东资格,可以行使股东权。股票与股份是形式与内容的关系,不能混为一谈。

2. 股票与股单

股票与股单都是在股份公司中运用的概念,在作用上都是用于表现股东的出资和股东权的股份证书,同属于股权证券。二者的区别具体如下:

(1)适用范围不同。股票是由股份有限公司发行的,用以证明投资者的出资份额和股东地位的法律凭证;而股单则是有限责任公司发给股东的出资凭证。

(2)性质不同。股票属于有价证券,除了用以证明股东地位和股东权以外,法律赋予其自由流通性,因此,它基于各种因素的影响具有价格,可以在股票交易市场上自由买卖和转让,从而不仅可以为持有者带来股息、红利等收益,而且可以得到交易差价收益。而股单则是单纯的证权证券,只能证明股东的出资份额和股东权利,与特定的股东具有人身依附性。股单不是有价证券,不能在市场上流通,只能依法定条件和手续转让出资,股单持有者只能根据其出资,从有限责任公司获取股息、红利,不能赚取交易差价。

(3)体现的内容不尽相同。股票通常代表着金额相等的股份,股东依据股票享有平等的股东权。同时根据具体需要,股票可以设计成不同的类型,如普通股与优先股、有表决权股票和无表决权股票等。股单与此不同,作为有限责任公司股东的出资凭证,每份股单所代表的金额可以不相等,每个股东依股单确认的出资数额享有股东权,并不是按股份取得平等权利。而且,股单必须是记名的,也不存在诸如普通股与优先股、有表决权股票和无表决权股票的不同类型。

3. 股票与认股权证

股票和认股权证经常同时出现在证券市场上,二者既有联系又有区别。

股票与认股权证的联系是:认股权证是由股票的发行所派生出的一个投资品种,同股票一样,它也具有价值和价格,可以作为单独的投资品种上市交易。二者的区别主要表现在以下几方面:

(1)体现的权利不同。股票是确认股东地位和股东权的凭证,持有者可享有股东的各项权力和利益;而认股权证则是购买股票的一种权利凭证,持有认股权证,意味着可以在规定时间内,按特定价格购买一定数量的某股份有限公司新发行股票的权利。因此,认股权证实质上是股份有限公司发行的一种股票购买期权。

(2)期限不同。股票在股份有限公司存续期内长期存在,而认股权证一般是具有期限的,其有效期可以从几个月到几年。历史上也曾有少数公司发行的认股权证是永久性的。

(3)产生方式不同。股票不需要依附其他有价证券就可以独立发行,认股权证一般是附在公司债券或优先股上与之共同发行,以增加公司债券或优先股的吸引力,或降低它们的筹资成本。其价格波动幅度较大,对投资者也具有较大的吸引力。

4. 股票与票据

股票与票据都是经济生活中经常接触到的概念,因此有必要将二者加以比较,以加深对股票概念的理解。需要说明的是,这里的票据指的是由发票人签发的,由其本人或委托他人在约定的地点、时间按票面记载的金额向持票人支付款项的有价证券。股票与票据均具有有价证券的基本性质。

(1)股票与票据的联系。主要表现在:①股票与票据都是将权利证券化,且它们所表现的财产权利与证券本身不能分离,权利的行使与证券的持有不能分离。②股票与票据所表现的财产权在实现和转让时,都要求提供和交付票券。③股票与票据都是可流通证券,都可以在商品经济活动中买卖和转让。④股票与票据都是要式证券,它们的格式、内容以及它们的运用和流通过程都必须遵守相关的法律法规。

(2)股票与票据的区别。主要表现在:①内容不同。票据是货币证券(又称金钱证券),它代表着与交易商品价值相等的货币权利,以相应数额金钱的给付为标的,并可代替货币来使用。比如平常使用的支票、本票、汇票。而股票则是资本证券,它以股东权为内容。②目的不同。持有票据的目的是实现商业信用。票据的持有者以债权人的身份向票据的债务人请求给付票据上记载的货币金额,从而使票据成为一种支付手段。而发行和认购股票的目的则在于实现资本信用。持有者处于股东的地位向股份有限公司行使股东权,获取相应的股息和红利。③证券权利的实现不同。票据中权利的实现,可通过发票人的支付行为,也可能基于第三人的付款行为。随着票据所记载的货币的给付,相应的债权债务关系消失,票据的效力也即行消失。而股票的股东权利则必须向发行股票的股份有限公司行使才能实现。股东权的实现过程与股份有限公司的存续时间一致,股息和红利的获取取决于股份有限公司的经营状况。④作用不同。票据是设权证券,制造票据不是为了证明权利,而是创设权利,权利的发生以票据的制作和存在为条件。股票则属于证权证券,是证明持有人享有股东权和持有人行使股东权的依据。股东权的产生是因为股东的投资,而并非因为股票的制作。

本章小结

股份制度是以发行股票为基础,以股票市场为依托,以股份公司为核心的三位一体的经济现象。股份制度是商品经济及信用制度发展到一定阶段的产物,是随着商品经济而萌发出来的一种企业制度,是生产社会化发展的必然结果。股份制度具有筹集社会资金、产权界定、明晰主体,优化资源配置和分散投资风险等功能。

股份公司是股份制度的载体,是证券投资存在和发展的基础。股份公司一般可分为无限责任公司、有限责任公司、两合公司、股份两合公司及股份有限公司。其中股份有限公司和有限责任公司是最基本也是最典型的股份公司。

股票是股份公司发给股东作为其投资入股的证书和索取股息红利的凭证,也是持股人拥有公司股份的书面证明。股票是有价证券、要式证券、资本证券、证权证券,股票也是一种综合权利证券。股票一般具有不可返还性、风险性、收益性、流通性、决策性、波动性和投机性的特性。股票的种类繁多,其中最重要的分类是普通股和优先股。与股票相关的概念有股本、股份、股东、股单、认股权证和票据,应注意它们之间的联系与区别。

复习思考题

一、名词解释

股份制度　无限责任公司　有限责任公司　两合公司　股份两合公司
股份有限公司　股东大会　董事会　监事会　发起设立　募集设立
股票　普通股　优先股　累积优先股　非累积优先股　可转换优先股
不可转换优先股　参与优先股票　非参与优先股票　面值股票　无面值股票
记名股票　不记名股票　表决权股票　无表决权股票　国有股　法人股
公众股　外资股　A类股票　B类股票　股本　股份　股东　股单
股息　红利

二、判断题

1. 股份制度是一种规范化、社会化的资本组织形式。　(　　)
2. 股份制度是股份公司的载体,是证券投资存在和发展的基础。　(　　)
3. 股东大会是一个常设的最高权力机构。　(　　)
4. A公司以其部分财产和业务另设一个B公司,A公司存续,该行为是新设分立。　(　　)
5. A公司和B公司合并成立一个新公司,A、B两公司解散,该行为是吸收合并。　(　　)

三、单项选择题

1. 两次股东年会之间的间隔一般在(　　)。
   A. 10~12个月　　B. 12~14个月
   C. 13~15个月　　D. 6个月
2. 红利是股份公司分配给(　　)股东的投资报酬。
   A. 普通股　　B. 优先股
   C. 可转换债券　　D. 蓝筹股
3. 我国《公司法》规定,有限责任公司的董事会成员由(　　)组成。
   A. 3~13人　　B. 5~19人
   C. 5~15人　　D. 5~17人
4. 我国《公司法》规定,股份有限公司的董事会成员由(　　)组成。
   A. 3~13人　　B. 5~19人
   C. 5~15人　　D. 5~17人
5. 股息是股份公司分配给(　　)股东的投资报酬。
   A. 普通股　　B. 优先股
   C. 可转换债券　　D. 成长股

四、多项选择题

1. 股份制度具有以下基本功能(　　)。

A. 筹集社会资金　　B. 产权界定

C. 优化资源配置　　D. 分散投资风险

2. 按股东享有权利和承担风险大小不同,可将股票分为(　　)。

A. 普通股股票　　B. 成长性股票

C. 优先股股票　　D. 防守性股票

3. 下列属于无面额股票特点的是(　　)。

A. 便于股票分割　　B. 为股票发行价格的确定提供依据

C. 发行价格灵活　　D. 转让价格灵活

4. 我国股份有限公司的股份按其投资主体划分,分为(　　)。

A. 国有股　　B. 法人股

C. 公众股　　D. 外资股

5. 股份有限公司的终止是指股份有限公司的(　　)。

A. 破产　　B. 解散

C. 清算　　D. 兼并

五、简答题

1. 简述股票的构成要素。
2. 说明股票的主要特征。
3. 普通股与优先股有何区别?
4. 简述股票与票据的联系和区别。
5. 简述股份公司的基本特征。

六、论述题

论述股份制度的特征与功能。

长生生物成A股首家重大违法退市公司

2019年10月8日,深圳证券交易所在官网发布关于长生生物科技股份有限公司股票终止上市的公告。公告显示,长生生物科技股份有限公司因触及《深圳证券交易所上市公司重大违法强制退市实施办法》第二条、第五条规定的重大违法强制退市情形,深交所于2019年1月14日作出对公司股票实施重大违法强制退市的决定。公司股票自2019年3月15日起暂停上市。此外,并自2019年10月16日起进入退市整理期,退市整理期届满的次一交易日,将对公司股票予以摘牌。

一、长生生物终止上市前情回顾

1. 疫苗事件

2014年4月起,长生生物在生产狂犬病疫苗过程中严重违反药品生产质量管理规范和国家药品标准的有关规定，其有的批次混入过期原液、不如实填写日期和批号、部分批次向后标示生产日期。

2018 年 7 月 15 日，国家药监局组织对长春长生生物科技有限责任公司开展飞行检查，发现该企业冻干人用狂犬病疫苗生产存在记录造假等严重违反《药品生产质量管理规范》的行为。国家药品监督管理局已要求吉林省食品药品监督管理局收回该企业《药品 GMP 证书》（证书编号：JL20180024），责令停止狂犬疫苗的生产，责成企业严格落实主体责任，全面排查风险隐患，主动采取控制措施，确保公众用药安全。

2018 年 7 月 16 日，长生生物发布公告称，长春长生对有效期内所有批次的冻干人用狂犬病疫苗全部实施召回，对此次事件的发生深表歉意。长春长生将密切跟踪事件进展，积极配合国家药品监督管理局、吉林省食品药品监督管理局等相关监管部门开展后续工作，严格按照中国证监会、深圳证券交易所的相关规定履行信息披露义务。敬请广大投资者注意投资风险。

2018 年 7 月 18 日国家卫健委疾控局表示，密切关注事态发展，与国家药监局保持密切沟通，根据《狂犬病暴露预防处置工作规范》，此前接种过长春长生生物科技有限公司狂犬病疫苗产品，但还没有完成全程接种程序的，可以选用其他厂家的狂犬病疫苗按原接种程序继续接种。

2018 年 7 月 18 日，重庆市已经全面停用长春长生生物科技有限责任公司生产的冻干人用狂犬病疫苗。

2. 销售贿案

除了引人关注的疫苗事件以外，销售贿案也成了决定长生生物终止上市的因素之一。在整理裁判文书网上已公开的文件发现，据不完全统计，在过去十多年中长春长生及其母公司长春长生生物科技股份有限公司至少涉入了 12 起受（行）贿案，这 12 起案件集中发生在安徽、河南、福建、广东四省，案情多为该公司销售人员或者地方经销商向当地负责疫苗采购的相关人员提供好处费、推广费、回扣款，以获得疫苗的优先采购权或更大的采购份额。

3. 立案调查

2018 年 7 月 22 日，国家药监局已责令企业停止生产，收回药品 GMP 证书，同时会同吉林省局已对企业立案调查，涉嫌犯罪的移送公安机关追究刑事责任。国家药监局将组织对所有疫苗生产企业进行飞行检查，对违反法律法规规定的行为要严肃查处。

经查，长生生物存在以下违法事实：一是未按规定披露问题疫苗不符合标准以及停产和召回的相关信息；二是披露子公司产品有关情况的公告存在误导性陈述及重大遗漏；三是未披露被吉林药监局调查的信息；四是违规披露狂犬疫苗 GMP 证书失效致主业停产以及该证书重新获取的情况；五是披露的 2015 年至 2017 年年报及内部控制自我评价报告存在虚假记载。

4. 行政处罚

2018 年 10 月 16 日，国家药监局和吉林省食药监局分别对长春长生公司作出多项行政处罚，其中包括：撤销涉案产品生物制品批签发合格证，并处罚款 1 203 万元；吊销其《药品生产许可证》；没收违法生产的疫苗、违法所得 18.9 亿元，处违法生产、销售货值金额三倍罚款 72.1 亿元，罚没款共计 91 亿元；对涉案的高 × × 等 14 名直接负责的主管人员和其他直接责任人员作出依法不得从事药品生产经营活动的行政处罚。涉嫌犯罪的，由司法机关依法追究刑事责任。

二、关于长生生物科技股份有限公司股票终止上市的公告

长生生物科技股份有限公司(以下简称“公司”)因触及《深圳证券交易所上市公司重大违法强制退市实施办法》第二条、第五条规定的重大违法强制退市情形,于2019年1月14日作出对公司股票实施重大违法强制退市的决定。公司股票自2019年3月15日起暂停上市。

根据《深圳证券交易所股票上市规则(2018年11月修订)》第14.4.1条第(十)项、第14.4.2条的规定以及深圳证券交易所上市委员会的审核意见,2019年10月8日,决定终止上市该公司股票,并自2019年10月16日起进入退市整理期,退市整理期届满的次一交易日,本所将对公司股票予以摘牌。本所已要求公司严格按照相关规定,做好退市整理期间以及终止上市后续有关工作。①

讨论题:长生生物成为A股重大违法强制退市第一股,给投资人带来了哪些启示?

推荐阅读

[1] 杨墨,董大勇,徐永安. 风险信息披露与股票流动性:基于中国A股上市公司年报文本分析[J]. 系统管理学报,2021(6).

[2] 郭明星. 机构投资者持股、股票流动性与股价同步性研究[J]. 财会通讯,2021(24).

[3] 王晶. 股票流动性含义及度量方法研究分析[J]. 商讯,2020(15).

[4] 董新义. 股东对公司所控股公司的知情权[J]. 财经法学,2021(3).

[5] 刘慧兰. 我国股票市场的投资者状况[J]. 中国金融,2020(9).

[6] 陈国进,张润泽,赵向琴. 经济政策不确定性与股票风险特征[J]. 管理科学学报,2018(21).

[7] 樊纪伟. 日本复数表决权股份制度及发行公司上市规制:兼谈对我国种类股制度的启示[J]. 证券市场导报,2017(4).

[8] 郇松涛,何建敏,李守伟. 基于多属性羊群行为的股票风险及其传染[J]. 北京理工大学学报(社会科学版),2017,19(1).

[9] 李翀. 股票投机是零和博弈吗:关于股票投机性质和特点的分析[J]. 学术研究,2016(2).

[10] 朴常赫. 论股份有限公司以无面额股票制度筹集资金的方法[J]. 财政研究,2014(9).

① 摘自《中国证券报》,2019年12月11日。

第3章 债 券

教学目的

掌握债券的概念和特征,明确债券的分类及功能,了解金融债券及我国金融债券的发展历程,熟悉公司债券及其信用评级,正确理解国际债券及其特征。

教学内容

1. 债券概述。
2. 金融债券与公司债券。
3. 国际债券。

教学重点

债券的特征、分类及功能;公司债券的特点。

教学难点

正确理解债券的特征及分类。

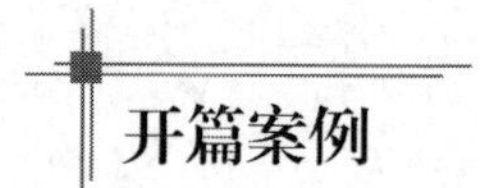

开篇案例

全国首例债券欺诈发行案

一、案例详情

“五洋债”案，起源于2015年两期五洋债的欺诈发行。

2015年8月，五洋建设集团股份有限公司（以下简称“五洋建设”）发行了公司债“15五洋债”，规模8亿元。同年9月，五洋建设发行了第二期公司债“15五洋02”，规模5.6亿元。

2017年8月，“15五洋债”未能偿还回售及付息资金，发生回售违约，“15五洋02”触发交叉违约。

2018年7月，证监会开出首张债券欺诈发行罚单，对五洋建设及五洋建设董事长陈××作出行政处罚，认为五洋建设以虚假申报文件骗取了公开发行公司债券核准。

据了解，五洋建设在编制用于公开发行公司债券的2012年至2014年年度财务报表时，违反会计准则，将所承建工程项目应收账款和应付款项“对抵”；同时，虚减企业应收账款和应付账款，导致上述年度少计提坏账准备、多计利润，2012年至2014年虚增净利润分别不少于3 052.27万元、6 492.71万元和1.55亿元。

在骗取公开发行公司债券后，五洋建设又于2015年11月以相同的虚假财务数据制作了非公开发行公司债券的募集说明书并向合格投资者披露，于2015年12月和2016年4月分别在上交所和深交所非公开发行1.3亿元和2.5亿元公司债券。此外，五洋建设还存在未按规定及时披露相关信息等违法行为。

二、多家中介机构吃罚单

2018年8月，银行间市场交易商协会发布消息，给予大公国际严重警告处分，责令其限期整改，并暂停债务融资工具市场相关业务1年。接着，北京证监局作出责令大公国际限期1年的整改处分。

2019年1月22日，中国证监会对大信会计作出行政处罚决定。

2019年11月，证监会下发行政处罚决定书，因未充分核查五洋建设应收账款、投资性房地产等问题，德邦证券被责令改正、给予警告，没收非法所得1 857.44万元，并处以55万元罚款；时任相关负责人、项目组成员也被予以处罚。

2020年12月31日，杭州中院就24件债券持有人起诉五洋建设等被告证券虚假陈述责任纠纷案件作出一审判决。

法院认为，债券承销商德邦证券和出具审计报告的大信会计，都未勤勉尽职，存在重大过错，应对五洋建设应负债务承担连带赔偿责任。大公国际作为债券发行的资信评级机构、锦天城律所为债券发行出具法律意见书，未勤勉尽职，存在一定过错，法院酌定大公国际在五洋建设应负责任10%范围内，锦天城律所在五洋建设应负责任5%范围承担连带责任。

然而，上述多家机构表示自身已勤勉尽责，对判决结果不服，进行上诉。2021年9月，浙江高院在二审判决中维持原判。

“五洋债”案作为全国首例公司债券欺诈发行的案件，从发行到判决，历时四年，对债券市场影响深远。作为首个中介机构承担债券承销连带赔偿责任的重要判例,“五洋债”案具有重大意义。①

3.1 债券概述

3.1.1 债券的概念和特征

1. 债券的概念

债券是社会各类经济主体为筹集资金而向债券投资人出具的,承诺按一定利率定期支付利息,并到期偿还本金的债权债务凭证。债券票面的构成要素有以下几个方面:

(1)债券名称与发行单位。债券票面应注明其名称,如政府债券、金融债券、公司债券等。若是非公开发行的债券则要标明内部发行字样,在债券票面上还应加盖发行单位印记和法人代表的签章,在票面上应注明发行单位的全称及其注册地址。这一方面表明了该债券的债务主体,同时也便于债权人行使其权力。

(2)债券的面值。债券发行时要注明面值,面值包括币种和票面金额。币种是指以何种货币作为债券价值的计量单位,币种的选择主要依据发行对象和实际需要来确定。票面金额即票面价值,它是确定计息、付息和还本的依据,票面金额的大小一般依据发行者的需要、债券的种类及债券发行的对象来确定。票面金额较小,会有利于小额投资者购买,进而有利于债券发行,但一般会增加发行费用,加大发行工作量;票面金额较大,将有利于大额资金购买,相应会降低发行费用,减轻工作量,但可能会减少发行量。因此选择合适的面值,对债券的成功发行有着重要的意义。

(3)债券的票面利率与利息支付方式。债券的票面利率是发行人每年付给债券持有人的利息与债券面值的比率。债券利率形式有复利和单利。贴息发行的债券一般不标注利率,但其发行价与票面的差额仍然可以换算成发行时的实际利率。票面利率水平是由债券的期限、信用级别、利息支付方式及投资者的接受程度等因素决定的。有时债券的票面利率并不是债券的实际收益率,如果投资者以面值购进债券,其票面利率等于实际收益率;如果以低于票面的价格购进债券,其实际收益率要高于票面利率;如果以高于票面的价格购进,实际收益率则低于票面利率。利息支付方式是指到期一次付息还是分期支付利息;如果是分期支付利息则要注明每次付息日期。

(4)债券的偿还期限和方式。债券的偿还期限是指从发行日起到本息清偿之日止的时间。债券的偿还期限可采用两种方式注明:一是注明到期日;二是注明债券的期限。债券偿还期限的确定,主要受发行者对资金需求期限、未来市场利率的发展趋势等因素影响。还本方式是指到期一次偿还,还是期中偿还或是展期偿还。短期债券大都到期一次偿还,中长期债券常采用其他还本方式,其目的是吸引投资者,并减轻筹资者到期的付息压力。

(5)债券是否记名和流通。当发行记名债券时,应载明债券持有人的姓名、挂失方法以及受理机构等。对于可上市流通的债券应说明可参与流通的起始日、流通的方法以及办理转让的受理机构,记名债券的转让还应说明办理转让过户的手续及有关机构。

① 摘自《上海证券报》,2022年1月23日。

(6)其他事项。指有必要在票面标明的其他事项。如:赎回条款,即债券发行机构有权在债券未到期以前赎回一部分在外流通的债券;还有购买债券可得到的优惠条件等。

以上六个条件构成了债券票面的基本要素,除此之外,还有些要素如发行日期、批准单位和批准文号等,不一定在实际债券的票面上反映,而是通过发行公告等形式公布于众。

2. 债券的特征

债券作为有价证券,同股票一样,也是虚拟资本,而非真实资本,它作为一种大众化的投资工具,具有以下特征:

(1)偿还性,指债券到期后必须偿还。债券一般在发行时就规定了偿还期限,债务人必须如期向债权人支付利息,偿还本金。与此规定不同的是无期公债或永久性公债,这种公债不规定到期时间,由发行人视情况决定何时偿还,债权人也不能要求清偿,但有权按期取得利息。历史上只有英、法等少数国家在战争时期发行过这种债券。

(2)流动性,指债券的变现能力。债券偿还期满前,投资者如需用现金,可以在市场上转让债券,也可以到银行等金融机构进行抵押,以取得相应数额的抵押贷款。由此可知债券的流动性大小包含两方面的内容:一是债券变成现金所需要的时间;二是由债券变成现金时以货币计算的债券市场价值对原债券投资价值的保护能力。能迅速变现并取得较好收益的债券,就是流动性强的债券。债券的流动性一般由以下因素决定:一是发行人按时履行债务的资信情况,债务人的资信度越高,其发行的债券越易获得高的流动性;二是偿还期限的长短,债务期限长的债券受市场利率变动的影响大于期限短的债券,因此长期债券的流动性不如短期债券;三是二级市场提供的交易条件,一般交易条件方便的债券流动性好于交易条件不便的债券。

(3)安全性,债券与股票等其他投资工具相比,安全性相对较高。这是由于债券的利率是固定的,筹资人必须按预定的期限和利率向投资人支付利息,直到期满为止。债券利率不受银行利率变动的影响,且债券本金偿还和利息支付一般有相应的单位作担保,同时还有法律保证,法律对发行人条件有严格规定。因此,债券投资是较为安全的。

债券投资虽然安全,但绝不是完全没有风险,其风险主要体现在三个方面:一是违约风险,即债务人不履行债务责任;二是利率风险,即市场利率上升而导致债券价格下跌所遭受的损失;三是通货膨胀风险,通货膨胀对所有证券都有影响,但对利率固定的债券影响尤为突出。由此可见,债券是一种相对安全的投资工具,不能把它当成无风险的投资品种。

(4)收益性,是指债券可为投资者带来的收益。这种收益主要表现在以下两个方面:一是债券投资者可按固定利率取得稳定的利息收益,这一收益通常高于银行同期储蓄存款的收益;二是投资者可以在证券市场上低价买进,高价卖出,获得价差收入。债券价格在二级市场的波动一般由以下两因素引发:一是投资者对市场利率调整的预期;二是债券市场供求关系的变化。投资者若能准确把握以上两点,就可以取得丰厚的价差收益。

债券的偿还性、流动性、安全性和收益性之间具有相逆性。具体地说:对于某一债券,不可能同时兼顾以上四个方面。一般情况是,期限长的债券收益较高,但安全性和流动性就较差;期限短的债券流动性和安全性较好,但收益就较低。因此,对于投资者来说,可以根据自己的投资偏好和对市场的分析预测,选择自己满意的投资品种。

3.1.2 债券的种类

债券作为筹资的主要工具,其种类繁多,根据不同的标准进行划分,可有不同的分类,下面介绍几种主要的分类：

1. 按债券发行主体分类

根据不同的债券发行主体可以把债券分为政府债券、金融债券和公司债券。

(1)政府债券，是指由政府发行的、承诺在一定时期内按约定条件还本付息的债务凭证。政府债券是用政府信誉作担保的，其还本付息是由国家税收或地方财政作保证的，因此在债券中具有最高的安全等级。政府债券按发行人不同，可进一步划分为中央政府债券、地方政府债券和政府机构债券，中央政府债券也称为国债。

(2)金融债券，是指由银行或非银行类金融机构发行的一种债务凭证。金融债券的信誉一般高于公司债券而低于政府债券，因此其利率水平也介于两种债券之间，是较受欢迎的投资品种。

(3)公司债券，是指公司依照法定程序发行的、约定在一定期限还本付息的有价证券。影响这种债券的因素较多，因而公司债券的利率水平和安全性等均有较大差别，投资者要谨慎选择。

2. 按偿还期限长短分类

根据不同的偿还期限可以把债券分为短期债券、中期债券和长期债券，但对具体年限的划分，不同的国家有不同的标准。

(1)短期债券，一般是指偿还期限在1年以下的债券，如美国短期国库券的期限通常为3个月或6个月，最长不超过1年，英国的短期国库券通常为3个月，而日本的短期国债仅有2个月。

(2)中期债券，一般是指偿还期限在1~10年的债券，如美国政府债券中1~10年期的债券为中期债券，日本的中期付息票债券的期限为2~4年，而贴现国债的期限为5年。

(3)长期债券，一般是指偿还期限在10年以上的债券，如美国政府债券中10~30年的债券为长期债券，英国的长期金边债券为15年以上，日本长期付息票债券的期限为10年，而偿还期在15年左右的债券则被称为超长期债券。

3. 按付息方式分类

债券利息是发行者的筹资代价，依据不同的计息方式，可以把债券分为固定利率债券、浮动利率债券、贴现债券和累进利率债券。

(1)固定利率债券，是指在偿还期内利率固定的债券。这种债券的付息方式分为两种：

①到期一次按约定利率支付，采用这种方法付息的债券既可以按单利计息，也可以按复利计息，按单利计息的计算公式是：

$$L = P \cdot i \cdot n \tag{3.1}$$

按复利计息的计算公式是：

$$L = P \cdot [(1+i)^n - 1] \tag{3.2}$$

式中 L——利息；
P——本金；
i——年利率；
n——期限。

例如：2021年发行的3年期国债，面额为1 000元，年利率为4%，到期一次还本付息。

单利到期利息 $= P \cdot i \cdot n = 1\,000 \times 4\% \times 3 = 120$(元)

复利到期利息 = $P\cdot[(1+i)^n-1]=1\,000\times[(1+4\%)^3-1]=124.86$(元)

由计算可知,在名义利率相同时,复利的利息要高于单利的利息,而且利率越高、期限越长,二者相差会越大。

②分期按约定利率支付,这种债券称为附息债券或息票债券,它是按照票面载明的利率及支付方式定期分次付息的债券,附息债券的利息基本采用单利计算。

(2)浮动利率债券,是指债券的利率随某种确定的市场利率的变化而浮动,一般比同期市场利率高一定的百分点。当市场利率上升时,债券的利率也相应上浮;反之,当市场利率下降时,债券的利率就相应下调。这样,浮动利率债券就可以避开因市场利率波动而产生的风险。

(3)贴现债券,是指在票面上不规定利率,发行时按某一折扣率,以低于票面金额的价格发行,到期时仍按面额偿还本金的债券。贴现债券是属于折价发行的债券,其发行价格与票面金额(即偿还价格)的差额,构成了实际的利息。

(4)累进利率债券,是指利率按逐年累进方法计息的债券。这种债券一般具有以下特征:一是债券期限浮动,有最短持有期和最长持有期;二是设有基础利率,在最短持有期内,按基础利率计息;三是设有每期利率递增率,超过最短持有期后每期按递增的利率计息,持有期越长,得到的利息越多。

4. 按债券形态分类

根据债券券面形态可以把债券分为实物债券、凭证式债券和记账式债券。

(1)实物债券,是一种具有标准格式实物券面的债券。在标准格式的债券券面上,一般印有债券面额、债券利率、债券期限、债券发行人全称、还本付息方式等各种债券票面要素。有时债券利率、债券期限等要素也可以通过公告向社会公布而不再在债券券面上注明。不记名国债就属于这种实物债券,它以实物券的形式记录债权、面值等,不计名,不挂失,可上市流通。实物债券是一般意义上的债券,很多国家通过法律或者法规对实物债券的格式予以明确规定。

(2)凭证式债券,是债权人认购债券的一种收款凭证,而不是债券发行人制定的标准格式债券。我国近年通过银行系统发行的凭证式国债,券面上不印制票面金额,而是根据认购者的认购额填写实际的缴款金额,是一种国家储蓄债,可记名、挂失,以"凭证式国债收款凭证"记录债权,不能上市流通,从购买之日起计息。在持有期内,持券人如遇特殊情况需要提取现金,可以到原购买网点提前兑付。提前兑付时,除偿还本金外,利息按实际持有天数及相应的利率档次计算,经办机构按兑付本金的2‰收取手续费。

(3)记账式国债,是没有实物形态的债券,只在电子账户中作记录。在我国,上海证券交易所和深圳证券交易所已为证券投资者建立了电子证券账户,因此,可以利用证券交易所的交易系统来发行债券。我国近年来通过沪、深交易所的交易系统发行和交易的记账式国债就是这方面的实例。投资者进行记账式债券的买卖,必须在证券交易所设立单独的账户。由于记账式债券的发行和交易均为无纸化,所以效率高、成本低、交易安全。

5. 按债券发行所在地分类

根据债券发行所在地的不同,可把债券分为国内债券和国际债券。

(1)国内债券,是指本国政府、企业等机构在本国发行的、以本国货币为面额的债券。

(2)国际债券,是指本国发行者在本国以外发行的债券。国际债券主要有外国债券和欧洲债券。

6. 按债券是否记名分类

根据债券记名与否可把债券分为记名债券和不记名债券。

(1)记名债券,是指在票面上注明持有人姓名的债券。记名债券领取本息须凭本人印鉴和有关身份证明文件,转让时必须办理过户登记,债券遗失时可以挂失,安全性较高;缺点是转让时办理手续麻烦,故流动性不佳。

(2)不记名债券,是指票面上不注明持有人姓名的债券。不记名债券遗失时不得挂失,转让时无须办理过户等手续,只需钱券两清,转让即可生效。因而该债券流动性好,但安全性差。

以上介绍的是债券的主要分类,还有一些其他分类方式,如:按债券募集方式不同可以把债券分为公募债券和私募债券;按债券面额的货币不同可以把债券分为本币债券、外币债券和双重货币债券;按债券有无抵押担保可以把债券分为信用债券和担保债券等。

3.1.3 债券的功能

纵观世界各个成熟的金融市场,无不有一个发达的债券市场。债券市场在社会经济中占有如此重要的地位,是因为它具有以下几项重要功能:

1. 投、融资功能

债券市场作为金融市场的一个重要组成部分,具有使资金从资金剩余者流向资金需求者,为资金不足者筹集资金的功能。我国政府和企业先后发行多批债券,为弥补国家财政赤字和国家的许多重点建设项目(如能源、交通、重要原材料等重点建设项目以及城市公用设施建设)筹集了大量资金。

2. 资金流动导向功能

效益好的企业发行的债券通常较受投资者欢迎,因而发行时利率低,筹资成本小;相反,效益差的企业发行的债券风险相对较大,受投资者欢迎的程度较低,筹资成本较大。因此,通过债券市场,资金得以向优势企业集中,从而有利于资源的优化配置。

3. 宏观调控功能

一国中央银行作为国家货币政策的制定与实施部门,主要依靠存款准备金、公开市场业务、再贴现和利率等政策工具进行宏观经济调控。其中,公开市场业务就是中央银行通过在证券市场上买卖国债等有价证券,从而调节货币供应量,实现宏观调控。在经济过热、需要减少货币供应时,中央银行卖出债券、收回金融机构或公众持有的一部分货币,从而抑制经济的过热运行;当经济萧条、需要增加货币供应量时,中央银行便买入债券,增加货币的投放量。

3.2 金融债券与公司债券

3.2.1 金融债券

1. 金融债券的定义

金融债券是指由银行或非银行类金融机构发行的一种债务凭证。20 世纪 60 年代以前,只有投资银行、投资公司之类的金融机构才发行金融债券,因为这些机构一般不吸收存款,或者只吸收少量的长期存款,发行金融债券成为其筹措资金的一个重要手段。而商业银行等金融机构,因能吸收存款,有稳定的资金来源,一般不允许发行金融债券。20 世纪 60 年代以后,商业银行等金融机构为改变资产负债结构或用于某种特定用途,纷纷加入发行金融债券的行列,从而打破了金融债券的发行格局。在欧美很多国家,由于商业银行和其他金融机构多采用股份公司这种组织形式,所以这些金融机构发行的债券与公司债券一样,受相同的法规管理,一般归类于公司债券。日本则有所不同,金融债券的管理受制于特别法规。从广义上讲,金融债券还应该包括中央银行债券,只不过它是一种特殊的金融债券,其特殊性表现在两个方面:一是期限较短;二是为实现金融宏观调控而发行。

2. 我国的金融债券

我国金融债券的发行始于北洋政府时期,后来,国民政府也曾多次发行过"金融公债""金融短期公债"和"金融长期公债"。新中国成立之后的金融债券发行始于 1982 年。当时,中国国际信托投资公司率先在日本的东京证券市场发行了外国金融债券。为推动金融资产多样化,筹集社会资金,国家决定于 1985 年由中国工商银行、中国农业银行发行金融债券,开办特种贷款。这是我国经济体制改革以后国内发行金融债券的开端。在此以后,中国工商银行和中国农业银行又多次发行金融债券,中国银行、中国建设银行也陆续发行了金融债券。1988 年,部分非银行金融机构开始发行金融债券。1993 年,中国投资银行被批准在境内发行外币金融债券,这是我国首次发行境内外币金融债券。

1994 年我国政策性银行成立后,发行主体从商业银行转向政策性银行。当年仅国家开发银行就发行了 7 次金融债券,总金额达 758 亿元。1997 和 1998 年,经中国人民银行批准,部分金融机构发行了特种金融债券,所筹集资金专门用于偿还不规范证券回购交易所形成的债务。1999 年以后,我国金融债券的发行主体集中于政策性银行,其中,以国家开发银行为主,金融债券已经成为其筹措资金的主要方式。如 1999—2001 年,国家开发银行累计在银行间债券市场发行债券达 1 万多亿元,通过金融债券所筹集的资金占其同期整个资金来源的 92%。2002 年,国家开发银行发行 20 期金融债券,共计 2 500 亿元;中国进出口银行发行 7 期金融债券,共计 575 亿元。2003 年国家开发银行发行 30 期金融债券,共计 4 000 亿元;中国进出口银行发行 3 期金融债券,共计 320 亿元。2004 年共发行政策性金融债券 4 452. 20 亿元;2005 年为 6 068 亿元;2006 年为 8 996 亿元。同时,金融债券的发行也进行了一些探索性改革:一是探索市场化发行方式;二是力求金融债券品种多样化。国家开发银行于 2002 年推出投资人选择权债券、发行人普通选择权债券、长期次级债券和本息分离债券等新品种。2003 年,国家开发银行在继续发行可回售债券与可赎回债券的同时,又推出可掉期国债新品种,并发行 5 亿美元外币债券。

为实现宏观金融调控目标进行公开市场操作,中国人民银行于 2002 年 9 月 24 日将 2002 年 6 月 25 日 ~9 月 24 日公开市场操作中未到期的正回购债券全部转为相应的中央银行票据,共 1 937 亿元。2003 年 4 月 22 日起,中国人民银行正式发行中央银行票据,至 2003 年底,共发行 63 期央行票据,发行总量为 7 226. 8 亿元,发行余额 3 376. 8 亿元;2004 年共发行 100 期央行票据,发行总量为 15 071. 5 亿元;2005 年共发行 124 期央行票据,发行总量为 27 462 亿元;2006 年共发行 97 期央行票据,发行总量为 36 522. 70 亿元。我国自 2013 年起不再发行中央银行票据。

到 2021 年,我国金融债券有了长足的发展,2015—2021 年金融债券发行一直呈增长态势。尽管 2020 年受疫情冲击,我国金融市场仍然稳定运行,金融债券发行 9. 3 万亿元,同比增长34.78%。在双碳目标下,绿色金融债券激增。2020年农发行发行“两山”生态环保主题金融债券,国开行发行首单“应对气候变化”专题“债券通”绿色金融债券,建设银行发行的中资银行绿色债券在纳斯达克迪拜交易所上市,中国银行在境外成功定价发行中资及全球商业机构首支双币种蓝色债券。2021年全年商业银行发行的绿色金融债券规模约为1 130亿元,充分说明了我国金融债券的规模有较大的发展空间。

3.2.2 公司债券

1. 公司债券的定义与特点

(1)公司债券的定义。公司债券是指公司依照法定程序发行的、约定在一定期限还本付息的有价证券。公司债券代表着发债公司和投资者之间的一种债权债务关系。债券持有人是公司的债权人,不是所有者,无权参与或干涉公司经营管理,但债券持有人有权按期收回本息。公司债券作为有价证券的一种,可以自由转让。

公司发债的主要目的是筹集企业发展所需要的资金,但有时伴随着发行债券筹集资金的行为还有一些非筹资目的,主要有以下四个方面:一是为维持原股东对公司的控制。当公司需要筹集外部资金时,可以发行股票,也可以发行债券。但发行股票,有被新股东控制的风险,尤其是新股发行数量多而又被少数投资者大量认购的情况下。而发行债券则不存在这种风险。二是为转移通货膨胀风险。由于公司债券的利息是固定的,在发生通货膨胀时,公司按固定的利息和本金支付,实际上是用贬值的货币还公司的债券,等于把通货膨胀的风险转移给了债券持有人。鉴于上述情况,当经济前景不好,通货膨胀压力增大时,公司筹资应发行债券而不应选择股票。三是为增加资金运用的灵活性。债券筹资在资金运用上比股票筹资灵活,这是因为股票筹集的资金是一种永久性资本,企业可以无限期使用,有利于企业的经营稳定。但也有不利的一面,如在经济萧条时期,企业订单不足,被迫调整经营规模和经营方向,会出现资金过剩现象,消除这些过剩资金的办法主要是减少资本。但这种方法不仅受法律限制,还可能引起股东的不满。而用发行债券的方法来筹资,可以用提前偿债的方法来减资。四是可使资金的筹集量和使用时间等更灵活。债券的期限、偿还办法、利率等都可以根据企业对市场及经济发展趋势的预测和对资金使用规模的估计来灵活确定,使资金的筹集量与使用量相一致,也可以使资金的使用时间与债券的期限相一致。由此可见,发行债券筹资更灵活。

(2)公司债券的特点。公司债券除具有一般债券的性质与特征外,与政府债券和金融债券相比,具有如下两方面特点:一是风险相对较高。同政府债券和金融债券相比,公司债券的违约风险相对较大。因而公司在发行债券时,必须经过严格的审查,同时还要有相应的财产作抵押,且必须符合规定的信用评级标准,由此可见,公司债券也具有一定的安全性。二是收益较大。因为公司债券的风险比政府债券和金融债券要高,为吸引投资者,其票面利率通常要高于政府债券和金融债券,因而其收益率也相对较高。

2. 公司债券的类型

各国在筹资的实践中,创造出许多种类的公司债券,这里介绍几种主要的公司债券。

(1)可转换公司债券,这里主要对其含义、特征、价值及价格等进行分析。

①可转换公司债券的含义。可转换公司债券是指发行人依照法定程序发行,在一定期限内依据约定的条件可以转换成股份的公司债券。这种公司债券实际上是一种混合型的金融产品,是普通公司债券与期权的组合体。可转换公司债券的期权属性赋予其持有人可

以选择将债券持有至到期，要求公司还本付息，也可以选择在约定时间内将债券转换成股票等。

可转换公司债券对举债公司和持有人双方都比较有利，持有人可以在举债公司净收益不多、每股股息水平不高时，选择持有债券，稳得公司债券的固定利息，并有本金安全的法律保障；又可在公司净收益出现大幅增长、每股股息水平提高时把债券转换成股票，以获得较多的股息收益。而举债公司因向持有人提供了这样的优越条件，可以把可转换公司债券的利率定在低于其他债券利率的水平上，用较低的发行成本获得长期资金，并可以在债券转换成股票时，把负债变成资本，减轻还债压力，扩大资本规模。另外，很多国家的法令禁止商业银行和其他金融机构投资于普通股票，而可转换公司债券属于债券，不在禁止范围内，发行公司为吸引这些大机构投资者，也为了满足他们资产组合和享受普通股增值收益的需要，发行可转换公司债券。

②可转换公司债券的特征。可转换公司债券的特征表现在以下六个方面：

a. 具有规定的转换条件。可转换公司债券在一定条件下能转换成普通股票是其主要特征，转换条件在债券发行时就做了规定，既可以表现为转换率的形式，也可以表现为转换价格的形式。

• 转换率是一张可转换债券能兑换成普通股的股数。若某可转换债券的转换率为 20，则意味着一张可转换债券可转换成 20 股普通股股票。

• 转换价格规定的是债券转换为股票的价格，即持有者可按什么价格将债券转换成股票。在转换时，根据可转换债券的面值，由转换率就可以计算出转换价格；反过来，由转换价格也可以计算出可转换的股份数，即转换率。例如：某可转换债券的面额为 100 元，规定转换价格为 5 元，则投资者在实施转换时将能转换成 20 股普通股股票，即转换率为 20。

显然在转换率和转换价格两者之中，只要规定了其中的一种，另一种也就随之确定了。用公式表示如下：

$$\text{转换率} = \text{可转换公司债券面值} \div \text{转换价格} \tag{3.3}$$

$$\text{转换价格} = \text{可转换公司债券面值} \div \text{转换率} \tag{3.4}$$

b. 具有规定的转换期限。可转换债券的转股期限可以与债券的到期日相同，但大多数情况下，发行公司都规定某一具体有效期限。只有在有效期限内，才允许持有者按约定条件将债券转换成股票。例如，浙江华正新材料股份有限公司发行的可转换债券，债券期限为 2022 年 1 月 24 日至 2028 年 1 月 24 日，转换期为 2022 年 7 月 28 日至 2028 年 1 月 23 日。

c. 具有赎回权。赎回权是指发行人在发行一段时期后，可以按照赎回条款生效的条件提前购回其未到期的发行在外的可转换公司债券。几乎所有的可转换债券在发行时都附有赎回条款，赎回价格一般略高于债券面值。发行公司一般是在债券市场价格高于赎回价格时行使赎回权力，这时投资者如果不愿按赎回价格将债券卖出，就只有将其转换成股票，所以赎回条款实际上是迫使投资者实行转换或将债券卖出。例如：浙江华正新材料股份有限公司发行的可转换债券在赎回条款中规定，华正转债在转股期内，如果公司股票在任何连续 30 个交易日中至少 15 个交易日的收盘价格不低于当期转股价格的 130%（含 130%），或当本次发行的可转换公司债券未转股余额不足 3 000 万元时，当上述两种情形的任意一种出现时，公司有权决定按照债券面值加当期应计利息的价格赎回全部或部分未转股的可转换公司债券。由此可见，可转换债券的这种可回购性使发行公司在转股方面具有了一定的主动性，而并非只是被动地接受投资者是否转股的选择。

d. 具有回售权。回售权一般是指公司股票价格在一段时间内连续低于转股价格某一幅度时，可转换公司债券持有人有权按事先约定的价格将所持可转换债券卖回发行人。例如：浙江华正新材料股份有限公司发行的可转换债券在回售条款中规定，在本次发行的可转换公司债券最后两个计息年度，如果公司股票在任何连续30个交易日的收盘价格低于当期转股价的70%时，可转换公司债券持有人有权将其持有的华正转债全部或部分按面值加上当期应计利息的价格回售给公司。也有的回售条款是承诺某个条件，比如公司股票在未来时间要达到上市目标，一旦达不到，则履行回售条款。

e. 持有者的身份随可转换债券的转换而相应改变。可转换债券在其发行后至转换前的一段时间内，以债券的形式存在，其持有人是公司的债权人。随着转股的实施，原来的债券不再存在，持有者的身份也转换成普通股股东。

f. 可转换债券的价格随普通股股票的价格波动。当普通股股票价格上升时，可转换债券的价格也随之上升；反之，当普通股股票价格下跌时，可转换债券的价格也下跌。但因其作为债券出售，价格不会低于相同类型、相同期限债券的价格。由于可转换债券价格多变，因此，它也是一种风险较大、投机性较强的投资工具。

③可转换公司债券的价值，由于可转换公司债券具有债券与期权的双重特征，所以它的价值也是由两部分构成的，投资者必须全面地认识这些价值，才能灵活地运用这种投资工具，下面分别介绍可转换债券的不同价值。

a. 债券价值，是指可转换债券去除转股选择权后的价值。我们可以把它视同普通债券来评估其现金流量的现值之和，这是可转换债券的债券价值或直接价值，它为投资者提供价格下跌保护。

b. 转换价值，是指可转换债券实施转换时得到的普通股股票的市场价值。它为投资者提供主要的价格上升动力。其计算公式如下：

$$\text{转换价值} = \text{普通股股票的市价} \times \text{转换率} \tag{3.5}$$

例如：面值为100元的可转换债券，转换率为20，若实施转换时该股票的市场价格为5.40元，则其转换价值为：转换价值 $=5.40\times20=108$（元）。

由以上分析可知，根据不同的分析计算角度，可转换债券的投资价值不同。那么，是以债券价值为准还是以转换价值为准呢？这里应该是两者取其高者作为可转债投资价值的评估值，并以此为标准进行投资与交易。比如，如果市场上的转换价格高于直接价值，那么投资者就一定会按转换价值进行交易，而不会以直接价值反映的债券价格进行交易；反之，如果转换价值低于直接价值，投资者就会按直接价值反映的债券价格进行交易，而不会按转换价值进行交易。但转换价值与直接价值有趋于一致的趋势，因为如果转换价值高于直接价值，而仍有人愿以直接价值转让可转债，那么就会有人购买后再以转换价值转让进行套利，从而增加基准股票供应，导致基准股票价格下跌，从而使两个价格趋于一致。

④可转换债券的市场价格，是指其在市场上交易的价格。可转换债券的市场价格必须保持在它的理论价值和转换价值之上。如果价格在理论价值之下，该证券价格被低估，这是显然易见的；如果可转换债券价格在转换价值之下，购买该债券并立即转换为股票就有利可图，从而使该债券价格上涨直至达到转换价值。

（2）信用公司债，是一种不以公司任何资产作担保而发行的债券，属于无担保证券范畴。

一般来说,政府债券无须提供担保,因为政府掌握国家资源,可以征税,所以政府债券安全性高。金融债券大多数也可以免除担保,因为金融机构作为信用机构,本身就具有较高的信用。公司债券则不同,一般公司的信用状况要比政府和金融机构差,所以,大多数公司发行债券被要求提供某种形式的担保。但少数大公司经营良好,信誉卓著,也可以发行信用公司债。信用公司债的发行人实际上是用公司信誉作为担保。为了保护投资者的利益,可要求信用公司债附有某些限制性条款,如公司债不得随意增加,债券未清偿之前股东的分红要有限制等。

(3)不动产抵押公司债,是以公司的不动产(如房屋、土地等)作抵押而发行的债券,是抵押证券的一种。公司以这种财产的房契或地契作抵押,如果发生了公司不能偿还债务的情况,抵押的财产将被出售,所得款项用来偿还债务,另外,用作抵押财产的价值不一定与发生的债务额相等,当某抵押品的价值很大时,可以分作若干次抵押,这样就有所谓第一抵押债券、第二抵押债券等之分。在处理抵押品偿债时,要按顺序依次偿还优先一级的抵押债券。

(4)保证公司债,是公司发行的由第三者作为还本付息担保人的债券,是担保证券的一种。担保人是发行人以外的其他人(或称第三者),如信誉好的银行或举债公司的母公司等。一般来说,投资者比较愿意购买保证公司债,因为一旦公司到期不能偿还债务,担保人将负清偿之责。实践中,保证行为常见于母子公司之间,如由母公司对子公司发行的公司债予以保证。

(5)收益公司债,是一种具有特殊性质的债券,它与一般债券相似,有固定到期日,清偿时债权排列顺序先于股票。但另一方面,它又与一般债券不同,其利息只在公司有盈利时才支付,即发行公司的利润扣除各项固定支出后的余额用作债券利息的来源。如果余额不足支付,未付利息可以累加,待公司收益改善后再补发。所有应付利息付清后,公司才可对股东分红。

(6)附新股认股权公司债,是公司发行的一种附有认购该公司股票权力的债券。这种债券的购买者可以按预先规定的条件在公司发行股票时享有优先购买权。预先规定的条件主要是指股票的购买价格、认购比例和认购时间。附新股认股权公司债与可转换公司债不同,前者在行使新股认股权之后,债券形态依然存在;而后者在行使转换权之后,债券形态随即消失。另外,若按照附新股认股权和债券本身能否分开来划分,这种债券有两种类型:一种是可分离型,即债券与认股权可以分开,可独立转让;另一种是非分离型,即不能把认股权从债券上分离,认股权不能成为独立买卖的对象。

(7)可续期公司债,指赋予发行人以续期选择权,不规定债券到期期限的新型公司债券。是介于传统债券和股票之间,且集两者优势于一身,符合一定条件的可续期债券,具有拓宽融资渠道、补充股东权益、降低资产负债率、票息税前抵扣、避免摊薄股本等优势。

(8)设备信托公司债,是公司为了筹集购置大宗设备(如铁路设备、公共汽车、轮船、载重汽车和飞机等)所需资金而发行的债券。发行此种债券,要由债券发行公司、受托人(信托公司)和设备出售商三方签订一项设备信托契约,将债券发行公司所要购置的设备的所有权交付受托人,设备债券由受托人公开发行,并用发行债券所筹资金垫付购买设备的货款;由受托人将设备租赁给发行公司,并由发行公司出具分期偿付的本票作为租金,受托人以收到的租金支付债券的利息并偿还本金,直到此项债券本息偿清以后,发行公司方能取得该项设备的所有权。这种债券起源于美国的铁路公司。

(9)可交换公司债券,是指上市公司的股东依法发行、一定期限内依据约定的条件可以交换成该股东所持有的上市公司股份的公司债券。2008 年 10 月 17 日,中国证监会发布《上市公司股东发行可交换公司债券试行规定》,符合条件的上市公司股东可以用无限售条件的股票质押发行债券进行融资。可交换债券与可转换债券的相同之处是发行要素相似,也包括票面利率、期限、换股价格和换股比率、换股期限等。对投资者来说,与持有标的上市公司的可转换债券相同,投资价值与上市公司价值相关,在约定期限内可以以约定的价格交换为标的股票。

3. 公司债券的信用评级

(1)公司债券信用评级的概念和作用。公司债券信用评级就是专业化的信用评级机构对企业发行债券履约还本付息能力和可信任程度的综合评价。

独立、公正、客观的信用评级制度会对公司债券市场的发展起到很大的促进作用。对于投资者来说,信用评级可以作为判断信用风险、评价投资价值的重要依据,有利于投资者规避风险、保护自身利益;对于发行人来说,有利于按照优惠条件迅速发行,并为在更大范围内筹资提供了可能;对于监管当局来说,有利于实施监管,提高监管效率;而对社会来说,则可以降低信息成本,提高证券市场的效率,实现资源的合理配置。

(2)债券信用级别的含义。债券评级的目的是将债券发行者的信誉和偿债能力用简略易懂的符号表达出来,并公布给投资者以保护投资者的利益。按国际惯例,债券信用等级的设置一般是三等九级、两大类,如表3.1所示。两大类是指投资类和投机类,其中投资类包括一等的AAA、AA、A级和二等的BBB级,投机类包括二等的BB、B级和三等的CCC、CC、C级。

表3.1 我国债券信用级别设置

<table>
<tr><th>级别分类</th><th>级别划等</th><th>级别次序</th><th>级别含义</th></tr>
<tr><td rowspan="4">投资级</td><td rowspan="3">一等</td><td>AAA</td><td>债券有极高的还本付息能力,投资者没有风险</td></tr>
<tr><td>AA</td><td>很高的还本付息能力,投资者基本没有风险</td></tr>
<tr><td>A</td><td>有一定的还本付息能力,经采取保护措施后有可能按期还本付息,投资者风险较低</td></tr>
<tr><td rowspan="3">二等</td><td>BBB</td><td>还本付息资金来源不足,发债企业对经济形势变化的应变能力差,有可能延期支付本息,有一定的投资风险</td></tr>
<tr><td rowspan="5">投机级</td><td>BB</td><td>还本付息能力脆弱,投资风险较大</td></tr>
<tr><td>B</td><td>还本付息能力低,投资风险大</td></tr>
<tr><td rowspan="3">三等</td><td>CCC</td><td>还本付息能力很低,投资风险极大</td></tr>
<tr><td>CC</td><td>还本付息能力极低,投资风险最大</td></tr>
<tr><td>C</td><td>企业濒临破产,到期没有还本付息能力,绝对有风险</td></tr>
</table>

3.3 国际债券

3.3.1 国际债券概述

1. 国际债券的定义

国际债券是指一国借款人在国际证券市场上以外国货币为面值,向外国投资者发行的债券。国际债券的发行人,主要是各国政府、政府所属机构、银行或其他金融机构、工商企业及一些国际组织等。国际债券的投资者,主要是银行或其他金融机构、各种基金会、工商财团和自然人。

2. 国际债券的特征

国际债券是一种跨国发行的债券,涉及两个或两个以上国家。同国内债券相比,具有一定的特殊性。

(1)资金来源广、发行规模大。发行国际债券是在国际证券市场上筹措资金,发行对象为各国的投资者,因此资金来源比国内债券广泛得多。

发行国际债券的目的之一就是要利用国际证券市场资金来源的广泛性和充足性。同时,发行人进入国际债券市场的门槛比较高,必须由国际著名的资信评估机构进行债券信用级别评定,只有高信誉的发行人才能顺利地进行筹资,因此,在发行人资信状况得到充分肯定的情况下,国际债券的发行规模一般都较大。

(2)存在汇率风险。发行国内债券,筹集和还本付息的资金都是本国货币,所以不存在汇率风险。发行国际债券,筹集到的资金是外国货币,汇率一旦发生波动,发行人和投资者都有可能蒙受意外损失或获取意外收益,所以,汇率风险是国际债券的重要风险。

(3)有国家主权保障。在国际债券市场上筹集资金,有时可以得到一个主权国家政府最终偿债的承诺保证,各个国际债券市场都愿意向该主权国家开放,这也使得国际债券市场有较高的安全性。当然,代表国家主权的政府也要对本国发行人在国际债券市场上借债进行审查和控制。

(4)以自由兑换货币作为计量货币。国际债券在国际市场发行,因此其计价货币往往是国际通用货币,一般以美元、欧元、英镑、日元和瑞士法郎为主。这样,发行人筹集到的资金是一种可通用的自由外汇资金。

3.3.2 外国债券

外国债券是指某一国借款人在本国以外的某一国家发行以该国货币为面值的债券。它的特点是债券发行人属于一个国家,债券的面值货币和发行市场则属于另一个国家。如果不考虑债券承销商等中间环节因素,外国债券的发行只涉及两个国家,他们是债券发行国和市场所在国。但由于债券的发行货币是用市场所在国货币,为了减轻外国债券对本国货币供应量的影响,市场所在国的货币当局往往对外国债券的发行控制较严,发行的申请手续远比一般的债券要复杂得多。

根据债券发行市场的不同,外国债券主要有扬基债券和武士债券等。

(1)扬基债券是指在美国债券市场上发行的外国债券,即美国以外的政府、金融机构、工商企业和国际组织在美国国内市场发行的、以美元为计值货币的债券。“扬基”一词英文为“Yankee”,意为“美国佬”,由于在美国发行和交易的外国债券都是同“美国佬”打交道,故名扬基债券。扬基债券具有如下几个特点:第一,期限长、数额大。扬基债券的期限通常为5~7年,一些信誉好的大机构发行的扬基债券期限甚至可达20~25年。近年来,扬基债券发行额平均每次都在7 500万到1.5亿美元之间,有些大额发行甚至高达几亿美元。第二,美国政府对其控制较严,申请手续远比一般债券烦琐。第三,发行者以外国政府和国际组织为主。第四,投资者以人寿保险公司、储蓄银行等机构为主。扬基债券存在的时间已经很长,但在20世纪80年代以前,扬基债券的发行受到美国政府十分严格的控制,发行规模不大。20世纪80年代中期以来,美国国会顺应金融市场改革潮流,通过了证券交易修正案,简化了扬基债券发行手续。之后，扬基债券市场有了一定的发展。

(2)武士债券是指在日本债券市场上发行的外国债券，即日本以外的政府、金融机构、工商企业和国际组织在日本国内市场发行的以日元为计值货币的债券。“武士”是日本古时的一种很受尊敬的职业，后来人们习惯将一些带有日本特性的事物同“武士”一词连用，“武士债券”也因此得名。武士债券均为无担保发行，典型期限为3～10年，一般在东京证券交易所交易。第一笔武士债券是亚洲开发银行在1970年12月发行的，早期武士债券的发行者主要是国际机构。1973—1975年由于受到世界石油价格暴涨的影响，日本的国际收支恶化，武士债券的发行相应中断。20世纪80年代以后，日本贸易出现巨额顺差，国内资金充裕，日本放宽了对外国债券发行的限制，武士债券发行量大幅度增加。我国金融机构进入国际债券市场发行外国债券就是从发行武士债券开始的。1982年1月，中国国际信托投资公司在日本东京发行了100亿日元的武士债券。

3.3.3 欧洲债券

欧洲债券是一国政府、金融机构、工商企业或国际组织在国外债券市场上以第三国货币为面值发行的债券。例如，法国一家机构在英国债券市场上发行的以美元为面值的债券即是欧洲债券，欧洲债券的发行人、发行地以及计值货币分别属于三个不同的国家。欧洲债券产生于20世纪60年代，是随着欧洲货币市场的形成而兴起的一种国际债券，60年代以后，由于美国资金不断外流，美国政府被迫采取一系列限制性措施，1963年7月，美国政府开始征收“利息平衡税”，规定美国居民购买外国在美发行的证券，所得利息一律要付税，1965年，美国政府又颁布条例，要求银行和其他金融机构限制对国外借款人的贷款数额。这两项措施使外国借款者很难在美国发行美元债券或获得美元贷款。另一方面，在20世纪60年代，许多国家有大量盈余美元，需要投入借贷市场获取利息，于是一些欧洲国家开始在美国境外发行美元债券，这就是欧洲债券的由来。

欧洲债券最初主要以美元为计值货币，发行地以欧洲为主。20世纪70年代后，随着美元汇率波动幅度增大，以德国马克、瑞士法郎和日元为计值货币的欧洲债券的比重逐渐增加，同时，发行地开始突破欧洲地域限制，在亚太、北美以及拉丁美洲等地发行的欧洲债券日渐增多。欧洲债券自产生以来，发展十分迅速，1992年债券发行量为2 761亿美元，1996年的发行量增至5 916亿美元，在国际债券市场上，欧洲债券所占比重远远超过了外国债券。欧洲债券之所以对投资者和发行者有如此巨大的魅力，主要有以下几方面原因：

第一，欧洲债券市场是一个相对比较开放和自由的市场，债券发行较为自由灵活，既不需要向任何监督机关登记注册，又无利率管制和发行数额限制，还可以选择多种计值货币。

第二，发行欧洲债券筹集的资金数额大、期限长，而且对财务公开的要求不高，方便筹资者筹集资金。

第三，欧洲债券通常由几家大的跨国金融机构办理发行，发行面广，手续简便，发行费用较低。

第四，欧洲债券的利息收入通常免交所得税。

第五，欧洲债券以不记名方式发行，并可以保存在国外，适合一些希望保密的投资者需要。

第六，欧洲债券安全性和收益率高。欧洲债券发行者多为大公司、各国政府和国际组织，它们一般都有很高的信誉，对投资者来说是比较可靠的。同时，欧洲债券的收益率也较高。

由于这些优点，使得欧洲债券自20世纪60年代出现以来，迅速成为国际债券市场中的重要组成部分。

本章小结

债券是社会各类经济主体为筹集资金而向债券投资人出具的，承诺按一定利率定期支付利息，并到期偿还本金的债权债务凭证。债券作为有价证券具有偿还性、流动性、安全性和收益性的特征。

债券作为筹资的主要工具，其种类繁多。根据不同的债券发行主体可以把债券分为政府债券、金融债券和公司债券；根据不同的偿还期限可以把债券分为短期债券、中期债券和长期债券；依据不同的计息方式，可以把债券分为固定利率债券、浮动利率债券、贴现债券和累进利率债券；根据债券券面形态可以把债券分为实物债券、凭证式债券和记账式债券；根据债券发行所在地的不同可把债券分为国内债券和国际债券；根据债券记名与否可把债券分为记名债券和不记名债券等。

债券的功能主要具有投资、融资、资金流动导向和宏观调控等。

金融债券是指由银行或非银行类金融机构发行的一种债务凭证。公司债券是指公司依照法定程序发行的、约定在一定期限还本付息的有价证券。在公司债券中主要有可转换公司债、信用公司债、不动产抵押公司债、保证公司债、收益公司债、附新股认股权公司债、可续期公司债、设备信托公司债和可交换公司债券等。

国际债券是指一国借款人在国际证券市场上以外国货币为面值，向外国投资者发行的债券。国际债券具有资金来源广、发行规模大、存在汇率风险、有国家主权保障和以自由兑换货币作为计量货币等特征。

复习思考题

一、名词解释

债券　政府债券　金融债券　公司债券　固定利率债券　浮动利率债券
贴现债券　累进利率债券　可转换公司债券　可续期公司债　设备信托公司债
扬基债券　武士债券　欧洲债券

二、判断题

1. 债券具有安全性的特征，所以债券投资是无风险投资。（　）
2. 可转换公司债券对举债公司和持有人双方都比较有利。（　）
3. 债券为投资者带来的收益就是指利息收益。（　）
4. 公司发债的目的就是为了筹集企业发展所需要的资金。（　）
5. 欧洲债券的发行人、发行地以及计值货币分别属于三个不同的国家。（　）

三、单项选择题

1. 长期债券一般是指偿还期限在（　）年以上的债券

A. 3　B. 5

C. 10　D. 15

2. 目前,能在沪、深证券交易所上市交易的债券是(　　)。

A. 实物债券　　B. 记账式债券

C. 凭证式债券　　D. 国际债券

3. 在票面上不标明利率,发行时按一定折扣率,以低于票面金额发行的债券称为(　　)。

A. 贴现债券　　B. 复利债券

C. 单利债券　　D. 累进利率债券

4. 浮动利率债券的利率在确定时一般要与市场利率挂钩,其与市场利率的关系是(　　)。

A. 高于市场利率　　B. 低于市场利率

C. 等于市场利率　　D. 没有关系

5. 债券年利息收入与债券面额之比率称为(　　)。

A. 持有期收益率　　B. 到期收益率

C. 利息收益率　　D. 票面收益率

四、多项选择题

1. 根据不同的债券发行主体可以把债券分为(　　)。

A. 政府债券　　B. 国际债券

C. 金融债券　　D. 公司债券

2. 债券的重要功能主要包括(　　)。

A. 投、融资功能　　B. 资金流动导向功能

C. 微观调控功能　　D. 宏观调控功能

3. 公司发行债券的非筹资目的主要有(　　)。

A. 为维持原股东对公司的控制

B. 为转移通货膨胀风险

C. 为增加资金运用的灵活性

D. 为使资金的筹集量和使用时间等更灵活

4. 公司债券除具有一般债券的性质与特征外,与政府债券和金融债券相比,具有如下特点(　　)。

A. 风险相对较高　　B. 风险相对较低

C. 收益相对较大　　D. 收益相对较小

5. 国际债券同国内债券相比,具有一定的特殊性,其主要特征为(　　)。

A. 发行规模较小　　B. 存在汇率风险

C. 有国家主权保障　　D. 以自由兑换货币作为计量货币

五、简答题

1. 简述债券的构成要素。
2. 说明债券的主要特征。
3. 公司发债的目的有哪些?
4. 可转换公司债券的特征有哪些?
5. 欧洲债券吸引投资者和发行者的原因有哪些?

六、论述题

说明债券的几种主要分类及其意义。

中国成功发行首只负利率主权债券

2020 年 11 月 18 日，中华人民共和国财政部顺利发行 40 亿欧元主权债券。其中，5 年期 7.5 亿欧元，发行收益率为 -0.152%；10 年期 20 亿欧元，发行收益率为 0.318%；15 年期 12.5 亿欧元，发行收益率为 0.664%。国际投资者认购踊跃，订单规模达到发行量的 4.5 倍。

首次负利率发行，国际投资者订单规模为发行量的 4.5 倍

财政部此次发债取得了截至目前我国境外主权债券发行的最低收益率。其中 5 年期采用溢价发行，票息 0%，首次实现负利率发行。此次发行采用“三地上市、两地托管”模式，在伦敦证券交易所、卢森堡证券交易所和香港证券交易所三地上市。同时，为支持香港国际金融中心建设，首次在香港债务工具中央结算系统（CMU）托管清算此次欧元主权债券 5 年期品种，有力促进香港金融基础设施建设。此外，国际评级公司给予了信用评级。从簿记情况看，国际投资者认购踊跃，订单规模达到发行量的 4.5 倍，也就是说，此次发行吸引了约 180 亿元的认购。投资者群体丰富，涵盖央行、主权基金、超主权类及养老金、资管和银行等。欧洲投资者最终投资比例高达 72%，体现出国际资本市场投资者对中国经济稳中向好的信心。

中国财政部表示，此次发行进一步完善了欧元主权债券收益率曲线，为中资境外欧元债券发行夯实基准。欧元主权债券的顺利发行，更加体现出中国更高水平全面对外开放的决心和信心，顺应经济金融全球化的趋势，也将进一步深化中国与国际资本市场的融通以及与国际投资者的合作。

为何会有人购买负利率债券?

负利率债券是怎么回事？简单理解，负利率债券就是政府、金融机构、企业等直接向投资者发行名义利率为负的债券。负利率主权债券即为政府发行的负利率债券。负利率分为三个层面：一是央行政策利率为负，二是银行存贷款利率为负，三是市场利率为负，包括货币市场、债券市场等。一些主要经济体的央行已经实行负利率政策多年，其中最为典型的是日本和欧洲央行。欧洲央行已经执行负利率超六年，自 2014 年 6 月起将隔夜存款利率（deposit facility）降至 -0.1%，此后 2014 年 9 月、2015 年 12 月、2016 年 3 月分别降息一次，每次降 0.1 个百分点；2019 年 9 月，欧洲央行再次将隔夜存款利率降低 0.1 个百分点至 -0.5%。除了欧洲之外，日本央行自 2016 年开始实施负利率，另外还有瑞典、丹麦、瑞士等国央行也实施负利率。负利率政策是央行在量化宽松空间不大的情况下，为进一步刺激经济的无奈之举，不过这带来了债券市场的负利率。日本、德国等国的国债收益率已经长期为负值。2019 年 8 月 21 日，德国以零票息发行 30 年期国债，这是世界上首次有国家以负利率发行期限长达 30 年的国债。目前，德国 30 年期国债收益率为 -0.179%。

正常来说，如果是正利率债券，投资者可以获得正收益，负利率债券则意味着不仅没有收益，还要“倒贴”利息。不过，购买负利率债券与投资者对未来利率的判断有关。如果投资者预期债券的价格会上涨（即收益率进一步下跌），那么他们就会购买或者持有一个负利率债券,假如未来政策利率进一步下跌,投资者就可以以更高的价格卖出这个债券,现在持有一个负利率债券就是有利可图的。目前欧洲各国债券收益率处于创纪录低位,中国发行的7.5亿欧元五年期债券为投资者提供的实际利率为-0.15%,比基准的中间掉期利率-0.45%高出0.3个百分点,比通常被视为安全避风港的5年期德国国债收益率高出约0.61个百分点。这意味着,中国财政部的债券发行,使大型机构投资者有机会获得比欧洲债券更高的收益率,这也是欧洲投资者抢购的原因。

中国成为新的跨国投资避风港,此次中国发行的负收益率主权债券受到国外投资者的青睐,也源于其对中国经济前景的信心。由于新冠疫情,全球利率已降至历史新低,各国央行为提振经济降低利率,同时推出巨额资产购买计划,全球债券发行量大幅增加,压低了国债收益率。王青提出,疫情期间中国经济复苏明显好于全球整体水平,是当前国际投资者考虑的主要因素,这促使其加大对中国的敞口。与此同时,市场接受以负利率发行的中国主权债券,也显示国际投资者对中国主权信用抱有很高信心,不少外资企业将中国作为跨国投资的“避风港”。①

讨论题:1. 中国为什么会选择负利率来发行主权债券?

2. 你认为国际市场投资者购买中国此次发行的负利率债券有哪些原因?

推荐阅读

[1]洪艳蓉. 论碳达峰,碳中和背景下的绿色债券发展模式[J]. 法律科学(西北政法大学学报),2022(2).

[2] 宋芳秀,胡司盾. 我国可转债转股的影响因素研究:基于发展阶段和理性程度的分析[J]. 经济纵横,2021(11).

[3] 陈洁. 可转债管理的制度创新[J]. 中国金融,2021(2).

[4] 曾蓓蓓. 深市可转债市场发展及运行情况分析[J]. 证券市场导报,2020(11).

[5] 李安安. 债券市场风险防范机制的范式转型及其法律回应[J]. 华中科技大学学报(社会科学版),2019,33(1).

[6] 吴晓求,陶晓红,张焞. 发展中国债券市场需要重点思考的几个问题[J]. 财贸经济,2018,39(3).

[7] 邹健,邹亘,范为,等. 中国债券市场操作手册[M]. 北京:中国金融出版社,2020.

[8] 龙红亮. 债券投资实战[M]. 北京:机械工业出版社, 2018.

[9] 法博齐. 债券市场:分析与策略[M]. 北京:中国人民大学出版社,2016.

[10] 史英哲,王遥. 绿色债券[M]. 北京:中国金融出版社,2018.

① 摘自《新京报》,2020年11月23日。

第4章 投 资 基 金

掌握投资基金的特征和基本分类；了解我国投资基金的发展历史与现状；熟悉投资基金的运作与管理；能够正确进行投资基金的价值分析。

1. 投资基金概述。
2. 投资基金的运作与管理。
3. 投资基金的价值分析。

投资基金的分类、投资基金的交易与投资基金的价值分析。

投资基金的分类与投资基金的价值分析。

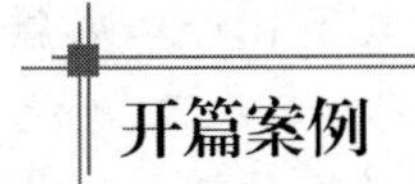

开篇案例

分级基金集体“退市”

根据《资管新规》要求，所有分级基金最后交易日为2020年12月31日，伴随着2020年底的最后期限已过，这也意味着分级基金迎来了集体终止上市。

分级基金退市有两种选择：一是转型为LOF或指数基金，二是清盘。根据基金公告显示，存量的66只分级基金将于2021年1月4日和5日陆续转换成LOF基金。集思录数据显示，全市场尚有66只分级基金，其中仅有2只溢价率为正，平均溢价率为-1.97%。

一、分级基金的发家史

分级基金始于2007年7月9日，由国投瑞银基金公司推出的国内首只分级型基金“国投瑞银瑞福分级基金”正式开始募集，拉开了分级基金的大幕。由于当时没有股指期货、融资融券，带杠杆的投资工具权证又被要求停止发行而逐渐淡出证券市场，但因其稀缺性，造成带杠杆的封闭期五年的老瑞福进取在上市初期溢价交易。随后的几年，兴全基金、银华基金等也先后发行设立分级基金，但直到2010年数量仍不到10只。

2011年开始，分级基金开始快速发展，当年分级基金的总数了达到18只。覆盖股票类的主动管理型、被动指数型分级基金，债券型固收类分级基金等。随后分级基金跟踪的标的越来越细分化，从起初房地产、医药、有色等行业分级到军工、国企改、工业4.0等各位细分领域行业和主题的分级基金越来越多。然而，进入2015年下半年，由于市场波动和投资者教育等问题，监管层叫停审批分级基金，在2018年4月发布的资管新规中，明确规定了公募产品和开放式私募产品不得进行份额分级。文件指出，按照“新老划断”原则设置过渡期，确保平稳过渡，过渡期为本意见发布之日起至2020年底。不过18年、19年仅仅有4只、7只发布相关公告，直到2020大限年迎来“清退潮”。

二、转型中的困难

转型要通过基金份额持有人大会通过，但囿于分级产品的市场稀缺性，想以此作为杠杆投资工具的投资人不在少数。这与到期清盘或规模萎缩带来的刚性任务不同，阻力依然很大。根据相关规则，参与表决的基金份额需占权益登记日基金份额的50%以上，整改方案则要求获得参与投票表决的2/3份额以上的基金持有人表决通过。然而，持有人大会召开失败却并未能影响分级基金的整改进程。部分基金公司公告指出：基金管理人将多个监管部门联合发布的《关于规范金融机构资产管理业务的指导意见》的要求于2020年底完成整改，取消分级运作机制，并终止相关分级基金份额的上市。

三、转型为LOF的命运

大部分或是绝大多数分级基金的转型方案都是分级基金的A、B两个可以场内交易的子份额退出，母基金变成可以场内交易的LOF。值得注意的是，在存量的分级基金中，无一选择了ETF产品。从基金公司角度，最直接的原因还是ETF产品管理费率太低，现有分级基金管理费率通常为1%，如果转型为只有0.2%管理费率的ETF基金，那基金公司显然是不赚钱的。

四、之后将如何走

据基金公告所示，持有的分级基金A、B份额，以2020年12月31日当日日终基础份额的基金份额净值为基准,按照各自的基金份额净值折算成场内基础份额。A 份额和 B 份额基金份额持有人持有的折算后场内基础份额取整计算,余额计入基金资产。折算基准日次日,也就是 2021 年 1 月 1 日,原分级基金的基金合同失效,LOF 基金的合同生效,之后基金管理人随之可以申请基金份额上市交易。①

4.1 投资基金概述

4.1.1 投资基金的概念与特征

1. 投资基金的概念

投资基金是一种利益共享、风险共担的集合投资方式,即通过发行基金单位,集中投资者的资金,由基金托管人托管,由基金管理人管理和运用资金,从事股票、债券、外汇、货币等金融工具投资,以获得投资收益和资本增值。视各国的具体情况不同,投资基金的投资对象可以是资本市场上的上市股票和债券,货币市场上的票据和银行同业拆借,以及金融期货、黄金、期权交易、不动产等,有时还包括虽未上市但具有发展潜力的公司债券和股权。投资基金在不同国家或地区称谓有所不同:美国称为“共同基金”;英国称为“单位信托基金”;在欧洲一些国家称为“集合投资基金”或“集合投资计划”;日本称为“证券投资信托基金”。投资基金在我国香港地区称为“单位信托基金”;在我国台湾地区称为“证券投资信托基金”。

根据投资基金的定义,我们可以看出投资基金包含两层含义:一是投资基金是一种投资制度,它从广大的投资者那里聚集巨额资金,组建投资管理公司进行专业化管理和经营。在这种制度下,资金的运作受到多重监督。二是投资基金发行的基金券是一种面向社会大众的投资工具,投资者通过购买基金券完成投资行为,并凭其分享证券投资基金的投资收益,承担证券投资基金的投资风险。

2. 投资基金的特征

(1)集合投资。证券投资基金将众多投资者的资金集中起来进行共同投资,因此表现出一种集合投资的特征。单个投资者的资金往往有限,且由于多种原因影响,使其在交易中处于不利的地位。而基金通过汇集众多投资者的资金,积少成多,有利于发挥资金的规模优势,降低投资成本,使中小投资者也能享受到与机构投资者相同的待遇。但在这种投资制度中,投资者并不直接参与证券投资,而是证券的间接投资者。

(2)专业管理、专家操作。投资基金是由专业的基金管理人进行投资管理和运作。基金管理人一般拥有专业投资研究人员和强大的信息网络,他们比中小投资者更了解市场,更有技术、经验和时间等优势,他们能够运用各种先进的技术手段系统地对国内外经济形势、行情动态和各行业、各公司的发展前景进行分析,并在此基础上做出科学的投资决策,进而取得较高的投资收益,由此使得普通投资者也能够享受到专业化的投资管理服务。

(3)组合投资、分散风险。为降低投资风险,投资基金通常会把一定量的资金按不同比例分别投资于不同种类和不同行业的有价证券,在一定时期内,某些证券价格下跌的损失,可由另一些证券价格上升的收益来弥补,从而在整体上把风险降到最低限度。个人投资者由于受

① 摘自新浪财经,2021 年 1 月 4 日。

资金量的限制,一般无法通过购买不同的股票来分散投资风险。但投资基金由于资金实力雄厚,通常会购买几十种乃至上百种股票,甚至投资于不同种类的投资工具,投资者购买基金就相当于用很少的资金享受到了组合投资、分散风险的好处。

(4)利益共享、风险共担。基金投资者是基金的所有者,基金投资收益在扣除由基金承担的费用后,按投资者的出资比例进行分配。当然,投资中的各种风险也由投资者按出资比例共同承担,就是说基金如果没有取得投资收益,甚至基金的净资产值逐渐降低,投资者就分配不到收益并要承担基金券价格下跌的损失。在投资基金的运作过程中,基金托管人、基金管理人只能按规定收取一定的托管费、管理费,并不参与基金收益的分配。

(5)严格监管、透明度高。为切实保护投资者的利益,增强投资者对基金的投资信心,各国基金监管部门都对基金业实行严格的监管,对各种有损投资者的行为进行严厉的打击,并强制基金进行较为充分的信息披露。如我国规定基金持有一只股票的数量不许超过基金净值的10%,开放式基金要按日公布其资产净值,封闭式基金要按周公布其资产净值等。这都说明基金具有严格的监管与透明性。

(6)投资操作与财产保管相分离。为切实保护投资者的利益不受损失,任何投资基金都必须委托基金保管人(也称基金托管人),负责保管基金资产。即投资基金管理人与保管人有着明确的分工,基金管理人负责基金资产的投资运作,基金保管人负责保管基金资产,并对基金管理人进行监督。这种管理制度的建立,有效地保证了基金资产的安全。

(7)只以投资获取收益为目的。投资基金买卖有价证券的目的只是为了取得股息、红利或买卖差价,绝无通过买入股票而控制特定企业的意图。这一点在投资基金信托契约中有明确规定。这是投资基金与持股公司等机构在性质上的不同。

4.1.2　投资基金与股票、债券的关系

1. 投资者地位不同、反映的经济关系也不同

股票持有人是公司的股东,有权参与公司的重大决策,股票反映的是所有权关系,是一种所有权凭证;债券的持有人是债券发行人的债权人,享有到期收回本息的权利,债券反映的是债权债务关系,是一种债权凭证;投资基金的持有人是基金的受益人,有权对公司的收益进行分配,投资基金券反映的则是一种信托关系,是一种受益凭证。

2. 所筹资金的投向不同

股票和债券均是直接投资工具,筹集的资金主要是投向实业领域;而投资基金是一种间接投资工具,所筹集的资金主要投向有价证券等金融工具。

3. 投资风险大小不同

一般情况下,股票的风险大于基金。对中小投资者而言,由于受可支配资产总量的限制,只能直接投资于少数几只股票,这就犯了“把所有鸡蛋放在一个篮子里”的投资禁忌,当其所投资的股票因股市下跌或企业财务状况恶化时,资本金有可能化为乌有;而基金的基本原则是组合投资,分散风险。债券在一般情况下,本金都能得到保证,收益相对固定,风险比基金要小。

4. 投资收益情况不同

基金和股票的收益是不确定的,而债券的收益是确定的。一般情况下,投资基金收益低于一部分股票而高于债券。从国际上看,美国的国际投资者基金等25种基金在1976—1981年5

年间的收益增长率,平均为 301.6%,其中最高的 20 世纪增长投资者基金为 465%,最低的普利特伦德基金为 243%;而 1996 年美国国内发行的两种 5 年期政府债券,利率分别只有 13.06% 和 8.8%。从国内的实践看,我国 2003 年封闭式基金加权平均净值增长率为 20.05%,开放式基金加权平均净值增长率为 18.04%。基金远高于同期债券的收益。

5. 投资回收方式不同

债券投资是有一定期限的,期满后收回本金;股票投资是无限期的,除非公司破产、进入清算,投资者不得从公司收回投资,如要收回,只能在证券交易市场上按市场价格变现;投资基金则要视所持有的基金形态不同而有区别:封闭型基金有一定的期限,期满后,投资者可按持有的份额分得相应的剩余资产,在封闭期内还可以在交易市场上变现;开放型基金一般没有期限,但投资者可随时向基金管理人要求赎回。

虽然几种投资工具存在区别。但彼此间也存在联系:

基金、股票、债券都是有价证券,对它们的投资均为证券投资。基金份额的划分类似于股票:股票是按"股"划分,计算其总资产;基金资产则划分为若干个"基金单位",投资者按持有基金单位的份额分享基金的增值收益。契约型封闭式基金与债券情况相似,在契约期满后一次收回投资。另外,股票、债券是证券投资基金的投资对象,因此各国均有专门以股票、债券为投资对象的股票基金和债券基金。

4.1.3 投资基金的类型

1. 根据基金规模是否可变,可分为封闭式基金与开放式基金

封闭式基金是指基金规模(基金份额总额)在约定期限内固定不变,基金份额可以在证券交易所交易的基金。这种基金在封闭期内,基金份额持有人不得申请赎回。

开放式基金是指基金规模(基金份额总额)不固定,基金份额可以在约定的时间和场所进行申购或者赎回的基金。我国已经发行运作的"上市型开放式基金"和"交易型开放式指数基金"虽然均可在交易所进行交易,但从其主要特征看都应属于开放式基金的一种。

从基金发展的历史看,封闭式基金的出现早于开放式基金,在投资基金的初创阶段,一般以封闭式基金为主,而在投资基金进入成熟期后,则以开放式基金为主。

封闭式基金与开放式基金的主要区别表现在以下几个方面:

(1)期限不同。封闭式基金一般有一个固定的存续期,而开放式基金一般是无期限的。我国《证券投资基金法》规定,封闭式基金的存续期应为 5 ~ 15 年,封闭式基金期满后可以通过一定的法定程序延期或进行清盘处理。目前,我国传统的封闭式基金存续期基本在 15 年,而创新型封闭式基金存续期基本在 5 年。

(2)规模限制不同。封闭式基金的规模是固定的,在封闭期限内未经法定程序认可不能增减。开放式基金没有规模限制,投资者可随时提出申购或赎回申请,基金规模也会随之增加或减少。

(3)交易场所不同。由于封闭式基金规模固定,在完成募集后,基金份额只能在证券交易所上市交易,投资者买卖封闭式基金份额,只能委托证券公司在证券交易所按市价买卖,交易是在投资者之间完成的。开放式基金因其规模不固定,投资者可以按照基金管理人确定的时间和地点向基金管理人或其销售代理人提出申购、赎回申请,交易是在投资者与基金管理人之间完成的。开放式基金作为一种场外交易品种,投资者既可以通过基金管理人设立的直销中

心买卖开放式基金份额,也可以通过基金管理人委托的证券公司、商业银行等销售代理人进行开放式基金的申购、赎回;“上市型开放式基金”和“交易型开放式指数基金”则是可以在交易所和场外同时进行交易的基金。

(4)价格形成方式不同。封闭式基金的交易价格虽然是以净值为基础,但受二级市场供求关系的影响很大。当投资需求旺盛时,封闭式基金二级市场的交易价格会超过基金单位净值而出现溢价交易现象;反之,当投资需求低迷时,交易价格会低于单位净值而出现折价交易现象。开放式基金的申购和赎回价格则完全以基金单位净值为基础,不受市场供求关系的影响。

(5)激励约束机制不同。封闭式基金由于其规模固定,即使基金运作的业绩突出,也无法扩大规模,如果表现得不尽人意,由于投资者无法赎回投资,基金经理也不会在经营上面临直接的压力。与此不同,如果开放式基金的业绩表现好,就会吸引到新的投资,基金管理人的管理费收入也会随之增加;如果开放式基金运作较差,就会面临来自投资者要求赎回投资的压力,因此与封闭式基金相比,开放式基金向基金管理人提供了更好的激励约束机制。

(6)投资策略不同。由于开放式基金的规模不固定,其投资操作常常会受到不可预测的资金流入、流出的影响与干扰,特别是为满足基金赎回的要求,开放式基金必须保留一定的现金资产,并高度重视基金资产的流动性,这在一定程度上会对基金的长期经营带来不利影响。相对而言,封闭式基金由于其基金规模固定,没有赎回压力,基金经理人完全可以根据预先设定的投资计划进行投资,当证券市场出现较大涨幅且具有一定泡沫时,他可以减仓操作,而当证券市场下跌严重,大多数股票具有投资价值时,他又可以重仓吃进,这种套利操作既可以让受益人的利益得到最大化,同时也起到了稳定市场的重要作用。单从这一点看,封闭式基金更有利于长期业绩的提高。

2. 根据组织形式的不同,可以将基金划分为契约型基金和公司型基金

契约型基金又称单位信托基金,由基金投资者、基金管理人、基金托管人之间所签署的基金合同而设立,基金投资者的权利主要体现在基金合同的条款上,而基金合同条款的主要方面通常由基金法所规定。

公司型基金在法律上是具有独立“法人”地位的股份投资公司。公司型基金依据基金公司章程设立,基金投资者是基金公司的股东,享有股东权,按所持有的股份承担有限责任、分享投资收益。基金公司设有董事会,代表投资者的利益行使职权。公司型基金在形式上类似于一般股份公司,但不同于一般股份公司的是它委托基金管理公司作为专业的财务顾问或管理公司来经营与管理基金资产。

契约型基金与公司型基金的区别主要表现在以下几个方面:

(1)资金的性质不同。契约型基金的资金是通过发行受益凭证筹集起来的信托资产;公司型基金的资金是通过发行普通股票筹集起来的,是公司法人的资本。

(2)投资者的地位不同。契约型基金的投资者购买基金份额后成为基金合同的当事人之一,投资者既是基金的委托人,即基于对基金管理人的信任,将自己的资金委托给基金管理人管理和运作,又是基金的受益人,即享有基金的受益权。公司型基金的投资者购买基金公司的股票后成为该公司的股东。因此,契约型基金的投资者没有管理基金资产的权力,而公司型基金的股东通过股东大会享有管理基金公司的权力。由此可见,公司型基金的投资者比契约型基金的投资者权力要大一些。

(3)基金的运作依据不同。契约型基金依据基金合同运作基金,而公司型基金是根据基金公司章程进行运作。

公司型基金的优点是法律关系明确清晰,监督约束机制较为完善,但契约型基金在设立上更为简单易行。由于二者之间的区别主要表现在法律形式的不同,实际上并无优劣之分,因此,为使证券投资制度更具灵活性,许多国家都允许公司型基金与契约型基金并存。

在基金发展史上,投资基金最早是以"投资信托"形式出现的,即使是现在,信托型基金仍为很多国家所采用,而公司型基金则以美国的投资公司为代表。我国目前设立的投资基金均为契约型基金。

3. 根据募集方式不同,可分为公募基金和私募基金

公募基金是指可以面向社会大众公开发行销售的一类基金;私募基金则是只能采取非公开方式面向特定投资者募集发行的基金。

公募基金主要具有如下特征:一是可以面向社会公开发售基金份额和宣传推广,基金募集对象不固定;二是投资金额要求低,适宜中小投资者参与;三是必须遵守基金法律和法规的约束,并接受监管部门的严格监管。

与公募基金相比,私募基金不能进行公开的发售和宣传推广;投资金额要求高,投资者的资格和人数常常受到严格限制。如美国法律要求,私募基金的投资者人数不得超过 100 人,每个投资者的净资产必须在 100 万美元以上。我国《私募投资基金监督管理暂行办法》规定:非公开募集基金的合格投资者累计不得超过 200 人,投资于单只私募基金的金额不低于 100 万元。私募基金在运作上具有较大的灵活性,所受到的限制和约束也较少。它既可以投资于衍生金融产品,进行买空卖空交易,也可以进行汇率、商品期货的投机交易等。私募基金的投资风险较高,主要以具有较强风险承受能力的富裕阶层为目标客户。

4. 根据投资目标的不同,可分为成长型基金、收入型基金和平衡型基金

成长型基金是指以追求资本增值为基本目标,较少考虑当期收入的基金,主要以具有良好增长潜力的股票为投资对象。

收入型基金是指以追求稳定的经常性收入为基本目标的基金,该类基金主要以大盘蓝筹股、公司债券、政府债券等稳定收益证券为投资对象。

平衡型基金则是既注重资本增值又注重当期收入的一种基金,在以取得收入为目的的债券以及优先股和以资本增值为目的的普通股之间进行平衡。

在这几种基金中,成长型基金的风险大、收益高;收入型基金的风险小、收益也较低;平衡型基金的风险和收益介于二者之间。

5. 根据投资对象的不同,可分为股票基金、债券基金、货币市场基金和混合基金

股票基金是指以股票为主要投资对象的基金。根据中国证监会对基金类别的分类标准,基金资产 80% 以上投资于股票的为股票基金。股票基金在各类基金中历史最为悠久,也是各国广泛采用的一种基金类型。根据股票基金所投资股票特性的不同,可以对股票基金进行细分。如可以根据基金所持有股票平均规模与性质的不同,而将股票型基金分为小盘价值、小盘平衡、小盘成长、中盘价值、中盘平衡、中盘成长、大盘价值、大盘平衡、大盘成长型基金九种基本类型。

债券基金是指主要以各种债券为投资对象的基金类型。根据中国证监会对基金类别的分类标准,基金资产 80% 以上投资于债券的为债券基金。债券基金依据所投资债券类型的不同可以进一步分类,如市政债券基金主要是以市政债券为投资对象,公司债券基金则主要以公司债为投资对象。

货币市场基金是仅投资于货币市场工具的基金,主要以大额可转让定期存单、银行承兑汇票、商业本票等为投资对象。

混合型基金是指不符合以上要求同时以股票、债券为投资对象的基金。根据股票、债券投资比例以及投资策略的不同,混合型基金又可分为偏股型基金、偏债型基金、配置型基金等多种类型。

6. 根据基金的资金来源和用途不同,可分为在岸基金和离岸基金

在岸基金是指在本国募集资金并投资于本国证券市场的投资基金。由于在岸基金的投资者、基金组织、基金管理人、基金托管人及其他当事人和基金的投资市场均处于本国境内,所以,基金的监管部门比较容易运用本国法律法规及相关技术手段对投资基金的投资运作行为进行监管。

离岸基金是指一国的基金组织在他国发行基金份额,并将募集的资金投资于本国或第三国证券市场的投资基金。

7. 特殊类型基金(分级基金、避险策略基金、伞形基金、养老目标基金)

分级基金是指通过事先约定基金的风险收益分配,将基础份额分为预期风险收益较低的子份额和预期风险收益较高的子份额,并可将其中一类或全部类别份额上市交易的结构化证券投资基金。一般将预期风险收益较低的子份额称为 A 类份额,预期风险收益较高的子份额称为 B 类份额。分级基金借助结构化设计将同一基金资产划分为预期风险收益特征不同的份额类别,可以同时满足不同风险收益偏好投资者的需求。以最简单的融资类分级基金为例,A 类份额根据基金合同的约定可以定期获得约定收益(通常在基准利率的基础上有所上浮),B 类份额在向 A 类份额保证支付约定收益后可获得基金全部的收益或承担基金的全部亏损。这相当于 B 类份额以一定的成本向 A 类份额融资,A 类份额可获得类似固定收益产品的稳定收益,有低风险、稳定收益的特征,而 B 类份额则具备杠杆投资的特性,有高风险、高预期收益的特征。

分级基金涉及收益分配权的分割与收益保障等结构性条款的设置,具有内含衍生工具与杠杆的特征,同时不同的份额又可按约定进行拆分、合并、交易,增加了收益实现方式。其复杂程度远远超过普通类型基金。2020 年底,我国已经终止了分级基金业务。

避险策略基金是指通过一定的避险投资策略进行运作,同时引入相关保障机制,以便在避险策略周期到期时,力求避免基金份额持有人投资本金出现亏损的公开募集证券投资基金。避险策略基金在极端情况下仍然存在本金损失的风险。目前,基金市场中存在的“保本基金”是“避险策略基金”的前身。2017 年 1 月 24 日,中国证监会发布《关于避险策略基金的指导意见》,此前的“保本基金”正式更名为“避险策略基金”,取消连带责任担保机制。

伞形基金是指多个基金共用一个基金合同,子基金独立运作并可以直接相互转换的一种基金结构形式。不同子基金隶属于一个总契约和总体管理框架,可以降低新基金设立的成本,形成品牌优势,便于在不同国家或地区销售。目前我国暂无伞形基金。

养老目标基金,根据 2018 年 2 月中国证监会发布的《养老目标证券投资基金指引(试行)》,养老目标基金是指以追求养老资产的长期稳健增值为目的,鼓励投资人长期持有,采用成熟的资产配置策略,合理控制投资组合波动风险的公开募集证券投资基金。养老目标基金应当采用基金中基金形式或中国证监会认可的其他形式运作。

投资基金的划分方式还有很多,我们可从不同的角度,按不同的标准将其分类。比如根据买卖基金时是否需要投资者支付手续费,可以将基金划分为收费基金和不收费基金;根据投资理念的不同,可以将基金划分为主动型基金和被动型基金等。这里需要特别指出的是,不同划分标准之间是交叉的,不是平行的。

4.1.4 我国投资基金的发展

1. 投资基金发展的探索阶段

我国最早的投资基金设立于1987年,当时由中国新技术创业公司与汇丰集团、渣打集团在我国香港联合发起成立了中国置业基金,首期集资3 900万港币,直接投资于以广东珠江三角洲为中心的乡镇高科技企业,随即在香港联合交易所挂牌交易。其后,受中国经济高速发展的吸引,一批由中资金融机构与外资金融机构在境外设立的“中国概念基金”相继推出。

在境外“中国概念基金”与中国证券市场发展的影响下,中国国内第一家比较规范的投资基金——淄博乡镇企业投资基金,于1992年11月经中国人民银行总行批准正式设立。该基金为封闭式基金,募集规模1亿元人民币,60%投向淄博乡镇企业,40%投向上市公司,并于1993年8月在上海证券交易所最早挂牌交易。

相对于1998年《证券投资基金管理暂行办法》实施以后发展起来的新的证券投资基金,人们习惯上将1997年以前设立的基金称为“老基金”。截至1997年底,“老基金”的数量共有75只,筹资规模在58亿元人民币左右。

“老基金”主要存在以下三个方面的问题:一是缺乏基本的法律规范,普遍存在法律关系不清、无法可依、监管不力的问题;二是受地方政府要求“服务地方”经济需要的引导以及当时国内证券市场规模狭小的限制,“老基金”并不以上市证券为基本投资方向,而是大量投向了房地产、企业等产业部门,因此它们实际上是一种直接投资基金,而非严格意义上的证券投资基金;三是这些“老基金”深受房地产市场降温、实业投资无法变现以及贷款资产无法回收的困扰,资产质量普遍不高。总体上看,这一阶段中国基金业的发展带有很大的探索性与自发性。

2. 封闭式基金发展阶段

在“老基金”发展的基础上,国务院证券委员会于1997年11月14日颁布了《证券投资基金管理暂行办法》。《证券投资基金管理暂行办法》是我国首次颁布的规范证券投资基金运作的行政法规,为我国证券投资基金业的规范发展奠定了法律基础,由此中国基金业的发展进入了一个新的阶段。

1998年3月27日,经中国证监会批准,新成立的南方基金管理公司和国泰基金管理公司分别发起设立了规模均为20亿元的两只封闭式基金——“基金开元”和“基金金泰”,由此拉开了中国证券投资基金试点的序幕。这两只基金的发行立即受到市场的追捧,申购中签率不足2.5%。上市交易后的溢价幅度最高均超过100%。

到1999年,我国共设立10家基金管理公司,管理着19只新成立的封闭式基金。在新基金快速发展的同时,证监会开始着手对原有的投资基金进行清理规范。1999年10月下旬,10只“老基金”经资产置换后并改制成4只证券投资基金,率先加入到了新基金的行列。改制基金的加盟,使证券投资基金在1999年底的数量达到了23只,资产净值达到了576.85亿元人民币。

截至2001年9月开放式基金推出之前，我国共有47只封闭式基金。

3. 开放式基金发展阶段

在封闭式基金成功试点的基础上，2000年10月8日，中国证监会发布了《开放式证券投资基金试点办法》。2001年9月，我国第一只开放式基金——“华安创新”诞生，这标志着我国证券投资基金进入一个全新的发展阶段。开放式基金的发展，为我国证券投资基金业的发展注入了新的活力，为我国基金产品的创新开辟了道路。

2002年8月，南方基金管理公司推出了我国第一只以债券投资为主的基金——南方宝元债券基金。2003年4月28日，中外合资基金公司招商基金管理公司推出我国第一只系列基金——招商安泰系列基金，2003年5月南方基金管理公司推出了我国第一只具有保本特色的基金——南方避险保本型基金。2003年12月，华安基金管理公司推出了我国第一只准货币型基金——华安现金富利基金。2004年11月8日，诺安基金管理公司发行了第一只真正意义上的货币市场基金——诺安货币市场证券投资基金。2004年8月24日，南方基金管理公司发行了首只LOF——南方积极配置基金。2004年11月29日，华夏基金管理公司发行了第一只ETF——华夏上证50基金。

自1999年4月底我国封闭式基金首次出现折价交易后，封闭式基金的高折价已成为其发展的巨大障碍。2002年8月，最后一只封闭式基金“基金银丰”成立后，首日上市其开盘价与收盘价均为0.94元，让参与一级市场申购的投资者全部被套7%以上，由此结束了封闭式基金的发行历史。到2003年底，我国开放式基金的数量已达到56只（包括系列基金内的子基金），封闭式基金的数量只有54只。开放式基金在数量上已超过封闭式基金，成为我国投资基金的主要形式。

2007年，我国证券市场的牛市促使基金业迅猛发展，2007年7月10日，封闭式基金获得新生，国投瑞银基金管理有限公司发行了第一支创新型封闭式基金——瑞福进取。可随后仅发行了三只创新型封闭式基金，就停止发行了，原因主要是折价交易问题依然没有解决。因此，只能继续发行开放式基金。

2009年10月，国投瑞银的瑞和沪深300指数分级基金面世，该基金的运作方式由之前的封闭式转变为开放式，投资方式也由主动投资演化为被动投资，该基金A、B两类份额在不同净值区间的初始杠杆倍数不同，在基金存在正收益时初始杠杆倍数最高达1.6倍，并可通过每一运作周年末的份额折算实现当年收益。

2010年5月，银华深证100指数分级基金成立，该基金有着鲜明的特点；首先，银华深证100指数分级基金针对不同风险收益预期的目标客户分为低风险、稳定收益的A级份额和高风险、高预期收益的B级份额，每年初通过份额折算，对低风险A级份额进行“每年定期收益兑付”，使投资者能够及时、低成本地实现收益；其次，高风险B级份额的初始杠杆高达2倍，并且该基金通过上折这种特殊机制对2倍高杠杆机制的有效性提供保障，同时，用下折来保证低风险A级的收益；最后，该基金通过“被动的投资方式”实现与市场共成长。至此，我国的证券投资基金又驶上了加速发展的快车道。

但是由于分级基金存在着杠杆不稳定、风险不对称、条款复杂等一系列问题，此类产品高杠杆、高风险的特征不利于资本市场的健康可持续发展。2018年4月，监管部门发布《关于规范金融机构资产管理业务的指导意见》（简称资管新规），明确要求分级基金须在2020年12

月31日前取消分级机制并完成整改，现已清盘或转型为LOF基金、指数基金、ETF联接基金等。

到2021年11月底，我国私募基金行业总规模达19.73万亿元，私募基金管理公司数量24 542家，基金数量121 522只；公募基金行业总规模达25.32万亿元，公募基金管理公司数量151家，基金数量9 152只。其中：封闭式基金规模为30 579.62亿元，基金数量1 181只；开放式基金规模为222 630.95亿元，基金数量7 971只，包括股票型基金规模24 852.65亿元，基金数量1 731只；混合型基金规模59 813.04亿元，基金数量3 906只；债券型基金规模37 384.96亿元，基金数量1 820只；货币型基金规模98 593.26亿元，基金数量331只；QDII基金规模1 987.04亿元，基金数量183只。

4.2 投资基金的运作与管理

4.2.1 投资基金的设立、发行与认购

1. 投资基金的设立

基金是由基金发起人发起设立的。根据《中华人民共和国证券投资基金法》与相关管理办法的规定，在我国发起人申请设立基金，一般要完成以下工作：

(1)基金发起人申请设立基金，首先必须准备各种法律文件，如设立基金的申请报告、发起人协议书、基金契约、基金托管协议、基金招募说明书等。

其中，申请报告主要包括：基金名称、拟申请设立基金的必要性和可行性、基金类型、基金规模、存续期间、发行价格、发行对象，基金的交易或申购与赎回安排、拟委托的基金管理人和基金托管人等。

发起人协议应包括拟设立基金的基本情况、发起人的权利和义务、发起人认购基金单位的数量、拟聘任的基金管理人和基金托管人、发起人对主要发起人的授权等内容。

基金契约、托管协议、招募说明书的内容与格式，发起人应严格按照有关要求起草。

(2)基金发起人准备好各种文件后，应上报中国证监会。中国证监会自受理基金募集申请之日起6个月内依照法律、行政法规及证监会的规定和审慎监管原则进行审查，做出核准或不予核准的决定，并通知申请人；不予核准的应说明理由。

(3)基金发起人收到中国证监会的批文后，于发行前三天公布招募说明书，并公告具体的发行方案。

在《证券投资基金法》及其相关管理办法中，对申请设立的基金本身也作了一些规定，如发起人可申请设立开放式基金也可申请设立封闭式基金，并规定封闭式基金存续期不得少于5年，发起人申请设立基金的申报材料中有关内容必须符合上述规定，基金才有可能获中国证监会批准。基金经批准向社会公众公开发售后，并不表明基金已正式成立。基金要正式成立，还必须满足一定的条件：对封闭式基金来说，自该基金批准之日起，3个月内募集的资金超过批准规模的80%；对开放式基金来说，批准之日起3个月内净销售额不得少于2亿元人民币，且需会计师事务所出具验资证明。基金正式成立前，募集资金只能存入商业银行，不能动用。基金正式成立后，基金管理公司才能正式承担基金资产管理的责任，使用募集资金，进行投资运作，基金不能成立时，基金发起人必须承担基金募集费用，并将募集的资金连同活期存款利

息返还给投资者。

2. 投资基金的发行与认购

(1)投资基金的发行。基金的发行是指投资基金管理公司在基金发行申请经有关部门批准之后,将基金受益凭证向个人投资者、机构投资者或向社会推销出去的经济活动。基金的发行方式主要有两种:一是基金管理公司自行发行,即基金的直接销售方式,是指投资基金的股份不通过任何专门的销售组织而直接面向投资者销售。这是最简单的发行方式。在这种销售方式中,投资基金的股份按净资产价值出售,出价与报价相同,即所谓的不收费基金。二是通过承销机构代发行,即基金的包销方式,是指投资基金的大部分股份是通过经纪人包销的,也就是基金的承销人销售。我国的基金销售大部分采用这种方式,在基金的分销渠道方面,目前是商业银行和证券公司参与基金的分销业务。

不论基金管理人采用什么方式发行基金,在基金发行前都要在招募说明书中公告,以使投资者充分了解基金。

(2)基金的认购。基金的认购主要是指投资者对新发行基金的购买。对于封闭式基金,我国主要采用网上定价认购的方式,如果发行期内认购资金超过基金的发行规模,就采用"配号摇签"方法来分配基金份额;而对于开放式基金一般是由投资者带上证件和印章到基金管理公司或指定的承销机构,填写认购申请表,按所认购的份额交纳价款和手续费,然后领取交款收据,通常在几天后,投资者会收到领取基金受益凭证的通知,凭借通知和缴款单到指定地点领取基金受益凭证,完成申购过程。

4.2.2 投资基金的交易

投资基金的交易实际上是对基金单位的转让或变现过程,按照国际惯例,基金在发行结束后3个月就应该安排基金券的交易事宜,基金券的交易既增加了基金券的流动性,又方便了投资者的变现要求,可以吸引更多的投资者购买投资基金。投资基金的交易价格都是以基金资产净值为基础的。

1. 基金资产净值

基金资产净值是指在某一时点一个基金单位实际代表的价值。投资基金是集聚众多投资者的资金,又分散投资于金融市场的各种金融工具。而在证券市场上,股票、债券等金融工具的价格在不断变动,时升时降,基金的资产价值必定也随之而增加或减少。因此,必须对基金在某一时点的资产净值(NAV)进行估算,才能及时反映基金资产状况。计算公式如下:

$$单位基金资产净值 = (总资产 - 总负债) \div 发行的基金总份额 \tag{4.1}$$

基金的总资产是指基金拥有的所有资产的价值,包括现金、股票、债券、银行存款和其他有价证券。基金的总负债是指基金应付给基金管理人的管理费和基金托管人的托管费等必要的开支。

按照我国有关规定,基金资产估值应遵循如下原则:

(1)上市股票和债券按照计算日的收市价计算,该日无交易的,按照最近一个交易日的收盘价计算。

(2)未上市的股票以其成本价计算。

(3)未上市国债及未到期定期存款,以本金加计至估值日的应计利息额计算。

(4)如遇特殊情况而无法或不宜以上述规定确定资产价值时,基金管理人依照国家有关规定办理。

2. 封闭式基金的交易

封闭式基金的交易主要是指投资者在二级市场上进行的买卖活动。为满足投资者的变现要求和降低投资风险,封闭式基金通常在基金设立运作 3 个月后,即向主管部门提出上市申请,由主管部门审查后确定其是否上市。

我国对上市基金的交易规定类似于股票的交易,但是,为了方便中小投资者投资基金,以及体现对基金业发展的鼓励,还做出了以下具体规定:

(1)投资者可以开立专门的基金账户进行基金的买卖,仅收取 5 元的开户手续费。拥有股票账户的投资者可以直接进行基金的买卖。

(2)对基金的交易行为免征印花税。

(3)基金的交易单位规定为 0.001 元。

3. 开放式基金的交易

开放式基金的交易主要是指投资者与基金管理公司之间进行的申购与赎回活动。开放式基金的日常申购与首次认购在程序上是完全一致的。开放式基金持有人在规定的持有期满后,可以向基金管理公司申请赎回基金单位。基金管理人不得拒绝赎回申请,也不得延迟支付赎回款。但是基金公司对基金单位的赎回一般都有明确规定,且有一定的限制,基金持有人只有在满足规定条件的情况下才能够赎回基金单位。

开放式基金申购和赎回的基本原则如下:

(1)"未知价"原则,即申购、赎回价格以申请当日的基金单位资产净值为基准进行计算。

(2)"金额申购、份额赎回"原则,即申购以金额申请,赎回以份额申请。

(3)基金存续期间单个基金账户最高持有基金单位的比例不超过基金总份额的 10% 。由于募集期间认购不足、存续期间其他投资者赎回或分红再投资等原因而使某个客户持有比例超过基金总份额的 10% 时,不强制赎回但限制追加投资。

(4)基金存续期内,单个投资者申购的基金份额与上一开放日其持有的基金份额总和不得超过上一开放日基金总份额的 10% ,超过部分不予确认。

4.2.3 投资基金的收益与费用

1. 基金收益来源

投资基金的收益是基金资产在运作过程中所产生的超过本金部分的价值。基金收益主要来源于基金投资所得红利、股息、债券利息、买卖证券差价、银行存款利息以及其他收入。

(1)红利。基金的红利收入是指基金通过公司股票投资而在年中或年末分配时获得的收入。基金因持有股票而分配得到的投资收益主要包括股票红利与现金红利两种。这两种形式存在以下不同:股票红利可以通过送红股等方式获得,由于股票红利通过改变股票权益结构来实现收益的分配,不涉及现金分派,所以尽管属于基金收益,但一般通过在除息日根据红股比例对股票进行估值来体现,不直接计入收入类科目。现金股息则在除息日时直接计入基金收益。

(2)股息。基金的股息是指基金通过公司优先股的投资而在年中或年末分配时获得的收入。股息通常是按照一定的比例事先确定的,这是股息与红利的主要区别。

(3)利息。基金的利息是指基金在运作过程中所取得的利息收入。主要来自以下两种情况:一是在基金运作时,会保持一部分资产为现金或银行存款,可以从商业银行取得一定的利息收入;二是在基金投资于债券、商业本票、可转让存单以及其他短期票券时,这些资产都明确规定了利息率、到期日及发放利息的时间、方式等,持有这些资产也将带来相当的利息收入,这一部分收入远高于前一种。

(4)资本利得。基金的资本利得是指基金在证券市场上买卖证券形成的价差收益。资本利得在基金收益中往往占有很大比重,要取得较高的资本利得收入,就需要基金管理者具有丰富、全面的证券知识,能对证券价格的走向做出大致准确的判断。一般来说,基金管理者具有较强的专业知识,能掌握更全面的信息,因而比个人投资者更有可能取得较多的资本利得。

(5)其他收入。其他收入是指运用基金资产而带来的成本或费用的节约额,如基金因大额交易而从证券商处得到的交易佣金优惠、新股手续费返还、发行费节余等杂项收入。这部分收入通常数额很小。这些收入项目一般根据发生的实际金额确认。

2. 基金收益分配

(1)基金收益分配的原则。在我国,基金收益分配遵循以下原则:①基金收益分配比例不低于基金净收益的90%;②基金当年收益先弥补上一年度亏损后,方可进行当年收益分配;③基金投资当年亏损,则不进行收益分配;④每份基金单位享有同等分配权;⑤基金收益分配每年至少一次,成立不满3个月,收益不分配;⑥基金收益分配后每份基金份额净值不能低于面值。

(2)基金收益分配的方式。基金收益分配一般有三种方式:①现金分红,这是基金收益分配最普遍的形式;②分配基金份额,即将应分配的净收益折为等额的新的基金份额送给投资者,这种分配形式类似于“送股”,实际上是增加了基金的资本总额和规模;③分红再投资,即基金收益分配在保证最低派送现金比例后,剩余部分可由基金持有人自主选择以现金或基金份额的方式派送。

3. 投资基金的费用

投资基金在运作过程中必须支付一些费用,这些支出就是基金的费用。通常情况下,基金所支付的费用主要有以下几个方面:

(1)基金管理费,是指从基金资产中提取的、支付给为基金提供专业化服务的基金管理人的费用,也就是管理人为管理和操作基金而收取的费用。基金管理费通常按照每个估值日基金净资产的一定比率(年率)逐日计提,累计至每月月底,按月支付。管理费率的大小通常与基金规模成反比,与风险成正比,不同种类的基金,管理费率一般是不相同的。

(2)基金托管费,是指基金托管人为保管和处置基金资产而向基金收取的费用。托管费通常按照基金资产净值的一定比率提取,逐日计算并累计,按月支付给托管人。托管费从基金资产中提取,费率也会因基金种类不同而异,我国证券投资基金的年托管费率最初为基金资产净值的0.25%,随着基金规模的扩大和竞争的加剧,托管费也出现下调的趋势。我国规定,基金托管人可磋商酌情调低基金托管费,经中国证监会核准后公告,无须召开基金持有人大会。

(3)证券投资基金的费用还包括:封闭式基金上市费用,证券交易费用,基金信息披露费用,基金持有人大会费用,与基金相关的会计师、律师等中介机构费用,基金分红手续费,清算费用。这些均可按费用实际支出金额支付。

4.3 投资基金的价值分析

4.3.1 封闭式基金的价值分析

封闭式基金发行总额固定,且规定有存续期,到期清盘。在存续期间,基金持有者不能赎回,只能在二级市场进行交易。这些特点使封闭式基金的定价类似于股票,但因基金有存续期,而股票无存续期,所以两者还是有所区别的。

封闭式基金的收益主要来自三个方面:一是来自每期的现金分红;二是到期清盘的每份净资产价值;三是在基金交易市场上的买卖价差。这三部分构成了封闭式基金的投资价值。

为计算封闭式基金的前两项收益,我们假设基金每期都有固定的现金分红,且没有积累,由此得出封闭式基金理论价格的计算公式:

$$P = \frac{D}{1+R} + \frac{D}{(1+R)^2} + \cdots + \frac{D}{(1+R)^n} + \frac{A_n}{(1+R)^n} \tag{4.2}$$

$$= \sum_{t=1}^{n} \frac{D}{(1+R)^t} + \frac{A_n}{(1+R)^n}$$

或

$$P = D\left[\frac{1-1/(1+R)^n}{R}\right] + \frac{A_n}{(1+R)^n} = \frac{D/R[(1+R)^n - 1] + A_n}{(1+R)^n} \tag{4.3}$$

式中 P ——理论价格;

D ——每期现金分红;

n ——距离封闭期时间;

A_n ——期末单位基金净资产;

t ——1,2,3,…, n ;

R ——投资回报率或预期收益率。

公式(4.3)中, D 、A_n 均为已知量, R 可参照相同期限国债到期收益率加上风险补偿来确定。

例:某封闭型基金,单位基金净资产为1.20元,每年平均支付现金0.10元,目前距离封闭期还有3年,而3年期国债到期收益率为3%,设风险补偿率为2%。则该封闭式基金的理论价格为:

$$P = \frac{\frac{0.1}{0.03+0.02}[(1+0.03+0.02)^3 - 1] + 1.20}{(1+0.03+0.02)^3} = 1.31\ (\text{元})$$

计算结果表明,如果现在以1.31元的价格买入该基金,在封闭期余下的3年中,每年都可以得到5%的收益。

封闭式基金的理论价格是这类基金内在价值的表现,由于封闭式基金的特点决定其市场价格受多种因素影响,比如市场供求关系、基金规模的大小、剩余封闭期限的长短等,这些因素使基金的市场价格经常波动不定,有时甚至是价值与价格严重背离,但无论怎样变化,封闭式基金的价格最终都会向理论价值回归,因此,投资者应学会把握价格与价值背离的机会,获取最大的投资收益。

4.3.2 开放式基金的价值分析

1. 开放式基金的优势

(1)流动性好。基金管理人必须保持基金资产充分的流动性,以应付可能出现的赎回,而不会集中持有大量难以变现的资产,以减少基金的流动性风险。

(2)透明度高。除履行必要的信息披露义务外,开放式基金一般每日公布资产净值,随时准确地体现出基金管理人在市场上运作、驾驭资金的能力,这对于精力、资金、经验均不足的中小投资者有特别的吸引力。

(3)便于投资。投资者可随时在各销售场所申购、赎回基金,十分便利。良好的激励约束机制又促使基金管理人更加注重诚信、声誉,强调中长期、稳定、优良的投资策略和优质的客户服务。

(4)制度优势。开放式基金提供了一种全新的理财方式,在开放式基金运作机制下,它不仅提供了及时准确的信息,而且持有人可以随时按照基金的资产净值随时申购和赎回基金份额。

(5)可以实现资金的优化配置。只有基金管理人提供更好的服务和展示出出色的经营业绩,才能最终赢得投资者的信任。基金的业绩好,认购的人多,基金的规模就大,基金管理人就可以得到更多的报酬,反之,基金的业绩不好,赎回的人多,基金管理人就难以获得较好的收入,甚至连基金的持续经营也受到威胁。

2. 开放式基金的价格

开放式基金发行总额不固定,投资者可随时购入或赎回基金份额,基金承销机构则需根据估值日的每份基金净资产来计算基金认购价和赎回价,并用此价格来进行每天的基金交易,因此,开放式基金的交易价格代表着每份基金内在价值。

承销机构每天公开报出的申购价和赎回价是以单位基金净资产为计价基础的。计算公式如下:

$$\text{申购价} = \text{单位基金资产净值} \times (1 + \text{申购费率}) \tag{4.4}$$

$$\text{赎回价} = \text{单位基金资产净值} \times (1 - \text{赎回费率}) \tag{4.5}$$

开放式基金的申购、赎回原则有二:一是“未知价交易”原则,即投资者在申购、赎回时并不能即时获知买卖的成交价格,申购、赎回价格只能以申购、赎回日交易时间结束后基金管理人公布的基金份额净值为基准进行计算;二是“金额申购、份额赎回”原则,即申购以金额申请,赎回以份额申请,这是适应“未知价格”情况下的一种最为简便、安全的交易方式,在这种交易方式下,确切的购买数量和赎回金额在买卖的当时也是无法确定的,只有在交易次日才能获知。

4.3.3 LOF 与 ETF 的价值分析

1. LOF 的价值分析

(1)LOF 的概念。LOF(Listed Open-Ended Fund)是指在交易所上市交易的开放式证券投资基金,通称上市开放式基金。上市开放式基金的投资者既可以通过基金管理人或其委托的销售机构以基金净值进行基金的申购、赎回,也可以通过交易所市场以交易系统撮合成交价进行基金的买入、卖出。LOF 是我国首创的基金品种,它与 ETF 最大的区别在于 LOF 提供的是一个交易平台,在这个平台上投资人既可以在场外赎回、申购,又可以在场内买卖基金。

(2)LOF 的优势。LOF 与其他开放式基金相比,存在以下四大优势,这些优势较好地体现了其投资价值:

①交易方式更加灵活。LOF 本质上是交易方式的创新而不是交易品种的创新,它改变了传统开放式基金"一对一"的交易模式,交易方式更加灵活。投资者既可以在场外申购、赎回,又可以在场内买卖 LOF 基金。

②交易成本大大降低,效率大大提高。由于 LOF 可以在二级市场买卖,交易成本大大降低。投资者场外申购和赎回的双向费用一般为 2% 左右,而场内买卖基金的双向费用一般为 0.5%,交易费用降低 1.5 个百分点。同时,场外赎回一般是 T+1 日交易确认,但赎回金额需要经过托管银行、代销商划转,投资者一般 T+7 日才能收到赎回款,LOF 增加了场内交易后,T+1 日可以卖出并提取现金,交易效率也大大提高。

③基金运作透明度提高。LOF 作为在交易所上市交易的开放式基金,上市以后首先要像传统开放式基金一样公布每日净值等信息,其次还必须遵守交易所的信息披露规则,这两方面的约束无疑将提高基金运作的透明度,迫使基金管理人更加积极稳妥地管理基金,为投资者创造良好的回报。

④存在跨市场套利机会。LOF 由于可以在一、二级市场同时交易,必然存在两种不同的交易价格。一级市场是按净值进行申购和赎回,二级市场按实时价格交易,理论上讲,不同市场的交易价格必然会出现价差,价差的出现也预示着存在跨市场套利机会。当两者出现价差时,投资者就可以利用转托管方式,将价格低的场所份额转向价格高的场所,获取差价收益,达到套利目的。如表 4.1 所示,只要 LOF 价格与净值的背离能够超过交易成本,套利就是有利可图的。

表 4.1　LOF 基金的套利交易

价格背离情形	套利方法
二级市场价格 - 基金净资产 > 申购费率 + 交易所交易费率 + 转托管费率	场外申购,场内卖出
基金净资产 - 二级市场价格 > 赎回费率 + 交易所交易费率 + 转托管费率	场内买入,场外赎回

如果是机构投资者,其具有较强的谈判能力,则交易成本相对较低,套利空间更大。对于一般中小投资者,套利空间虽然不大,但是套利机制的存在使得 LOF 的净值与价格之间不会出现大幅偏离,这样投资者可以灵活地选择在场内还是场外进行交易,对投资者来说起到一个"保值"的作用,不像封闭式基金折价严重,投资者要想在二级市场上卖出,必然蒙受重大损失。

2. ETF 的价值分析

(1)ETF 的概念。ETF 又称交易型开放式指数基金(Exchange Traded Fund),它是跟踪标的指数的一个资产组合,其组合中的股票种类和权重与特定指数包含的成分股种类和权重基本一致。根据这一概念可以看出,ETF 管理的资产是一篮子股票,这一组合中的股票种类与某一特定指数(如上证 50 指数)包含的成分股票相同,每只股票的数量与该指数的成分股构成比例一致,ETF 交易价格取决于它拥有的一篮子股票的价值,即"单位基金资产净值"。

ETF 是一种混合型的特殊基金，它克服了封闭式基金和开放式基金的缺点，同时集两者的优点于一身。投资者既可以在二级市场买卖 ETF 份额，又可以向基金管理公司申购或赎回 ETF 份额，不过申购和赎回必须以一篮子股票（或有少量现金）换取基金份额或者以基金份额换回一篮子股票（或有少量现金）。

（2）ETF 的优势。ETF 因其在产品设计上的种种创新而在国际市场中迅速崛起，它主要有如下四大优势，这些优势较好地体现了其投资价值：

①ETF 采用指数化投资策略。ETF 与标的指数偏离度小，投资 ETF 能获得与标的指数相近的收益；可以让投资者以较低成本投资于标的指数，使得投资者投资指数像投资一只股票一样简单。

②ETF 可以上市交易。ETF 像股票一样在交易时间内持续交易，投资者可根据即时揭示的交易价格进行买卖，从而更好地把握买卖价格。

③ETF 费用低廉。通过复制指数和实物申购与赎回机制，ETF 大大节省了研究费用、交易费用等运作费用。ETF 管理费和托管费不仅远低于积极管理的股票基金，而且低于跟踪同一指数的传统指数基金。ETF 二级市场交易费用类似于封闭式基金，因此，大大降低了投资者的交易成本。

④ETF 具有套利功能。由于 ETF 在二级市场交易，受供需关系的影响，会造成 ETF 市场交易价格与其净值之间产生偏差。当这种偏差较大时，投资者就可以进行套利交易。比如，当 ETF 的市场交易价格高于基金份额净值时，投资者可以买入组合证券，用此组合证券申购 ETF 基金份额，再将基金份额在二级市场卖出，由此赚取扣除交易成本后的差额。相反，当 ETF 市场价格低于净值时，投资者可以买入 ETF，然后通过一级市场赎回，换取一篮子股票，再在二级市场将股票抛掉，赚取其中的差价。

ETF 作为全新的投资工具，在我国刚刚出现，就显示出了强大的生命力，第一只上证 50ETF 的首发规模就超过了 50 亿元，远远高于同期发行的其他股票型基金，其投资价值也正在被逐渐发掘。

4.3.4 基础设施 REITs 的价值分析

1. 基础设施 REITs 的概念

基础设施 REITs 是基础设施领域不动产投资信托基金的简称，不动产投资信托基金（Real Estate Investment Trusts）简称 REITs。REITs 作为中等收益、中等风险的金融产品，具有流动性较高、收益相对稳定、安全性较强等特点，已成为全球资产配置中除股票、债券、现金之外的第四类资产。

我国公开募集基础设施证券投资基金（以下简称基础设施 REITs）是指依法向社会投资者公开募集资金形成基金财产，通过基础设施资产支持证券等特殊目的载体持有基础设施项目，由基金管理人等主动管理运营上述基础设施项目，并将产生的绝大部分收益分配给投资者的标准化金融产品。2020 年 4 月 30 日，中国证监会、国家发展改革委联合发布《关于推进基础设施领域不动产投资信托基金（REITs）试点相关工作的通知》（证监发〔2020〕40 号），结束了公募 REITs 长达十多年的论证探索，开启了我国公募 REITs 的元年。截至 2021 年 12 月底，共有 11 只基础设施 REITs 产品在我国沪深交易所挂牌上市。

基础设施资产支持证券是指依据《证券公司及基金管理公司子公司资产证券化业务管理

规定》等有关规定,以基础设施项目产生的现金流为偿付来源,以基础设施资产支持专项计划为载体,向投资者发行的代表基础设施财产或财产权益份额的有价证券。基础设施项目主要包括仓储物流,收费公路、机场港口等交通设施,水电气热等市政设施,污染治理、信息网络、产业园区等其他基础设施。

2. 基础设施 REITs 产品的特点

基础设施 REITs 是国际通行的大类资产,具有流动性较高、收益相对稳定、安全性较强等特点,能有效盘活存量资产,提升直接融资比重,降低资产负债率,填补当前金融产品空白,拓宽社会资本投资渠道,增强资本市场服务实体经济质效。基础设施 REITs 作为并列于股票、债券、基金和衍生品的证券品种,短期看有利于广泛筹集项目资本金,降低债务风险,是稳投资、补短板的有效政策工具;长期看有利于完善储蓄转化投资机制,降低实体经济杠杆,推动基础设施投融资市场化、规范化健康发展。产品具备以下特点:

一是 REITs 可盘活存量资产,提升基础设施资产估值,获得流动性溢价,同时提供增量投资资金,改善负债水平,降低企业杠杆率,助力企业“轻资产”运营模式转型,更好地推动资本市场服务实体经济;

二是 REITs 产品将 90% 的基金年度可分配利润用于分配,高比例分红,同时由于基础设施项目权属清晰,现金流持续、稳定,投资回报良好,填补了当前金融产品的空白,丰富了投资品种,便利投资者投资于流动性较弱的基础设施项目;

三是 REITs 产品规则透明健全,比照公开发行证券要求建立上市审查制度,制定了完备的发售、上市、交易、收购、信息披露、退市等具体业务规则。基础设施项目可借助资本市场公开、透明机制,通过资本市场融资,引导金融资金参与实体项目建设,实现高质量发展。

四是公募 REITs 引入做市服务,旨在提供流动性,即提供连续报价,而非控制价格;且做市商的做市资金均有批复限额。

3. 基础设施 REITs 的投资价值分析

公募 REITs 的估值一般采取收益法,评估对象为基础设施项目。收益法通过预测资产的未来每一期收益,利用合适折现率进行折现得到资产的当期评估价值。但是收益法中折现率的确定比较难,并没有统一标准,折现率反映的是资产未来的回报率,较多取前加权平均资本成本,有的按照资产评估行业的经验取法直接确定数值为 6% ~7% 。

基础设施 REITs 收益来源主要包括两部分,一是收费权或租金收益,二是资产的潜在增值收益。在进行投资价值分析时主要参考资本化率(净营运收入 NOI/基金总额)、现金流分派率(可供分配现金/基金总额)以及基金净值增长率等指标。

对于收益权类项目,在存续阶段,随着收费权这项无形资产的摊销,基金净值将逐步下降,而资本化率和现金流分派率逐步提高,本质是每年的现金分派包括了一部分的本金提前偿还,所以每年可供分配现金的规模变化至关重要。

对于不动产类项目,普遍注重分析综合收益,即现金流分派率 + 基金净值增长率。基础设施项目所处的区位、经济发展、管理人运营能力等因素将很大程度影响基础设施项目的价值变化。同时对于不动产类项目,现金流分派率较高的项目不一定最好,可能是其基础资产增值较少的结果。

4. 各资产类型公募 REITs 投资价值分析

(1) 垃圾焚烧类。垃圾处理类资产特点鲜明:①在每个城市内部高度垄断;②项目规划与人口总数匹配;③项目数量有限,具有稀缺性。

该类资产在一线及一线半类城市收益较好,主要由于:①国企在行业占据主导,民企进入门槛高;②当地政府财政实力较强。

垃圾焚烧类资产与其他种类资产区别较大。垃圾焚烧行业较为特殊,基本以三年为周期向上调价,涨幅参考CPI涨幅或人工人员成本涨幅。其次,在大城市人口持续净流入的背景下,未来垃圾填埋将逐渐被垃圾焚烧替代,产业前景良好。且短期内无较大技术更新迭代背景下,行业供应将趋稳。整体来看行业现金流稳定同时具有向上空间。污水处理类项目逻辑与垃圾焚烧行业类似。

(2)高速公路类。从发行主体的角度,预计未来一两年内,高速公路将成为核心主力资产。由于地方政府和央企持有净资产中高速公路占比最高,高速公路类资产具有量大、规模大的双重特征。同时,公路项目盈利能力取决于建设成本与车流量。

投资者在评估高速公路项目时应重点关注:①位置:高速路起始地的宏观经济状况、交通便利程度、人口数量等因素直接关乎高速流量。②特许经营权期限:特许经营权到期后的许可续期或基础资产胳换情况值得关注。③车流量预测:按照公路客车流量与汽车保有量呈正相关关系的规律,随着汽车保有量上升,未来车流量有相应增长空间。

高速项目的投资风险点主要在于:①替代交通方式分流风险:高速的替代交通方式包括地铁、高铁与其他高速等;②自然灾害风险:高速路况受自然灾害影响较大,例如南方沿海省份夏季多雨气候对高速路况影响较大。

(3)仓储物流类。仓储物流类资产备受投资人青睐。当前市场供应量有限且优质资产稀缺,因此优质资产价格越来越高。核心区域如北上深物流地增量有限,现有资产价格上浮。需求端来看,由于电商等行业的增长驱动,仓储物流行业需求旺盛,长期行业将持续向上发展。

评价该类资产时,需关注以下指标:①位置:仓储物流园所处的地理位置不仅影响仓储物流园的招商能力,还直接决定仓储需求与物流交易量;②客户集中度;③出租率与租金水平。

(4)产业园类。在公募REITs推出之前,产业园大多为配合当地政府的招商引资,具有一定的政治属性,整体市场价格偏低。由于此前市场认定产业园是工业地的属性,产业园大宗交易冷淡,因此公募REITs有望成为产业园行业大宗资产的新交易渠道。

产业园投资收益率稳定,底层资产升值空间较大:优质园区资产有增值空间,能够带来资产增值回报。作为产权类项目,产业园区拥有其底层资产所有权,伴随租金的增长和入驻企业增加,除了区间运营收入外,产业园区资产还会不断升值;同时还能够通过资产收购来扩大底层资产的规模,这将为投资者带来除基础收益率之外的增值收益,因此该类资产将会吸引券商自营及险资等期望资产保值增值以及具有较高稳定收益的投资者。

(5)能源类。能源类有望在未来纳入,新能源、水电、风电类将成为能源类重点关注的资产类型。

水电项目建成后收入稳定,成本较低。与此同时,水电的稳定利润限制了二级市场的估值。长期来看二级市场上传统电力的PE估值仍处于低位,约在十几到二十倍的水平。

风电类产品当前PE估值较高,当前发行人更倾向于上市,做风电REITs的意愿较低。长期来看,风电类资产质量较好,匹配REITs产品的要求。

光伏类行业则存在新老断层问题;满足运营年限要求的老项目依赖第三方补贴程度较高,很难作为底层资产;而新项目政府补贴下降,但运营年限达不到要求。

本章小结

投资基金是一种利益共享、风险共担的集合投资方式。投资基金与股票、债券的区别主要表现在投资者地位、所筹资金的投向、投资风险大小、投资收益情况和投资回收方式等方面。

投资基金种类可以根据不同的标准进行不同的划分。根据基金规模是否可变，可分为封闭式基金与开放式基金；根据组织形式的不同，可以将基金划分为契约型基金和公司型基金；根据募集方式不同，可分为公募基金和私募基金；根据投资目标的不同，可分为成长型基金，收入型基金和平衡型基金；根据投资对象的不同，可分为股票基金、债券基金、货币市场基金和混合基金；根据基金的资金来源和用途不同，可分为在岸基金和离岸基金等。还有一些特殊类型的基金，如分级基金、避险策略基金、伞形基金、养老目标基金等。

我国投资基金业的发展可分为三个阶段：即投资基金发展的探索阶段、封闭式基金发展阶段和开放式基金发展阶段。

投资基金是由基金发起人发起设立的。基金发行的原则是以最低的成本、最高效率完成尽可能多的销售额。投资基金的交易实际上是对基金单位的转让或变现过程。投资基金收益主要来源于基金投资所得红利、股息、债券利息、买卖证券差价、银行存款利息以及其他收入等。投资基金在运作过程中支付的费用主要有：基金管理费、基金托管费和其他费用。

封闭式基金的投资价值主要体现在每期的现金分红、到期清盘的每份净资产价值和在基金交易市场上的买卖价差这三个方面。开放式基金的价值主要体现在其产品优势上：即流动性好、透明度高、便于投资、按基金资产净值赎回以及可以实现资金的优化配置等。而LOF与ETF的价值除具有一般开放式基金的优势外还可以进行套利交易等。而LOF与ETF的价值除具有一般开放式基金的优势外还可以进行套利交易等。基础设施REITs的风险适度、收益适中，为投资者资产配置提供了重要选择。

复习思考题

一、名词解释

投资基金　封闭式基金　开放式基金　股票基金　债券基金　货币基金　混合基金　ETF和LOF　基金资产净值　契约型基金　公司型基金　基础设施REITS

二、判断题

1. 目前我国的基金全部是契约型基金。（　）

2. 根据中国证监会对基金类别的分类标准，基金资产60%以上投资于债券的为债券基金。（　）

3. 封闭式基金交易的价格变动单位是0.01元。（　）

4. 英国和我国香港将证券投资基金称为“单位信托基金”，日本和我国台湾地区称为“证券投资信托基金”。（　）

5. 开放式基金买卖价格以基金份额净值为基础，受市场供求关系的影响较小。（　）

三、单项选择题

1. 封闭式基金的存续期限一般为(　　)年。

A. 5~10　　B. 5~15

C. 10~15　　D. 10~20

2. 开放式基金的价格是以(　　)为基础计算的。

A. 市盈率　　B. 购买股票多少

C. 市场供求关系　　D. 基金份额资产净值

3. 为了保障广大投资者的利益,防止基金资产被挤占、挪用等,证券投资基金一般都要由(　　)来保管基金资产。

A. 基金托管人　　B. 基金管理人

C. 基金发起人　　D. 基金持有人

4. 根据中国证监会对基金类别的分类标准,基金资产(　　)以上投资于股票的为股票基金。

A. 50%　　B. 60%

C. 70%　　D. 80%

5. 关于交易型开放式指数基金(ETF),以下说法不正确的是(　　)。

A. 以某一选定的指数所包含的成分股票为投资对象

B. ETF本质上是一种指数基金

C. 可以进行套利交易

D. 由于套利机制的存在,ETF不会出现折价或溢价交易

四、多项选择题

1. 证券投资基金主要将资金投资于(　　)。

A. 股票市场　　B. 生产领域

C. 债券市场　　D. 消费领域

2. 契约型基金与公司型基金的区别主要表现在(　　)。

A. 资金的性质不同　　B. 投资者的地位不同

C. 投资人不同　　D. 基金的运作依据不同

3. 由于在岸基金的(　　)均处于本国境内,所以,基金的监管部门比较容易运用本国法律法规及相关技术手段对投资基金的投资运作行为进行监管。

A. 投资者　　B. 基金组织、基金管理人和基金托管人

C. 其他当事人　　D. 基金的投资市场

4. LOF与其他开放式基金相比,存在(　　)优势,这些优势较好地体现了其投资价值。

A. 交易方式更加灵活　　B. 交易成本大大降低

C. 基金运作透明度降低　　D. 存在跨市场套利机会

5. ETF因其在产品设计上的创新而在国际市场中迅速崛起,它主要是因为(　　)。

A. 采用指数化投资策略　　B. 可以上市交易

C. 费用低廉　　D. 具有套利功能

五、简答题

1. 投资基金的特征有哪些?
2. 封闭式基金与开放式基金的区别是什么?
3. 说明开放式基金申购与赎回的原则。
4. 说明基金资产估值的原则。
5. 开放式基金的优势有哪些?
6. 基金收益的来源有哪些?
7. LOF 是如何进行跨市场套利的?
8. 如何利用 ETF 进行跨市场套利?

六、论述题

试述投资基金与股票债券的关系。

当代大学生基金投资行为调查报告

随着基金投资理财的不断深入人心,越来越多年轻人成为“新基民”,其中就包括尚在校园的大学生群体。上投摩根基金联手第一财经财智云发布了《当代大学生基金投资行为调查报告》(以下简称《报告》)。该报告通过调研 2 770 位大学生,对当代大学生的基金投资行为与心理,进行了深入了解和详尽分析。

就投资目标而言,报告显示,74.5% 的受访学生希望通过投资理财增加财富,但也有近一成的受访学生表示基金投资源于跟风,甚至在并未了解什么是金融产品前就匆匆入市。

在选择基金投资渠道方面,硕士生的选择分布较为平均,本科生投资渠道则较为单一,主要集中在银行(68.5%)和第三方财富管理平台(57.7%)。值得一提的是,第三方财富管理平台在不同学历大学生中的渗透率一直保持着较高水平,而银行 App 随着学历提高,渗透率反而降低。调查同时显示,金融机构的专家观点、媒体资讯和熟人是最容易影响大学生投资决策的三类人群。

针对本次调查,上投摩根基金指出,大学生群体在投资理财方面体现出资历尚浅、获取信息不完善、风险承受能力低等特征。在此背景下,公募机构除了对症下药,进行相应的投资教育、普及科学投资理念和方法之外,还需要更开放的平台、更多样化的内容、更场景化的服务来做好大学生投资教育。与此同时,公募机构在循序渐进地提高大学生理财认知的同时,也要帮助其稳步形成健康的理财观,慢慢培养起收益与风险并存的意识,以争取实现财富的长期稳健增值。①

讨论题:1. 你所了解的基金投资渠道有哪些?

2. 作为当代大学生,当你投资基金时应该注重哪些方面?

---

① 摘自中国证券报·中证网,2021 年 11 月 8 日。

推荐阅读

[1] 杜金富,朱尔茜,张红地. 对“资产管理”有关问题的研究[J]. 金融发展研究,2021(8).

[2] 谭佳庚. 引导基金研究的热点和趋势:基于 CiteSpace 文本统计可视化分析[J]. 调研世界,2021(7).

[3] 张亚涛,刘以琏. 我国基金投资者“锚定效应”的成因和治理研究[J]. 经济学报,2021,8(3).

[4] 燕艳. 我国私募基金管理人市场准入“放”与“管”的再思考[J]. 金融理论与实践,2021(5).

[5] 尹中立. 规范公募基金“抱团”式投资[J]. 中国金融,2021(5).

[6] 杨玉林. 国际金融危机前后美国联邦基金市场的变化及其启示[J]. 金融与经济,2021(2).

[7] 贾丽娜,孙辉,曾涛等. 证券投资基金共同持股、信息偏好与股价信息含量[J]. 金融理论与实践,2021(1).

[8] 张燃,杨玲,李艳茹. 证券投资基金期间交易的市场表现及业绩来源[J]. 金融与经济,2020(7).

[9] 杨霞,严开,周海燕. 开放式证券基金业绩评价体系及实证研究[J]. 财会通讯,2019(6).

[10] 李洪宇. 基金投资入门与进阶指南[M]. 北京:人民邮电出版社, 2020.

第5章　证 券 市 场

教学目的

通过本章的学习使学生了解证券市场的形成和发展,及其在金融市场中的地位,掌握证券市场的构成,熟悉证券市场的参与者和世界主要证券市场。

教学内容

1. 证券市场的定义、特征。
2. 证券市场的产生与发展。
3. 证券市场的构成。
4. 中国证券市场。
5. 世界主要证券市场。

教学重点

证券市场的功能和地位;证券市场的构成;中国证券市场和世界主要证券市场。

教学难点

发行市场;交易市场;创业板;科创板;场外市场;证券市场的发展与监管。

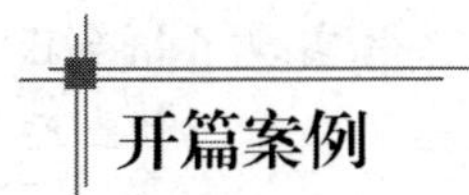

开篇案例

2021年证券业十大事件

1. 广州期货交易所设立

2021年1月22日，中国证监会正式批准设立广州期货交易所。4月19日，广州期货交易所在广州宣布揭牌成立。广州期货交易所是继上海期货交易所、中国金融期货交易所、郑州商品交易所和大连商品交易所之后，内地第五家期货交易所，其定位于创新型期货交易所，对完善我国资本市场体系、助力粤港澳大湾区和国家“一带一路”建设、服务经济高质量发展具有重要意义。

2. 深交所主板与中小板合并

2月5日，中国证监会正式批复深圳证券交易所（以下简称“深交所”）合并主板与中小板，对板块合并作出“两个统一、四个不变”的安排。合并深交所主板与中小板是坚持问题导向的改革之举，有利于优化深交所板块结构，形成主板与创业板各有侧重、相互补充的发展格局，更好满足不同发展阶段企业的融资需求，增强深交所的服务功能。4月6日，深交所主板与中小板合并正式实施。

3. 证券市场禁入新规实施

6月18日，中国证监会发布修订后的《证券市场禁入规定》（以下简称《规定》），自2021年7月19日起施行。本次修订遵循“有限目标、问题导向、尊重历史、稳定预期”的思路，对根据上位法确有必要修订的内容进行完善。主要修订内容包括：进一步明确市场禁入类型；进一步明确交易类禁入适用规则；进一步明确市场禁入对象和适用情形。

4. 市值退市新规正式生效

根据沪深交易所在2021年12月31日发布的退市新规，自7月1日起，连续20个交易日股票收盘市值低于3亿元将被退市。上交所相关负责人表示，市值是市场充分博弈的结果，微小市值的公司往往缺乏投资价值，存在被炒作的问题，结合目前资本市场发展现状，将市值极低的公司清出市场，也有利于投资者理性选择，引导价值投资，实现市场优胜劣汰。

5. 北京证券交易所成立

9月3日，北京证券交易所（简称“北交所”）注册成立，11月15日，北交所鸣锣开市，81只星宿股集体登陆A股资本市场。作为中国资本市场迎来的第三家全国性证券交易所，北交所的设立是资本市场更好支持中小企业发展壮大的内在需要，是落实国家创新驱动发展战略的必然要求，是新形势下全面深化资本市场改革的重要举措，对进一步健全多层次资本市场体系，更好支持实体经济和中小企业高质量发展意义重大。

6. 全面实行股票发行注册制

12月8日至10日，中央经济工作会议提到，要抓好要素市场化配置综合改革试点，全面实行股票发行注册制。这一表态意味着，在经历了科创板、创业板以及北交所的注册制运行之后，主板注册制也箭在弦上。中国证监会党委传达学习贯彻中央经济工作会议精神时提到，要以全市场注册制改革为牵引，全面深化资本市场改革开放。

7. 上交所新债券交易系统上线

12月20日，上交所新债券集中竞价交易平台正式上线，债券现券竞价交易和质押式回购交易顺利由原竞价撮合平台迁移至新平台。至此,上交所股票和债券交易系统实现了相互独立,沪市债券集中竞价交易、协议类交易、质押式回购交易等业务均在新债券交易系统独立运行,顺利完成交易系统“股债分离”。

8. 境外上市新规即将出台

12 月 24 日,中国证监会就境外上市相关制度规则公开征求意见,这也意味着境外上市即将出台。证监会表示,国家扩大资本市场对外开放的方向不会改变,支持企业依法合规到境外上市、用好两种资源的态度不会改变,规范的目的是促进发展。证监会将根据公开征求意见情况,进一步修改完善,并会同有关部门按照立法程序推动尽快发布实施。

9. 基金行业创新产品不断涌现

2021 年,在监管的鼓励和支持下,基金行业创新产品不断涌现,例如公募 REITs、FOF－LOF、增强型 ETF 等等。6 月 21 日,首批 9 只基础设施公募 REITs 产品在沪深交易所挂牌上市,首批产品引来了众多银行、保险、私募等机构投资者,以及众多公众投资者认购。11 月 19 日,首批 FOF－LOF 于上交所上市。与普通的 FOF 基金相比,FOF－LOF 既保留了 FOF 对资产进行第二次分散、平滑波动的特点,还兼具 LOF 上市型开放式基金的优势。此外,首批增强型 ETF 也在年末陆续开启发行,兼顾主动投资和被动投资的优势,为指数投资带来了新的发展机会。

10. 元宇宙概念股热度持续升温

自元宇宙问世资本市场以来,热度持续居高不下。10 月底,Facebook(FB. US)改名为 Meta,将元宇宙概念推向高潮;二级市场上,元宇宙概念股更是狂飙突进,居高不下的涨幅,甚至惊动监管部门要求说明公司与元宇宙的关系。毋庸置疑,未来,在一系列软硬件设施的支持下,互联网向元宇宙的升级成为趋势,但到最终形成完整的商业生态,尚路漫漫兮,到时谁领风骚,也未有定论。①

5.1　证券市场的形成与发展

证券市场是有价证券发行与流通的场所。从广义上讲,证券市场是指一切以证券为对象的交易关系的总和。从经济学的角度,可以将证券市场定义为:通过自由竞争的方式,根据供需关系来决定有价证券价格的一种交易机制。

证券市场作为资本市场的核心和基础,在金融市场体系中居于重要地位。金融市场是指融通资金的市场,广义的金融市场包括所有资金需求与资金供给的交易场所,作为一个整体,是由各个子市场综合而成的,包括货币市场、资本市场、外汇市场和黄金市场。在发达的资本主义国家,股票和债券是金融市场上最活跃、最主要的金融资产,证券市场的交易覆盖了整个金融市场,是金融市场极为重要的组成部分。

5.1.1　证券市场的概念与特征

1. 证券市场的定义

证券市场是有价证券发行与流通以及与此相适应的组织与管理方式的总称。证券市场是

① 摘自理财教育网,2021 年 12 月 31 日

资本市场的基础和主体,包括证券发行市场和证券流通市场。证券市场是长期资金市场,投资者通过证券市场买卖有价证券向企业提供资金,进行间接投资。企业通过证券市场筹集资金,用于生产和建设,实现直接融资。在发达的市场经济中,证券市场是完整的市场体系的重要组成部分,不仅反映和调节货币资金的运动,而且对整个经济的运行具有重要影响。

中国的金融市场从萌芽到初步形成,由于社会经济制度和文化传统的不同,出现了一种独特的格局,以银行同业拆借市场为先导,证券市场、票据贴现市场、外汇调剂市场紧随其后。在中国未来的金融市场模式中,证券市场只能与其他市场同步协调发展,并按照中国的经济体制来运转。

在我国传统体制中,金融手段严格地以间接融资为主,它表现为以货币为主要金融工具,通过银行体系吸收社会存款,再对企业进行贷款的一种融资机制。间接融资是一种不稳固的资金供给,居民储蓄资金通过银行贷款流入社会经济活动领域,但居民储蓄又有随时兑换现金、冲入消费领域、急剧减少投资资金的可能。间接融资体系的特点是,设施和规则简单、比较规范,并极易受国家直接控制。随着市场经济的发展,企业对资金的需求越来越多样化和市场化,要求金融手段多样化和灵活化,间接融资已无法满足社会经济对资金融通的要求。

直接融资是以债券、股票为主要工具的一种金融运行机制,它的特点是经济单位直接从社会上吸收和筹措资金。直接融资的功能在于补偿间接金融的不足,适应社会经济发展变化的要求,最大可能地吸收社会游资,直接投资于企业生产流转和社会经济建设之中。它的特点是,在增加社会金融手段的同时,社会货币总量并没有相应扩大,而且社会资金总量在不同经济主体之间的流动将更趋于合理,并得到最大限度的利用。以证券市场为主的直接融资则从社会上直接吸收和筹措资金,在一定时间内不但占用资金使用权,而且排斥资金所有者在这一时期的索回权,如企业债券、国债等;而股票形式则更是从此把投资股票资金永久地凝固在生产领域并转化成资本。

2. 证券市场的特征

与一般商品市场相比,证券市场具有以下基本特征:

(1)交易对象不同。证券市场的交易对象是股票、债券等有价证券,而一般商品市场的交易对象是各种具有不同使用价值的商品。

(2)市场职能不同。证券市场上的股票、债券等具有多重职能:既可以用来筹措资金,解决资金短缺的问题,又可以用来投资,为投资者带来收益;也可以用于保值,以避免或减少物价上涨带来的货币贬值损失;还可以通过投机等技术性操作争取价差收益。而一般商品市场上的商品则只能满足人们的特定需要。

(3)价格形成不同。证券市场的证券价格,实质是所有权让渡的市场评价,或者说是预期收益的市场货币价格,与市场利率关系密切。而一般商品市场的商品价格,实质是商品价值的货币表现,取决于生产商品的社会必要劳动时间。

(4)风险不同。证券市场的风险较大,影响因素复杂,具有波动性和不可预测性。而一般商品市场的风险很小,实行的是等价交换原则,波动较小,市场前景具有较大的可测性。

5.1.2　证券市场的形成与发展

1. 证券市场的形成

证券市场形成于自由资本主义时期,股份公司的产生和信用制度的深化,是证券市场形成的基础。证券的发行和流通使得证券成为一种金融性商品,从而使证券市场的产生成为必然。

在资本主义发展初期的原始积累阶段,16 世纪的西欧就已有了证券交易。当时的里昂、安特卫普已经有了证券交易所,最早在证券交易所进行交易的是国家债券。此后,随着资本主义经济的发展,所有权与经营权相分离的生产经营方式的出现,使股票、公司债券及不动产抵押债券依次进入有价证券交易的行列。在资本主义发展最早的英国,300 多年前,被称为“股票经纪人”的商人就已在他们的主要市场——伦敦交易所从事证券市场的一些简单业务。1698 年,即英格兰银行建立的 4 年以后,在英国已有大量的证券经纪人,“乔纳森咖啡馆”就是因有众多的经纪人在此交易而出名。1773 年,英国的第一家证券交易所(现伦敦证券交易所的前身)在“乔纳森咖啡馆”成立,1802 年获得英国政府的正式批准。它最初经营政府债券,以后是公司债券和矿山、运河股票。

美国的第一个证券交易所——费城证券交易所诞生于 1790 年。1792 年 5 月 17 日,经营拍卖业务和其他行业的 24 名商人在纽约华尔街的一棵梧桐树下商定,每天在此从事证券(主要是股票)交易。1793 年,一家名叫汤迪的咖啡馆在华尔街落成,于是露天的股票市场就移进咖啡馆经营,这就是纽约证券交易所最早的雏形。

在我国,19 世纪 70 年代以后,清政府洋务派兴办了一些企业。随着这些股份制企业的出现,中国企业的股票应运而生,随之而至的便是证券市场的产生。我国最早的证券交易市场,创立于清朝光绪末年上海外商组织的“上海股份公所”和“上海众业公所”。在这两个交易所买卖的证券,主要有外国企业股票、公司债券、南洋一带的橡胶股票、中国政府的金币公债以及外国在上海的行政机构发行的债券等,实际交易偏重于洋商的股票和橡胶股票两种。1912 年以后,证券交易规模逐渐扩大。1919 年,北京成立了证券交易所,上海成立“上海华商证券交易所”。

新中国成立后,证券交易所被取消。1990 年底和 1991 年初,随着我国改革开放的推进,上海证券交易所和深圳证券交易所相继成立。1996 年以后,我国证券市场的发展速度逐步加快,并于 2021 年成立北京证券交易所。

2. 证券市场的早期发展

20 世纪初,资本主义由自由竞争阶段过渡到垄断阶段。正是在这一过程中,证券市场以其独特的形式适应资本主义经济发展的需要,从而有效地促进了资本积累和资本集中,同时也使自身获得巨大发展。在这个时期,由于资本主义虚拟资本大量膨胀,整个证券业处于高速发展阶段,具体表现为有价证券的发行总额剧增。从 1890 到 1900 年,发行额增加了近 5 倍。与此同时,有价证券的结构也发生了变化,在有价证券中占主要地位的已不是政府公债,而是公司股票和企业债券。据统计,1900—1913 年发行的有价证券中,政府公债占有价证券发行总额的 40% ,公司债和各类股票则占 60% 。

1929—1933 年,资本主义世界发生了严重的经济危机。危机的前兆就表现在股市的暴跌上,随之而来的大萧条使证券市场受到严重影响。危机过后,证券市场仍处于萧条之中。第二次世界大战爆发后,虽然各交战国由于战争需要发行了大量公债,但就整个证券市场而言,仍然处于不景气之中。

第二次世界大战结束后,随着欧美和日本经济的恢复和发展,以及各国的经济增长,大大地促进了证券市场的复苏和发展。20 世纪 70 年代以后证券市场出现了高度繁荣的局面,证券市场的规模不断扩大,证券的交易也越来越活跃。

3. 证券市场的发展趋势

(1)金融证券化。在整个金融市场中,证券的比例越来越大,比重迅速上升,而且上升的趋势还在继续。与此同时,居民储蓄结构也出现了证券化倾向。出于保值和增加收益的需要,人们将储蓄从银行存款转向证券投资。

(2)证券交易多样化。随着证券市场的逐步发展,有价证券的发行种类、数量以及范围不断扩大,交易形式日趋多样化,这种趋势提高了对投资者的吸引力,增强了证券市场的活力和融资能力,也同时加速了证券市场的进一步发展。

(3)证券投资者法人化,自第二次世界大战以后,证券投资者有所变化。不仅社会公众个人认购证券,更重要的是,法人进行证券投资的比重日益上升。认购证券的法人,从过去主要是金融机构,扩大到各个行业,很多企业都设立了证券部或投资部。据估计,法人投资在世界各国证券市场上占一半左右。

(4)证券市场国际化。科学技术的发展推动了社会生产的国际化,也引导着资本投资的国际化。证券投资国际化已成为证券市场发展的主要趋势之一。主要表现在:①世界各主要的证券交易所都已成为国际性证券交易所。它们不仅在本国大量上市外国公司的证券,而且在国外设立分支机构,从事国际性的股票委托交易。②股份公司越来越多地到国外证券市场发行股票。根据有关资料,美国220家销售额在10亿美元以上的大公司中,有80家在国外的证券交易所挂牌出售股票。③进行证券投资的个人或法人,不仅在国内证券市场上认购外国证券,而且委托本国证券公司在国外证券市场进行买卖证券活动。

(5)证券市场自由化。从第二次世界大战后到70年代前,各国政府为了保护和扶植证券市场,采取了种种保护措施,主要限制内容是:实行银行和证券业务分离制,禁止银行经营包括股票在内的证券业务,以避免资金雄厚的银行控制市场;实行委托买卖股票手续费最低限额制,目的是防止证券市场上的过度竞争。进入70年代以后,随着金融自由化的发展,以上措施越来越阻碍证券市场的发展,于是各国陆续废除限制条令,实行证券市场自由化,出现了银行、保险与证券融合的综合化趋势。

(6)证券投资交互化。社会化大生产和科学技术的发展促进了银行业与工商业、国内证券市场和国际证券市场的相互融合,从而导致了证券投资的相互扩散和渗透。

(7)证券市场的高科技化。现代科学技术的迅速发展,为证券市场的发展提供了技术条件。计算机从20世纪50年代下半期开始应用于证券市场,现在世界上的各主要证券市场已实现了计算机化,大大地提高了证券市场的运行效率。证券交易的现代化与信息化,加快了证券交易的速度,简化了证券交易的过程,证券的交易规模大大增加。

5.1.3 证券市场的功能

证券市场是市场经济中一种高级的市场组织形态,是市场经济条件下资源合理配置的重要机制。世界经济发展的历史证明,它不仅可以推动本国经济的迅速发展,而且对国际经济一体化具有深远的影响。目前,世界上不少证券市场已发展成为国际著名的金融中心,发挥着重要的作用。

1. 证券市场是筹集资金的重要渠道

在证券市场上进行证券投资,一般都能获得高于储蓄存款利息的收益,且具有投资性质,所以,能吸引众多的投资者。对于证券发行者来说,通过证券市场可以筹集到一笔可观的资金,用这些资金或补充自有资金的不足,或开发新产品、上新项目,有利于迅速增强公司实力。要在较短时间内迅速筹集到巨额资金,只有通过证券市场这个渠道才能实现。

2. 证券市场是国家中央银行宏观调控的场所

从宏观经济角度看,证券市场不仅可以有效地筹集资金,而且还有资金“蓄水池”的作用和功能. 这种“蓄水池”是可调的,而不是自发的。

各国中央银行正是通过证券市场这种“蓄水池”的功能来实现其对货币流通量的宏观调节,以实现货币政策目标。当社会投资规模过大、经济过热、货币供给量大大超过市场客观需要量时,中央银行可以通过在证券市场上卖出有价证券(主要是政府债券、央行票据),以回笼货币,紧缩投资,平衡市场货币流通量,稳定币值;而当经济衰退、投资不足、市场流通因货币供给不足而呈现出萎缩状态时,中央银行则通过在证券市场上买进有价证券,以增加货币投放,扩大投资,刺激经济增长。

3. 证券市场是资源合理配置的有效场所

证券市场的产生与发展适应了社会化商品经济发展的需要,同时也促进了社会化大生产的发展,它的出现在很大程度上削弱了生产要素部门间转移的障碍。因为在证券市场中,企业产权已商品化、货币化、证券化,资产采取了有价证券的形式,可以在证券市场上自由买卖,这就打破了实物资产的凝固和封闭状态,使资产具有最大的流动性。一些效益好、有发展前途的企业可根据社会需要,通过控股、参股方式实行兼并和重组,发展资产一体化集团,开辟新的经营领域。

另外,在证券市场上,通过发行债券和股票广泛吸收社会资金,其资金来源不受个别资本数额的限制,这就打破了个别资本有限从而难以进入一些产业部门的障碍,有条件也有可能筹措到进入某一产业部门最低限度的资金数额。这样,证券市场就为资本所有者自由选择投资方向和投资对象提供了十分便利的活动舞台,而资金需求者也冲破了自有资金的束缚和对银行等金融机构的绝对依赖,有可能在社会范围内广泛筹集资金。

随着证券市场运作的不断高度发达,其对产业结构调整的作用将大大加强,同时得到发展的产业结构又成为证券市场组织结构、交易结构、规模结构的经济载体,促进证券市场的发展。这种证券市场与产业结构调整的关系,就在于它使资产证券化,从而有助于生产要素在部门间的转移和重组。

4. 证券市场有利于证券价格的统一和定价的合理

证券交易价格是在证券市场上通过证券需求者和证券供给者的竞争所反映的证券供求状况所最终确定的。证券商的买卖活动不仅由其本身沟通使买卖双方成交,而且通过证券商的互相联系,构成一个紧密相连的活动网,使整个证券市场不但成交迅速,而且价格统一,使资金需求者所需要的资金与资金供给者提供的资金迅速找到出路。

证券市场中买卖双方的竞争,易于获得均衡价格,这比场外个别私下成交公平得多。证券的价格统一、定价合理,是保障买卖双方合法权益的重要条件。

5. 证券市场是推动企业加强经营管理的重要动力

公众对企业进行证券投资,是寄希望于与企业一同获得较高的经济收益。因此人们在进行投资之前,必然持十分审慎的态度选择好投资对象。

毫无疑问,大家都争着向那些经营前途广阔、竞争能力强、经济效益好的企业投资,由此也就决定了社会资金必然向这样的企业集中,促使这样的企业不断发展壮大。反之,那些经营前途暗淡、竞争能力弱、经济效益差的企业,必然遭到投资者的冷遇,将资金从它们那里转到经济效益好的企业。证券市场时时刻刻都在通过证券的买卖来进行这样的资金再分配,这也就是证券市场推动企业加强经营管理的动力所在。

6. 证券市场是传导经济信息的重要媒介

证券投资者总是需要及时、全面地了解和掌握经济情况与市场动态,以便能够及时采取措施保障其投资的安全性或抓住机会买卖证券增加盈利。

由于证券市场是由证券买卖者、经纪人、证券公司以及证券交易所等组成的,这些参加人与机构从不同行业、不同部门、不同地区、不同单位聚集到一起,从不同角度对政治、经济及其市场形势进行调查研究,并把他们所获得的信息在证券市场上相互传播,于是证券市场就自然成为经济信息产生和传播的重要场所。在这里,人们通过观察证券市场上各种有价证券交易价格与交易量的变化,可以了解到经济变化情况,进而采取相应的对策。证券投资者在这里还可以预测、判断哪些企业发展前景好,哪些企业发展前景不好,哪种证券收益多,哪种证券收益少,从而确定投资的对象或转移投资方向。证券市场的证券交易也能反映出社会资金的余缺。当社会上资金紧张时,持有证券的企业或个人为了保证生产、建设所必需的资金,必然大量地抛售有价证券来换取现金,这时证券市场上必然出现卖方市场,证券价格呈下跌之势。反之,当社会资金比较充足时,必然有大量的游资投向证券,这时,证券市场必然出现买方市场,证券价格呈上涨趋势。由此可见,证券市场可以说是能够反映一定时期国家金融形势乃至整个国民经济形势的晴雨表、温度计。

5.2　证券市场的构成

5.2.1　证券市场的分类

1. 按证券的性质和品种不同,分为股票市场、债券市场、基金市场、衍生品市场

(1)股票市场。股票市场是股票发行和买卖交易的场所。股票市场的发行人为股份有限公司。股票市场交易的对象是股票,股票市场的价格除了与股份公司的经营状况和盈利水平有关外,还受到如政治、社会、经济等多方面因素的综合影响。

(2)债券市场。债券市场是债券发行和买卖交易的场所。债券的发行人有中央政府、地方政府、中央政府机构、金融机构、公司和企业。通过发行债券所筹集的资金一般都有期限,债券到期时,债务人必须按时归还本金并支付约定的利息。债券是债权凭证,债券持有者与债券发行人之间是债权债务关系。债券市场交易的对象是债券。债券具有固定的票面利率和期限。

(3)基金市场。基金市场是基金份额发行和流通的市场。封闭式基金在证券交易所挂牌交易,开放式基金则通过投资者向基金管理公司申购和赎回实现流通转让。

(4)衍生品市场。衍生品市场是各类衍生产品发行和交易的市场,随着金融创新在全球范围内的不断深化,衍生品市场已经成为金融市场不可或缺的重要组成部分。

2. 按证券的运行过程不同,分为发行市场和交易市场

(1)证券发行市场。证券发行市场指发行新证券的市场,也称初级市场或一级市场。由

证券发行主体、认购者和经纪人构成。发行主体有本国及外国的中央政府、地方政府、金融机构、企业等。认购者包括国内外广大投资者、大型机构的投资者。经纪人在连接发行主体和认购者之间的关系时,发挥很大的作用,他们不仅要对即将发行的证券的投资价值做出正确的分析、评价,而且还要对发行条件、发行额等进行具体的分析,并对发行时的金融、证券市场等进行市场预测,同时根据分析预测结果进行综合判断。经纪人的这种综合分析判断能力,是其长期经验积累所形成的专门技能。

(2)证券交易市场。证券交易市场是买卖已发行证券的市场,也称次级市场或二级市场。已发行的证券,通过在流通市场上出售转让给第三者,从而收回投资。证券交易市场的中心功能是根据市场利率决定的股息、利息等收入形成虚拟资本价格,并保证按这一价格变换现金。在证券交易市场中,证券交易所具有中心市场的性质。

证券发行市场和证券交易市场,二者是紧密联系、相互依存、相互作用的。发行市场是交易市场存在的基础,发行市场的发行条件及发行方式,影响交易市场证券的价格及流动性。同样,交易市场又能促进发行市场的发展,为发行市场所发行的证券提供变现的场所,保证证券的流动性。交易市场的证券价格及流动性,直接影响发行市场新证券的发行规模、条件等。

3. 按组织形式不同,分为场内市场和场外市场

(1)场内市场。场内市场是指证券交易所市场。证券交易所是最主要的证券交易场所,它是交易市场的核心。证券交易所必须根据国家有关证券法律规定,有组织地、规范化地组织证券买卖。

证券交易所与一般商品市场不同,在时间和场所上通常集中于某一固定的时间、场所进行交易,证券交易所配置现代化的计算机、电话等设备,规定交易的开盘和收盘时间。在交易的方式上,采用公平合理、持续的双向性拍卖,既有买者之间的竞争,又有卖者之间的竞争,是一种公开竞价的交易。在管理上,具有严密的组织管理机构,只有证券交易所的会员经纪人才能在交易市场从事交易活动,公众则通过经纪人进行证券交易。在证券交易所上市交易的证券必须符合有关条件,并经严格审查批准。此外,证券交易所还提供各项服务,为投资者提供有参考价值的信息。证券交易所作为证券流通市场的中心,起着重要的作用。

(2)场外市场。场外市场通常是指柜台市场(店头市场)以及第三市场、第四市场,即在证券交易所形式之外的证券交易市场。

柜台交易一般是通过证券交易商来进行的,采用协议价格成交。这种协商大多数在交易商之间进行,有时也在交易商与证券投资者之间进行。在柜台交易方式中交易的证券,有上市证券,也有一部分未上市证券。

第三市场是指非证券交易所成员在证券交易所之外买卖挂牌上市证券的场所。它的出现,形成了对证券交易所市场的巨大冲击,增强了证券业务的竞争,促使证券交易所也要采取相应措施来吸引顾客,如我国股票市场的大宗交易。

第四市场则是由大企业、大公司、大金融机构等团体投资者绕开通常的证券经纪人,彼此之间直接买卖或交换大宗股票而形成的场外交易市场。在这种市场上进行证券买卖,不仅可使交易过程大大简化,而且交易费用也会大幅降低。

4. 多层次资本市场

除一、二级市场区分外,证券市场的层次性还体现为区域分布、覆盖公司类型、上市交易制度及监管要求的多样性。根据所服务和覆盖上市公司的类型,可分为全球性市场、全国性市场、区域性市场等类型，如美国的全国性的纽约证券交易所，地方性证券交易所则包括中西部、太平洋、费城、波士顿和辛辛那提等证券交易所。

根据上市公司规模、监管要求等差异，可分为主板市场、二板市场、三板市场等。

主板市场也称一板市场，指传统意义上的证券市场，是一个国家或地区证券发行，上市及交易的主要场所。主板市场对于发行人的营业期限、股本大小、盈利水平、最低市值等方面的要求标准较高，上市企业多为大型成熟企业，具有较大的资本规模以及稳定的盈利能力。上海、深圳证券交易所是我国证券市场的主板市场。

二板市场又称创业板市场、创新股票市场、高科技板市场、增长型股票市场等。广义地说，它指与针对大型成熟公司的主板市场相对应、面向中小公司的股票市场。狭义则指协助高成长的新兴创新公司尤其是高科技公司筹资的市场，具有较强的针对性，其特征表现为市场的前瞻性、上市标准低、市场风险高、监管理念以信息披露为本、针对熟悉投资的个人投资者和机构投资者等。

二板市场的组织模式主要有附属模式与独立模式。附属模式又分为三种形式：

第二部形式，作为主板市场的补充，与主板市场组合在一起共同运作，拥有共同的组织管理系统和交易系统，甚至采用相同的监管标准，所不同的主要只是上市标准的差别。

相对独立形式，虽附属于主板市场，但由主板成立的一个独立机构运作，拥有独立的组织管理系统与监管标准，交易系统或独立或建立在主板交易平台上；市场中市场形式或板块形式。

独立模式则指二板市场与主板市场分别独立运作，拥有独立的组织管理系统和交易系统，并且大多数采用不同的上市标准，监管标准在一些情况下是完全相同的，在另一些情况下则存在着或大或小的差异。

二板市场或创业板市场又可分为不同层次，如纳斯达克市场又分为较具规模公司交易的纳斯达克全国市场和规模较小公司交易的纳斯达克小型资本市场，规模更小的公司只能到OTCBB市场（OTC Bulletin Board，告示板电子报价系统）去交易。

我国创业板市场于2009年在深交所启动，主要面向成长型创业企业，重点支持自主创新企业，支持市场前景好、带动能力强、就业机会多的成长型创业企业；科创板于2019年在上交所开板，面向世界科技前沿、面向经济主战场、面向国家重大需求，主要服务于符合国家战略、突破关键核心技术、市场认可度高的科技创新企业。

三板市场即全国中小企业股份转让系统，是经国务院批准设立的全国性证券交易场所，接受中国证监会的统一监督管理，是我国多层次资本市场的重要组成部分。主要为创新型、创业型、成长型中小微企业发展服务。境内符合条件的股份公司均可通过主办券商申请在全国股份转让系统挂牌，公开转让股份，进行股权融资、债权融资、资产重组等。股票转让可以采取协议方式、做市方式、竞价方式或其他中国证监会批准的转让方式，并且经全国股份转让系统公司同意，挂牌股票可以转换转让方式。全国股份转让系统实行主办券商制度，主办券商业务包括推荐股份公司股票挂牌，对挂牌公司进行持续督导，代理投资者买卖挂牌公司股票，为股票转让提供做市服务及其他全国股份转让系统公司规定的业务。另外，在证券公司代办股份转让系统的原STAQ、NET系统挂牌公司和退市公司及其股份转让相关活动，由全国股份转让系统公司负责监督管理。2019年10月，证监会正式启动全面深化新三板改革，重点推出向不特定合格投资者公开发行并设立精选层、优化定向发行、实施连续竞价交易、建立差异化投资者适当性制度、引入公募基金、确立转板上市制度和深化差异化监管等改革举措。2021 年北京证券交易所正式成立,面向新三板精选层的创业创新股。截至 2022 年 1 月 28 日,新三板(创新层、基础层)挂牌公司已达 6 915 家,总股本 4 601.24 亿股,流通股本 2 838.46 亿股;北交所(新三板精选层)上市公司达 84 家,总股本 123.48 亿股,流通股本 58.82 亿股。

5.2.2 证券交易所

证券交易所是依据国家有关法律,经政府证券主管机关批准设立的集中进行证券交易的有形场所。证券交易所的管理体制包括注册制、许可制和认可制。中国对证券交易所的设立实行许可制,经审核后,由国务院批准设立。证券交易所作为交易金融资产的特殊市场,具有不同于其他市场的显著特点。

1. 证券交易所的特点

(1)证券交易所是独立的法人主体。证券交易所具备法人的基本特征,有固定的交易场所,有维护正常交易活动的工作人员和财产,包括设备资金等;有民事行为能力,在参与证券交易的活动中依法享有权利,承担义务。

(2)证券交易所是具有严密组织性的公开市场。证券交易所有自己的章程和内部组织机构;对证券的挂牌上市、交易、清算交割、摘牌等有严格的程序和规则;对各类市场主体的资格和行为有一系列规定和要求;证券交易所作为证券市场的重要成员实行自律性管理,履行国家有关法律、法规、规章、政策规定的职责,同时要接受国务院证券监管机构的监督和管理。

(3)证券交易所以证券为交易对象,按一定的规则进行交易。

(4)证券交易所的交易方式是集中交易。有资格进场的证券商或交易所会员在交易大厅拥有交易席位,在交易过程中采取集中交易方式。

(5)证券交易所的主要功能是帮助市场主体完成交易。证券交易所本身既不持有证券,也不直接买卖证券,更不能决定证券的价格。证券交易所只是为市场主体完成交易创造条件,提供场地、交易设施和服务。同时,对市场主体和交易行为进行必要的监督和管理。

2. 证券交易所的组织形式

证券交易所的组织形式一般分为公司制和会员制两种。

(1)公司制证券交易所是一个按照股份制原则设立的、由股东出资组成的组织,是以盈利为目的的法人。公司制交易所的特点是本身不参与证券买卖,只为证券经纪商提供交易场地、设施及服务,以便利证券交易的顺利完成。公司制交易所的最高决策管理机构是董事会,董事和监事由股东大会选举产生。交易所由注册合格的证券商进场买卖,证券商与交易所签订合同,缴纳营业保证金。交易所向上市公司收取上市费,按成交额收取佣金和其他费用。公司制交易所的优点是:能提供完备的交易设备和服务,有利于投资人顺利完成交易;交易所不直接参与证券买卖,故能保证交易的公正性。其主要缺点是由于交易所以盈利为目的,其主要收入是按成交额收取佣金,所以交易双方承担的费用较高。

公司制证券交易所一般采取股份有限公司的组织形式,在公司章程中明确规定作为股东的证券经纪人和自营商的名额、资格和公司的存续期限。股东大会是最高权力机构,由股东大会选举董事会、监事会,由各个职能部门和办事机构分管各项业务。中国的北京证券交易所采取公司制组织形式。

(2)会员制证券交易所是由会员自愿出资共同组成的、不以营利为目的的事业法人。目前,世界上许多著名的证券交易所都采取会员制证券交易所形式。中国的上海和深圳证券交易所均采取会员制组织形式。

会员制证券交易所不同于公司制证券交易所。首先,会员制证券交易所是非营利的事业法人,同样提供场地、设备和服务,帮助会员完成交易。证券交易所不向证券交易各方收取佣金。为了维持证券交易所的日常营业,证券交易所收取会员费、上市费和交易费等费用。其次,会员制证券交易所由证券商组成。证券商实际上就是依法成立的证券公司等中介机构,这些证券商既是证券交易所的会员,也是证券交易活动的中介机构,同时具备两种身份。第三,会员制证券交易所实行自律自治和政府干预的双轨制管理体制。所谓"自律"是指证券交易所通过自行确定规则的方式实现对证券交易所的管理,虽然政府对证券交易所的监督管理有所加强,但与公司制证券交易所相比较,会员制证券交易所仍具有自律自治的特点。

会员制证券交易所因其在组织形式上不同于公司制证券交易所,故在组织结构上也与公司制证券交易所有区别。我国《证券交易所管理办法》规定,会员大会是证券交易所的最高权力机构,会员大会的职权是:制定和修改证券交易所章程;选举和罢免会员理事;审议和通过理事会、总经理的工作报告;审议和通过证券交易所的财务预算、决算报告;决定证券交易所的其他重大事项。理事会是证券交易所的决策机构。理事会的主要职责是:执行会员大会的决议;审定证券交易所的业务规则:聘任总经理和副总经理:审定总经理提出的财务预算、决算方案;审定对会员的接纳;审定对会员的处分;审定证券交易所重大财务管理事项;会员大会授予的其他职责。理事会由7~13人组成,设理事长1人,理事每届任期3年。理事会下设监察委员会,每届任期3年。证券交易所设总经理1人,副总经理1~3人。除此以外,会员制证券交易所和公司制证券交易所的组织结构基本相同。

会员制交易所不以营利为目的,故交易费用较低。但由于证券交易所的会员同时也是证券商,是证券交易活动的直接参加者,证券商的趋利性有可能导致证券交易过程中出现不公正现象。

5.2.3 场外交易市场

场外交易是在证券交易所交易大厅以外进行的证券交易活动。所谓场外,是相对于证券交易所交易大厅而言的。场外交易市场包括柜台交易市场、第三市场和第四市场。

1. 场外交易市场的特点

与场内交易相比较,场外交易在市场的组织形式、交易对象和市场管理等方面有所不同。

(1)场外交易市场的交易对象不同。在交易所交易的证券必须是符合证券交易所上市标准的股票、债券或其他证券,但由于证券交易所容量有限、上市标准严格,故相当一部分证券不能在交易所上市交易。而在场外市场交易的品种,除少数上市证券外,主要为非上市证券,且品种多、数量大。如在美国,新发行的股票就是通过场外交易方式交易的,联邦政府债券、地方政府债券,市政债券和公司债券也都是场外交易的对象。

(2)场外交易市场的组织方式不同。证券交易所是高度组织化的市场,而场外交易市场不进行集中交易,它是一个分散和无集中交易场所的市场,一些交易在投资公司或证券公司的柜台上进行,有些交易借助于现代化的通信技术如电话、电传、传真、计算机等组成的通信网络接洽成交。在场外交易中,证券投资者可以直接与证券经纪商和自营商商洽交易,投资者之间也可直接交易。

(3)场外交易按照议价方式完成证券交易。场内交易的价格决定原则是集中竞价,即若干买方竞争确定证券买入价,若干卖方竞争确定卖出价。而场外交易的证券价格确定是一对一方式形成的,即每笔证券交易都是买卖双方以协商的方式完成的,通常没有若干卖方或买方就同一证券报价的竞争。在交易实务中,证券公司或投资公司大多数是在柜台价格公告栏内同时挂出买价和卖价,并根据投资者是否接受而加以调整。

(4)场外交易采取特殊的管理方式。场内交易的管理,主要借助证券交易所自律管理和国家主管机关的强制管理来完成,证券交易所对证券商和证券交易活动有很大的管理权。场外交易的管理相对比较宽松,政府的管理也主要采取间接管理方式,通常只就交易中的违法行为加以处理,日常的交易活动由证券公司或投资公司在法律规定的范围内实施,或者由证券业协会加以监督管理。

2. 场外交易的市场类型

场外交易市场通常是指店头交易市场或柜台交易市场,但有些国家则在柜台交易市场以外,又形成了其他形式的场外交易市场。不同的场外交易市场具有不同的特点和功能。

(1)柜台交易市场。柜台交易市场又称证券商柜台市场,是在证券公司的柜台上交易未上市证券的市场。交易的证券主要是公开发行但未在证券交易所上市的证券,以议价方式形成交易价格。美国的柜台市场最为发达,绝大部分政府债券、公司债券以及金融机构股票均在柜台交易市场上交易。

(2)第三市场。第三市场是在证券交易所之外交易上市证券的市场。通常已上市的股票或债券等上市证券既可在证券交易所交易大厅内交易,也可在场外交易。第三市场的交易对象是已上市的证券,只是交易过程在场外进行。第三市场原属柜台交易市场的组成部分,但发展迅速,市场地位逐渐提高,许多人认为应当把它作为一种独立市场类型来对待。第三市场的交易主体多为拥有巨额资金的机构投资者。第三市场的出现是与证券交易所采取的固定佣金制度相联系的。由于证券交易所对在交易大厅内交易的证券规定了固定比率的佣金,对机构投资者而言,交易成本较高。进行大笔交易时,不能降低社会交易成本。而场外交易主要采取自营方式,证券自营商为参与更多的交易活动,愿意适当减少交易差价,证券经纪商也为大宗交易提供低成本服务,显著降低了投资成本。第三市场构成了对证券交易所的强有力竞争,促进证券交易所降低收费标准,改善交易条件。

(3)第四市场。第四市场是投资者利用各种通信手段直接进行证券交易的市场。这种场外市场具有完全不同于其他证券交易市场的如下特点:一是证券交易活动完全脱离证券商的参与,由证券的买方和卖方直接进行交易;二是证券投资者利用多种通信方式或借助计算机网络直接获得证券价格信息,并完成证券的买进卖出,买卖双方无须当面接洽;三是证券交易的数额往往比较庞大。第四市场目前主要在美国开放,其他国家多只停留于试验阶段。在美国,证券交易的第四市场日益繁荣,有很大的发展潜力。

第四市场的显著优点是:交易双方直接交易,没有中介机构参与,可以降低交易成本;便于对交易信息保密,第四市场每宗交易数额较大,往往涉及股权或债权结构的变化,因而交易者有保密的需要。

5.2.4 中国证券市场

1. 新中国证券市场发展历程

“看对了,搞一两年对了,放开;错了,纠正,关了就是了。”1992 年,邓小平南方视察时,针对证券市场如是说。

20世纪80年代初,一些小型国有企业和集体企业开始进行多种股份制尝试,最初的股票是北京天桥百货公司的股票。“土蓝色勾边,大小如一元人民币。下附一张草绿色的股息、红利票。背面注明:5年还本,除分红外,还保证每年5.4%的利息。”

1984年10月,中国确立了城市和整个经济体制的改革方向。随后,北京、广州、上海等城市选择了少数企业进行股份制试点。1986年11月14日,邓小平接见了以美国纽约证券交易所董事长约翰·范尔霖为团长的代表团,在获赠纽约证券交易所证章和证券票样后,邓小平将一张上海飞乐音响股份有限公司的股票回赠给客人,这成为国际社会认识中国社会经济发展的标志性事件之一。

上海证券交易所和深圳证券交易所于1990年12月先后开始营业。1991年底,上交所共有8只上市股票,25家会员;深交所共有6只上市股票,15家会员。1991年4月4日深交所以前一天为基期100点,开始发布深证综合指数。1991年7月15日,上交所以1990年12月19日为基期100点,开始发布上证综合指数。

1992年5月,中国人民银行证券管理办公室成立,这是最早对证券市场实施统一监管的机构。1992年7月,国务院建立国务院证券管理办公会议制度。1992年10月,国务院设立国务院证券委和中国证监会。1993年4月颁布《股票发行与交易管理暂行条例》,6月颁布《公开发行股票公司信息披露实施细则》。1993年8月发布《禁止证券欺诈行为暂行办法》,1996年10月颁布《关于操纵证券市场行为的通知》。证券市场的第一部“根本大法”《公司法》诞生于1994年7月,直到1999年,另一部“根本大法”《证券法》开始实施。1997年11月,国务院证券委发布《证券投资基金管理暂行办法》,开启了证券投资基金的规范发展。

1991年11月,第一只B股公司,上海真空电子器件股份有限公司向海外投资者发行面值100元人民币、总共100万股的人民币特种股票,并于1992年2月在上交所上市。1993年6月,青岛啤酒(600600)赴港发行首只内资H股;1994年,山东华能发电赴纽交所上市发行首只中资N股;1997年,大唐发电(601991)在伦敦证券交易所发行首只中资L股;同年,中新药业赴新加坡证券交易所发行首只中资S股。

1995年的“327国债事件”,是中国证券市场在发展过快、交易所监管不严和风险控制滞后的情况下,由上海万国证券公司、辽宁国发(集团)股份有限公司等少数交易大户蓄意违规、操纵市场、扭曲价格、严重扰乱市场秩序所引起的国债期货风波,国债期货市场因此被关闭。

1999年的“5·19行情”,上证指数走出一轮牛市,一直延续到2001年6月,上证指数由1 047涨到2 245点。

我国证券市场发展之初,人为地将普通股份设计为暂不流通的国有股、法人股和流通的社会公众股,将上市公司的股权结构分割了流动性截然不同的两部分,为证券市场发展留下了一个十分棘手的问题。2004年1月31日发布的《关于推进资本市场改革开放和稳定发展的若干意见》(国九条)提出了九个方面的纲领性意见,将大力发展资本市场提升到前所未有战略高度。“国九条”确立了尊重市场规律解决股权分置问题的基本原则。2005年4月29日,证监会启动股权分置改革。截至2007年底,沪深两市共有1 298家上市公司完成或者已进入股权分置改革程序,占应改革公司的98%。股改完成后,国有股、法人股、流通股利益分置、价格分置的问题在制度层面上不复存在,各类股东享有相同的股份上市流通权和股价收益权,各类股票按统一市场机制定价,并成为各类股东共同的利益基础。在另外两大基本层面上,监管层的努力也在较大程度上打造了牛市基础:券商综合治理和改善上市公司质量。

股市的基础制度的改变,导致证券市场估值基础变化。上证指数从 2005 年 6 月 6 日的最低位 998 点一路上涨到 2007 年 10 月 16 日的 6 124.04 点,所用时间仅仅 2 年 4 个月。在上证指数达到顶峰之时,中国的 GDP 证券化率曾一度超过 130%,总市值约 33 万亿,1 600 多家上市公司。

2004 年 5 月 17 日,中国证监会正式批复同意深圳证券交易所在主板市场内设立中小企业板,为了鼓励自主创新,而专门设置的中小型公司聚集板块。经过 16 年的发展,中小板上市公司总体不断发展壮大,在市值规模、业绩表现、交易特征等方面与主板趋同。

2009 年 3 月 31 日,中国证监会正式发布《首次公开发行股票并在创业板上市管理暂行办法》,该办法自 2009 年 5 月 1 日起实施。2009 年 10 月 23 日,中国创业板举行开板启动仪式。数据显示,首批上市的 28 家创业板公司,平均市盈率为 56.7 倍。

2012 年 4 月 20 日,深交所正式发布《深圳证券交易所创业板股票上市规则》,并于 5 月 1 日起正式实施,在上市门槛、监管制度、信息披露、交易者条件、投资风险等方面和主板市场有较大区别。2020 年 6 月 12 日,证监会发布了《创业板首次公开发行股票注册管理办法(试行)》《创业板上市公司证券发行注册管理办法(试行)》,宣告创业板改革和注册制试点开始。2020 年 8 月 24 日,首批创业板注册制企业挂牌。2021 年 10 月 30 日,创业板开市 12 周年,上市公司数量由首批 28 家扩容至 1 050 家,总市值达 13.09 万亿元,其中已有 16 家公司市值超过千亿元,63 家公司市值超 300 亿元。

2012 年 9 月 20 日,全国中小企业股份转让系统,经国务院批准设立,全国中小企业股份转让系统有限责任公司为其运营管理机构。设立全国中小企业股份转让系统是加快我国多层次资本市场建设发展的重要举措,改善中小企业金融环境,大力推动创新、创业,积极推动我国场外市场健康、稳定、持续发展。截至 2022 年 1 月 28 日,新三板(创新层、基础层)挂牌公司已达 6 915 家,总股本 4 601.24 亿股。

2018 年 11 月 5 日,习近平总书记在首届中国国际进口博览会开幕式上宣布,将在上海证券交易所设立科创板并试点注册制,支持上海国际金融中心和科技创新中心建设。2019 年 3 月1 日,中国证监会、上交所关于设立科创板并试点注册制主要制度、规则正式发布。2019 年 6 月 13 日,中国证监会和上海市人民政府联合举办了上海证券交易所科创板开板仪式。7 月 22 日科创板正式开市,截至上午 9 时 31 分,科创板首批上市的 25 家公司全线上涨。科创板成为我国首个实行注册制的场内市场。截至 2022 年 1 月 28 日,科创板上市股票数量 387 只,总股本 1 339.14 亿股,流通股本 435.24 亿股,总市值 50 532.38 亿元,流通市值 20 095.06 亿元。

2021 年 2 月,证监会批复同意深交所合并主板与中小板。为进一步优化深交所板块结构,更好满足不同发展阶段企业的融资需求。2021 年 4 月 6 日,深交所主板正式与运行了 17 年的中小板合并,真爱美家、中农联合、华亚智能 3 家企业首次公开发行股份并在深市主板上市。这是继创业板深化改革并试点注册制顺利实施后,深交所又一项重大改革成功落地。至此,深交所形成了以主板和创业板为主体的各有侧重、相互补充的新发展格局,我国多层次资本市场体系进一步优化。两板合并以来,深市主板竞争力得到有效提升,融资功能进一步优化,融资效率有所提高。截至 2021 年 12 月 31 日,深市主板共有上市公司 1 488 家,较 4 月 6 日的 1 475 家增加 13 家,汇聚了大量竞争性领域领军或龙头企业,产业链生态更加完整,总市值超过25万亿元。

2019年之后,随着科创板的设立并试点注册制,中国多层次资本市场建设进入良性发展轨道。2019年10月,证监会启动全面深化新三板改革,提出设立精选层。2020年7月27日,精选层正式设立并开市交易,同时配套形成发行交易、投资者适当性、信息披露和监督管理等差异化制度体系。2021年9月3日北京证券交易所注册成立,是经国务院批准设立的我国第一家公司制证券交易所,新三板精选层挂牌公司将全部转为北交所上市公司。截至2022年1月28日,北交所共有84家上市公司,总股本123.48亿股,总市值为2 457.40亿元。上市公司主要集中在江苏、北京和广东三地,市值范围在10亿~20亿元的范围占比最多,市值最大的三家公司合计占北交所总市值超40%。

至此,我国证券交易所市场逐步确立了由主板(含中小板)、科创板、创业板、新三板构成的多层次资本市场体系框架。

2. 中国证券市场管理体制

证券监管体制是证券监管的职责划分和权力划分的方式和组织制度,是国家和国情的产物。证券监管体制的有效性和规范性是决定证券市场有序和稳定的重要基础,并随着证券市场的发展变化而不断发展完善。按照监管主体分类,传统的证券法研究习惯把各国证券监管体制模式分为集中型监管、自律型监管、中间型监管三类。

我国证券监督体制的演变与我国经济体制的发展是同步进行的。中国证券管理体制经历了从无到有、从简单到复杂、从幼稚到成熟的发展过程。历经财政部独立管理阶段(1981—1985年)、中国人民银行主管阶段(1986—1992年10月)、国务院证券委员会主管阶段(1992年10月—1998年8月)、中国证监会主管阶段(1998年至今)。

1998年国务院对我国证券监管体制进行了重大改革:撤销了国务院证券委,其原有职责由中国证监会行使;中国证监会对全国证券监管机构实行垂直领导,标志着中国证券市场统一监管体制开始形成。

证监会基本职责:研究和拟订证券期货市场的方针政策、发展规划;起草证券期货市场的有关法律、法规,提出制定和修改的建议;制定有关证券期货市场监管的规章、规则和办法;对证券期货市场实行集中统一监管;监管股票、可转换债券及其他证券的发行、上市、交易、托管和结算;监管证券投资基金活动;监管上市公司及其按法律法规必须履行有关义务的股东的证券市场行为;监管境内期货合约的上市、交易和结算;按规定监管境内机构从事境外期货业务;管理证券期货交易所;按规定管理证券期货交易所的高级管理人员;归口管理证券业、期货业协会;监管证券期货经营机构、证券投资基金管理公司、证券登记结算公司、期货结算机构、证券期货投资咨询机构、证券资信评级机构;审批基金托管机构的资格并监管其基金托管业务;监管境内企业直接或间接到境外发行股票、上市以及在境外上市的公司到境外发行可转换债券;监管境内证券、期货经营机构到境外设立证券、期货机构;监管境外机构到境内设立证券、期货机构、从事证券、期货业务;监管证券期货信息传播活动,负责证券期货市场的统计与信息资源管理;会同有关部门审批会计师事务所、资产评估机构及其成员从事证券期货中介业务的资格,并监管律师事务所、律师及有资格的会计师事务所、资产评估机构及其成员从事证券期货相关业务的活动;依法对证券期货违法违规行为进行调查、处罚;归口管理证券期货行业的对外交往和国际合作事务;承办国务院交办的其他事项。

3. 中国债券市场

新中国债券市场的历史最早可追溯到1950年。经过70多年的发展,债券市场已经成为我国金融市场的重要支柱,并且在国际市场上占有一席之地。债券市场的交易由柜台交易为主发展到以银行间市场交易为主;债券的发行主体由国家、政府、大型国企、金融机构为主扩展到民营企业、中外合资企业、外资企业;债券的交易主体由以银行为主覆盖到其他金融机构、非金融机构;债券的品种由以国债为主丰富到地方政府债、企业债、公司债、金融债等;债券发行规模也由几亿元增长到2021年的60多万亿元,仅次于美国和日本,位列世界第三。

债券市场的发展经历了如下几个阶段:

前市场时期(1949—1981)。1950—1958年,我国发行了"人民胜利折实公债"和"国家经济建设公债",1959—1980年,为"空白期",没有国债发行。

第一时期:场外柜台交易为主(1981—1991)。1981年,国债恢复发行,但恢复发行之后,经历了长达7年的有债无市的历史过程。1988年,我国尝试通过商业银行和邮政储蓄的柜台销售方式发行实物国债,开始出现国债一级市场。同年,为解决国债流通变现,财政部在全国61个城市进行国债流通转让的试点,这是银行柜台现券的场外交易,中国国债二级市场(柜台交易市场)初步形成。

1990年12月上海证券交易所成立,开始接受实物债券的托管,并在交易所开户后进行记账式债券交易,首次形成了场内场外两个交易市场并存的格局。

1991年初,我国将国债流通转让范围扩大到全国400个地市级以上城市,以场外柜台交易市场为主、场内集中交易市场为辅的国债二级市场格局基本形成。发行方式逐步由柜台销售、承购包销过渡到公开招标。期限品种基本上以3年期和5年期为主。

第二时期:交易所国债交易为主(1991—1997)。1992年12月28日,上交所首次设计并试行推出了12个品种的国债期货合约,1995年,国债招标发行试点成功,国债发行利率实行市场化,标志着我国债券发行的市场化正式开始。1995年5月,因国债"327"事件,国债期货市场关闭。

1996年,记账式国债开始在上海、深圳证券交易所发行,同时,二级市场成交量也迅速放大,随着债券回购交易的展开,初步形成了交易所债券市场体系。

1997年上半年,随着股市的大涨,大量银行资金通过交易所债券回购方式流入股票市场造成股市过热。中国人民银行决定商业银行全部退出上海和深圳交易所的债券市场。

这一阶段,在交易方式上,上海和深圳证券交易所先后开办了国债现券交易、国债期货和回购交易,以及企业债现货交易,极大丰富了我国债券市场的交易品种和交易方式;在监管结构上,建立了中国证券监管管理委员会,中国国债协会及中国证券业协会两家自律监管机构。在基础设施建设上,建立了全国性的国债登记托管机构和交易所电子交易系统。我国债券市场不断正规化,交易品种逐渐丰富,交易方式也不断创新,但发行与交易目的却不匹配。

第三时期:银行间市场交易为主(1997年至今)。1998年5月,中国人民银行债券公开市场业务恢复,1999年开始,随着银行间债券市场规模的扩大,场外债券市场已渐渐演变为中国债券市场的主导力量。2000年初,中国人民银行推出《全国银行间债券市场债券交易管理办法》,首次提出双边报价商的概念,2001年8月,中国工商银行、中国农业银行、中国建设银行等9家商业银行获准为双边报价商,我国银行间债券市场的做市商制度正式确立。

银行间债券市场快速而平稳的发展,为中央银行公开市场业务操作提供了基础,并使之逐渐成为央行实现货币政策的主要手段,同时也为央行推动利率市场化进程奠定了基础。

2002年,我国债券市场体系基本确立。在交易主体方面,将银行间债券市场准入由核准制改为备案制,先后扩充了非金融机构法人和个人(通过间接方式);在市场统一性方面,首次实现跨市场同时发行国债,使得债券品种开始能够在多个市场发行流通。并允许商业银行承办记账式国债柜台业务,从而联通了银行间债券市场和柜台债券市场。允许保险公司、基金公司、证券公司等非银行金融机构在银行间债券市场和交易所债券市场交易,从而联通了这两个债券市场。我国统一的、多层次的、以银行间市场为主的债券市场体系基本形成。

2002年以后,债券市场的发展主要表现为债券品种的不断丰富,尤其是企业债品种的不断完备。2005年5月,短期融资券试水,并且在发审上实行注册制,为企业债的市场化发行奠定了基础。2006年2月,资产支持证券获准发行,结构性债券诞生。2008年4月,中期票据问世,2009年4月,由财政部代发的第一只地方政府债问世,填补了我国地方公债的空白。2009年11月,我国第一只中小非金融企业集合票据正式发行成功,集合票据采用注册制,在银行间债券市场公开发行,进一步完善了企业债品种。

经过改革开放40多年的发展,我国债券市场主体不断丰富,机构投资者类型更加多元化。债券市场发行主体从政府、大型国企、金融机构拓展到民营企业、中外合资企业、外资企业。债券市场投资主体已涵盖银行、券商、基金、保险、信用社、企业等各类机构。债券市场参与主体范围不断扩大,机构投资者已成为债券市场的主要力量。市场运行机制不断健全,市场化定价程度逐步提高;市场约束与激励机制逐渐发挥作用,信息披露制度对相关利益主体的约束力持续强化;推出了信用风险管理工具,提供市场化的风险分散和转移手段。债券市场的快速发展,使其在我国金融市场体系的地位大大提升,功能不断深化。我国债券市场为货币政策和财政政策的实施提供了重要平台。公司信用债券的推出,拓宽了企业融资渠道,改善了融资结构。债券市场还成为金融机构投融资管理和流动性管理的平台,在促进金融机构改革方面发挥了重要作用。我国债券市场初步形成分层有序的市场体系,基础设施建设日趋完备。

中国债券市场的分布情况如图5.1所示,由债券一级市场、场外债券市场和债券二级市场组成。

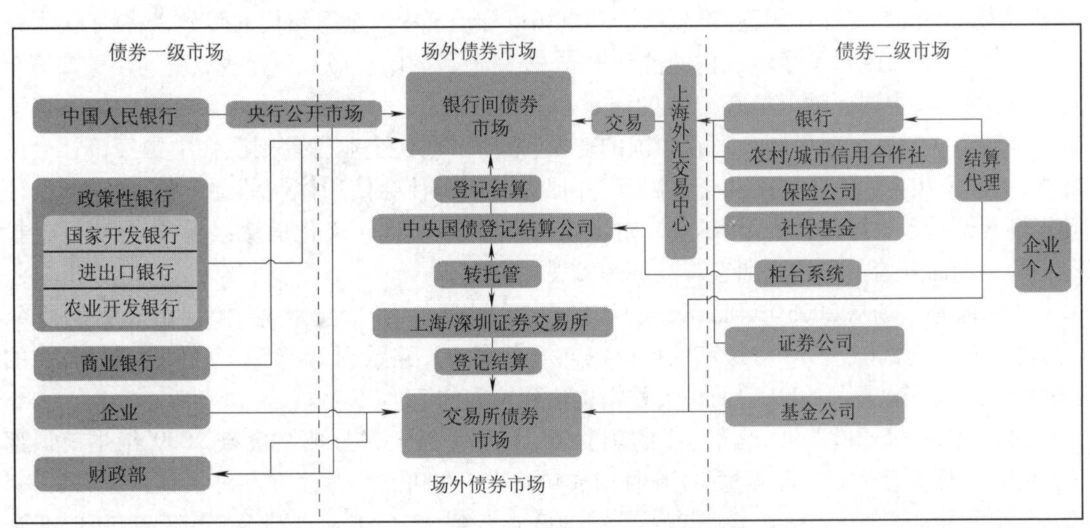

图5.1　中国债券市场构成

截至2021年12月31日，我国境内债券市场总存量达130.40万亿元，较上年增加16.15万亿元。其中，利率债73.79万亿元、信用债42.71万亿元、同业存单13.90万亿元。

2021年疫情防控常态化，债券市场也迎来了财政货币政策趋稳后的结构性调整。从一级市场的数据看，2021年债券发行较往年增速趋缓，全年各类债券发行合计61.63万亿元，同比增8%。

分类别看，2021年利率债发行达19.84万亿元，较上年增长5%。其中，国债略有下降，政策银行债小幅增长，地方政府债大增16%。2021年信用债券（金融债、公司债、企业债等）发行20万亿元，较上年增长4%，其中保险公司债、私募公司债等品种出现了负增长。2021年同业存单累计发行21.80万亿元，同比增长14%，成为去年增幅最大的固收大类品种。2021年企业债券占同期社会融资规模的10.5%，政府债券占比22.4%，非金融企业境内股票融资占比3.9%。

发行地方政府专项债券是支持地区经济发展的重要措施，防控地方政府专项债券违约风险对于稳定区域经济增长具有重要意义。2019年，中国中共中央办公厅国务院办公厅印发《关于做好地方政府专项债券发行及项目配套融资工作的通知》，为贯彻落实党中央、国务院决策部署，加大逆周期调节力度，更好地发挥地方政府专项债券（以下简称专项债券）的重要作用，着力加大对重点领域和薄弱环节的支持力度，增加有效投资、优化经济结构、稳定总需求，保持经济持续健康发展。2019年中国政府债券净融资4.72万亿元，同比减少1 327亿元；2020年中国政府债券净融资8.34万亿元，同比增加3.62万亿元；2021年中国政府债券净融资7.02万亿元，同比减少1.31万亿元。

4. 中国股票市场

自1990年以来，中国证券市场的发展得益于中国经济和金融改革，随着证券市场各项功能逐步健全，它也推动了经济和金融体系的改革，引领了一系列经济和企业制度变革，促进了国民经济的增长，对中国经济和社会产生了日益深刻的影响。证券市场推动了企业的发展壮大和行业的整合，加速了资源向优势企业集中，增强了企业核心竞争力，改善了国有企业与国有资产管理模式，促进了民营企业的发展，上市公司逐渐成为中国经济的重要组成部分。证券市场对国民经济的支柱作用逐步显现，证券市场也推动了中国金融结构的转型，增强了金融体系的抗风险能力，改善了金融机构的盈利模式，提高了其运作水平。与这些成就同样重要甚至更为重要的是，中国证券市场在自身的建设和发展过程中，引领了中国社会经济中的许多变革。证券市场带动了股份制公司在中国的普及，推动了现代企业管理制度在中国经济社会的确立，完善了相关的法律制度和会计制度，并促进了中国社会信用体制的逐步建立。同时，证券市场开始走入中国社会的千家万户，财富效应初步显现，理财文化悄然兴起，居民也通过投资证券市场而开始关心企业和宏观经济的发展。

中国股票市场从2005年到2008年经历了一个过山车式的大起大落，上证指数从2005年6月的998点到2007年10月最高的6 124点，再从高点一路跌到2008年10月28日最低点的1 664点，最大涨幅超过500%，而最大跌幅也达到惊人的70%以上。

2015年在“资金牛”和“改革牛”的刺激下，A股大盘于3月成功突破2009年牛市顶部3 478点，之后大盘上行一路畅通，在6月初成功站上5 000点。然而在6月下旬，市场风云突变，半月之内大盘由5 100点暴跌20%至3 800点。到2016年1月跌至2 638点，历时8个月，经历2次熔断，最大跌幅达49.05%。证券市场三十几年走势（上证综合指数，季K线）如

图5.2所示。从牛市起步到疯牛的形成,再到股灾爆发流动性完全丧失,监管当局出手救市后又遭人民币贬值预期打压,短期内发生如此罕见的震荡,千股跌停转向千股涨停,千股停牌,充分地把中国股票市场发展过程中所积累的弊端与问题集中地暴露出来。

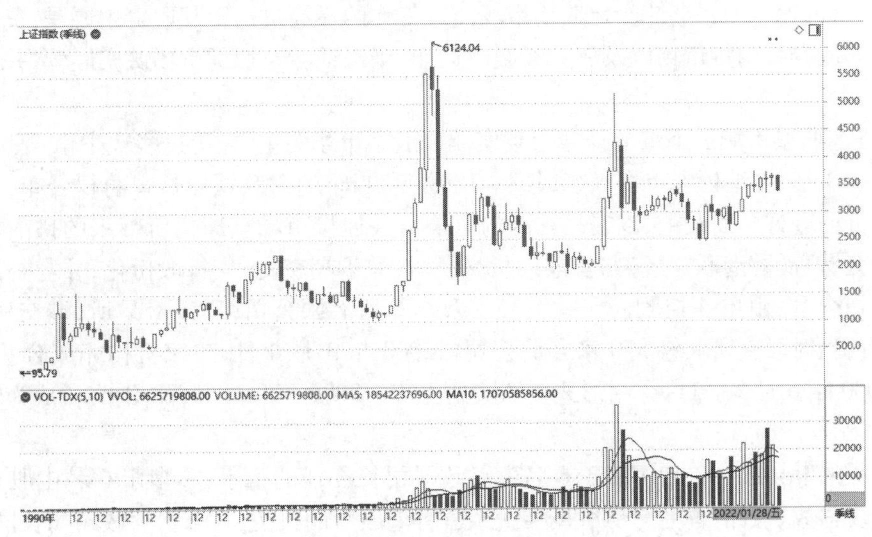

图5.2 上证指数全景

中国股票市场虽然30多年来发展得很快,从上市公司数量到市值规模都已经达到或超过一些发达国家,但自身的弱点和问题也十分明显,如市场不成熟、制度不健全、监管不适应,以及上市公司和投资者结构不合理,短期投机炒作过多,股指期货市场的正向效应难以正常发挥等问题,都需要在发展中逐步解决。

5. 我国香港地区证券市场

(1)香港证券市场的发展。早在19世纪60年代中后期,香港就出现了股票的发行和零星交易活动。1891年,香港第一家证券交易所"香港股票经纪协会"成立,同期,开始发行债券。1921年,香港第二家证券交易所"香港证券经纪协会"成立。1947年3月11日,两家证券交易所合二为一,定名为"香港证券交易所有限公司"。20世纪60年代中后期,随着香港经济的起飞,香港的证券市场开始了飞速的发展。1969年12月17日,"远东交易所"成立,吸引了更多投资者入市,活跃了香港证券市场。之后,1971年3月"金银证券交易所"成立,1972年1月"九龙证券交易所"成立。至此,香港证券市场进入了所谓的"四会"时期。

随着香港经济的发展,香港国际性金融中心地位的逐步确立,香港证券市场四家证券交易所同时存在、分散经营的状况,已不能适应现代化、国际化大证券市场发展的要求。为此,1980年,上述四家证券交易所合并为统一的"香港联合交易所",并于1986年起正式运作。进入1990年代,香港证券市场进行了一系列的改革,如1993年推出自动对盘系统,1994年推出股份卖空制度,1999年推出创业板市场。特别是1997年7月1日香港回归祖国后,受内地改革开放深入发展、经济形势蒸蒸日上的影响,香港的证券市场总体稳步发展,但其间也经历了一些起伏跌宕。亚洲金融危机对香港证券市场略有影响,特别是国际金融投机家在1998年末大举入市对港股造成了一定的冲击。在祖国的坚定支持下,特区政府打了一个漂亮的"保卫战"。此举不仅巩固了香港国际性金融中心的地位,而且特区政府在证券监管方面也积累了宝贵的经验,更为香港证券市场的稳步发展铺平了道路。

(2)香港证券市场的监管体制。1987年股市大风暴后,香港改革了其证券监管体制,成立了证券及期货事务监察委员会,管理证券市场。证券及期货事务监察委员会为非营利的独立法人团体,是负责整个香港证券及期货市场监管工作的最高机构。其职责主要是:负责监察和规管香港的证券及期货市场以及有关经纪的运作,确保证券及期货市场诚实经营,并保障投资者的利益。

(3)香港股票市场。香港的证券市场实质以股票市场为主,经历过多次牛市、股灾与1998年亚洲金融风暴,香港证券市场渐趋成熟。1999年,当时的财政司司长曾荫权公布,对香港证券及期货市场进行全面改革,以提高香港的竞争力及迎接市场全球化所带来的挑战。建议把香港联合交易所(香港联交所)与香港期货交易所(香港期交所)实行股份化,并与香港中央结算有限公司合并,由单一控股公司香港交易及结算所有限公司(香港交易所,港交所,HKEx,0388)拥有,当时联交所共有570家会员公司。2000年3月6日,三家机构完成合并,香港交易所于2000年6月27日以介绍形式在联交所上市。2006年9月11日,港交所成为恒生指数成分股。

港交所董事会成员包括不多于6名由财政司司长委任的董事,不多于6名由股东选出的董事及行政总裁。目前香港交易所是唯一经营香港股市的机构,在未得财政司司长同意下,任何个人或机构不得持有港交所超过5%的股份。2007年9月7日,香港特区政府以平均价155.4港元增持港交所股份,令其持股量增至5.88%,受消息刺激,港交所当日急升10港元,收市报158港元,在9月10日更暴升32.1港元,收市报190.1港元,自港府入市起,港交所最高上升至268.6港元的水平,升幅接近70%,市盈率超过100倍,当时是全球市值最高的证券交易所,也是全球最高市盈率的证券交易所。

香港证券市场分为证券市场和衍生产品市场两部分。证券市场主要包括:股本证券,即股票,分为普通股及优先股,股票交易分为主板和创业板;衍生权证;可收回牛熊证;股票挂钩票据;交易所买卖基金;单位信托/互惠基金;债务证券;美国证券交易(试验计划)。

衍生产品市场交易的品种有:股市指数产品,包括新华富时中国25指数、期货及期权、恒生中国H股金融行业指数期货、恒生指数期货及期权、H股指数期货及期权、小型恒生指数期货及期权;股票产品,包括股票期货、股票期权;利率及定息产品,主要有港元利率期货、三年期外汇基金债券期货;贵金属产品,即黄金期货。

香港交易所的所有交易以计算机进行,第一代的自动对盘及成交系统于1993年11月启用,至1996年1月,第二代自动对盘及成交系统启用,系统让证券行的终端机连接,令交易不再局限于交易大堂内。第三代自动对盘及成交系统(AMS/3)于2000年启用,证券经纪可以透过开放式的连接器,将买卖盘直接输入中央处理系统进行交易,使交易更快捷,亦提高了交易所可处理的交易量。

2005年7月,港交所对使用接近20年,位于交易广场的交易大堂进行翻新,减少交易柜位,并增设多功能场地、展览馆及图书馆等设施。交易大堂在2006年完成翻新后,设有294张交易台,交易场地面积为12 200平方英尺(1平方英尺=0.092 9平方米),设有传媒采访区及新闻直播室,交易大堂中央的电子显示屏幕则改用全彩色显示屏,以圆筒形设计。另增设交易所展览馆,占地13 800平方英尺,对外开放,向公众介绍交易所的历史及发展,成人入场费20港元。

2007年9月11日,香港特区政府成为香港交易所单一最大股东,持有5.88%的股份。其次是摩根大通 5.54%，花旗银行 4.13%，Horizontal Asset 2.30%。

2008 年 12 月 31 日，内地企业在香港上市共 465 家，占上市企业总数的 37%，市值约 61 610亿港元，占总市值约 60%。自 1993 年至 2008 年底，内地企业在香港筹集资金逾 12 万亿港元。

2011 年 10 月，巴西证券期货交易所、俄罗斯莫斯科银行间外汇交易所、印度孟买证券交易所、我国香港交易及结算所有限公司和南非约翰内斯堡证券交易所在南非举行的国际证券交易所联会会议上宣布成立金砖国家交易所联盟。

2011 年 10 月 21 日，香港交易所正式与中关村签署协议推动企业海外上市，作为策略备忘录。

2012 年 4 月 1 日，成为首家获批在内地上海设立"数据站"的交易所，日后为内地市场直接提供最快最新的港股报价。

2012 年 9 月 26 日与沪深交易所成立合资公司"中华证券交易服务有限公司"，2012 年底推出全新跨境指数系列，2013 年首季推出相关指数产品。

2012 年 11 月 29 日香港交易及结算所有限公司宣布，英国金融服务监管局（FSA）已批准香港交易所取得伦敦金属交易所（LME）控制权。

2014 年香港交易及结算所宣布，将于 4 月 7 日起在收市后交易时段推出人民币货币期货交易。港交所行政总裁表示，人民币汇率双向波动将成为常态，将为内地及香港股票市场互联互通做好准备。

2014 年 11 月，沪港通推出，成立沪港股票市场交易互联互通机制。这是中国开放资本市场迈向双向开放的重要一步。

2015 年 6 月 17 日，港交所董事局批准推出"停板机制"，以及重推收市竞价时段，并计划于 2016 年推行。暂缓机制主要运作是，当股份股价于 5 分钟内升或跌 10%，机制将为市场提供 5 分钟的"冷静期"，每日上限触发两次，上下午交易时段各一次；相关机制只适用于 81 只恒指及 H 股指数成分股。

2016 年 12 月，深港通推出，其原则及设计大致与沪港通相似，为两地股市互联互通增添了一条新渠道，有利于巩固香港作为全球离岸人民币业务枢纽的发展。

2018 年 4 月 30 日，香港联合交易所推出新上市机制，在《主板上市规则》新增三个章节并对现行《上市规则》条文作相应修订，允许未能通过主板财务资格测试的生物科技公司上市；允许"同股不同权"的公司上市；为寻求在香港作第二上市的中资及国际公司设立新的第二上市渠道。这些改革使香港能够把握新兴科技公司带来的机遇，加快新经济领域的发展。

（4）香港创业板市场。香港创业板市场成立于 1999 年 11 月 25 日。香港创业板成立以来大致经历了以下几个阶段：一是成立初期的短暂炒作。在创业板成立初期，投资者参与十分踊跃，市场行情非常火爆。最早上市的天时软件和浩伦农业首个交易日的升幅分别高达 80% 及 60%。二是 1999 年 12 月份到 2000 年 1 月份的低潮期。三是 2000 年 1 月中旬到 3 月中旬的持续上升行情，尤其是 2000 年 3 月 1 日 TOM.COM 的上市，在香港创业板掀起了极大的投资热潮，其超额认购倍数高达 660 倍。这段时期创业板的走强主要得益于以下几个原因：首先，香港主板市场在这段时间早掀起了科技股热潮，主板市场科技股表现强劲，带动了创业板的走强。其次，NASDAQ 市场在这段时间里也不断创出新高，为香港科技股炒作创造了很好的外围市场氛围。再次，这段时间里，一批以 TOM.COM 为代表的纯网络股相继上市，为香港 2000

年 1 月份以来的网络经济热潮再添热力。因此,这段时间里创业板市场表现活跃,许多股票创出新高,尤其是网络股表现更为出色。TOM. COM 最高升至 15 元,是发行价的 18 倍。四是 2000 年 3 月中旬以来的持续下跌,引发这次创业板指数急挫的原因主要是因为 NASDAQ 指数的下挫。

5.2.5 国外证券市场

1. 美国证券市场

(1)美国证券市场的发展。美国的证券市场是从独立战争时期发行的政府债券开始的。1789 年,为了应付战争费用,美国国会首次发行了 8 000 万美元的国债,这些国债的发行并不顺利,主要依靠证券经纪人在咖啡馆和拍卖行进行兜售。1790 年美国的第一家证券交易所——费城证券交易所成立。1792 年 5 月 17 日,纽约的 24 名证券经纪人聚集于华尔街的一棵梧桐树下进行交易,并一致认为这是一种比较好的交易方式,于是签订了著名的“梧桐树协定”,约定以后每天都到这里进行交易。这就是纽约证券交易所的前身。到 1817 年,这一交易市场已十分活跃,于是参加者就在原有的基础上建立了纽约证券交易会,制定了交易会的各项章程。1863 年,该交易会迁入目前的地址,并更名为纽约证券交易所。

1929 年的股市暴跌,迫使联邦政府加强对证券市场的管理,先后制定了 1933 年的《证券法》,1934 年的《证券交易法》,1935 年的《公共事业持股公司法》,1939 年的《信托契约法》,1940 年的《投资公司法》和《投资咨询法》,1970 年的《投资者保护法》等。此后,美国的证券市场有了快速和全面的发展。

1972 年,世界上第一笔金融期货合约在美国芝加哥交易所上市交易。此后,又出现了利率期货、股价指数期货,而主要从事期货交易的交易所队伍也不断壮大。

1973 年 4 月 26 日,美国芝加哥期权交易所成立。该所最初上市的是 16 种蓝筹股票的看涨期权,1977 年 6 月 1 日起又加做看跌期权。进入 20 世纪 80 年代,又出现了股价指数和债券期权交易。美国现共有 4 家交易所主要从事期权交易。

(2)美国证券市场的管理体系。美国的证券市场管理主要是由证券交易委员会、联邦证券交易所和全国证券交易商协会负责。

美国证券交易委员会是统一管理全国证券活动的最高管理机构。其宗旨是寻求最大的投资者保护和最小的证券市场干预。其主要职能包括:负责制定有关证券活动的管理政策及证券市场的各项规章制度,并组织贯彻执行;负责管理全国范围内的证券发行和证券交易活动,维持市场秩序;负责管理投资银行、投资公司、证券经纪人、证券经纪商等专门从事证券经营活动的机构和个人;负责监督和指导证券交易商协会的活动;负责组织并监督有关证券发行和交易信息的收集和输送工作。

联邦证券交易所是证券交易委员会下属的一个半经营半管理的机构。它主要负责管理全国各证券交易所,并维持和组织证券市场活动。联邦证券交易所的主要职能包括:建立会员制度,负责会员的注册登记和对会员资格的审查;建立证券注册制度;在证券交易委员会的监督指导下,制定本交易所的规章制度并监督执行;在证券交易委员会规定的最高经营收费标准限额下划定本交易所的各类业务收费标准。

(3)美国债券市场。在美国证券市场上发行和交易的债券主要有联邦政府债券、地方债券、公司债券及外国债券。

联邦债券由美国财政部负责发行，主要有短期国库券、中期债券和长期债券等形式。国库券的期限分为3个月、6个月、9个月和1年期4种，是贴息债券，主要采用公募投标方式发行。中期债券的期限在1年以上，10年以下。长期债券的期限在10年以上。中、长期债券都按面值发行，每半年付息一次，发行方式主要是认购方式和竞争投标方式。

美国的地方债券是州、市、镇等各级地方政府及其所属的机构发行的债券，其所筹资金主要用于建设基础设施和公益设施，故其利息收入免交所得税，所以又称为免税债券。美国地方债券的种类繁多，比较普及的包括信用债券、岁入债券、住宅债券、工业发展债券等。地方债券的期限从1年到30年不等，多为附息券，每年或每半年付息一次，一般采用公募发行方式。

美国的公司债券很受欢迎，一般情况下，每年度新发行公司债的总额是新发行股票总额的3倍左右。

美国的债券流通市场实质是联邦债券的交易市场。联邦债券的日平均交易量始终保持着较高的增长速度。

(4)美国股票市场。美国的股票种类基本分为普通股和优先股，股票的发行方式包括公募发行和私募发行两种。美国的股票流通市场主要包括交易所市场、场外市场和第三、第四市场。

美国拥有多层次的股票市场。全国性的证券市场主要包括：纽约证券交易所(NYSE)、全美证券交易所(AMEX)、纳斯达克股市(NASDAQ)和 招示板市场(OTCBB)；区域性的证券市场包括：费城证券交易所(PHSE)、太平洋证券交易所(PASE)、辛辛那提证券交易所(CISE)、中西部证券交易所(MWSE)以及芝加哥期权交易所(CHICAGO BOARD OPTIONS EXCHANGE)等。

纽约证券交易所是世界大型证券交易市场之一。1792年5月17日，24名从事股票交易的经纪人在华尔街的一棵梧桐树下集会，宣告了纽约股票交易所的诞生。1863年改为现名，坐落于纽约市华尔街11号的大楼是1903年启用的。交易所内设有主厅、蓝厅、"车房"等3个股票交易厅和1个债券交易厅，是证券经纪人聚集和互相交易的场所，共设有16个交易亭，每个交易亭有16—20个交易柜台，均装备有现代化办公设备和通信设施。2006年6月1日，纽约证券交易所宣布与泛欧证券交易所合并组成纽约证交所 - 泛欧证交所公司，现为公司制交易所。2011年2月15日，纽约证券交易所的母公司纽约泛欧交易所和德意志证券交易所宣布，双方已就业务合并事宜达成最终协议，将联合组成全球最大的交易所运营商。交易所会员均为自然人，根据他们经营证券的种类和他们在交易所的不同作用，可分为：佣金经纪人、独立经纪人、专业经纪商、交易所交易商、零股经纪商和债券经纪人。纽约交易所是一家自我管理的组织，其最高管理决策机构为该交易所董事会。纽约交易所的交易方式多种多样，主要有现货交易、信用交易、期货交易、期权交易等。

场外交易市场已成了美国证券市场的主要组成部分，其交易量已超过证券交易所。

第三市场原属场外交易市场，但其出现后的迅速发展已使之成为一个独立的市场。第三市场交易的证券主要包括许多在交易所上市的证券，或在交易所享有参加交易权而未上市的证券。

第四市场是随着计算机联网而出现的一个投资者直接进行证券交易的市场。其发展迅速，成交量巨大，已成为美国证券市场的特殊组成部分。

(5)纳斯达克市场。纳斯达克(NASDAQ),全名为美国证券交易商协会自动报价系统,前身是美国 OTC 市场,是美国全国证券交易商协会于 1968 年创建的自动报价系统名称的英文简称。纳斯达克的特点是收集和发布场外交易非上市股票的证券商报价。设立纳斯达克证券交易所的主要目的是在计算机软件、计算机硬件、生物工程等高科技领域,为一些崭露头角而又无法在纽约证券交易所和美国证券交易所上市的小型公司提供风险资本的支持,以推动高科技产业的迅速发展。在纳斯达克创立之初,在主板上市显然比在纳斯达克交易享有更高的名望。纳斯达克的股票大多是新兴小公司或是达不到在大的股票交易所上市要求的小公司、新公司的股票。然而,高科技公司认为纳斯达克的计算机系统是一个更加符合自然规律的地方。许多像英特尔和微软这样的公司即使已经达到要求,都没有选择迁入纽约股票交易所这样的"主板"。

纳斯达克股票市场是目前美国股票现货交易量最大的单体交易所,2019 年成交量占全美股票现货成交量的 17.2%。纳斯达克是全世界第一个采用电子交易的股市,它在 55 个国家和地区设有 26 万多个计算机销售终端。目前,纳斯达克指数与道·琼斯指数一起被用作市场分析的基本数据。纳斯达克指数是所有在纳斯达克交易的股票的加权指数,在 1971 年第一个交易日时设为 100 点。大约十年后,指数翻番到了 200 点;又过了 10 年,到了 1991 年指数达到 500 点。1995 年 7 月,指数达到了第一个具有里程碑意义的点位—— 1 000 点。随着科技股收益的增长,纳斯达克指数也在上升。仅在 3 年后,指数翻番到了 2 000 点。在 1999 年的秋天,科技的飞速发展将纳斯达克送入了上升的轨道。从 1999 年 10 月的 2 700 点上升到 2000 年 3 月 10 日的顶峰——5 048.62 点。2022 年 1 月 28 日纳斯达克指数收于 13 770.57 点。

纳斯达克股票市场分层。纳斯达克市场历史上共经历两次分层。1982 年进行第一次分层,分为纳斯达克全国市场和纳斯达克常规市场。纳斯达克全国市场针对世界范围内规模较大、交易较为活跃的企业;不满足全国市场上市标准的企业进入纳斯达克常规市场。1992 年常规市场被命名为纳斯达克小型资本市场,针对新兴的高成长中小企业。分层制度采用多指标组合的综合考察体系,包括财务要求、流动性要求和其他要求。2006 年纳斯达克分层制度再次改进,分为三个板块,分别为纳斯达克全球精选市场(NASDAQ Clobal Select Market)、纳斯达克全球市场(NASDAQ Global Market)和纳斯达克资本市场(NASDAQ Cap - ital Market)。纳斯达克全球精选市场服务于全球范围内市值较高的公司,吸引全球范围内的优质蓝筹企业与纳斯达克全球市场转板而来的优质企业,成为一个上市标准较高的蓝筹市场。纳斯达克全球市场主要服务于中等规模并具有一定成长性的企业。纳斯达克资本市场主要为小企业提供融资途径。三层分层制度建立了一个逐渐优化的企业动态成长路径,制造了更多的 IPO 及转板机会。

纳斯达克的做市商制度。所谓做市商(Market Maker)是一些独立的股票交易商为投资者承担某种股票的买进或卖出,买卖双方不必同时出现,只要一方同做市商交易即可。它不仅成为纳斯达克的核心,也是与其他股票市场的主要区别所在。之所以采取做市商制度,在于纳斯达克市场上市的公司大多为小型公司,特别是在小型资本市场上市的公司中,平均市值和平均股价很低,如果没有做市商制度,市场价格很容易被操纵。同时,许多上市公司初上市时缺乏名气,流通性差。为此,凡在纳斯达克上市的股票,必须有 3 个以上的做市商为其报价,规模较大的往往达到 40 ~45 家,平均有 12 家。根据规定,做市商必须做到:坚持达到记录保存和财务责任的标准;不间断地主持买、卖两方面的市场,并在最佳价格的时候,按限额规定执行指令;发布有效的买、卖两种报价;在交易完成90秒内报告交易情况,以便向公众公布。为确保交投活跃,做市商除承担资金应付买卖之外,还要提供交易股票的研究报告、寻找投资者和提供建议等。目前在纳斯达克从事做市商的包括美林、高盛、摩根·斯坦利等著名证券公司,做市商制度帮助在纳斯达克上市的公司提高了知名度,提高了市场的流通性,保证了市场进行不间断的交易活动,对于市值较低、交易次数少的股票尤为重要。同时,更使得交易有较高的透明度。由于多个做市商参与,使得同一只股票的价格趋向一致,因而具有发现价格功能。纳斯达克还造就了一大批机构投资者,增进了市场的稳定性。

2. 英国证券市场

(1)英国证券市场的发展。英国的证券市场兴起于17世纪末期的公债发行。1698年,伦敦出现了挂牌的证券经纪人,他们主要在伦敦城内各咖啡馆进行交易。1761年,伦敦150名股票交易商自发组成一个俱乐部以买卖股票。1773年,露天市场交易迁入司威丁街的室内进行,并正式更名为"伦敦证券交易所"。1802年,交易所获得英国政府正式批准。

随着英国工业革命的不断发展,其经济实力日益增强,吸引了大量外国证券涌入,英国的证券市场日趋活跃,伦敦证券交易所的规模空前扩大,逐步发展为世界上最大的、高度国际化的证券交易中心。但是,两次世界大战使英国的元气大伤,证券市场也处于萎缩状态。

随着英国战后经济的恢复,其证券市场也有了较大的发展。特别是20世纪80年代后,外国筹资者的大举进入,使英国证券市场的国际地位得到巩固和提高。为了进一步发展证券市场,吸引更多的外国资本和投资者,英国证券市场实施了一系列的改革。不仅取消了固定佣金制,放宽了对会员资格的审查,允许交易所会员公司兼任证券经纪人和自营商的双重身份,允许大公司和机构直接进入交易所,而且配备计算机自动报价系统,与纽约及东京证券交易所计算机联机,实行24小时全球性证券交易。经过改革,英国的证券市场发展迅速,已成为世界上最具国际化的证券市场之一。

(2)英国证券市场的监管体制。英国的证券市场历史悠久,其监管体制也较为成熟,自成一体。其证券市场管理形式以交易所及其会员的自律为主,辅之以立法监管。

英国证券业的自律管理共分为两级:一级是以证券交易商协会和证券业理事会为代表的行业管理,二级是证券交易所的管理。证券交易商协会是由证券市场的4 200多名会员直接选举的一个行业公会,主要负责管理各交易所内的业务及信息的公开。证券业理事会则是由专业协会的代表组成的一个社会组织,其主要职责在于制定有关的交易准则,并负责监督实施。

英国证券市场的立法管制主要体现为一系列法律的颁布和实施,如1958年的《反欺诈法》,1967年经修订的《公司法》,1973年的《公平交易法》,1988年的《财务服务法》等,从而在法律上对证券交易行为、股份公司行为、内部交易行为等作出了明确规定,并明确了行业管理的地位和作用。

(3)英国债券市场。相比较其他国家,英国的债券市场非常发达,远超过其股票市场。英国债券市场的发行主体主要是中央政府、地方当局、股份公司及外国筹资者,故而英国债券主要分为国库券、金边债券、地方当局债券、公司债券和国际债券。其中,国库券期限为1年以内的国债;金边债券指除国库券以外,所有在证券交易所公开上市的政府公债,包括期限在1年以上、5年以下的短期债券,5~15年的中期债券,15年以上的长期公债以及无特定偿还期的永久公债。英国的债券发行主要采取3种方式:利用说明书公开发行、招标发行和私募销售,主要由发行商、承销团、证券经纪商等中介机构协助。购买者则以银行、保险公司、退职金与养老基金为主。

(4)英国股票市场。英国的股票发行主要采取以下几种方法:一是公募发售,这是最常用的办法;二是公开让售,这主要是当某一企业转变为公众公司时,由其原有的重要股东在报纸上刊登广告,公布愿以一定价格公开让售其股票;三是私募销售;四是招标发行;五是配售制,即以低于市价的价格配售给老股东,而免交印花税和中介人费用,降低发行成本。

在英国,参与股票发行的机构主要有:发行商、投资及金融公司、证券经纪商及证券交易所。

英国的股票交易基本上都是在证券交易所内完成。伦敦证券交易所是全国性集中市场,是世界最大的证券交易所之一,已有200多年的历史。伦敦得天独厚的地理位置和英国政府的金融开放政策,使得伦敦交易所成为世界上国际化程度最高的证券交易所。目前,伦敦证券交易所的挂牌上市证券有近1万种,其中有500多家外国公司的股票或存托凭证,有5 500多种国际债券。伦敦证券交易所是一个公司制组织,其领导机构是董事会。其会员原本分为自营商和经纪人两类,自1986年改革后,两者已合二为一。

伦敦国际证券交易所现已形成了五大市场:英国股票市场,国际股票市场,金融期货市场,金边债券市场和国际债券市场。其中,英国股票市场按发行公司规模和交易历史长短又可分为三层:第一层是上市证券交易市场,这是最主要的部分,现该市场上市的英国国内股票约2 000余种,此外还有多种国际性股票;第二层是未上市证券市场,主要是为成立时间较短、规模较小的公司而设立的;第三层是第三市场,是1987年设立的,主要为那些不能在未上市市场挂牌的公司提供交易场所。

除集中的伦敦交易所之外,英国还在伯明翰、曼彻斯特、利物浦、格拉斯哥、都柏林等地设有地方性(区域性)交易市场。证券交易允许地方企业股票上市,证券交易同时可以买卖伦敦交易所的挂牌股票。为了协助众多中小企业特别是中小型高科技公司通过证券市场获取资金进行投资,英国政府在伦敦证券交易所内设立了一个为中小企业提供融资服务的证券AIM,为本土及海外初创的、高成长型公司提供一个全国性的市场。

3. 日本证券市场

(1)日本证券市场的发展。日本证券市场的创建晚于欧美国家,是在明治维新时期,随日本资本主义经济的发展而建立起来的。1870年,日本政府开始发行公债。1874年,日本政府制定并公布了证券交易条例。1878年,东京和大阪建立了证券交易所,但早期的日本证券市场发展缓慢,规模小而投机性强。

第二次世界大战后,日本的证券市场在接受美国法律制度的基础上进行了证券制度的改革。1948年5月,日本政府颁布了《证券交易法》;1949年4月,东京证券交易所重新开业。1954年,日本实行了金融和证券自由化政策,极大地推动了证券市场的发展。从20世纪50年代中期到70年代末,日本的经济持续高速发展,日本的证券市场也发展迅速。债券市场的规模日益扩大,1978年,债券市场的交易量为203万亿日元。股票市场也有了长足的发展,股票交易更加集中于交易所。

进入1980年代,日本的证券市场加速了其自由化和国际化进程。东京证券交易所多次扩展会员,1988年其会员数为124个,其中包括25家外国证券公司。1989年有3家合资公司获投资信托基金经营许可证。同期,日本证券市场先后开办了股价指数期货交易和期权交易。

由此,日本的证券市场迅速赶上并超过美国,以至于1988年底,东京证券交易所和大阪证券交易所的上市股票总市值分别达到38 400亿美元和32 700亿美元,远高于纽约证券交易所的23 670亿美元,高居世界第一、二位。

进入1990年代,受日本泡沫经济的影响,股市暴跌,证券业和银行业受到重创。随着日本经济的逐渐恢复,日本证券市场也重现生机,市场规模进一步扩大,市场机制更趋完善,仍然是世界上重要的证券市场之一。

(2)日本证券市场的监管体制。日本证券市场的管理是以1948年的《证券交易法》为基础的,其管理体制基本属美国式,但管理更集中、更严格,有一定的特色。

日本负责证券市场管理的专门机构很多,包括大藏省证券局、证券交易审议会、日本银行、证券金融公司、证券业协会、证券交易所、证券情报中心等。其中,大藏省证券局主要负责有关证券经营事项的注册登记、批准、认可、检查,监督证券法令的执行情况,指导证券公司的经营及证券交易行为。证券交易审议会则负责调查审议有关证券发行买卖及其他交易等重要事项。日本银行则代表国家对证券市场进行直接或间接的行政指导和干预,包括对证券金融公司的资金融通管理、公开市场操作等。证券金融公司是日本特有的专门从事证券交易融资服务的专业性金融机构,其主要职责是为券商和投资者融通资金和有价证券。证券业协会是民间证券业团体,主要负责协调会员证券公司间的关系,调解证券交易纠纷,加强场外交易的自我管理、控制和监督。证券交易所具体负责会员的管理、日常交易管理和上市标准的制定。

日本证券市场管理的内容非常广泛,既有关于证券发行的注册登记制度、严格的证券上市标准、对券商的特许制和关于场外交易的登记制度,也有关于证券交易所和外国投资者的管理规定,法律体系较完备。

(3)日本债券市场。日本的债券主要为国债、特殊债、地方债、金融债、公司债和外国债券。其中,国债、特殊债和地方债又统称为公共债。公共债发行的主要依据为《建设国债原则》《特别法》及《地方自治法》。

根据《建设国债原则》等法律法规的规定,日本的国债可分为短期、中期和长期三种,短期国债是期限一般为60天、最长不超过1年的贴现债券,中期国债则主要为2~4年的附息国债和5年期的贴现国债,长期国债以10年期的附息债为主。国债的发行方式有公募、认购、推销、交付四种类型,其中公募又是最主要的一种发行方式;另外,有关国债的发行数量、发行价格、偿还方式、发行手续、上市条件等也都有规定。

根据《特别法》的规定,日本的特殊债主要为政府保证债和非政府保证债,前者多为公募发行,后者则多为私募发行。期限一般为10年,每半年付息一次,可采取抽签方式从第4年起定期偿还。

《地方自治法》《地方债计划》法律法规则明确规定了地方债的适用范围有下列五项:公营企业所需经费、财政拨款及贷款、地方债转期、赈灾费、公共设施建设费。相对于公共债,日本的金融债券和企业债券的规模要小得多,且以场外交易为主。日本债券交易市场发展迅速,债券交易也已成为日本证券交易市场的主力,其中的绝大部分都是在场外市场成交的。

(4)日本股票市场。日本的股票市场在战后发展迅速,特别是在20世纪80年代中后期飞速发展。随着发行股票公司的增加,股票发行量的剧增,股票交易市场的规模也不断扩大。东京证券交易所是日本规模最大的交易所,交易所的最高决策机构是股东大会,日常决策机构则是股东大会选举出来的董事会。董事会由一名董事长和23名董事组成。

东京证券交易所分为第一市场和第二市场两部分,上市公司的股票先在第二市场交易,然后才可能进入第一市场;第一市场上市的股票,如其指标下降而低于第一市场上市标准,就降到第二市场。

本章小结

证券市场是有价证券发行与流通以及与此相适应的组织与管理方式的总称。

证券市场是资本市场的基础和主体,是国家宏观政策调控、资源合理配置的有效场所,是国民经济的风向标、温度计。

证券市场形成于自由资本主义时期,20 世纪初,资本主义由自由竞争阶段过渡到垄断阶段,证券市场以其独特的形式适应资本主义经济发展的需要,从而有效地促进了资本积累和资本集中,同时也使自身获得巨大发展。第二次世界大战结束后,随着欧美和日本经济的恢复和发展,以及各国的经济增长,大大地促进了证券市场的复苏和发展。20 世纪 70 年代以后证券市场出现了高度繁荣的局面,证券市场的规模不断扩大,证券的交易也越来越活跃。

证券市场按证券的性质和品种不同,可分为股票市场、债券市场、基金市场、衍生品市场;按证券的运行过程和证券市场的具体任务不同,分为证券发行市场和证券交易市场;按组织形式不同,可分为场内市场和场外市场。

证券交易所提供证券集中交易、竞价交易场所,是具有严密组织性的公开市场,组织形式为会员制和公司制,对证券的挂牌上市、交易、清算交割、摘牌等有严格的程序和规则。场外交易市场包括第三市场、第四市场、柜台市场。

根据所服务和覆盖上市公司的类型,可分为全球性市场、全国性市场、区域性市场等类型。根据上市公司规模、监管要求等差异,可分为主板市场、二板市场、三板市场等。

上海证券交易所和深圳证券交易所于 1990 年 12 月先后开始营业。证券市场的“根本大法”《公司法》诞生于 1994 年 7 月,1999 年,另一部“根本大法”《证券法》开始实施。2005 年 4 月 29 日,证监会启动股权分置改革。中国证券市场的发展得益于中国经济和金融改革,随着证券市场各项功能逐步健全,它也推动了经济和金融体系的改革,引领了一系列经济和企业制度变革,促进了国民经济的增长,对中国经济和社会产生了日益深刻的影响。

世界主要证券市场包括美国、英国、日本和我国香港等。

复习思考题

一、名词解释

证券市场　发行市场　交易市场　证券交易所　第三市场　第四市场　柜台市场

多层次资本市场　创业板　科创板　股权分置改革

二、判断题

1. 证券市场是有价证券发行与流通的场所。　(　　)

2. 证券市场按证券的性质和品种不同,可分为证券发行市场和证券交易市场。 ( )

3. 按证券的运行过程和证券市场的具体任务不同,可分为证券发行市场和证券交易市场。 ( )

4. 创业板市场是我国首个实行注册制的场内市场。 ( )

5. 我国证券交易所均是按公司组织方式组成。 ( )

三、单项选择题

1. 资本市场可以分为( )。

A. 证券市场和同业拆借市场　　B. 中长期信贷市场和证券市场

C. 证券市场和回购市场　　D. 股票市场和债券市场

2. 证券交易所采取的交易的组织方式是( )。

A. 经纪制　　B. 代理制

C. 做市商制　　D. 自助制

3. 世界上最早、最享盛誉和最有影响的股价指数是( )。

A. 道·琼斯股价指数　　B.《金融时报》指数

C. 日经225股价指数　　D. 恒生指数

4. 我国北京证券交易所的组织形式采用( )。

A. 会员制　　B. 公司制

C. 注册制　　D. 审核制

5. 全国中小企业股份转让系统又称( )

A. 二板市场　　B. 新三板

C. 创业板　　D. 中小企业板

四、多项选择题

1. 在证券市场上,根据投资者对风险的态度可以把投资者分为( )。

A. 机构投资者　　B. 个人投资者

C. 投机者　　D. 投资者

2. 下列各项中,哪些是证券交易所应当履行的义务?( )

A. 即时公布证券交易行情　　B. 对上市公司披露信息进行监督

C. 按交易日制作证券市场行情表　　D. 向投资者提供投资咨询服务

3. 证券市场的横向结构关系是由( )等构成的。

A. 债券市场　　B. 股票市场

C. 发行市场　　D. 基金市场

4. 从1970年代起,证券市场出现高度的繁荣的局面,不仅证券市场的规模更加扩大,证券交易日趋活跃,而且逐渐形成( )的全新特征。

A. 金融证券化　　B. 证券市场国际化

C. 投资者机构化　　D. 证券市场电脑化

5. 证券市场上的中介机构是指为证券的发行和交易提供服务的各类机构。下面( )是证券中介机构。

A. 证券公司　　B. 会计师事务所

C. 证券交易所　　D. 资产评估机构

五、简答题

1. 简述证券市场的定义和特征。

2. 简述证券市场的功能。

3. 简述证券市场的分类。

4. 简述证券交易所的特点和组织形式。

5. 简述场外市场及其类型。

六、论述题

论述建立多层次资本市场的必要性。

北交所启航

2021 年 11 月 15 日,北京证券交易所(下称"北交所")敲钟开市。自此,国内第三家证券交易所、第一家公司制证券交易所正式揭牌运营。

74 天,资本市场见证"北交所"速度

2014 年 1 月 24 日,全国中小企业股份转让系统首批全国企业集体挂牌仪式在京举行。

为了弥补资本市场对中小企业的覆盖面不够、包容性不强的短板,让资本市场更好地服务实体经济,2013 年,以《国务院关于全国中小企业股份转让系统有关问题的决定》发布为标志,新三板正式成为全国性证券交易场所。

经过 8 年的发展,新三板成为全球挂牌企业数量最多的证券交易场所。服务对象为创新型、创业型、成长型中小企业。

2019 年 10 月,新三板全面深化改革启动。2020 年引入公开发行并推出精选层、增加连续竞价等。

2021 年 9 月 2 日,习近平主席在 2021 年中国国际服务贸易交易会全球服务贸易峰会上的致辞中宣布"我们将继续支持中小企业创新发展,深化新三板改革,设立北京证券交易所,打造服务创新型中小企业主阵地"。这是对资本市场更好地服务构建新发展格局、推动高质量发展作出的重大战略部署。9 月 3 日,中国证监会宣布,以现有的新三板精选层为基础组建北京证券交易所,并同步试点证券发行注册制。

2021 年 11 月 15 日,北京证券交易所揭牌暨开市仪式正式举办。从宣布设立到正式开市,前后共计 74 天。资本市场见证了"北交所"速度。

弥补资本市场短板 "三足鼎立"格局形成

2020 年 7 月 27 日,精选层设立暨首批企业晋层仪式在北京举行。

"北交所的设置是党中央、国务院从全国均衡发展、平衡发展的角度来考虑,对我国资本市场深化改革,推动高质量发展作出的重大战略部署。"中央财经大学中国互联网经济研究院副院长欧阳日辉在接受《中国报道》记者采访时如是说。

北交所与深交所、上交所形成三足鼎立格局,将进一步推动和完善我国多层次资本市场的发展。站在区域发展的角度,北京地处京津冀协同发展核心位置,北交所的成立对于推动京津冀协同发展，乃至整个北方地区发展，都能起到很好的推动作用。欧阳日辉还指出，北交所的成立还有利于推动我国普惠金融的发展。普惠金融是近年来我国金融发展的一个重要方向，中小企业是普惠金融发展的重点。北交所聚焦于中小企业的直接融资和成长，对落实我国普惠金融发展，弥补我国普惠金融发展的短板，有着重要意义。同时也有利于培育“专精特新”中小企业，有助于形成投资创业的热潮，从而推动我国中小企业发展。

“北京证券交易所的生命力在于特色，形成特色的关键，是在多层次资本市场框架下，准确把握市场定位，不断提升市场与创新型中小企业的契合度和适配性。”在北京证券交易所揭牌暨开市仪式上，北交所董事长徐明致辞表示。

创业板的行业定位是“三创四新”，即企业符合“创新、创造、创意”的大趋势，或者传统产业与“新技术、新产业、新业态、新模式”的深度融合。科创板定位“硬科技”，上市门槛相对较高，主要定位于已跨越创业阶段、具有一定规模的“硬科技”类战略新兴产业企业和创新型企业。

“相较于深交所、上交所，北交所坚持服务创新型中小企业，其服务对象突出‘更早、更小、更新’。”欧阳日辉告诉《中国报道》记者，另外，“十三五”时期，高精尖产业已成为首都经济发展的重要引擎。北交所和北京市发展规划也相吻合。北交所是新三板市场的“升级版”。北交所和新三板形成了梯度发展、错位发展的趋势。北交所和新三板创新层、基础层既分工明确，又相互衔接。

从发行上市、交易、退市，到持续监管、投资者适当性管理，北交所已构建起一套契合创新型中小企业特点的基础制度。北交所的启航，打造服务创新型中小企业主阵地，将为我国资本市场注入更多活力。

交易所的成长需要时间

深化新三板改革，设立北京证券交易所，是实施国家创新驱动发展战略、持续培育发展新动能的重要举措。

开市首日，北交所首批81家上市公司已集结成军。自宣布设立以来，精选层审查发行继续开展，10家已完成公开发行等程序的企业，直接在北交所上市。同时，71家存量精选层公司在北交所开市时，也整体平移成为北交所上市公司。

首批上市企业的经营状况稳健、成长性较为突出，大部分属于行业细分领域的排头兵，部分企业在同行业中处于国内领先地位。开市首日的市场运行情况、10只新股的首秀表现可谓是市场短期内关注的焦点。

但北交所在后续发展中仍需要注意三大问题，欧阳日辉认为，一是品牌效应问题。交易所的成长不是一天两天的事，需要时间。能不能形成良好的品牌效应，从而得到消费者、投资者的认可，是需要重点关注的问题。二是在数字经济和数字技术发展大潮之下，如何把数字技术运用到交易所里，包括交易安全，交易制度的改进，通过数字技术的运用培育各类中介机构等需要考虑。数字技术应用是一方面，反过来讲，如何吸引各类中介机构和投资者等积极参与这个市场是另一方面。三是要考虑能不能真正形成聚集效应，形成科技创新和资本良好的传导机制，形成聚集效应。

徐明则表示，北交所将紧紧围绕打造服务创新型中小企业主阵地这个宏伟目标，积极探索建立适应中小企业创新发展的政策体系、制度体系、服务体系，并在四个方面持续努力：一是更加包容。让创新型中小企业更便捷、更顺畅获得服务，扩大北交所服务覆盖面。二是更加精准。聚焦创新型中小企业在融资、人才引进、资源整合等方面的痛点难点,优化针对性制度安排,提升企业获得感。三是更加创新。在遵循交易所建设一般规律的基础上,积极探索融资方式、交易产品和工具创新,便利投融资对接。四是更具活力。汇聚各方政策、拓宽市场范围、挖掘市场深度、引入多元资金、培育特色中介、完善投资者适当性管理,为创新型中小企业更好、更快发展营造良好市场环境,为投资者及市场各方创造出积极向上的市场文化。①

讨论题:1. 北交所的设立对我国证券市场的发展有何意义?

2. 北交所的成立对我国 A 股市场有哪些影响?

推荐阅读

[1] 钱津. 论中国股票市场的高质量发展[J]. 经济与管理评论,2021,37(6).

[2] 边卫红,张珏. 全球 ESG 债券市场发展前景[J]. 中国金融,2021(22).

[3] 陈波,钱惠惠. 新冠肺炎疫情对我国股债市场的影响研究[J]. 工业技术经济,2021,40(11).

[4] 陈洁. 北交所的定位及未来[J]. 中国金融,2021(18).

[5] 徐文鸣,陶震. 反思多层次资本市场的分层逻辑:基于初级证券交易所的跨国比较研究[J]. 政法论坛,2021,39(4).

[6] 李美琪. 我国证券市场羊群效应研究[D]. 呼和浩特:内蒙古财经大学,2021.

[7] 冯燕妮. 中国新三板市场分层研究:分层标准、风险防范与错位发展[D]. 太原:山西财经大学,2021.

[8] 张磊. 多层次资本市场发展与中国挑战[J]. 南京社会科学,2021(1).

[9] 李建伟,李嘉琪. 中美股票市场比较分析与启示[J]. 湖南大学学报(社会科学版),2019,33(1).

[10]章武生. 美国证券市场监管的分析与借鉴[J]. 东方法学,2017(2).

① 摘自《中国报道》,2021 年 11 月 16 日。

第6章　证券发行市场

教学目的

通过本章的学习使学生了解证券发行市场的构成、发行方式、发行审核、保荐人制度，明确股票、债券的发行条件、程序以及承销、信息披露，掌握股票定价方法、申购。

教学内容

1. 证券发行市场及其构成。
2. 证券发行方式和发行审核制度。
3. 债券发行条件、承销。
4. 股票发行条件、发行程序、承销。
5. 股票发行保荐人制度。
6. 股票的定价方法。
7. 股票的发行方式。
8. 证券发行的信息披露。

教学重点

债券发行条件、承销；股票发行条件、发行程序、承销；股票发行保荐人制度；股票的定价方法；股票的发行方式；证券发行的信息披露的内容、原则。

教学难点

公司债券发行条件；股票发行条件；股票发行保荐人制度；股票的定价方法；股票的发行方式与申购。

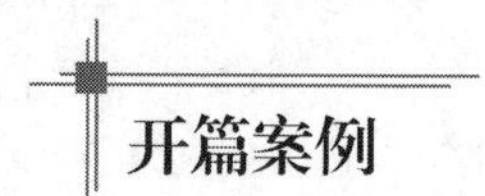

开篇案例

阿里巴巴香港上市影响深远

2019 年 11 月 26 日，在时隔 7 年之后，阿里巴巴集团控股有限公司（以下简称“阿里”）回到香港，在香港交易所成功挂牌上市。此番阿里虽然“低调回家”，但是其对于阿里的全球化发展、香港国际金融中心的巩固和中国互联网新经济的推动等，产生十分重要的影响。

26 日当天，阿里巴巴在港交所挂牌，开盘报每股 187 港元，较发售价上涨约 6. 25%；收盘报每股 187. 6 港元，较发售价上涨 6. 59%。按收市价计算，其总市值突破 4 万亿港元，位列全球第七大公司，成为香港的“新股王”。阿里此次按照每股 176 港元的定价，最多在港集资 1 012亿港元（约合 130 亿美元），成为港股历史上第三大 IPO（首次公开募股）股票。

此次阿里在香港市场完成“第二上市”无疑表明，阿里以自己的资本行动切实支持了香港资本市场发展，巩固和发展了香港作为国际金融中心的地位，使香港这个“东方之珠”依然闪耀光芒。此次阿里在香港上市，应是阿里的“回家”之旅，其不仅是阿里实现在香港上市的夙愿，而且是香港交易所适应新经济发展所需要的改革取得的重要进展。

回顾过去，阿里与香港市场有着不解之缘。

2007 年 11 月 6 日，阿里集团旗下的阿里巴巴网络有限公司在香港联交所挂牌上市。之后，由于阿里集团实行战略转型升级，对其上市子公司阿里巴巴网进行了私有化操作，2012 年 6 月，阿里巴巴网从香港联交所退市。

2013 年 9 月，经过整合后的阿里曾经提出在香港上市的计划，但因为阿里所主张的“合伙人”方案不符合港交所“同股同权”的规定而被拒之门外。最后，阿里只好远走他乡，选择去美国上市。

美国当地时间 2014 年 9 月 19 日，阿里在纽交所成功上市。近几年来，阿里不仅在主营电商业务上持续打破华尔街预期，更在科技创新和全球化领域加快布局，在全球范围内成为中国互联网经济后来居上的一张名片。

2017 年 12 月，港交所针对此前发布的《有关建议设立创新板的框架咨询文件》发表咨询总结，决定允许创新型公司采取双重股权结构入港上市。2018 年 4 月 30 日，港交所 25 年来最大的上市制度改革正式生效，便利不同投票权架构的创新型公司、未盈利的生物科技公司等新经济公司在香港上市，以及为寻求在香港作第二上市的中资及国际公司设立新的上市渠道。

新上市制度落实一周年间，港交所吸引了 40 家新经济公司上市，融资额累计约 1 504 亿港元。2018 年港交所业务创多项新纪录，香港资本市场首次公开招股集资额达 2 880 亿港元，高居全球首位。

总结这一段历程，可以看到，阿里及相关创新公司的创新实践和对资本市场的新需求，促使港交所和香港金融监管当局及时总结自身教训、借鉴国际经验、与时俱进改革创新上市制度与规则，两方良性互动，终于促成了阿里及这类创新型公司得以回到香港市场上市，而香港又以新制度、新规则、新姿态巩固和发展了香港国际金融中心的地位和新优势。阿里此次“回家”,对于阿里实施全球化发展战略、谋求长远发展的核心竞争力,具有不可忽视的促进作用。①

6.1 证券发行市场概述

证券发行,是证券市场有机运行的第一个阶段即资本筹集阶段,也是新证券首次面市发售的过程。证券发行是证券市场运行的基本业务之一,是证券投资者投资行为的开始,也是证券市场交易活动得以展开的前提。

6.1.1 证券发行市场的含义

1. 证券发行的概念与特征

(1)证券发行的概念。证券发行是指政府、金融机构、工商企业等以募集资金为目的,依照法律规定的程序向投资者出售代表一定权利的有价证券的行为。

(2)证券发行的特征。按照各国证券法制的理论与实践,证券发行行为具有以下特征:①证券发行是符合条件的金融机构、工商企业或者政府组织依法从事的以筹资为目的的经济活动。现代各国证券法通常为证券发行人设有资格限制和条件限制,我国还必须依法报经国务院证券监督管理机构或者国务院授权的部门核准或者审批。②证券发行之要约实质上表现为发行人向不特定多数人的要约;每一证券发行行为的标的实际表现为同等单位、同等面值和同等发行价格的标准证券,证券发行和认购过程实际上表现为标准化交易和公开交易。③证券发行人所承诺的证券权利以投资收益请求权为核心,但其相关权利的内容则较为广泛。例如,股票所代表的股东权,长期债券所代表的债务清偿请求权,基金证券所代表的信托受益人权利等。④前述特征决定了证券发行行为具有较强的技术性和复杂的程序性。我国和多数国家的证券法规均对证券发行的准备、证券发行的参与人和证券发行行为设有较严格的条件规则和程序规则,遵循公开和公正原则进行,并且是依照法律规定的程序进行的。

2. 证券发行市场及其构成

(1)证券发行市场。证券发行市场,是政府或金融机构、工商企业发行债券或股票以筹集资金的市场,是以证券形式吸收闲散资金,使之转化为生产资本的场所。在证券发行市场,由于证券是首次作为商品进入市场的,所以证券发行市场又被称为一级市场或初级市场。证券发行市场与证券流通市场,两者相辅相成、互相联系、互相依赖,构成统一的证券市场体系。

(2)证券发行市场的构成。证券发行市场与证券流通市场不同,一般没有一个有形的特定场所。从理论上说,证券发行人直接或者通过中介机构向社会进行招募,而认购人购买其证券的交易行为即构成证券发行市场,因此可以说发行市场是由发行者、证券中介和投资者三者构成。

①发行人是指符合发行条件并且正在从事证券发行或者准备进行证券发行的政府组织、金融机构或者工商企业,它是构成证券发行市场的首要因素。为了保障社会投资者的利益,维

---

① 摘自《新浪财经》,2019年11月28日。

护证券发行市场的秩序,防止各种欺诈舞弊行为,多数国家的证券法都对证券发行人的主体资格、净资产额、经营业绩和发起人责任设有条件限制。

从证券法制的实践来看,证券发行人是证券上权利义务关系的当事人,是证券发行后果与责任的主要承担者。因此,发行人存续之合法与确定、发行人的初始资产能力、发行人的原有经营业绩、发行人的违法记录、发行人的财产责任范围等事项,对于投资人来说是至关重要的因素,也是确保发行人未来承担持续性义务与责任的基础。证券法对于发行人设定主体条件要求的目的在于保障证券发行行为的安全与公平。

②投资人是指根据发行人的招募要约,已经认购证券或者将要认购证券的个人或社团组织。它是构成证券发行市场的另一基本要素。在证券发行实践中,投资人的构成较为复杂,它可以为个人,也可以为金融机构、基金组织、企业组织或其他机构投资人,它可以是未来享有股权的投资者,也可以是持股代理人,也可以是仅以承销为目的的中介人。

③中介人主要是指媒介证券发行人与投资人交易的证券承销商,通常是负担承销义务的投资银行、证券公司或信托投资公司。证券承销商也是证券发行市场中重要的构成要素。在证券发行中,发行人通常并非把证券直接销售给投资人,而是由证券承销商首先承诺全部或部分包销,即使是在发行人直接销售证券的情况下,往往也需要获得中介人的协助。证券承销商作为经营证券的中介机构,在证券市场上起着沟通买卖、连接供求的重要的桥梁作用。我国现行法规明确规定,股票与企业债券的公开发行应当由证券经营机构承销。

证券承销商虽然不一定是证券上权利义务关系的当事人,但是根据法律规则和商业利益,它负有对发行人经营状况的尽职审查义务,并且对其承销证券的招募说明书之真实性和完整性负有连带性责任。

根据我国的证券法规和许多国家的证券法规,在证券发行中,相关的律师事务所、会计师事务所和资产评估机构也是法定的中介机构。此类中介机构的义务和责任在于:首先,它们根据委托关系,负有以专业技能协助完成证券发行的准备工作之义务;其次,根据法定规则,它们负有以专业人员应有的审慎,完成尽职审查的义务;再次,根据法定规则,它们负有公正客观地出具结论性意见,并以之作为招募说明书根据或附件之义务;最后,此类中介机构对于经其确认的法律文件和由其出具的结论性意见之真实性、合法性和完整性负有持续的法律责任。

由上可见,此类中介机构的中介作用,对于保障证券发行的合法顺利进行,对于有效确定证券交易条件,对于减小证券承销风险及避免可能发生的纠纷,都是非常必要的。

3. 证券发行方式

(1)按发行对象不同,可分为私募发行与公募发行。

①私募发行是指仅向少数特定投资者发行证券的一种方式,也称内部发行、非公开发行。发行对象一般是与发行者有特定关系的投资者,如发行人的职工或与发行人有密切关系的金融机构、公司、企业等。发行者的资信情况为投资者所了解,不必像公募发行那样向社会公开内部信息,也没有必要取得证券资信级别评定。私募发行手续比较简单,可节省发行费用,但私募证券一般不允许上市流通。

②公募发行也称公开发行,是指向不特定对象发行证券,或者向累计超过二百人的特定对象发行证券,或者法律、行政法规规定的其他发行行为。公开发行的股票不一定要求上市,但是上市股票必须公开发行。公募发行涉及众多的投资者,其社会责任和影响很大。为了保证

投资者的合法权益,政府对证券的公募发行控制很严,要求发行人具备较高的条件,如募集公司必须向社会提供各种财务报表及其他有关资料等。公募证券可以上市流通,具有较高的流动性,因而易于被广大投资者接受。公募发行提高了发行者在证券市场的知名度,扩大了社会影响,能够在较短的时间内筹集到大量资金,因而也有利于发行者。公募发行的不足之处是手续比较复杂,发行成本较高。

(2)按发行过程划分,可分为直接发行和间接发行。

①直接发行是指发行人不通过证券承销机构而自己发行证券的一种方式。发行人自己直接发行股票,多是私募发行。如果股份有限公司采用发起设立方式筹集股份,由于首次发行股票须由发起人认购,当属直接发行之列。另外,一些公司为了调整资本结构或积累资本,只需在公司内部以转化方式,无偿地发行新股,包括公积金转增股本、股票分红、股份分割以及债券股票化等,也都属于直接发行之列。直接发行证券有利亦有弊,一般而言,以直接筹资为目的的证券发行,都不轻易采用直接发行方式。

②间接发行亦称承销发行,是指发行人不直接参与证券的发行过程,而是委托给一家或几家证券承销机构承销的一种方式。证券承销机构一般为投资银行、证券公司、信托投资公司等。间接发行对于发行人来说,虽然要支付一定的发行费用,但是有利于提高发行人的知名度,筹资时间较短,风险也较小。因此,一般情况下,证券发行大都采用间接发行方式。

根据公司法的规定,募集设立股份有限公司而发行股票,只允许采用间接发行的方式,即只要是公开募集的股票,都应当由依法设立的证券经营机构承销,并签订承销协议。

间接发行有三种形式,即包销、代销和承销。证券包销,也称买断,是指证券中介机构将发行人发行的证券按照协议全部购入,然后由证券中介机构根据市场行情再卖给投掷者,以赚取差价收入。证券代销是指证券公司代发行人发售证券,在承销期结束时,将未售出的证券全部退还给发行人的发行方式。证券承销也称余额包销,是指发行人与证券中介机构签订承销协议,在约定承销期限结束时,证券中介机构将未能售出的剩余证券全部自行购入的发行方式。

4. 证券发行审核

证券发行审核在国际上主要有两种体制,即注册制和核准制。

证券发行的注册制,又叫证券发行的登记制,指采用证券发行的公开原则,证券发行人将自身及与证券发行相关的一切资料公开,向证券监管机构申请注册,并对资料的真实性、全面性、准确性负责,不得有虚假、误导或遗漏;证券监管机构对证券发行不作实质条件的限制,不对证券发行行为及证券本身作价值判断,其对公开资料的审查只作形式审查,不涉及任何发行实质条件。发行人提出发行申请后,在法定的期间若政府的证券监管机构不提出修改和撤销意见,证券发行申请即自动生效。

证券发行核准制度,又称证券发行的审批制,是采用证券的实质管理原则,法律规定了证券发行的基本条件,发行人的证券发行申请不但需要符合这些法定实质条件,而且还须经证券监管机构的审查核准才能生效。

我国证券发行长期实行的是审批制,曾一度实行严格的配额制。1998 年颁布,2005 年修订的《证券法》规定采用核准制。2015 年 12 月 9 日,国务院常务会议审议通过了拟提请全国人大常委会审议的《关于授权国务院在实施股票发行注册制改革中调整适用〈中华人民共和国证券法〉有关规定的决定(草案)》。草案明确,在相关决定施行之日起两年内,授权对拟在沪深交易所上市交易的股票公开发行实行注册制度;12 月 27 日,全国人大常委会审议通过了股票发行注册制改革授权决定,该决定的实施期限为两年,自 2016 年 3 月 1 日起施行。2018 年 2 月,全国人大常委会审议通过,将注册制相关授权延长两年至 2020 年 2 月 29 日。2019 年 1 月 30 日,经党中央、国务院同意,中国证监会发布《关于在上海证券交易所设立科创板并试点注册制的实施意见》,标志着我国证券市场开始从设立科创板入手,稳步试点注册制,逐步探索符合我国国情的证券发行注册制。2020 年 4 月 27 日,中央全面深化改革委员会第十三次会议审议通过了《创业板改革并试点注册制总体实施方案》,将在创业板试点注册制。2021 年 9 月,北京证券交易所宣布设立,并实行注册制。2021 年 12 月,中央经济工作会议指出:"要抓好要素市场化配置综合改革试点,全面实行股票发行注册制。"目前,境内股票市场除沪深主板以外,均已实现股票发行注册制。

发行人申请公开发行股票、可转换为股票的公司债券,依法采取承销方式的,或者公开发行法律、行政法规规定实行保荐制度的其他证券的,应当聘请具有保荐资格的机构担任保荐人。

6.1.2 证券发行市场的作用

1. 为资金需求者提供筹措资金的渠道

证券发行市场拥有大量的运行成熟的证券商品供发行者借鉴,发行者可以参照各类证券的期限、收益水平、参与权、流通性、风险度、发行成本等不同特点,根据自己的需要和可能来选择、确定发行何种证券,并依据当时市场上的供求关系和价格行情来确定证券发行数量和价格(收益率)。发行市场上还有众多的为发行者服务的中介机构,它们接受发行者的委托,利用自己的信誉、资金、人力、技术和网点等向公众推销证券,有助于发行者及时筹措到所需资金。发达的发行市场还可以冲破地区限制,为发行者扩大筹资范围和对象,在本地或外地面向各类投资者筹措资金,并通过市场竞争逐步使筹资成本合理化。

2. 为资金供应者提供投资和获利的机会,实现储蓄向投资转化

政府、企业和个人在经济活动中可能出现暂时闲置的货币资金,证券发行市场为其提供了多种多样的投资机会,通过发行证券将社会闲散资金转化为生产资金。储蓄转化为投资是社会再生产顺利进行的必要条件。

3. 形成资金流动的收益导向机制,促进资源配置的不断优化

在现代经济活动中,生产要素都跟随着资金流动,只有实现了货币资金的优化配置,才有可能实现社会资源的优化配置。证券发行市场通过市场机制选择发行证券的企业,那些产业前景好、经营业绩优良和具有发展潜力的企业更容易从证券市场上筹集所需要的资金,从而使资金流入最能产生效益的行业和企业,达到促进资源优化的目的,推动经济发展。

6.2 债券发行与债券承销

6.2.1 债券发行的目的与条件

1. 债券发行的目的

债券发行是指以债券形式筹集资金的过程。债券发行人主要有政府、金融机构和公司,其发行的目的有所不同。

(1)政府债券发行的目的。首先,平衡财政收支。在一定时期内,国家和政府通过发行债券,弥补财政赤字,平衡预算,以解决财政困难。其次,扩大政府的公共投资。扩大公共投资,需要大量的资金,为了缓解建设资金不足的困难,发行国债来作为财政资金的补充。再次,解决临时资金需要。由于季节性、临时性或其他方面的原因,财政的收入与支付出现暂时的不平衡,为了调剂不同时间内财政收支短暂的失衡,发行国债解决临时性的资金需要。最后,调节经济。国家通过国债发行量的增加或减少,通过国债利率和贴现率的调整,调节资金供求和货币流通,起到调节经济或维持经济稳定的作用。

(2)金融债券的发行目的。首先,获得长期资金来源。由于金融债券是1年期以上的金融工具,所以发行金融债券可以获得长期资金来源。其次,增强负债的稳定性。金融债券期限较长,通过发行金融债券,可以提高长期负债比重,而且金融债券与存款不同,除非债务人要求提前偿付,债权人一般无权要求在到期日前偿还债务,因而提高了负债的稳定性。再次,扩大资产业务。对于金融机构来说,什么时候发行债券,发行多少,期限多长都由金融机构决定,因此发行金融债券是一种主动负债,不同于吸收存款这种被动负债业务。金融机构可以根据资金的需要,灵活地发行金融债券进行融资,从而扩大资产业务。

(3)公司债券的发行目的。首先,筹集资金。公司筹集资金的途径很多,除了发行股票筹措自有资金、向银行借款取得债务资金、发行商业票据获得短期资金以外,企业还可以通过发行公司债券获得长期债务资金。其次,调节负债规模,实现最佳的资本结构。按照现代公司财务理论,公司可以通过发行债券来改变负债与资本的比例,达到最优的资本结构。再次,维持对企业的控制。债券持有人与企业之间只有债权债务关系,债权人不能参与公司决策,无权参与企业的经营管理。因此,发行公司债券不会改变现有的股东结构和投票权的分配,从而不会影响现有股东对企业的控制权。最后,减少税收支出,公司计算所得税应税收入时,公司债券的利息可以扣除,而股票的股息不能扣除。因此,与发行股票相比,公司发行债券可以得到税收方面的好处。

2. 债券发行要素

债券发行要素是指债券发行者在以债券形式筹集资金时所必须考虑的有关因素。债券发行要素包括许多内容,有发行金额、期限、偿还方式、票面利率、付息方式、发行价格、收益率、发行费用、税收效应以及有无担保等内容。如果筹资者(发行人)对这些因素考虑不全,就会影响债券的发行,降低发行收入,增大发行成本与筹资成本。

(1)发行金额。债券的发行金额是根据发行人所需资金的数量、资金市场供给情况、发行人的偿债能力和信誉、债券的种类以及该种债券对市场的吸引力来决定的。如果发行金额定得过高,会影响其他发行条件,造成销售困难,发行后对债券的转让价格也会产生不良的影响。一般来说,发行额定为多少主要由承销机构根据自己的专业知识向发行者提供建议。

(2)期限。从债券的发行日起到偿清本息止的这段时间称为债券的期限。债券的期限根据发行人资金需求的性质、未来市场利率水平的发展趋势、流通市场的发达程度、物价的变动趋势、债券市场上其他债券的期限构成以及投资者的投资偏好等因素来确定。一般来说,如果企业发债是用于长期投资建设,未来市场利率有上升趋势,流通市场也比较发达,物价变动平稳,则可发放长期债券。

(3)债券的偿还方式。债券偿还方式会直接影响到债券的收益高低和风险大小,在偿还方式中,要规定偿还金额、偿还日期以及偿还形式等。按照偿还日期,偿还方式可以分为期满偿还、期中偿还和延期偿还三种;按照偿还形式,可以分为货币偿还、债券偿还和股票偿还三种。

(4)票面利率。债券的票面利率是指发债者每年向投资者支付的利息与票面金额的比率。票面利率的高低直接影响着债券发行者的筹资成本。在确定票面利率时,一般要考虑债券期限的长短、市场利率水平的高低、债券的信用等级、利息支付方式以及证券管理当局对票面利率的管理和指导等因素。

(5)付息方式。债券的付息方式是指发行者在债券的有效期间内,一次或按一定的时间间隔分次向债券持有人支付利息的方式。发行者在选择债券付息方式时,应把降低筹资成本与增加债券对投资者的吸引力结合起来。债券的付息方式一般分为一次性付息和分期付息两种。

(6)发行价格。债券的发行价格是指债券投资者认购新发行的债券时实际支付的价格。债券的发行价格可以分为平价发行,即债券的发行价格正好等于面值的发行;折价发行,即债券的发行价格低于面值的发行;溢价发行,即债券的发行价格高于面值的发行。在面值确定的情况下,调整债券的发行价格,目的在于使投资者得到的实际收益率与市场收益率相同。

(7)收益率。债券的收益率是指投资者获得的收益与投资总额的比率。决定债券收益率的因素主要有利率、期限和购买价格。一般来说,收益率是投资者在购买债券时考虑的首要因素。

(8)债券的税收效应。债券的税收效应主要是指对债券的收益是否征税。涉及债券收益的税收有利息预扣税和资本税收。利息预扣税也称收入所得税,是支付利息的人在向债券持有人支付利息时预先扣除债券持有人应向政府缴纳的税款,并将此税款集中上缴当地税务部门。一般来说,政府债券免征利息预扣税,其他债券则不一定。资本税是指出售债券时对卖出价格(或偿还价格)与买入价之间的差额收益所征收的资本收益税,这主要是针对自然人征收的。债券的税收效应直接影响债券的收益率,因此投资者在购买债券时,在把纳税债券与不纳税债券的收益率进行适当的折算之后,才能判断收益率的高低,投资者关心的是债券投资所获得的收益在扣除税款后的净额。

(9)发行费用。发行费用是指债券发行者支付给有关债券发行中介机构、服务机构的各种费用,包括最初费用和期中费用两种。最初费用包括承销商的手续费、支付机构的手续费、登记费、印刷费、审计评级费、担保费、广告费、律师费、上市费等;期中费用包括利息支付费、每年的上市费、本金偿还支付费等。债券发行者应尽量减少其发行费用,减少发行成本。

(10)有无担保。发行的债券有无担保是债券发行的重要条件之一。由信誉卓著的第三者担保或用发行者的财产做抵押担保,有助于增加债券的安全性,减少投资风险。一般来说,政府、大金融机构、大企业发行的债券多是无担保债券,而那些信誉等级稍差的中小企业一般多发行有担保的债券。

6.2.2 债券发行与承销

债券的发行必须按照政府有关法律和规则进行。

1. 我国国债的发行与承销

我国国债发行始于1949年底,至1958年终止发行了6次,直到1981年恢复发行。

1988年以前,采用行政分配方式;1988年首次通过商业银行销售了一定数量的国债;1991

年开始采用承购包销方式;1996 年起,公开招标方式被广泛采用。

(1)我国国债的发行方式。目前,记账式国债发行完全采用公开招标方式,凭证式国债发行完全采用承购包销方式。

①公开招标方式。公开招标方式是通过投标人的直接定价来确定发行价格(或利率)水平,发行人将投标人的标价,自高价向低价(或自低利率向高利率)排列,从高价(或自低利率)选起,直到达到需要发行的数额为止。因此,所确定的价格恰好是供求决定的市场价格。我国国债发行招标规则的制定借鉴了国际资本市场中的"美国式""荷兰式"规则。与我国国债的多期限、多品种、滚动发行相适应,国债的招标模式通过各个招标要素的不同组合,也呈现出多样化。至今,我国共采用过六种招标模式发行国债。

a. 以价格为标的的荷兰式招标,即以募满发行额为止所有投标商的最低中标价格作为最后中标价格,全体投标商的中标价格是单一的。1996 年,记账式一、二、三期国债都采用了这种发行模式。

b. 以价格为标的的美国式招标,即以募满发行额为止中标商各自价格上的中标价作为各中标商的最终中标价,各中标商的认购价格是不同的。1997 年,记账式一期国债采用了这种发行模式。

c. 以缴款期为标的的荷兰式招标,即以募满发行额为止的中标商的最迟缴款日期作为全体中标商的最终缴款日期,所有中标商的缴款日期是相同的。1996 年,不记名二期国债采用了这种发行模式。

d. 以缴款期为标的的美国式招标,即以募满发行额为止的中标商的各自投标缴款日期作为中标商的最终缴款日期,各中标商的缴款日期是不同的。1995 年,记账式一期国债采用了这种发行模式。

e. 以收益率为标的的荷兰式招标,即以募满发行额为止的中标商的最高收益率作为全体中标商的最终收益率,所有中标商的认购成本是相同的。2001 年,记账式三期、七期国债采用了这种发行模式。

f. 以收益率为标的的美国式招标,即以募满发行额为止的中标商各个价位上的中标收益率作为中标商各自最终中标收益率,每个中标商的加权平均收益率是不同的。1997 年,记账式二期国债采用了这种发行模式。

一般来说,对利率(或发行价格)已确定的国债,采用缴款期招标;对短期贴现国债,多采用单一价格的荷兰式招标;对长期或附息国债,多采用多种收益率的美国式招标。

目前,财政部在上海、深圳证券交易所和银行间债券市场上主要以公开招标方式发行国债。根据《财政部关于印发〈2018 年记账式国债招标发行规则〉的通知》,2018—2020 年记账式国债发行招标通过财政部政府债券发行系统进行,国债承销团成员通过客户端远程投标,竞争性招标方式包括单一价格、修正的多重价格(即混合式),招标标的为利率或价格。

单一价格招标方式下,标的为利率时,全场最高中标利率为当期(次)国债票面利率,各中标国债承销团成员(以下简称"中标机构")均按面值承销;标的为价格时,全场最低中标价格为当期(次)国债发行价格,各中标机构均按发行价格承销。

修正的多重价格招标方式下,标的为利率时,全场加权平均中标利率四舍五入后为当期(次)国债票面利率,低于或等于票面利率的中标标位,按面值承销;高于票面利率的中标标位,按各中标标位的利率与票面利率折算的价格承销。标的为价格时,全场加权平均中标价格四舍五入后为当期(次)国债发行价格,高于或等于发行价格的中标标位,按发行价格承销;低于发行价格的中标标位,按各中标标位的价格承销。

投标标位变动幅度。利率招标时,标位变动幅度为0.01%。价格招标时,91天、182天、1年、2年、3年、5年、7年、10年、30年国债标位变动幅度分别为0.002元、0.004元、0.01元、0.02元、0.03元、0.05元、0.06元、0.08元、0.16元。

投标标位差。每一国债承销团成员最高、最低投标标位差不得大于当期(次)财政部规定的投标标位差。

中标剔除。标的为利率时,高于全场加权平均中标利率一定数量以上的标位,全部落标;标的为价格时,低于全场加权平均中标价格一定数量以上的标位,全部落标。

单一标位最低投标限额为0.1亿元,最高投标限额为30亿元。投标量变动幅度为0.1亿元的整数倍。

最高投标限额。国债承销团甲类成员最高投标限额为当期(次)国债竞争性招标额的35%。国债承销团乙类成员最高投标限额为当期(次)国债竞争性招标额的25%。上述比例均计算至0.1亿元,0.1亿元以下四舍五入。

②承购包销方式。承购包销方式是由发行人与承销商签订包销合同,有关条款通过双方协商确定。对于事先已确定发行条件的国债,仍采取承购包销方式,主要用于不可上市流通的凭证式国债的发行。

(2)国债承销程序。

①记账式国债的承销程序。记账式国债是一种无纸化国债,主要通过银行间债券市场向具备国债承购包销团资格的商业银行、保险公司、证券公司、保险公司、信托投资公司等机构,以及通过证券交易所的交易系统向具备国债承购包销团资格的证券公司、保险公司和信托投资公司及其他投资者发行。目前,券商通过证券交易所系统分销在交易所市场发行国债。在实际运作中,承销商可以选择场内挂牌分销或场外分销两种方法。

②凭证式国债的承销程序。凭证式国债是一种不可上市流通的储蓄型债券,主要由银行承销,各地财政部门和各国债一级自营商参与发行。

承销商在分得所承销的国债后,通过各自的代理网点发售。发售采取向购买人开具凭证式国债收款凭证的方式,发售数量不能突破所承销的国债量。由于凭证式国债采用“随买随卖”、利率按实际持有天数分档计付的交易方式,因此,在收款凭证中除了注明投资者身份外,还需注明购买日期、期限、到期利率等内容。凭证式国债的发行期限为1个月,发行款的上划采取一次性缴款办法,国债发行手续费也由财政部一次拨付。各经办单位对在发行期内已缴款,但未售完及购买者提前兑取的凭证式国债,仍可在原额度内继续发售,继续发售的凭证式国债仍按面值售出。

③国债承销的价格。在传统的行政分配和承购包销的发行方式下,国债按规定以面值出售。在现行多种价格的公开招标方式下,每个承销商的中标价格与财政部按市场情况和投标情况确定的发售价格是有差异的。财政部允许承销商在发行期内自定承销价格,随行就市发行。

国债承销价格的影响因素包括:市场利率、承销商的中标成本、流通市场中可比国债的收益率水平、国债承销的手续费收入、承销商所期望的资金回收速度、其他分销过程中的成本。

2. 金融债券的发行与承销

(1)发行人。金融债券是由国有商业银行、政策性银行以及其他金融机构发行的。发行金融债券所筹集的资金用于发放特种贷款、政策性贷款或其他专门用途。

(2)发行审核。准备发行金融债券的各银行与非银行金融机构根据实际需要,按照规定的要求和程序向中国人民银行总行报送本单位发行金融债券的计划,其主要内容包括:金融债券的发行额度;金融债券的面额;金融债券的发行条件;金融债券的转让、抵押等规定;金融债券的发售时间与发售方式;所筹资金的运用。

同时,中国人民银行总行根据信贷资金的平衡情况确定金融债券的年度发行额,并向各银行与非银行金融机构下达发行金融债券的指标。省级非银行金融机构如果需要发行金融债券,要向同级人民银行申报,由中国人民银行分行在中国人民银行总行下达的控制额度内进行审批。

(3)发行方式。金融债券的发行方式有自营发行和委托代理发行两种。由于金融债券的发行主体是金融机构,其业务网络广泛,因此完全可以由金融机构自己发行,自己承销。这时,发行主体与承销主体为同一主体。

我国金融债券的发行始于1985年,主要有以下几类:央行票据、证券公司债券、商业银行的次级债券、保险公司次级债券、证券公司短期融资债券等。

3. 公司债券的发行与承销

(1)发行人资格及其规定。我国《公司法》规定,股份有限公司、国有独资公司和两个以上的国有企业或者其他两个以上的国有投资主体投资设立的有限责任公司,为了筹集生产经营资金,可以发行公司债券。发行公司债券必须符合下列条件:股份有限公司的净资产额不低于人民币3 000万元,有限责任公司的净资产额不低于人民币6 000万元;累计债券总额不超过公司净资产额的40%;最近3年的平均可分配利润足以支付公司债券1年的利息;筹集的资金用途符合国家产业政策;债券的利率不得超过国务院限定的利率水平;国务院规定的其他条件。

发行公司债券筹集的资金,必须用于审批机关批准的用途,不得用于弥补亏损和非生产性支出,不得用于股票、房地产和期货买卖等与本企业生产经营无关的风险性投资。

凡有下列情形之一的,不得再次发行公司债券:前一次发行的公司债券尚未募足的;已发行的公司债券或者其债务有违约或者延迟支付本息的事实,且仍处于继续状态的。

(2)公司债券发行的申报与审核。公司债券的发行规模由国务院确定。发行公司债券,必须依照《公司法》《证券法》规定的条件,经国务院授权的部门审批。发行人必须向国务院授权的部门提交《公司法》规定的申请文件和国务院授权部门规定的有关文件。

股份有限公司、有限责任公司发行公司债券,由董事会制定方案,股东会做出决议。国有独资公司发行公司债券,应由国家授权投资的机构或者国家授权部门做出决定。上述决定或决议应报主管部门批准。主管部门审批公司债券的发行,不得超过国务院确定的规模。公司债券由证券经营机构负责承销,主要采取余额包销方式。

证券公司债券的发行与承销遵循《公司债券发行与交易管理办法》,其发行条件、条款设计、发行的申报程序、申请文件等要求同于公司债券的相关规定。

6.2.3 债券的信用评级

1. 债券信用评级的概念与目的

债券信用评级是指债券评级机构对债券发行人的信誉及其所发行的特定债券的质量进行

评估的综合表述。

债券评级的目的是将发行人的信誉和偿债的可靠程度公布给投资者,以保护投资者的利益,使之免遭由于信息不足或判断不准而造成的损失。从本质上说,信用评级评估和计量了信用风险,即发生不利于债权事件的可能性。它对于债券发行者、投资者和证券交易者都很重要,因为只有通过比较各种债券的级别,才能保证投资和交易的质量,降低投资风险。

虽然证券法规定了发行人要公布与债券发行有关的信息,但是,由于所公布的信息内容较多、专业性较强,并不是所有的投资者都能够根据公布的信息准确判断发行人的偿债能力。为此,证券评级机构使用简略易懂的符号,如 AAA、BB 等,向投资者提供有关债券风险性的实质信息,以供投资者作出债券投资的决策。

世界上最早的债券评级制度诞生于美国,目前国际公认的最著名、最具权威性的专业信用评级机构分别是穆迪、标准普尔和惠誉国际。

(1)穆迪公司。穆迪公司的创始人是约翰·穆迪,他在 1909 年出版的《铁路投资分析》一书中发表了债券资信评级的观点,使资信评级首次进入证券市场,他开创了利用简单的资信评级符号来分辨 250 家公司发行的 90 种债券的做法,正是这种做法才将资信评级机构与普通的统计机构区分开来,因此后人普遍认为资信评级最早始于穆迪的铁道债券资信评级。1913 年,穆迪将资信评级扩展到公用事业和工业债券上,并创立了利用公共资料进行第三方独立资信评级或无经授权的资信评级方式。穆迪评级和研究的对象主要是公司和政府债务、机构融资证券和商业票据。此外,穆迪还对证券发行主体、保险公司债务、银行贷款、衍生产品、银行存款和其他银行债以及管理基金等进行评级。截至 2011 年底,穆迪公司已在 12 个国家开设了 15 个分支机构,到 2018 年已在 44 个国家或地区设有办事处,投资信用评估对象遍布全球。穆迪公司已先后对 100 多个国家的政府和企业所发行的 10 万余种证券进行了信用分析与评估。2011 年底,阅读和使用穆迪所发布的各类信息的客户已达 1.5 万余家,其中有 3 000 多家客户属于机构投资者,他们管理着全球 80% 的资本市场。穆迪公司高级雇员总数达 1 500 人,其中有 680 人为专业评估分析师,其股票在纽约证交所上市交易(代码 MCO)。

(2)标准普尔。标准普尔由普尔出版公司和标准统计公司于 1941 年合并而成。普尔出版公司的历史可追溯到 1860 年,当时其创始人普尔先生(Henry V. Poor)出版了《铁路历史》及《美国运河》,率先开始金融信息服务和债券评级。1966 年标准普尔被麦克劳希尔公司(McGraw Hill)收购。公司主要对外提供关于股票、债券、共同基金和其他投资工具的独立分析报告,为世界各地超过 22 万多家证券及基金进行信用评级,目前拥有分析家 1 200 名,在全球设有 40 家机构,雇用 5 000 多名员工。

(3)惠誉国际。惠誉国际于 1913 年由约翰·惠誉(John K. Fitch)创办,起初是一家出版公司,他于 1924 年就开始使用 AAA 到 D 级的评级系统对工业证券进行评级。近年来,惠誉进行了多次重组和并购,规模不断扩大。1997 年公司并购了另一家评级机构 IBCA,2000 年并购了 DUFF & PHELPS,随后又买下了 Thomson Bankwatch,目前,公司 97% 的股权由法国 FIMALAC 公司控制,在全球有 45 个分支机构,1 400 多名员工,900 多位评级分析师,业务主要包括国家、地方政府、金融机构、企业和机构融资评级,迄今已对 1 600 家金融机构、1 000 多家企业、70 个国家、1 400 个地方政府和 78% 的全球机构融资进行了评级。

自 1975 年美国证券交易委员会 SEC 认可上述三家公司为"全国认定的评级组织"或称"NRSRO"(Nationally Recognized Statistical Rating Organization)后,三家公司就垄断了国际评级行业。

此外,还有日本公社债研究所、日本投资服务公司、日本评级研究所以及艾克斯特尔统计服务公司等。它们大都是为社会公众所承认的、具有很高声誉的民间债券评级机构。

依据中国保险资产管理业协会2021年8月24日推出的《2021年信用评级机构评价结果》,我国规模较大的排在前十位的全国性评级机构是中债资信评估有限责任公司、标普信用评级(中国)有限公司、联合资信评估有限公司、中证鹏元评估股份有限公司、中诚信国际信用评级有限公司、远东资信评估有限公司、上海新世纪资信评估投资服务有限公司、大公国际信用评级有限公司、惠誉博华信用评级有限公司、上海东方金城资信评估投资服务有限公司。

除大公始终坚持民族品牌国际化发展外,其余已经或正在被美国控制。2006年,穆迪收购中诚信49%股权并接管了经营权,同时约定七年后持股51%,实现绝对控股。同年,新华财经(美国控制)公司收购上海远东62%的股权,实现了对该机构的直接控制。2007年,惠誉收购了联合资信49%的股权并接管经营权;标准普尔也与上海新世纪开始了战略合作,双方亦在商谈合资事宜。穆迪、标准普尔、惠誉三大评级公司也都曾与大公洽谈合资,提出对大公控股或控制经营权,穆迪愿意出价3 000万美元购买大公控股权,但都遭到拒绝。

2017年7月,中国人民银行发布《中国人民银行公告[2017]第7号》,对符合条件的境内外评级机构进入银行间债券市场开展业务予以规范,标志着境外评级机构可以独资进入中国市场。2018年,国际三大评级机构在北京成立分支机构并向银行间市场提交了注册申请;2019年1月28日,标普信评获准正式进入我国评级市场开展业务。

2. 债券信用评级的根据

对债券的评级并不是评价该种债券的市场价格、市场销路和债券投资收益,而是评价该种债券的发行质量、债券发行人的资信状况和投资者所承担的投资风险。证券评级机构在债券评级过程中主要根据三个因素:债券发行人的偿债能力、债券发行人的资信状况、投资者承担的风险水平。

3. 债券信用级别的划分及含义

根据债券风险程度的大小,可以划分债券的信用级别。不同的信用评估机构对债券信用级别的划分不同。国外债券等级的划分,有的是"四类十级制",即A、B、C各分三级,另加D级;有的是"三类九级制",即A、B、C各分三级;还有的是"二类六级制",即A、B各分三级。但一般采用"三类九级制"的比较多,我国目前的债券信用评级就采用这种等级划分方法,即将债券的等级划分为:AAA、AA、A、BBB、BB、B、CCC、CC、C。

关于债券等级的划分及其含义,世界各国尚不完全统一。下面以美国穆迪公司和标准普尔公司为例说明其等级的划分及含义,如表6.1所示。

4. 债券评级的原则

(1)权威性原则。这一原则主要体现在以下三个方面:信用评级机构的评级范围要广泛,不但在系统内适应,而且在系统外也要适应,不但在当地适应,外地也要适应;评级机构的人员要由专家、学者或实践经验丰富的资深人员担任;评级机构要有代表性,有独立行使证券信用评级的权力。

(2)科学性原则。债券的评级是一项繁杂的工作,具有较高的要求,因此,各债券评级机构对于信用评级的方法、评级指标体系的建立以及评级手段要具有科学性,评估依据要全面,指标要完整。

(3)责、权、利相结合的原则。在责任上,债券评级机构对本次债券评级,应本着对企业负责和对投资者负责的精神,并对在评级中的失误所造成的影响承担相应责任;在权利上,评级机构有权按照国家制定的规定办法进行评级,也有对评级办法的解释权,其他机构、人员不得进行干扰;在利益上,评级机构也应讲求盈利,根据评级规定,收取评级费用。

(4)公正原则。在证券信用评级过程中,评级机构不能搞人情评级,也不能由"长官"意志决定,而要站在公正立场上,客观、公正地判断与分析,使评级机构本身经得起社会的检验。

表 6.1　债券等级划分表

穆迪公司	标准普尔公司	性质	级别	说　明
Aaa	AAA	投资性	最高级	信誉最高,债券本息支付无问题
Aa	AA		高　级	有很强的支付本息的能力
A	A		中上级	仍有较强的支付能力,但当在经济形势发行逆转时,较为敏感
Baa	BBB		中　级	有一定支付能力,但当在经济发生逆转时,较上述级别更易受影响
Ba	BB	投机性	中下级	有投机因素,但投机程度较低
B	B		投机级	投机的
Caa	CCC			可能不还
Ca	CC			不还,但可以收回很少一点
C	SD/D			无收回的可能

5. 债券信用评级的程序

(1)提出评级申请。债券评级首先由发行单位或其代理人向评级机构提出评级申请,并为接受评级审查准备资料。评级机构审查同意受理后,开始组织负责这项评级的工作组。小组成员由两人组成,一名为研究产业情况的专家,另一名是财务分析专家。如果债券发行者是外国企业,还要找一名研究该产业情况的专家参加该小组。

债券发行者需向评级机构提交下列资料:本次债券发行概要;发行债券的具体用途;长期债券与自有资本的内容;企业的基本状况;企业财务情况;发行条件的要点说明。

(2)讨论确定。评级机构根据发行者提交的有关资料,要用一至两周时间进行讨论,之后评级小组与债券发行者一起座谈,弄清有关问题,并进行认真分析,最后拟出评级草案,提交评级委员会讨论。评级委员会由 5 ~ 7 名成员组成,通过投票评定出债券的级别,并同发行者联系征求意见。如果发行者同意,则此级就被确定下来了;如果发行者不同意评级机构的评定时,可申明理由提请重评更改级别。这种要求重评的申请只限于一次,第二次决定的级别是不能再更改的。

(3)跟踪检查。评级机构对评定级别后的发行者,要从开始发行到还清债券为止的整个过程进行追踪,并且做定期检查,以确定是否有必要重新修正债券的级别。如果认为有必要更改,评级机构将做出新的评定,将评定的结果通知发行者并予以公开。关于债券等级重新评定的程序与初次评级的程序完全相同。

在我国,债券评级的程序大致经过以下几个具体步骤:企业提出评级申请;评级机构与企业签订委托信用评级合同书;评级专家小组提出初级报告;专家评审委员会审查初级报告;评级机构通知委托人评级结果;最后公布评级结果。

6. 信用评级的分析指标

(1)产业分析。产业分析主要包括两方面的内容:一是判断该公司所属的产业是朝阳产业还是夕阳产业;是在经济环境变化中稳定的产业,还是对变化十分敏感的产业。通过产业分析,对公司的发展前景做出判断。二是评价该公司在同行业中的竞争能力,分析公司生产经营的各个方面,以及生产设备利用率、劳动生产率、技术开发力量、销售量等方面在同行业中所处的地位以及今后的趋势。

(2)财务分析。对公司财务状况的分析,是评级机构进行信用评级的重要环节。财务分析主要有四个方面的指标:收益性指标,反映企业收益性的指标主要有销售利润率、投资报酬率和利息支付能力;负债比率,反映负债情况的指标主要有长期负债比率和负债比率;财务弹性指标,反映公司偿还债务能力具有的弹性,使用资金流动比率、流动比率、速动比率、运营资金比率、应收账款周转率、存货周转率六项指标表示;清算价值,反映当企业处于清算全部资产的局面时,偿付完应付款项和流动负债后,公司还能剩下多少资产偿付其他长期债务。

(3)信托证书的分析。信托证书是规定债券发行人和债权人的权利及义务的文件,对它进行分析也是评级机构的评级内容之一,主要包括财务限制条款和债券的优先顺序两方面的内容:财务限制条款,即防止公司的财务状况出现恶化的限制条款,在信托证书上,通常将其视为保护债权人利益的特约条款。财务限制条款由债券发行公司和承购公司共同制定,主要有防止财务状况出现恶化时的限制条款、增加抵押品等负担的限制条款和处理资产的限制条款。债券的优先顺序,指当债务人不履行偿债义务时,法律上对债权人清偿权利的优先顺序。

6.3　股票的发行与承销

6.3.1　股票发行的目的与条件

1. 股票发行目的

(1)筹集资本,组建公司。成立股份公司,需要筹集资金,主要通过发行股票来实现。股东资本可作为公司的自有资本长期使用而不必偿还,而且作为公司的资本基础,是公司实力的主要标志。

(2)筹集资金,扩大经营。现有股份公司为了扩大规模、增加新设备或筹措周转资金,需发行股票筹措资金,人们称此类发行为增资发行。

(3)改善资本结构。负债比率的高低是衡量一个公司经营安全程度的重要标志。当负债比率过高时,为提高公司信用,通过增发股票,降低负债比率,改善财务结构。

(4)特定目的。公司将可转换债券转换为股票,派发股票股利,公司兼并,公积金转增股本,股份的分割与合并,证券交易所提高股票上市标准等特定情况,也是公司发行股票的原因。

2. 股票发行条件

根据《中华人民共和国证券法》《中华人民共和国公司法》《股票发行与交易管理暂行条例》等有关法律规定,初次公开发行、发行新股(包括配股和增发)必须具备相应条件。

(1)初次公开发行(IPO)的条件。股票发行人必须是具有股票发行资格的股份有限公司,包括已经成立的股份有限公司和经批准拟成立的股份有限公司;其生产符合国家产业政策;发行人应当具有完整的业务体系和直接面向市场独立经营的能力,发行人的资产完整,财务、机构、业务、人员独立;发行前公司股本总额不少于人民币 3 000 万元(主板),具备健全且运行良好的组织机构;具有持续经营能力,最近三年财务会计报告被出具无保留意见审计报告,发行人及其控股股东、实际控制人最近三年不存在贪污、贿赂、侵占财产、挪用财产或者破坏社会主义市场经济秩序的刑事犯罪,以及经国务院批准的国务院证券监督管理机构规定的其他条件。

上市公司非公开发行新股,应当符合证监会规定的条件,并报证监会核准或注册。

(2)发行新股的条件。上市公司向社会公开发行新股,通常包括向原股东配售股票(简称配股)和向全体社会公众发售股票(简称增发)两种方式。

①发行新股的基本条件。公司发行新股,必须具备下列基本条件:前一次发行的股份已募足,并间隔 1 年以上;公司在最近 3 年内连续盈利,并可向股东支付股利;公司在最近 3 年内财务会计文件无虚假记载;公司预期利润率可达同期银行存款利率。

②配股的特别要求。根据中国证监会发布的《上市公司证券发行管理办法(2020 年修订)》,《创业板上市公司证券发行注册管理办法(试行)》,《科创板上市公司证券发行注册管理办法(试行)》,上市公司的配股除了要满足公开发行股票的一般规定外,还应当符合下列规定:主板(中小企业版)拟配售股份数量不超过本次配售股份前股本总额的 30%(创业板、科创板比例为 50%);控股股东应当在股东大会召开前公开承诺认配股份的数量;采用《证券法》规定的代销方式发行。控股股东不履行认配股份的承诺,或者代销期限届满,原股东认购股票的数量未达到拟配售数量 70% 的,发行人应当按照发行价并加算银行同期存款利息返还已经认购的股东。

③增发的特别要求。根据上述管理办法,上市公司的增发除了要满足公开发行股票的一般规定外,还应当符合下列规定:最近三个会计年度加权平均净资产收益率平均不低于 6%;扣除非经常性损益后的净利润与扣除前的净利润相比,以低者作为加权平均净资产收益率的计算依据;除金融类企业外,最近一期末不存在持有金额较大的交易性金融资产和可供出售的金融资产、借予他人款项、委托理财等财务性投资的情形;发行价格应不低于公告招股意向书前 20 个交易日公司股票均价或前一个交易日的均价。

6.3.2 股票发行程序

1. 首次公开发行股票申请程序

(1)股票发行的准备和核准。首次公开发行股票(可转换为股票的公司债券),应当聘请具有保荐资格的机构(券商)担任保荐人。保荐人负责发行人的上市推荐和辅导,核实公司发行文件与上市文件中所载资料是否真实、准确、完整,协助发行人建立严格的信息披露制度,并承担风险防范责任。保荐人应当遵守业务规则和行业规范,诚实守信,勤勉尽责,对发行人的申请文件和信息披露资料进行审慎核查,督导发行人规范运作。保荐人的保荐期限为股票发行上市前满一年的上市辅导,股票上市当年的余下时间及其后的两个完整的会计年度(创业板为上市后三个完整的会计年度)。

①首次公开发行股票公司的辅导。辅导工作的总体目标是促进辅导对象建立良好的公司治理机制,形成独立运营和持续发展的能力,督促公司的董事、监事、高级管理人员全面理解发行上市的有关法律、法规、证券市场规范运作和信息披露的要求,树立进入证券市场的诚信意

识、法治意识，具备进入证券市场的基本条件。同时，促进辅导机构及参与辅导工作的其他中介机构履行勤勉尽责义务。

辅导期限至少为1年。辅导期自辅导机构向辅导对象所在地的中国证监会派出机构报送备案材料后，派出机构进行备案登记之日开始计算，至派出机构出具合格的监管报告之日结束。

②首次公开发行股票申请文件的准备。股票发行准备阶段的实质性工作是由发行参与人准备招股说明书及作为其根据和附件的专业人员的结论性审查意见。这些文件统称为首次公开发行股票申请文件，包括：招股说明书，招股说明书摘要，核查意见，资产评估报告，审计报告，盈利预测审核报告，法律意见书和律师工作报告，辅导报告。

③主承销商推荐、备案材料。主承销商通过内核工作后，出具推荐函，报中国证监会备案。承销商备案材料，包括承销说明书与承销（团）协议，内容：承销商和发行人的名称；承销方式；承销证券的种类、数量、金额及发行价格；承销团各成员的承销份额；承销期及起止日期；承销费用及计算、支付方式等。

④首次公开发行股票的核准。证监会收到申请文件后，提交发审委审核；发审委按照国务院批准的工作程序，进行充分讨论后，以投票方式对发行申请进行表决，提出审核意见；证监会对发行人的发行申请作出核准或不予核准的决定。

新《证券法》施行前，审核环节由中国证监会下设的发审委负责，核准环节和监督环节由中国证监会负责。新《证券法》施行后，作为发行监管体制的重大改革，审核环节下放到证券交易所，由证券交易所进行实质审核，中国证监会履行监督职能，真正实现了监审分离。

(2)股票发行注册制。注册制是在市场化程度较高的成熟股票市场所普遍采用的一种发行制度。证券监管部门公布股票发行的必要条件，只要达到所公布条件要求的企业即可发行股票。2020年3月1日起，中国开始全面推行注册制。未经依法注册，任何单位和个人不能公开发行证券。同时，考虑到注册制改革是一个渐进的过程，新《证券法》授权国务院对证券发行注册制的具体范围、实施步骤进行规定，为有关板块和证券品种分步实施注册制留出了必要的法律空间。

发行人申请发行股票时，必须依法将公开的各种资料完全准确地向证券监管机构申报。证券监管机构或者国务院授权的部门依照法定条件负责证券发行申请的注册。证券交易所等可以审核公开发行证券申请，判断发行人是否符合发行条件、信息披露要求，督促发行人完善信息披露内容，发行人的质量由证券交易所和证券中介机构来判断和决定。其最重要的特征是：在注册制下证券发行审核机构只对注册文件进行形式审查，不进行实质判断。证券发行注册的目的是向投资者提供据以判断证券实质要件的形式资料，以便作出投资决定，证券注册并不能成为投资者免受损失的保护伞。如果公开方式适当，证券管理机构不得以发行证券价格或其他条件非公平，或发行者提出的公司前景不尽合理等理由而拒绝注册。

形式审核（注册制）与实质审核（核准制）的区分在于审核机关是否对公司的价值作出判断，是注册制与核准制的划分标准。而实质审查具有两层含义：一种是指行政机关对披露内容的真实性进行核查与判断，另一种是指行政机关对披露内容的投资价值作出判断。

注册制有利于更好地发挥资本市场价格发现、融资、资源配置等三大基础功能，注册制与核准制相比，发行人成本更低、上市效率更高、对社会资源耗费更少，资本市场可以快速实现资源配置功能。实施注册制，真正建立起市场参与各方各负其责的责任体系，建立健全“宽进严管、放管结合”的新体制，切实保护投资者的合法权益，严格规范市场参与各方的权利义务，通过职责清晰、监管有力的法律责任规范，建立起强有力的法律约束机制。

2. 新股发行申请程序

上市公司董事会决定聘请主承销商事宜，主承销商进行尽职调查后，应就新股发行方案与董事会取得一致意见，并同意向中国证监会推荐上市公司发行新股。上市公司发行新股、可转换公司债券的，保荐人持续督导的期间为证券上市当年剩余时间及其后1个完整会计年度。

上市公司申请发行新股，应依法就下列事项做出决议：

(1)董事会应当就本次发行的具体发行方案、募集资金使用的可行性、前次募集资金的使用情况作出决议，并提请股东大会批准。

(2)股东大会应当就本次发行的数量、定价方式或价格(包括价格区间)、发行对象、募集资金的用途及数额、决议的有效期、对董事会办理本次发行具体事宜的授权等事项进行逐项表决。

上市公司申请发行新股，应当按照中国证监会的规定编制并提交发行申请文件。

6.3.3 股票发行与承销实施

1. 股票的定价方法

股票的发行价格，可以等于或超过票面金额，但不得低于票面金额。

(1)首次公开发行股票的定价。

①可比公司定价法。主承销商对股票定价时，可以采用可比公司定价法，对可比较的或者代表性公司进行分析，尤其注意有着相似业务的公司的新近发行以及相似规模和质量的其他新近的首次公开发行，以获得定价基础。主承销商审查可比较的发行的定价和它们的二级市场表现，为新股发行进行估价。最常用的比率指标是市盈率和市净率。

②贴现现金流量定价法。贴现现金流量定价法是通过预测公司未来的盈利能力，按照一定的贴现率计算公司的净现值，从而确定股票发行价格的一种方法。

现金流贴现法体现的是价值决定价格，即通过对企业估值，而后计算每股价值，从而确定股票的发行价格。

(2)上市公司增发新股的定价方法。

①市价折扣法，是指采用该只股票一定时点上或时段内二级市场价格的一定折扣，作为发行底价或发行价格区间的端点。例如，主承销商和发行人采用前1个交易日的收盘价或者前20个交易日(算术或加权)的平均收盘价，作为发行底价或发行价格区间的端点。

②市盈率定价法。市盈率又称本益比，是指股票市场价格与每股收益的比率，计算公式为：

$$\text{市盈率} = \text{股票市场价格}/\text{每股收益} \tag{6.1}$$

每股收益通常指每股净利润，有两种方法确定每股净利润，一种是完全摊薄法，另一种是加权平均法。

(3)股票发行的定价方式。股票发行定价既有理性的计算，更要有对市场供求感性的判断，应选择恰当的市场时机，并与专业投资者直接沟通，以便合理定价。

①协商定价方式，经过与专业投资者沟通后，由发行人与主承销商协商确定，报中国证监会核准。

②累计投标询价方式,累计投标询价方式是指在发行过程中,根据不同价格下投资者的认购意愿确定发行价格的一种方式。通常,主承销商将发行价格确定在一定的区间内,投资者在此区间内按照不同的发行价格申报认购数量,主承销商将所有投资者在同一价格之上的申购量累计计算,得出一系列在不同价格之上的总申购量。最后,主承销商按照总申购量超过发行量的一定倍数(即超额认购倍数)确定发行价格。

首次公开发行股票,可以通过向网下投资者询价的方式确定股票发行价格,也可以通过发行人与主承销商自主协商直接定价等其他合法可行的方式确定发行价格。公开发行股票数量在2 000万股(含)以下且无老股转让计划的,可以通过直接定价的方式确定发行价格。发行人和主承销商应当在招股意向书(或招股用书)和发行公告中披解本次发行股票的定价方式。上市公司发行证券的定价,当符合中国证监会关于上市公司证券发行的有关规定。

2. 股票的发行方式

发行工作应坚持公开、公平、公正、高效、经济的原则。

(1)首次公开发行股票的发行方式。根据《证券发行与承销管理办法(2018年修订)》,首次公开发行股票可以根据实际情况,采取网下发行、网上发行以及向战略投资者配售等方式。

首次公开发行股票的网下发行应和网上发行同时进行,网下和网上投资者在申购时无须缴付申购资金。投资者应当自行选择参与网下或网上发行,不得同时参与。

首次公开发行股票数量在4亿股以上的,发行人和主承销商可以在发行方案中采用超额配售选择权。超额配售选择权的实施应当遵守中国证监会、证券交易所、证券登记结算机构和中国证券业协会的规定。根据《关于开展创新企业境内发行股票或存托凭证试点的若干意见》认定的试点企业在境内发行股票或存托凭证的,根据需要采用超额配售选择权。

①网下发行。首次公开发行股票,网下投资者须具备丰富的投资经验和良好的定价能力,应当接受中国证券业协会的自律管理,遵守中国证券业协会的自律规则。网下投资者参与报价时,应当持有一定金额的非限售股份或存托凭证。发行人和主承销商可以根据自律规则,设置网下投资者的具体条件,并在发行公告中预先披露。主承销商应当对网下投资者是否符合预先披露的条件进行核查,对不符合条件的投资者,应当拒绝或剔除其报价。

首次公开发行股票采用询价方式的,公开发行后总股本在4亿股(含)以下的,网下初始发行比例不低于本次公开发行股票数量的60%;公开发行后总股本超过4亿股的,网下初始发行比例不低于本次公开发行股票数量的70%。其中,应当安排不低于本次网下发行股票数量的40%,优先向通过公开募集方式设立的证券投资基金、全国社会保障基金和基本养老保险基金配售,安排一定比例的股票向根据《企业年金基金管理办法》设立的企业年金基金和符合《保险资金运用管理暂行办法》等相关规定的保险资金配售。证券投资基金、全国社会保障基金、基本养老保险基金、企业年金基金和保险资金的配售比例应当不低于其他投资者,其有效申购不足安排数量的,发行人和主承销商可以向其他符合条件的网下投资者配售剩余部分。对网下投资者进行分类配售的,同类投资者获得配售的比例应当相同。安排向战略投资者配售股票的,应当扣除向战略投资者配售部分后确定网下网上发行比例。网下投资者可与发行人和主承销商自主约定网下配售股票的持有期限并公开披露。

首次公开发行股票网下投资者申购数量低于网下初始发行量的,发行人和主承销商不得将网下发行部分向网上回拨,应当中止发行。网上投资者有效申购倍数超过50倍、低于100倍(含)的,应当从网下向网上回拨,回拨比例为本次公开发行股票数量的20%;网上投资者有效申购倍数超过 100 倍的,回拨比例为本次公开发行股票数量的 40%;网上投资者有效申购倍数超过 150 倍的,回拨后无锁定期网下发行比例不超过本次公开发行股票数量的 10%。其中所指公开发行股票数量应按照扣除设定限售期的股票数量计算。网上投资者申购数量不足网上初始发行量的,可回拨给网下投资者。

②网上发行。首次公开发行股票采用直接定价方式的,全部向网上投资者发行,不进行网下询价和配售。首次公开发行股票,持有一定数量非限售股份或存托凭证的投资者才能参与网上申购。网上投资者应当自主表达申购意向,不得全权委托证券公司进行新股申购。

采用其他方式进行网上申购和配售的,应当符合中国证监会的有关规定。

③向战略投资者配售。首次公开发行股票数量在 4 亿股以上的,可以向战略投资者配售。发行人应当与战略投资者事先签署配售协议。发行人和主承销商应当在发行公告中披露战略投资者的选择标准、向战略投资者配售的股票总量、占本次发行股票的比例以及持有期限等。战略投资者不参与网下询价,且应当承诺获得本次配售的股票持有期限不少于 12 个月,持有期自本次公开发行的股票上市之日起计算。

根据《关于开展创新企业境内发行股票或存托凭证试点的若干意见》认定的试点企业在境内发行股票或存托凭证的,根据需要向战略投资者配售。

(2)上市公司发行股票的方式。上市公司配股,应当向股权登记日登记在册的股东配售,且配售比例应当相同。

上市公司增发,可以全部或者部分向原股东优先配售,优先配售比例应当在发行公告中披露。上市公司增发,主承销商可以对参与网下配售的机构投资者进行分类,对不同类别的机构投资者设定不同的配售比例,对同一类别的机构投资者应当按相同的比例进行配售。主承销商应当在发行公告中明确机构投资者的分类标准。主承销商未对机构投资者进行分类的,应当在网下配售和网上发行之间建立回拨机制,回拨后两者的获配比例应当一致。

上市公司非公开发行证券的,发行对象及其数量的选择应当符合中国证监会关于上市公司证券发行的相关规定。

3. 股票承销与分销

公司法规定,股份有限公司向社会公开发行新股,应当由依法设立的证券经营机构承销,签订承销协议书。承销协议书是股票发行人与证券承销商签署的具有法律效力的文件,股票承销协议按证券法要求,应载明下列事项:当事人的名称、住所及法定代表人姓名;承销证券的种类、数量、金额及发行价格;承销的起止日期;承销的付款方式及日期;承销的费用和结算办法;违约责任;国务院证券监督管理机构规定的其他事项。

根据证券法,拟公开发行股票的面值总额超过人民币 5 000 万元的,应当由承销团进行承销。承销团应由承销商和参与承销的证券公司组成,主承销商与其他承销商签订分销协议。按证券法规定:承销期最长不得超过 90 日。

6.3.4 证券发行的信息披露

1. 信息披露的内容

股份有限公司公开发行股票、债券等,并将其发行的证券在证券交易场所交易,依照法律、行政法规等的规定必须进行公开信息披露。公开披露的文件包括(但不限于):招股说明书;招股意向书;上市公告书;配股说明书;公司债券募集说明书;发行公告。

信息披露的内容概括起来有三大部分,即信息披露主体的组织状况、财务状况和经营管理信息。

2. 信息披露方式

信息披露的方式主要包括:依规定程序在指定信息披露报刊公开刊登或在指定信息披露网站公告;向有关部门履行注册备案手续;在指定的交易场所或经营场所备置。

公开披露的信息应当用中文表述;向境外投资者发行有价证券的公司公开披露信息,如有必要,还应当用英文表述。英译文本的字义和词义与中文文本有差异时,应以中文文本为准。

3. 信息披露的原则

(1)真实性原则。真实性原则是指信息披露义务人所公开的情况不得有任何虚假成分,必须与自身的客观实际相符,不得有虚假、虚构成分。

(2)完整性原则。完整性原则是指信息披露义务人必须把能够提供给投资者判断证券投资价值的情况全部公开,不得有重大遗漏。

(3)准确性原则。准确性原则是指信息披露义务人公开的信息必须尽可能详尽、具体、准确,不得作误导性陈述。

(4)及时性原则。及时性原则是指信息披露义务人依照法律、法规、规章及其他规定要求的时间内以指定的方式披露。

本章小结

证券发行,是新证券首次面市发售的行为。证券发行市场是由发行人、投资人和中介人等要素构成。证券发行可分为私募发行与公募发行、直接发行和间接发行。证券发行审核的注册制和核准制。

债券发行人主要有政府、金融机构和公司,债券发行要素包括发行金额、期限、偿还方式、票面利率、付息方式、发行价格、收益率、发行费用、税收效应以及有无担保十项内容。

公司债券和股票初次发行、发行新股(包括配股和增发),依法必须具备相应条件。首次公开发行股票(可转换为股票的公司债券),应当聘请具有保荐资格的机构(券商)担任保荐人。保荐人负责发行人的上市推荐和辅导,核实公司发行文件与上市文件中所载资料是否真实、准确、完整,协助发行人建立严格的信息披露制度,并承担风险防范责任。保荐人的保荐期限为股票发行上市前满一年的上市辅导,股票主板上市当年的余下时间及其后的两个完整的会计年度,发行新股为上市后一个完整的会计年度,创业板为上市后三个完整的会计年度。

股票的发行价格,可以等于或超过票面金额,但不得低于票面金额。首次公开发行股票的定价包括:可比公司定价法,贴现现金流量定价法。上市公司增发新股的定价方法包括:市价折扣法,市盈率定价法。股票发行的定价方式可以采用协商定价方式、累计投标询价方式。

首次公开发行股票的方式包括:网下发行、网上发行、向战略投资者配售。

向社会公开发行新股,应当由依法设立的证券经营机构承销,拟公开发行股票的面值总额超过人民币5 000万元的,应当由承销团进行承销。

公开发行股票、债券等,依法必须进行公开信息披露。公开披露的文件包括:招股说明书;招股意向书;上市公告书;配股说明书;公司债券募集说明书;发行公告。信息披露的内容概括起来有三大部分,即信息披露主体的组织状况、财务状况和经营管理信息。信息披露应坚持真实性、完整性、准确性和及时性原则。

复习思考题

一、名词解释

证券发行　公募发行　核准制　注册制　承销　保荐人制度　信息披露制度

二、判断题

1. 证券发行可分为私募发行与公募发行、直接发行和间接发行。（　　）
2. 证券发行市场是由发行人、投资人和中介人等要素构成。（　　）
3. 证券发行市场通常无固定场所,是一个有形的市场。（　　）
4. 首次公开发行股票必须聘请合格保荐人,并经过满一年的上市辅导。（　　）
5. 公开发行股票、债券等,依法必须进行持续信息披露。（　　）

三、单项选择题

1. 按照我国《证券法》的规定,公司公开发行新股的条件中不包括(　　)。

A. 健全且运行良好的组织机构　B. 具有持续经营能力

C. 至少持续盈利 3 年　D. 最近 3 年控股股东不存在贪污犯罪

2. 股票的发行价格,不得(　　)票面金额

A. 大于　B. 等于　C. 低于　D. 无关

3. 公开发行的证券面值总值超过人民币(　　)万元以上的,应由承销团承销。

A. 5 000　B. 10 000　C. 20 000　D. 15 000

4. 公司公开发行股票数量在 2 000 万股(含)且无老股转让计划的,应当通过下列(　　)方式确定发行价格。(　　)。

A. 网下投资者询价　B. 向目标投资者询价

C. 向战略投资者询价　D. 直接定价

5. 创业板上市公司的保荐期限为股票上市当年的余下时间及其后的(　　)个完整的会计年度。

A. 1　B. 2　C. 3　D. 4

四、多项选择题

1. 证券发行信息披露的基本要求是(　　)。

A. 全面性　B. 真实性　C. 及时性　D. 准确性

2. 国际上证券发行审核制度主要有(　　)。

A. 计划制　B. 注册制　C. 评审制　D. 核准制

3. 债券票面的基本要素有(　　)。

A. 票面价值　B. 偿还期限　C. 利率　D. 发行者名称

4. 新股发行方式可以采取(　　)相结合的方式。

A. 向法人配售　　B. 对公众上网发行　C. 发行认股证　　D. 证券公司配售

5. 首次公开发行股票的定价包括(　　)。

A. 可比公司定价法　　B. 贴现现金流量定价法

C. 市价折扣法　　D. 市盈率定价法

五、简答题

1. 简述证券发行市场构成。
2. 对比分析证券发行核准制和注册制。
3. 简述债券发行要素。
4. 简述公司债券发行条件。
5. 简述股票首次公开发行条件和发行新股条件。
6. 简述保荐人职责及保荐期限。
7. 简述股票发行核准程序。
8. 简述股票定价方法。
9. 简述股票发行方式。

六、论述题

论述信息披露的内容与原则。

案例讨论

终止上市！连续十年造假！乐视网终遭重罚

深交所2020年5月14日发布《关于乐视网信息技术(北京)股份有限公司股票终止上市的公告》称,乐视网股票终止上市。

昔日的创业板“明星股”乐视网,不会想到上市10年后迎来退市,其间在资本市场起落沉浮,令人不胜唏嘘。

乐视网股票终止上市

据深交所公告称,2020年4月27日,乐视网披露的《2019年年度报告》显示,公司2019年度经审计的归属于上市公司股东的净利润、扣除非经常性损益后的净利润、期末净资产均为负值,且财务会计报告被大华会计师事务所(特殊普通合伙)出具了保留意见的审计报告,触及了深交所相关规定的股票终止上市情形。

公司股票自2019年5月13日起暂停上市。根据深交所相关规定,2020年5月14日,深交所决定乐视网股票终止上市。

自深交所作出乐视网股票终止上市的决定后十五个交易日届满的次一交易日(即2020年6月5日)起,乐视网股票交易进入退市整理期。

若乐视网提出复核申请且深交所上诉复核委员会作出维持终止上市决定,自深交所上诉复核委员会作出维持终止上市决定后的次一交易日起,乐视网股票交易进入退市整理期。退市整理期届满的次一交易日,深交所对乐视网股票予以摘牌。深交所要求乐视网严格按照相关规定,做好退市整理期以及终止上市后续有关工作。

上市10年，从辉煌到谷底

回望2010年上市，乐视网创造神话无数，市值一度超过1 600亿元。2016年底，整个乐视体系危机爆发，乐视网一步步被拖向泥潭深处，仅占用、违规担保带给乐视网的亏空，就超过百亿元之巨。

2016年底陷入困境后，乐视网的经营一落千丈，营业收入直线下降。2017年、2018年，该公司营业收入为70.3亿元、15.6亿元。2019年的营收，已经仅剩2017年的7%左右。

乐视网过去三年的亏损总额，已达292亿元。2017年、2018年，该公司净利润亏损分别达到138.8亿元、41亿元，而2020年一季度，营收已经滑落到仅8 895万元，亏损约1.5亿元。目前，乐视网在职员工为247人，其中技术人员105人，生产人员57人，行政人员42人，销售人员33人，财务人员10人。在2016年，乐视网在职员工为5 389人。可以说，相比于高光时刻，如今的乐视网已经仅剩一个"空壳"。

眼下，乐视网主要业务包括付费会员及短视频运营业务、版权业务及电视剧发行收入、广告业务(视频平台广告发布业务)和其他业务等。根据财报看，2019年乐视网广告业务收入较2018年大幅下跌89.36%，会员及发行业务收入较2018年减少63.74%。而2018年的年报显示，该业务还在乐视网整体收入中占据25.38%的终端业务收入(乐融致新，原乐视致新)，2019年收入为零，因为该业务已不归乐视网所有。

连续十年造假！乐视网终遭重罚

连续10年财务造假，乐视网最终受到了严厉处罚。2021年4月13日，证监会官网披露了行政处罚决定书与市场禁入决定书，详细披露了乐视网及公司实际控制人贾××等15名责任主体的违法事实。

据披露，证监会对乐视网信息披露违法、欺诈发行行为进行了立案调查、审理，并依法向当事人告知了作出行政处罚的事实、理由、依据及当事人依法享有的权利。证监会分别于2020年11月10日、12月1日、12月2日举行了听证会，听取了当事人陈述、申辩意见。目前，案件现已调查、审理终结。

经证监会查明，乐视网于2007年至2016年财务造假，其报送、披露的申请首次公开发行股票并上市相关文件及2010年至2016年年报存在虚假记载。

证监会指出，首次发行阶段，乐视网通过虚构业务及虚假回款等方式虚增业绩以满足上市发行条件，并持续到上市后；2010年乐视网上市后，除利用自有资金循环和串通"走账"虚构业务收入外，还通过伪造合同、以未实际执行框架合同或单边确认互换合同方式继续虚增业绩。

根据对乐视网、贾××等主体违法行为的事实、性质、情节与社会危害程度，证监会做出了处罚以及市场禁入决定。

证监会对乐视网合计罚款2.406亿元，对贾××合计罚款2.412亿元，对时任乐视网财务总监杨××合计罚款60万元。乐视网其他时任高管吴×、刘×、贾××等人也被处以了相关罚款。因贾××、杨××违法情节特别严重，证监会还对此二人采取了终身证券市场禁入措施。

证监会表示，在禁入期间内，相关人员除不得继续在原机构从事证券业务或者担任原上市公司、非上市公众公司董事、监事、高级管理人员职务外，也不得在其他任何机构中从事证券业务或者担任其他上市公司、非上市公众公司董事、监事、高级管理人员职务。①

讨论题:“上市公司”乐视网财务造假的危害及启示、监管与处罚。

推荐阅读

[1] 代昌祺. 注册制发行背景下A股IPO定价效率研究[D]. 咸阳:西北农林科技大学,2021.

[2] 宋顺林. IPO市场化改革:共识与分歧[J]. 管理评论,2021,33(6).

[3] 张亚龙. 注册制改革下股票发行信息披露制度研究[D]. 长春:吉林大学,2021.

[4] 张含. 新《证券法》下证券市场中介机构的法律责任研究[D]. 延吉:延边大学,2021.

[5] 刘颖. 地方政府专项债券发行演变与改进建议[J]. 地方财政研究,2021 (2).

[6] 陈乃青,沈小燕. 信息披露权责错配下注册制改革归位思考[J]. 财务与会计,2020 (22).

[7] 李安兰,陈见丽. 注册制改革推进路径比较与借鉴[J]. 财会通讯,2020 (18).

[8] 王丰泽. 我国证券市场中介机构“看门人”机制研究[D]. 长春:吉林大学,2020.

[9] 东北证券-复旦大学课题组,董晨,张宗新. 注册制新股发行市场化改革成效及其优化研究[J]. 证券市场导报,2022(1).

[10] 李建伟,李嘉琪. 中美股票市场比较分析与启示[J]. 湖南大学学报(社会科学版),2019,33(1).

① 摘自新华网,2020年5月14日,2021年4月14日。

第7章 证券交易市场

教学目的

通过本章的学习使学生了解证券交易市场的特点、功能，熟悉股票、债券上市条件，证券交易的程序和方法，掌握股票、债券、基金的交易特点并能进行模拟交易，了解明确禁止的交易行为。

教学内容

1. 证券交易市场的特点、功能。
2. 债券上市条件。
3. 股票主板、创业板、科创板上市条件、上市申请程序。
4. 股票上市保荐制度。
5. 股票上市特别处理、临时停牌、终止上市。
6. 证券交易的程序。
7. 股票上市的信息公开。
8. 委托指令。
9. 竞价原则和竞价方式。
10. 禁止的交易行为——内幕交易、操纵证券市场、欺诈客户、虚假信息。

教学重点

股票主板、创业板、科创板上市条件；股票上市保荐制度；证券交易的程序；股票上市的信息公开；委托指令；竞价原则和竞价方式；禁止的交易行为。

证券交易的程序;委托指令;竞价原则和竞价方式;禁止的交易行为。

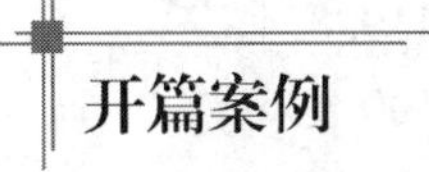

“光大乌龙指”内幕交易案

2013年,“光大乌龙指”事件给资本市场带来一场巨震。

在历经一审、二审、再审听证后,最高人民法院裁定驳回光大证券内幕交易案当事人之一杨××提起的再审申请。这意味着因“光大乌龙指”引发的杨××诉证监会一案正式落槌。

证监会表示,此案是一例涉及ETF及股指期货的新型内幕交易案件,此前无先例,因具有跨市场、跨品种的特点,案件处理引起广泛关注。一审、二审及再审听证均围绕本案的错单交易信息是否构成内幕信息、信息是否已在光大证券交易前公开、光大证券的交易是否构成内幕交易的豁免情形以及处罚幅度等问题展开。证监会在庭审过程中向法院充分说明了案件事实、相关证据与法律逻辑,经法院严格审查后,最终得到了司法的认可。

历时4年终落槌

2013年8月16日,上证综指暴涨近6%,50多只权重股触及涨停。

后查明,当天异动的主要原因是光大证券自营账户巨额买入。这也是中国A股市场上迄今为止最大的乌龙事件。

2013年11月1日,证监会作出处罚决定,认定光大随后的对冲措施为内幕交易,对包括光大证券策略投资部总经理杨××在内的四名主要责任人作出处罚,杨××终身不得进入证券和期货市场,或担任上市公司董事、监事、高级管理人员职务。

杨××不服这一处罚,于2014年2月向北京一中院提起行政诉讼,请求法院判决证监会撤销处罚决定。此案历经一审、二审、再审听证后,又被最高检驳回再审。

证监会认定“光大证券在进行ETF套利交易时,因程序错误,其所使用的策略交易系统以234亿元的巨量资金申购180ETF成分股,实际成交72.7亿元”为内幕信息,光大证券是内幕信息知情人,在上述内幕信息公开前进行股指期货和ETF交易构成内幕交易,违法所得金额巨大,情节极其严重。

500余宗索赔案

在这一场堪称中国证券史上最大的乌龙事件中利益受损的投资者,仍有部分尚在维权途中。

光大证券2016年年报显示,共有502宗投资者因“816事件”而提起的民事诉讼,涉诉总金额为6 873万元。截至2016年年报披露日,489宗案件已结案,由公司赔偿原告4 144万元。13宗民事诉讼尚未有最终审理结果,涉诉总金额为261万元。其中,1宗诉讼尚未有一审判决结果,涉诉总金额为9万余元;12宗诉讼的原告对一审判决结果提起上诉,涉诉总金额为252万元。

梳理光大证券发布的公告,可以发现一份长长的"赔偿清单"。

2015 年 10 月 8 日,法院一审判决其向六位投资者赔偿 296 124 元。

2015 年 10 月 24 日,法院一审判决光大证券向十八位投资者赔偿损失 666 492.4 元。

2015 年 12 月 4 日,法院一审判决光大证券向十八位投资者赔偿损失 326 827 元。

2015 年 12 月 31 日,法院一审判决光大证券向四十位投资者赔偿损失 4 246 440.7 元。

2016 年 1 月 7 日,法院一审判决光大证券向三位投资者赔偿损失 207 419.8 元。

2016 年 1 月 21 日,法院一审判决光大证券向二位投资者赔偿损失 59 100 元。

2016 年 2 月 4 日,法院一审判决光大证券向二位投资者赔偿损失 33 703 元。

2016 年 2 月 17 日,法院一审判决光大证券向二位投资者赔偿损失 33 824 元。

2016 年 2 月 24 日,法院一审判决光大证券向三位投资者赔偿损失 23 934 元。

而光大证券在所有的投资者索赔诉讼公告都表示,根据民事诉讼法的相关规定,对于支持或部分支持原告诉讼请求的一审判决,光大证券将依法向上海市高级人民法院提起上诉。

"光大乌龙指"事件始末

2013 年 8 月 16 日

11 时 05 分开始,一直低位徘徊的上证指数瞬间上涨 5.96%。

多只权重股瞬间出现巨额买单,多达 59 只权重股瞬间封涨停。

沪指最高摸到 2 198 点,11 时 30 分,收于 2 149 点。

之后,光大证券公告承认自营部门发生交易系统"乌龙",进行 ETF 套利时下单 234 亿元,最终成交 72.7 亿元,而为弥补亏损,光大证券随后借道 ETF 卖出股票和股指期货。

2013 年 8 月 18 日

证监会将光大证券"8.16"行为分为两个部分来下判断:

上午生成的巨量市价委托订单视为误操作或技术性错误;

下午进行的 ETF 卖出和卖空股指期货合约涉及价格操纵和内幕交易。

随后证监会正式立案调查,并表示要严肃处理。

2013 年 9 月 2 日

光大证券称,该公司已经收到助理总裁杨××、董事会秘书梅×的辞职报告,以及证监会的行政监管措施决定书、行政处罚及市场禁入事先告知书。

2013 年 11 月 15 日

中国证监会决定:没收光大证券 ETF 内幕交易违法所得 1 307 万余元,并处以违法所得 5 倍的罚款;没收光大证券股指期货内幕交易违法所得 7 414 万余元,并处以违法所得 5 倍的罚款。

上述两项罚没款共计 5.23 亿,同时对光大证券 ETF 内幕交易直接负责的主管人员徐××、杨××、沈××、杨××等人给予警告并处罚款 60 万元,采取终身证券市场禁入措施。针对时任董事会秘书梅×的信息误导行为,证监会对其责令改正,并处以 20 万元罚款。

2014 年 2 月 8 日

光大证券原策略投资部总经理杨××因不服证监会对该事件的判罚,将证监会告上法庭。

2014 年 4 月 3 日

该案在北京市第一中级人民法院开庭,杨××请求法院判决被告证监会撤销对其本人做出的行政处罚决定和市场禁入决定,认为《证券法》对此种错单交易信息是否属于内幕信息并未做出明确和清晰的界定。”

而证监会认为，对杨××作出的行政处罚决定及市场禁入决定事实清楚、证据确凿、程序合法，认为“光大乌龙指”发生期间发生程序错误，其在内幕信息未公开之前，应该拒绝交易，而不应该反手交易，违反公开交易原则。请求法院予以驳回。当日未能当庭宣判。

2014年5月18日

杨××透露接到北京市一中院的通知，因案情复杂，诉证监会一案经过申请并获高级人民法院批准，将最多延期三个月宣判。

2014年6月9日

上海市二中院分三次开庭组织原被告进行证据交换，5位代理律师与被告光大证券方律师，就对方出具证据的真实性及关联性等问题进行了多轮交锋，涉及赔偿金额超过680万元。

2014年8月5日

包××等投资者诉光大证券内幕交易责任纠纷一案在上海第二中级人民法院开庭审理。

2014年8月15日

杨××称，北京一中院通知，根据相关法律，鉴于其诉证监会行政案件的复杂性及重大性，经向高级人民法院申请并获同意，再次延期三个月宣判。

2014年11月17日

因为案情复杂重大，经高院同意，北京一中院第三次下达延期三个月宣判的通知。

2014年12月26日

北京一中院就杨××诉证监会行政处罚决定、市场禁入决定两案一审公开宣判，两案均判决驳回杨××诉讼请求。杨××当庭表示将上诉。

2015年5月4日

北京市高级人民法院二审宣判杨××败诉，驳回杨××提出的撤销北京一中院行政判决书、撤销证监会所做出的行政处罚决定书等相关处罚决定的请求，维持北京市一中院的判决，维持证监会对杨××的行政处罚决定及市场禁入决定。

2017年10月

最高人民法院裁定，驳回光大证券内幕交易案当事人之一杨××提起的再审申请。“光大乌龙指”内幕交易案正式落槌。①

7.1　证券交易市场的功能

7.1.1　证券交易市场概述

证券交易市场也称为证券流通市场或二级市场，是对已发行的证券进行交易的市场。

发行市场和交易市场是证券市场的组成部分，它们是相辅相成、互相依存的有机整体。没有证券发行，当然就谈不到证券交易，发行市场是交易市场的前提。反之，交易市场又是发行市场的重要保证，因为证券的流动性是人们选择投资的重要标准。如果没有交易市场，证券不能顺利转让收回本金或改换投资目标，投资者无法灵活运用自己的资金，就会产生顾虑，降低

① 摘自搜狐网，2017年10月27日。

持有证券的愿望,最终将阻碍证券的发行。

因此,健康完善的交易市场是发行市场存在与发展的保证,只有活跃的证券交易市场,才会造就发达的证券发行市场,构成具有生机和活力的完整的证券市场。

7.1.2 证券交易市场的特点

从证券交易市场的市场主体、交易对象、市场主体的行为等方面分析,交易市场具有以下特点:

1. 市场主体的广泛性

在证券交易市场上,参与交易的市场主体以投资者身份进入市场,来源广泛,结构复杂,参与人数众多。尤其是在我国表现为中小投资者队伍庞大,人数众多,但自我保护能力较差,资金力量薄弱,信息渠道比较狭窄,在市场中处于弱势地位,因此,如何依照现有的法律法规,坚持公开、公平、公正的原则,严格进行市场监管,保护投资者利益,是证券监管机构面临的艰巨任务。

2. 价格的不确定性

交易市场的成交价格是不断变化的,其主要原因是买卖双方根据各自的意愿通过竞价成交,而影响价格的因素千变万化,反映在价格或价格指数上,表现为不确定性。

3. 资金运动的规模大、速度快

就多个交易市场而言,大量资金在不同的交易市场之间快速流动。资金转移的速度快、规模大,有时甚至会对市场造成较大冲击,使一些交易市场在短期内市值损失很大。就单个市场而言,当行情看好时,资金快速涌入,使价格指数迅速攀升,当行情不佳时,资金逐渐流出,往往造成行情的大幅波动,日成交额高峰与低谷之间的差距十分显著。

4. 证券转让须借助证券交易场所完成

证券交易场所是依法设立、进行证券交易的场所,包括进行集中交易的证券交易所,以及依照协议完成交易的无形交易场所。前者如国际上著名的纽约证券交易所、伦敦证券交易所、上海证券交易所、深圳证券交易所。后者如美国全美证券商自动报价系统(NASTAQ)以及各国的店头交易场所,我国场外交易场所是“新三板”,即全国中小企业股份转让系统 NEEQ(National Equities Exchange and Quotations)。

5. 证券交易须遵守相应交易规则

为确保证券交易的安全与快捷,维护资本市场的稳定与发展,我国颁布和制定了一系列法律法规。《证券法》是调整证券交易的特别法,《公司法》对股份及公司债券转让也规定有原则性规则。其他法律、法规如《民法典》《银行法》《保险法》和《刑法》也直接或间接地调整着证券交易关系。证券交易所颁布的自律性规范也具有法律约束力。

7.1.3 证券交易市场的功能

1. 保证证券的流动性

当持有证券的投资者需要将手中的证券转换为另外一种金融资产时,他首先要在证券市场卖出手中的证券,然后用获得的资金投资所选中的某种金融资产;当投资者需要卖出证券收回投资、将资金用于消费或其他用途时,也要通过证券交易市场完成卖出证券的交易。因此.证券交易市场为投资者变现提供了场所和条件。如果没有证券交易市场,证券的流动性很低,证券持有者不能顺利卖出证券，这直接损害了持券人的利益，削弱了人们持有证券的意愿，也对证券发行人造成潜在的损害。

2. 促进短期闲散资金转化成长期资金

资本市场的特点就是提供长期资金。在投资者手中存在许多短期闲置资金，而在市场上发行证券以筹集资金的公司或企业要长期占用资金。购买证券的投资者出于各种原因并不希望他的资金长期成为“死钱”。这样，一部分资金的短期供给与资本市场的长期资金需求形成矛盾。交易市场的存在使证券的随时变现成为可能。证券在不同的投资者之间不断地转让，需要变现的投资者持币退出市场，同时，新的投资者投入资金、持有证券，而证券发行时首批投资者投入的资金得以长期留在筹资者手中。通过证券交易市场，实际上完成了短期资金向长期投资的转化。

3. 维持证券的合理价格

交易市场为证券买卖双方提供交易条件和各种服务，使买卖双方在同一市场公开竞价，直到双方都得到认为合理的价格才成交。正是买卖双方的公平竞价，才使最终的成交价体现出合理性，最大限度地保证双方的利益。

4. 调节资金供求、引导资金流向

二级市场上证券价格的变化受许多因素的影响，在一定时期内证券的供求数量是重要的影响因素之一。当证券供大于求时，其价格会下跌，这对筹资者在一级市场的证券发行行为产生抑制作用，势必减少一级市场上证券的发行数量。反之，当证券供不应求时，证券价格上升。这时一级市场发行新证券的欲望就比较强烈，势必增发证券。通过价格信息的反馈，借助市场的力量，社会资金供求趋于平衡。此外，在交易市场上随时公布交易行情，定期公布其他相关信息，使投资者了解发行者的经营状况和获利能力，促使投资者做出正确的投资决策，以引导资金在不同的企业或不同行业之间合理流动，提高了资金的使用效率。

5. 宏观调控功能

在效率较高的证券交易市场中，证券交易行情和价格指数能较好地反映整个国民经济的状况，人们称之为国民经济的晴雨表。当价格指数在一定时期内呈持续上升或持续下降趋势时，相应地反映国民经济持续良好或步入衰退；政治、经济方面的重大事件或金融危机可能引起证券交易行情在短期内出现剧烈波动。对此，政府可以直接或间接介入证券交易市场，采取相应的政策或措施，配合其他政策工具和行政手段，调节社会资金供求，影响利率和汇率，达到宏观调控的目的。

7.2 证 券 上 市

证券上市就是证券在证券交易所挂牌交易，自由、公开地买卖。换言之，证券上市是指证券交易所承认并接纳证券在交易所市场上交易。

证券的上市，有利有弊。从有利的方面看：证券的公开上市有利于公司扩大资金来源，筹集巨额资金，满足生产经营发展之需；有利于提高股票、债券的流动性，增加对投资者的吸引力，人们对它的关心将有利于上市公司继续向公众集资；有利于提高公司的信誉和知名度；增加了企业生产经营的透明度，形成对企业的巨大压力，促进企业不断加强经营管理，努力提高经济效益，增强竞争力。

从不利的方面看:证券公开上市后,公司的约束与压力会加大;不利于保守公司经营秘密;公司证券可能成为投机对象,市场价格的频繁波动会给企业的经营带来消极影响,而扭曲的证券行市还会影响企业的信誉和形象,给企业带来诸多伤害;企业控股权将会因此而更加分散,股权的极度分散和股东的经常变化对于企业的经管决策带来诸多困难,影响企业决策的及时性与灵活性;加大了公司的成本开支,上市公司每年要向证券交易所支付上市费用等。

证券的公开上市条件,在各个国家、甚至在同一国家中各个证券交易所要求的条件有很大差异。但从保护投资者乃至筹资者的合法权益出发,考虑到要维护证券交易所的声誉和地位,保证证券交易的正常运行,因此能够获准在交易所上市的必须是那些具有相当强的经济实力、经济效益较高、资信状况良好的公司的证券。就此而言,各国证券交易所规定的上市条件与标准大体又是一致的。一般主要包括:公司应已经经营一定年限,且能保持以后经营的连续性,以维持达到一定的上市时间;公司在同业竞争中应有较高的地位;公司有形资产达到一定规模;公司拥有的证券价值应达到一定数量;股东持有股票情况应确保股权分散良好;公司有较强的获利能力,确保股息红利的分配,等等。

7.2.1 股票上市

股票可以在证券交易所进行交易,也可以在场外交易市场进行交易。股票上市,即已经发行的股票经证券交易所批准后,在交易所公开挂牌交易的法律行为。

1. 发行上市保荐制度

上海、深圳、北京证券交易所实行股票、可转换公司债券上市保荐制度。

证券经营机构履行保荐职责,应当注册登记为保荐机构。保荐机构负责证券发行的主承销工作,依法对公开发行募集文件进行核查,向中国证监会出具保荐意见;尽职推荐发行人证券发行上市;持续督导发行人履行相关义务。沪深交易所首次公开发行股票主板上市督导的期间为当年的余下时间及其后的两个完整的会计年度,发行新股为上市后一个完整的会计年度,首次公开发行股票并在创业板、科创板上市的,持续督导期间为证券上市当年剩余时间及其后三个完整会计年度,创业板、科创板为上市后三个完整的会计年度,发行新股为上市后两个完整的会计年度;北交所向不特定合格投资者公开发行股票并上市,保荐机构持续督导期间为上市当年剩余时间及其后三个完整会计年度,发行新股为上市当年剩余时间及其后两个完整的会计年度。

保荐机构应当与发行人签订股票上市推荐协议,明确双方的权利和义务;应当保证推荐文件和与履行保荐职责有关的其他文件、发行人的申请文件和公开募集文件不存在虚假记载、严重误导性陈述或者重大遗漏,并保证对其承担连带责任。

2. 股票上市的条件

(1)主板(中小企业版)股票上市条件。发行人依法设立且持续经营时间在三年以上的股份有限公司;发行人最近三年内主营业务和董事、高级管理人员没有发生重大变化,实际控制人没有发生变更;发行人规范运行;最近三个会计年度净利润均为正数且净利润累计超过3 000万元;最近三个会计年度经营活动产生的现金流量净额累计超过5 000 万元;发行前股本总额不少于3 000 万元;最近一期末无形资产占净资产的比例不高于20%;最近一期末不存在未弥补亏损;公众持股至少为25%;如果发行时股份总数超过4 亿股,发行比例不得低于10%;发行人在最近三年中,财务会计文件无虚假记载,没有重大违法行为;证监会规定的其他条件。

(2)创业板股票上市条件。发行人是依法设立且持续经营三年以上的股份有限公司,具备健全且运行良好的组织机构,相关机构和人员能够依法履行职责;发行人业务完整,具有直接面向市场独立持续经营的能力;发行人规范运行;最近三年财务会计报告由注册会计师出具无保留意见的审计报告;最近两年连续盈利,最近两年净利润累计不少于5 000万元,且持续增长,或者预计市值不低于10亿元,最近一年净利润为正且营业收入不低于1亿元,或者预计市值不低于50亿元,且最近一年营业收入不低于3亿元;发行后股本总额不少于3 000万元。

根据《上海证券交易所科创板股票上市规则(2020年12月修订)》,科创板股票上市条件在市值及财务指标上与创业板略有不同。

3. 上市申请程序

(1)提出上市申请并提交有关文件。普通股的发行人向国务院证券监督管理部门提出上市申请时,应提交下述文件:

上市报告书。上市报告书实际上是指申请上市的要求书。上市公司公告书应包括的内容为:要览、绪言、发行公司概况、股票发行及承销、董事、监事及高级管理人员的持股情况、公司设立、关联企业及关联交易等。

申请上市的股东大会决议。股东大会决议应当符合《公司法》及公司章程的规定,股东大会作出决议必须以书面形式进行。

公司章程。公司章程应当符合公司法的规定。

公司营业执照。公司营业执照是指工商行政管理机关颁发的公司得以从事经营活动的凭证。

经法定验证机构验证的公司最近3年的或者公司成立以来的财务会计报告。验证机构应当是具备从事验证条件的会计师事务所、审计师事务所等。

法律意见书和证券公司的推荐书。

最近一次的招股说明书。

(2)股票上市交易申请经国务院证券监督管理机构核准后,或经交易所审核并由国务院证券监督管理机构同意注册后,其发行人应当向证券交易所提交有关规定文件。

(3)证券交易所对股票上市作出具体安排。证券交易所应当自接到该股票发行人提交的文件之日起6个月内,安排该股票上市交易,在法定期限内规定具体上市时间,并发出上市通知书。

(4)上市协议书。申请人在收到上市通知后应当与证券交易所签订上市协议书,以明确相互间的权利义务,包括:公司应定期呈报各种财务报表,此类报表均应经有证券业务资格的会计师事务所审计;公司发生有关人事、财务、经营、股权处理等事项的重大变化时,应及时通知证券交易所;公司应定期向公众充分公布有关应予以披露的资料和事项,当发生重大变化时,公司应及时披露该信息;上市公司不得拒绝证券交易所令其提供此类资料的合理要求;上市协议书中应写明该公司上市股票的种类、发行时间、发行股数、面值及发行价格;交易所应当维护上市公司的股票上市权利,并且不得予以歧视;上市协议书中应写明有关上市费用的事项。

(5)上市公告。股票上市交易申请经证券交易所同意后,上市公司应当在上市交易的5日前公告经核准的股票上市的有关文件,并将该文件置备于指定场所供公众查阅。

上市公司除公告规定的上市申请文件外,还应当公告下列事项:股票获准在证券交易所交易的日期,持有公司股份最多的前10名股东的名单和持股数额,董事、监事、经理及有关高级管理人员的姓名及其持有本公司股票和债券的情况。

(6)股票上市费用。上市费用分为上市初费和上市月费两类。根据交易所的具体收费标准收费。

4. 上市公司状况异常期间的股票特别处理(ST)

上市公司的股票在交易过程中出现以下情况的,将由证券交易所对该上市公司股票实行特别处理。

(1)公司财务状况异常。最近两个会计年度的审计结果显示的净利润为负值,或最近一个会计年度的审计结果显示其股东权益低于注册资本,即公司连续两年亏损或每股净资产低于股票面值。

(2)公司其他状况异常。自然灾害、重大事故等导致公司生产经营活动基本中止,公司涉及可能赔偿额超过本公司净资产的诉讼等情况。

对特别处理股票的具体要求是:要求上市公司在特别处理之前于指定报刊头版刊登关于特别处理的公告;特别处理股票的报价日涨跌幅限制为5%;证券交易所应在发给会员的行情数据中,于特别处理的股票前加“ST”标记。

5. 停牌和复牌

股票停牌是指某一种上市证券临时停止交易的行为。对上市公司的股票进行停牌,是证券交易所为了维护广大投资者的利益和市场信息披露的公平、公正以及对上市公司行为进行监管约束而采取的必要措施。股票复牌指停牌的股票重新恢复交易。沪深交易所停复牌规则如表7.1所示。

表7.1 沪深交易所停牌复牌规则表

停牌事项	停牌时点	复牌时点
交易日披露年度报告	披露日上午停牌一小时	上午10:30复牌
交易日召开股东大会	股东大会召开日起停牌	决议公告日上午复牌
股东大会决议有否决议案	股东大会召开日起停牌	决议公告日10:30复牌
刊登业绩预告公告	披露日上午停牌一小时	上午10:30复牌
刊登业绩预告修正公告	披露日上午停牌一小时	上午10:30复牌
刊登业绩快报	披露日上午停牌一小时	上午10:30复牌
披露盈利预测修正公告	披露日上午停牌一小时	上午10:30复牌
披露利润分配方案	披露日上午停牌一小时	上午10:30复牌
刊登要约收购相关公告	披露日上午停牌一小时	上午10:30复牌
要约收购期满至公告收购情况报告期间	该期间一直停牌	交易所决定复牌时间
重大购买出售交易	发生时开始停牌	交易行为完成后复牌
传媒出现未披露重大信息	发现时立即停牌	公司澄清日10:30复牌
股票交易异常波动	发生时立即停牌	披露公告日10:30复牌,周末公告则周一复牌
被出具非标无保留意见,且严重违规	公布定期报告日起停牌	公司纠正后复牌
不能按期披露定期报告	报告披露截止日起停牌	披露后当日10:30复牌,且停牌不得超过两个月
定期报告重大会计差错或虚假记载未能按期改正	限定改正期截止日起停牌	改正后当日10:30复牌,且停牌不得超过两个月

续上表

停牌事项	停牌时点	复牌时点
公司运作及信息披露严重违规被有关部门调查	调查期间起停牌	交易所决定复牌时间
信息披露严重瑕疵且拒不解释或补充披露	发生日起停牌	披露相关公告日的10:30复牌
违反上市规则拒不改正	发生日起停牌	交易所决定复牌时间
失去公司有效信息来源	发生日起停牌	恢复正常联络后复牌
对股票实施特别处理时	按《上市规则》第十三章规定进行停牌	按照《上市规则》第十三章进行复牌
上市公司暂停上市时	按《上市规则》第十四章规定进行停牌	按照《上市规则》第十四章进行复牌
其他停牌情形	交易所可根据实际情况或证监会要求进行停牌	交易所可根据实际情况或证监会要求进行复牌

2022年1月5日中国证监会公布《上市公司股票停复牌规则》，进一步明确了上市公司股票停复牌的原则：上市公司应当审慎停牌，以不停牌为原则、停牌为例外，短期停牌为原则、长期停牌为例外，间断性停牌为原则、连续性停牌为例外，不得随意停牌或者无故拖延复牌时间，并应采取有效措施防止出现长期停牌等情况。

除按照证券交易所《证券上市规则》的规定对上市股票实施正常的临时停牌之外，已在交易所挂牌的股票出现交易异常波动时，交易所有权对其实施临时停牌。股票出现下列问题之一时，将被认为是异常波动：某只股票的价格连续3个交易日达到涨幅限制或跌幅限制；某只股票连续5个交易日列入“股票、基金公开信息”；某只股票价格的振幅连续3个交易日达到15%；某只股票价格的日成交量与上月日均成交量相比连续5个交易日放大10倍；交易所或中国证监会认为属于异常波动的其他情况。

6. 退市

股票退市是指上市公司股票在证券交易所终止上市交易。

股票退市包括主动退市和强制退市。除上市公司本身申请主动退市，上市公司丧失法律规定的上市条件的，证券交易所可以依法强制其股票退出市场交易。根据《关于改革完善并严格实施上市公司退市制度的若干意见(2018年修订)》，具体情形如下：

(1)主动退市的情形：上市公司股东大会决议主动撤回其股票在证券交易所的交易并决定不再在该交易所交易或转而申请在其他交易场所交易或转让；上市公司向所有股东发出回购全部股份或部分股份的要约，或上市公司股东向所有其他股东发出收购全部股份或部分股份的要约，或除上市公司股东外的其他收购人向所有股东发出收购全部股份或部分股份的要约，以上任一情况导致公司股本总额、股权分布等发生变化，不再具备上市条件；上市公司因新设合并或者吸收合并，不再具有独立主体资格并被注销；上市公司股东大会决议公司解散。

(2)强制退市的情形：上市公司构成欺诈发行、重大信息披露违法或者其他涉及国家安全、公共安全、生态安全、生产安全和公众健康安全等领域的重大违法行为的，被证券交易所依法作出暂停、终止公司股票上市交易的决定；上市公司股本总额发生变化不再具备上市条件，在证券交易所规定的期限内仍不能达到上市条件;上市公司社会公众持股比例不足公司股份总数的25%,或者公司股本总额超过4亿元,社会公众持股比例不足公司股份总数的10%,且在证券交易所规定的期限内仍不能达到上市条件;上市公司股票在一定期限内累计成交量低于证券交易所规定的最低限额;上市公司股票连续20个交易日(不含停牌交易日)每日股票收盘价均低于股票面值;上市公司在证券交易所规定期限内,未改正财务会计报告中的重大差错或者虚假记载;法定期限届满后,上市公司在证券交易所规定的期限内,依然未能披露年度报告或者半年度报告;上市公司被法院宣告破产;证券交易所规定的其他情形。

(3)科创板退市的特别规定:根据《上海证券交易所科创板股票上市规则》,科创板上市公司可能强制退市的情形主要包括:一是重大违法强制退市,包括信息披露重大违法和公共安全重大违法行为。二是交易类强制退市,包括累计股票成交量低于一定指标,股票收盘价、市值、股东数量持续低于一定指标等。三是财务类强制退市,即明显丧失持续经营能力,包括主营业务大部分停滞或者规模极低,经营资产大幅减少导致无法维持日常经营等。四是规范类强制退市,包括公司在信息披露、定期报告发布、公司股本总额或股权分布发生变化等方面触及相关合规性指标等。

此外,科创板上市公司股票被终止上市的,不得申请重新上市。

7. 股票上市的信息公开

发行人、上市公司依法披露的信息,必须真实、准确、完整,不得有虚假记载、误导性陈述或者重大遗漏。

(1)临时报告。发生可能对上市公司股票交易价格产生较大影响、而投资者尚未得知的重大事件时,上市公司应当立即将有关该重大事件的情况向国务院证券监督管理机构和证券交易所提交临时报告,并予公告,说明事件的实质。

应发布临时公告的重大事件包括:公司的经营方针和经营范围的重大变化;公司的重大投资行为和重大的购置财产的决定;公司订立重要合同,而该合同可能对公司的资产负债、权益和经营成果产生重要影响;公司发生重大债务和未能清偿到期重大债务的违约情况;公司发生重大亏损或者遭受超过净资产10%以上的重大损失;公司生产经营的外部条件发生的重大变化;公司的董事长、1/3以上的董事,或者经理发生变动;持有公司5%以上股份的股东,其持有股份情况发生较大变化;公司减资、合并、分立、解散及申请破产的决定;涉及公司的重大诉讼,法院依法撤销股东大会、董事会决议;以及法律、行政法规规定的其他事项。

(2)中期报告。股票或者公司债券上市交易的公司,应当在每一会计年度的上半年结束之日起两个月内,向国务院证券监督管理机构和证券交易所提交中期报告,并予公告。中期报告包括下述内容:公司财务会计报告和经营情况;涉及公司的重大诉讼事项;已发行的股票、公司债券变动情况;提交股东大会审议的重要事项;国务院证券监督管理机构规定的其他事项。

(3)年度报告。年度报告是投资者了解上市公司经营状况的重要文件。股票或者公司债券上市交易的公司,应在每一会计年度结束之日起4个月内,向国务院证券监督管理机构和证券交易所提交年度报告,并予公告。年度报告的内容包括:公司概况;公司财务会计报告和经营情况;董事、监事、经理及有关高级管理人员简介及持股情况;已发行的股票、公司债券情况,包括持有公司股份最多的前10名股东名单和持股数额;国务院证券监督管理机构规定的其他事项。

上市公司的上市报告文件、临时报告、中期报告和年度报告的格式、报告时间均有明确的要求,并在证监会指定的报刊公告。上市公司必须本着诚实信用的原则制作各类报告,保证信息公开,保护投资者利益。在上述各类法定文件的编写制作中如果出现虚假记载、误导性陈述或重大遗漏,相应责任人须承担法律责任。

7.2.2　债券上市

债券上市是指证券交易所根据其规则,允许债券在交易所挂牌交易。

1. 公司债券的上市

根据《关于公开发行公司债券实施注册制有关事项的通知》,自2020年3月1日起,申请面向普通投资者或者专业投资者公开发行公司债券(不含可转换公司债券)并在上海证券交易所、深圳证券交易所上市的,由证券交易所负责发行上市受理、审核,并由中国证监会进行发行注册。

(1)上市条件。经国务院授权的部门批准并公开发行;股份有限公司的净资产额不低于3 000万元,有限责任公司的净资产额不低于6 000万元;累计发行在外的债券总面额不得超过发行人净资产额的40%;最近3年平均可分配利润足以支付债券1年的利息;债券发行人筹集资金的投向须符合国家产业政策及发行审批机关批准的用途;债券的期限为1年以上;公司债券可转换为股票的,除具备发行公司债券的条件外,还应符合股票发行的条件;债券的信用等级不低于A级;债券的实际发行额不低于人民币5 000万元;等等。

(2)上市交易申请。公司向证券交易所提出公司债券上市交易申请时,应当提交下列文件:上市报告书(公告书);申请上市的董事会决议;公司章程;公司营业执照;公司债券募集办法;公司债券的实际发行数额。经证券交易所进行审核后,由证券监督管理机构进行注册。

证券交易所应当自接到该债券发行人提交的前款规定的文件之日起三个月内,安排该债券上市交易。公司债券上市交易申请经证券交易所同意后,发行人应当在公司债券上市交易的五日前公告公司债券上市报告、核准文件及有关上市申请文件,并将其申请文件置备于指定场所供公众查阅。

2. 债券的终止上市

上市公司债券出现法定情形后,国务院证券监督管理机构或其授权的证券交易所可以依法终止该公司债券上市。按照我国《证券法》的规定,有下列情形之一的,终止该公司债券上市:

①公司有重大违法行为造成严重后果,或者公司违背公司债券募集办法所约定的义务,给投资者造成严重损害的;②公司情况发生重大变化,或者公司不按批准的资金用途使用发行债券所募资金,以及公司连续两年亏损,在证券监督管理机构限定的期限内未予改正,没有消除上述情形的;③上市的公司债券的期限届满进入还本付息阶段的;④发行债券公司的股东大会决议解散公司的;⑤公司因违法被责令关闭的;⑥公司被人民法院依法宣告破产的。

当公司有上述法定情形时,对于第①、②种情形,法律规定由国务院证券监督管理机构作出终止公司债券上市的决定;对于第③~⑥种情形,则由证券交易所根据证券法的有关规定,作出终止该公司债券上市的决定,并且将该决定和事实报国务院证券监督管理机构备案。

7.3 证 券 交 易

证券交易是指对依法发行的证券进行买卖的行为。所有证券交易活动的参与者都应遵循公开、公平、公正的原则。

7.3.1 证券交易类型

1. 股票交易

交易所在股票交易中接受报价的方式主要有三种:口头报价、书面报价、计算机报价。目前,我国通过证券交易所进行的股票交易均采用计算机报价方式。

2. 债券交易

根据发行主体的不同,债券主要有政府债券、金融债券和公司债券三大类。

3. 基金交易

从基金的基本类型看,一般可以分为封闭式与开放式两种。另外有 ETF(交易型开放式指数基金)和 LOF(上市开放式基金)。

4. 金融衍生工具交易

金融衍生工具交易包括权证交易、可转换债券交易、金融期货交易、金融期权交易等。

7.3.2 证券交易方式

证券交易方式是证券买卖的方法和形式。任何证券流通都是通过一定的具体的交易方式实现的。在证券市场的发展过程中,随着证券流通市场规模的扩大、流转交易额的增长,证券交易方式是从简单到复杂、从低级到高级、从单一到复合地发展起来的。

1. 按交易场所不同,分为场内交易和场外交易

(1)场内交易。又称交易所交易,指所有的供求方集中在交易所进行竞价交易的交易方式。这种交易方式具有交易所向交易参与者收取保证金,同时负责进行清算和承担履约担保责任的特点。

(2)场外交易。场外交易是指非上市或上市的证券,在交易所以外以分散的、协商定价方式进行的交易活动,包括店头交易、第三市场交易、第四市场交易。

2. 按交易主体不同分为相对买卖、拍卖标购和竞价买卖

(1)相对买卖,是最原始的交易方法,是一个买主对一个卖主的交易。买方或卖方根据各自的标准选择合适的卖方或买方,以达成交易合同,直至合同的履行。这种方法主要在证券市场中的场外市场采用。按照经济学的一般原理,由相对买卖达成的价格远非社会的均衡价格,因为这种交易方式只涉及单个的买主和卖主。

(2)拍卖标购,是指买卖的一方为单数,另一方为复数,复数的买方或卖方相互竞价,以最高买价或最低卖价成交的证券交易方式。在买方为多数时以最高报价成交叫作拍卖;在卖方为多数时以最低报价成交叫标购。

(3)竞价买卖,是指众多的买主与众多的卖主按照一定的规则,以公平竞争为原则,达成证券交易的一种买卖方法。

3. 按证券经营者不同分为自营买卖和代理买卖

(1)自营买卖,是指证券经营机构以自己的名义和账户买卖证券的行为,即证券交易商运用自有资金或自有营运资金向证券出售人买进证券,然后以高的价格卖给证券购买者,通过买卖差价获取收益。自营买卖方式是目前国内外柜台交易的主要方式。

(2)代理买卖,又称证券经纪业务,是指证券经营机构接受投资者(客户)委托代投资者(客户)买卖有价证券的行为,是证券经营机构主要业务之一。

4. 按证券交易付款资金来源分为现金交易、保证金交易、借贷交易

(1)现金交易,是指成交和结算在同一天进行的交易方式。由于现金交易要求在较短的时间内进行结算,所以经纪人对要求进行这种交易的客户有一定条件的限制。

(2)保证金交易,又称信用交易或垫头交易,是指证券交易的当事人在买卖证券时,只向证券公司交付一定的保证金,或者只向证券公司交付一定的证券,而由证券公司提供融资或者融券进行交易。保证金交易具体分为融资买进和融券卖出,融资买入证券为"买空",融券卖出证券为"卖空"。

(3)借贷交易,是指使用借贷资金进行证券买卖的行为。借贷交易的主要形式是用证券抵押贷款进行交易。证券抵押贷款是由金融机构向个人或证券经营机构提供的以股票或债券做抵押的贷款,如给证券公司和投资信托公司等提供的股票购买贷款和给个人提供的证券抵押贷款等。

5. 按证券交易完成交割期限及标的物分为现货交易、远期交易、期货交易、期权交易和回购交易

(1)现货交易,是指证券买卖双方在成交后就办理交收手续,买入者付出资金并得到证券,卖出者交付证券并得到资金。现货交易的特征是"一手交钱,一手交货",即以现款买现货方式进行交易。

(2)远期交易,是指双方约定在未来某一时刻(或时间段内)按照现在确定的价格进行交易。远期交易的合约是非标准化的,交易在场外市场进行。

(3)期货交易,是指在交易所进行的标准化的远期交易,即交易双方在集中性的市场以公开竞价方式进行的期货合约的交易。期货合约是由交易双方订立的、约定在未来某日期按成交时约定的价格交割一定数量的某种商品的标准化协议。期货交易在多数情况下不进行实物交收,而是在合约到期前进行反向交易、平仓了结。

(4)期权,是指在未来一定时期可以买卖的权力,是买方向卖方支付一定数量的金额(权利金)后拥有的在未来一段时间内(美式期权)或未来某一特定日期(欧式期权)以事先规定好的价格(履约价格)向卖方购买(看涨期权)或出售(看跌期权)一定数量的特定标的物的权力。期权交易事实上就是这种权利的交易。期权的买方拥有执行期权的权利,无执行的义务;而期权的卖方只是履行期权的义务。

(5)回购交易,是指证券买卖双方在成交的同时,约定于未来某一时间以某一价格双方再进行反向交易的行为。回购交易更多地具有短期融资的属性。

6. 大宗交易

大宗交易是指单笔数额较大的证券买卖。沪深交易所进行的证券买卖符合以下条件的,可以采用大宗交易方式:

(1)A 股和基金,沪深相同(A 股单笔不低于 30 万股、200 万元;基金 200 万份、200 万元)。

(2)B 股单笔,沪市 30 万股,深市 3 万股;交易额均不低于 20 万(沪市是美元,深市是港币)。

(3)沪市的国债及债券回购单笔不低于 1 000 万元(1 万手)。

(4)其余债券(沪市其他债券 1 000 手、100 万元;深市债券及债券质押式回购 5 000 张、50 万元)。

(5)深市多只 A 股、基金合计的,交易额均不低于 500 万元,如是 A 股,单只不少于 20 万股;如是基金,单只不少于 100 万份。

(6)深市多只债券合计单向买入或卖出的交易金额不低于 100 万元人民币,单只债券的交易数量不低于 2 000 张。

协议平台接受用户申报的时间为每个交易日 9:15—11:30、13:00—15:30。申报当日有效。当天全天停牌的证券,协议平台不接受其有关的申报。

协议平台接受交易用户申报的类型包括:意向申报、定价申报、双边报价和其他申报。

交易价格的确定:

有价格涨跌幅限制证券的协议大宗交易的成交价格,在该证券当日涨跌幅限制价格范围内确定。无价格涨跌幅限制证券的协议大宗交易的成交价格,在前收盘价的上下 30% 之间确定。

交易所每个交易日通过协议平台、交易所网站等方式对外发布协议平台交易信息。

大宗交易不纳入交易所即时行情和指数的计算,成交量在大宗交易结束后计入当日该证券成交总量。

7.3.3 证券交易准备工作

机构投资者从事证券交易活动应做好相应的准备。首先应树立正确的投资理念,避免恶性投机和违法、违规行为。第二,资金的组织应以自有资金为主,通过法律允许的正式渠道融资,银行资金不能违规进入股市。第三,国有企业或国有资产控股企业不能炒作上市交易的股票;上市公司不能在二级市场上买卖本公司的股票;法人不能以个人名义开户。第四,投资队伍的建设,应建立专门从事投资业务的组织,教育从事投资业务的人员遵纪守法、正派务实,培养和构建合理的知识结构、分析判断能力和应变能力。第五,根据本单位的具体条件,制订合理的利润目标或资本运营目标,制订可行的投资计划或资本运营计划,有正确的投资策略或经营策略以及务实的投资方案。

个人投资者从事证券投资活动应针对自身特点做好准备工作。个人投资者特别是中小投资者的资金规模较小,无法左右市场价格,许多人业余时间不多,信息渠道狭窄,与投资相关的专业知识不足,同时,由于资金规模较小,进出市场的速度快,对市场价格的冲击较小。

据此,个人投资者应做一些准备工作。首先,培养健康的投资意识和正确的投资理念。当市场出现恶性投机和股市泡沫时,应有意识地减少参与市场的次数和投入资金的规模,从而规避投机风险。第二,正确分析自身的特点,根据自己的性格、操作习惯、资金状况等方面的特点,安排投资计划。注意防止从众心理、侥幸心理等不良心理因素对投资决策的影响。第三,资金的组织,用于证券投资的资金应以正常消费之外的自有资金为主。对日常消费、储蓄应有合理安排,即使投资不顺利或投资失败也不致影响正常生活。第四,根据自身条件,建立信息收集渠道,逐步形成一套切实可行的、有效的信息资料收集、整理、利用办法。正确对待股评和各种小道消息，立足于独立分析和独立判断，股评和各类分析报告作为参考。第五，投资者的身体条件也是投资准备阶段应考虑的因素。

7.3.4 证券交易程序

上海、深圳和北京证券交易所目前挂牌买卖的交易品种主要有 A 股、B 段、债券现货（可转换债券）、投资基金券等。不同的投资者按照有关法律、法规的规定，根据自身条件，参与不同品种的交易活动。这里重点介绍证券交易所市场的人民币普通股股票的交易程序。

1. 开设证券账户

（1）法人或自然人投资者到当地的证券公司营业部或证券公司官网申请开设证券账户。证券账户。证券账户分为上海证券交易所股票账户、深圳证券交易所证券账户和北京证券交易所股票账户。当投资者需要同时参与上海、深圳和北京证券交易所的证券交易时，应开设两个交易所的证券账户。

（2）开设证券账户需要提供的证件。证券账户分为个人账户与法人账户两种。开设个人账户时，投资者必须持本人居民身份证，法人开户所需提供的文件包括有效的法人证明文件（营业执照）及其复印件、法定代表人证明书及其居民身份证、法人委托书及委托人身份证件等。

（3）开设证券账户需要提供的资料。个人投资者在开设证券账户时应提供本人和委托人的详细资料，这些资料包括本人和委托人的姓名、性别、居民身份证号码、家庭地址、职业、联系电话等。

法人投资者应提供法人地址、电话、法定代表人和授权证券交易执行人的姓名、居民身份证件及书面授权书、开户银行账户和账号、邮政编码、机构性质等。

2021 年 10 月，中国证券登记结算有限责任公司发布《证券账户业务指南》规定，一个投资者只能申请开立一个一码通账户。一个投资者在同一市场最多可以申请开立 3 个 A 股账户、封闭式基金账户，只能申请开立 1 个信用账户、B 股账户。

2. 连接资金账户

资金账户，用来记载和反映投资者买卖证券的货币收付和结存数额。投资者保证金存取须通过第三方存管银证转账进行，证券公司柜台不再受理现金存取和银柜转账。“第三方存管”是指证券公司客户证券交易结算资金交由银行存管，由存管银行按照法律、法规的要求，负责客户交易结算资金的存取与资金交收，证券公司负责客户证券交易、股份管理和清算交收等。

开立证券账户和资金账户后，投资者买卖证券所涉及的证券、资金变化就会从相应的账户中得到反映。例如，某投资者买入甲股票 1 000 股，包括股票价格和交易税费的总费用为 10 000元，则投资者的证券账户上就会增加甲股票 1 000 股，资金账户上就会减少 10 000 元。

办理上述手续之后，个人投资者既可以买卖沪深两市挂牌的 A 股股票，也可以买卖两市挂牌的债券和基金券，并参与上网发行的 A 股股票、债券和基金券的申购。机构投资者开户后，在不违反基金券申购的有关规定的前提下，也可买卖债券和基金券，并参与证券的申购。

3. 委托买卖

委托买卖是指证券商受理投资者委托后进行处理的整个过程。

投资者办理委托买入证券时，必须将委托买入所需款项全额存入其交易结算资金账户，办理委托卖出证券时,必须是其证券账户中实有的股票、债券或将债券足额交给证券经纪商。投资者未经授权不得融资、融券,不得采用透支方式用证券经纪商的资金买卖证券,未经授权不得动用他人名下的资金或证券。

(1)委托指令。委托指令的内容有多项,正确填写委托单或输入委托指令是投资决策得以实施和保护投资者权益的重要环节。委托指令的基本要素包括:证券账号、日期、品种、数量、价格、委托买卖的方向等。

①买卖证券的数量,可分为整数委托和零数委托。整数委托,是指委托买卖证券的数量为一个交易单位或交易单位的整数倍。一个交易单位,俗称“1 手”。按现行规定,股票 100 股为 1 手,100 基金单位为 1 手,1 000 元面值的债券为 1 手。零数委托,是指投资者委托证券经纪商买卖证券时,买进或卖出的证券不足交易所规定的一个交易单位。按现行规定,1 股至 99 股均为零数委托。目前,我国只在卖出证券时才有零数委托。

②委托买卖证券的价格,分为市价委托和限价委托。市价委托是指投资者向证券经纪商发出买卖某种证券的委托指令时,要求证券经纪商按证券交易所内当时的市场价格买进或卖出证券。市价委托的优点是:没有价格上的限制,成交迅速且成交率高。我国目前基本不采用此种委托方式。限价委托是指投资者要求证券经纪商在执行委托指令时必须按限定的价格或比限定价格更有利的价格买卖证券,即必须以限价或低于限价买进证券,以限价或高于限价卖出证券。限价委托成交速度慢,有时甚至无法成交。在证券价格变动较大时,投资者采用限价委托容易坐失良机,遭受损失。

③委托指令的有效期间,一般有当日有效与约定日有效两种。当日有效是指从委托之时起至当日证券交易所营业终了之时止的时间内有效;约定日有效是指委托人与证券公司约定,从委托之时起到约定的营业日证券交易所营业终了之时止的时间内有效。我国现行规定的委托期为当日有效。

(2)委托方式。

①柜台委托,指投资者到证券商的委托柜台索取委托单,正确填写并签字,当面递交柜台交易员输入计算机,完成委托。

②自助委托,是委托人通过证券营业部设置的专用委托计算机终端,凭证券交易磁卡和交易密码进入计算机交易系统委托状态,自行将委托内容输入计算机交易系统,完成证券交易的一种委托形式。也可查询成交情况、资金余额、证券余额和行情等,还可撤单以及修改交易密码。磁卡委托具有快速、简捷、灵活、安全等优点。

③电话委托,指委托人通过电话方式表明委托意向,提出委托要求。在实际操作中,电话委托又可分为电话转委托与电话自动委托两种。电话转委托是指投资者将委托要求通过电话报给证券经纪商,证券经纪商根据电话委托内容代为填写委托书并将委托内容输入交易系统申报进场。委托人应于成交后办理交割时补行签章。电话自动委托是指证券经纪商把计算机交易系统和普通电话网络联结起来,构成一个电话自动委托交易系统。

④传真委托或函电委托。委托人填写委托内容后,将委托书采用传真或函电方式表达委托意向,提出委托要求。证券经纪商接到传真委托书或函电委托书,代为填写委托书,经核对无误后,及时将委托内容输入交易系统申报进场。

⑤网上委托。证券经纪商的计算机交易系统与互联网联结,委托人利用任何可上网的计算机终端,通过互联网凭交易密码进入证券经纪商计算机交易系统委托状态,自行将委托内容

输入计算机交易系统,完成证券交易。

证券营业部接受投资者委托后应按“价格优先、时间优先”的原则进行申报竞价,超过涨跌限价的委托为无效委托。在委托未成交之前,委托人有权变更和撤销委托,成交部分不得撤销。被撤销或失效的委托,证券经纪商必须在确认后及时向投资者返还相应的资金或证券。

4. 竞价与成交

证券市场的市场属性集中体现在竞价成交环节上,特别是在高度组织化的证券交易所内,会员经纪商代表众多的买方和卖方,按照一定规则和程序公开竞价,达成交易。正是这种竞价成交机制使证券市场成为公开、公平、公正的市场,也使市场成交价成为合理公正的价格。

(1)竞价原则。证券交易所内的证券交易按“价格优先、时间优先”原则竞价成交。

①价格优先原则表现为:价格较高的买进申报优先于价格较低的买进申报,价格较低的卖出申报优先于价格较高的卖出申报。

②时间优先原则表现为:买卖方向、价格相同的申报,依照申报时序决定优先顺序。计算机申报竞价时,按计算机主机接受的时间顺序排列。

(2)竞价方式。目前,证券交易所一般采用两种竞价方式,即在每日开盘时采用集合竞价方式,在日常交易中采用连续竞价方式。

①集合竞价。所谓集合竞价,是在每个交易日上午9:25,交易所计算机对9:15至9:25接受的全部有效委托进行一次集中撮合处理的过程。集合竞价确定成交价的原则是:

首先,在有效价格范围内选取使所有有效委托产生最大成交量的价位。如有两个以上这样的价格,则依以下规则选取成交价格:高于选取价格的所有买方有效委托和低于选取价格的所有卖方有效委托能够全部成交,与选取价格相同的委托一方必须全部成交。如满足以上条件的价位仍有多个,上海证券交易所两个以上申报价格符合上述条件的,使未成交量最小的申报价格为成交价格;仍有两个以上使未成交量最小的申报价格符合上述条件的,其中间价为成交价格。深圳证券交易所则取在该价格以上的买入申报累计数量与在该价格以下的卖出申报累计数量之差最小的价格为成交价;买卖申报累计数量之差仍存在相等情况的,开盘集合竞价时取最接近即时行情显示的前收盘价的价格为成交价,盘中、收盘集合竞价时取最接近最近成交价的价格为成交价。

其次,进行集中撮合处理。所有买方有效委托和所有卖方有效委托按照价格优先、同等价格下时间优先的成交顺序依次成交,直至成交条件不满足为止,即所有买入委托的限价均低于卖出委托的限价。所有成交都以同一成交价成交。

集合竞价中未能成交的委托,自动进入连续竞价。

②连续竞价。集合竞价结束、交易时间开始时,即进入连续竞价,直至收市。连续竞价阶段的特点是,每一笔买卖委托输入计算机自动撮合系统后,当即判断并进行不同的处理,能成交者予以成交,不能成交者等待机会成交,部分成交者则让剩余部分继续等待。

连续竞价时的申报方法为:无论买入或卖出,按现行规定,股票(含A、B股)、基金类证券在一个交易日内的交易价格相对下一交易日收市价格的涨跌幅度不得超过10%,但新股在上市当日无此限制。但是根据《上海证券交易所科创板股票交易特别规定》《深圳证券交易所创业板股票交易特别规定》,科创板、创业板股票竞价交易实行的价格涨跌幅比例为20%,新股在上市后的前 5 个交易日不设价格涨跌幅限制。[①] 权证交易实行的价格涨跌幅限制与股票涨跌幅采取的 10% 的比例限制不同,权证涨跌幅是以涨跌幅的价格而不是百分比来限制的,具体按下列公式计算:

$$\text{权证涨幅价格}=\text{权证前一日收盘价格}+(\text{标的证券当日涨幅价格}-\text{标的证券前一日收盘价})\times 125\%\times\text{行权比例} \tag{7.1}$$

$$\text{权证跌幅价格}=\text{权证前一日收盘价格}-(\text{标的证券前一日收盘价}-\text{标的证券当日跌幅价格})\times 125\%\times\text{行权比例} \tag{7.2}$$

当计算结果小于等于零时,权证跌幅价格为零。

例如:某日权证的收盘价是 2 元,标的股票的收盘价是 10 元。第二天,标的股票涨停至 11 元,如果权证也涨停,按上面的公式计算,权证的涨停价格为 $2+(11-10)\times 125\%=3.25$ 元,此时权证的涨幅百分比为 $(3.25-2)/2\times 100\%=62.5\%$。

连续竞价时,成交价格的决定原则为:最高买进申报与最低卖出申报价位相同,取该价格;买入申报价格高于市场即时的最低卖出申报价格时,取即时揭示的最低卖出申报价格;卖出申报价格低于市场即时的最高买入申报价格时,取即时揭示的最高买入申报价格。

③竞价结果。竞价的结果有三种可能:全部成交、部分成交、不成交。

(3)交易费用

投资者在委托买卖证券时,应支付各种费用和税收,通常包括委托手续费、佣金、过户费、印花税等。

①委托手续费,是证券公司经当地有关部门批准,在投资者办理委托买卖时,向投资者收取的,主要用于通信、设备、单证制作等方面的费用。收费一般按委托的笔数计算,没有统一的标准,有的证券公司出于竞争的考虑不再收取此项费用。

②佣金,即投资者在委托买卖证券成交后按成交金额一定比例支付的费用。此项费用一般由证券公司经纪佣金、证券交易所交易经手费及管理机构的监管费等组成。证监会规定,A 股、B 股、证券投资基金的交易佣金实行最高上限向下浮动制度。

③过户费,即委托买卖的股票、基金成交后,买卖双方为变更股权登记所支付的费用。这笔收入属于证券登记结算机构的收入,由证券公司在同投资者清算交割时代为扣收。

④印花税,即根据国家税法规定,在股票(A、B 股)成交后,对买卖双方投资者按照规定的税率分别征收的税金。做法是由证券公司在同股票投资者交割中代为扣收。

证券交易的具体各项费用见表 7.2。

表 7.2 证券交易费用表

股票交易费用表				
收费项目	深圳 A 股	上海 A 股	深圳 B 股	上海 B 股
印花税	1‰ 卖出单边征收	1‰ 卖出单边征收	1‰ 卖出单边征收	1‰ 卖出单边征收
佣金	≤3‰ 起点:5 元	≤3‰ 起点:5 元	3‰	3‰ 起点:1 美元
过户费	无	1‰ 起点:1 元	无	无
委托费	无	5 元(按每笔收费)	无	无
结算费	无	无	0.5‰(≤500 港元)	0.5‰

① 特别说明:北京证券交易所的新股在上市当天没有涨跌幅限制,首日之后涨跌幅限制为 30%。

续上表

基金、债券交易费用表				
收费项目	封闭式基金	可转换债券	国债	企业债券
印花税	无	无	无	无
佣金	3‰ 起点:5 元	1‰	1‰	1‰
过户费	无	无	无	无
委托费	无	无	无	无
交易所其他费用				
收费项目	深圳 A 股	上海 A 股	深圳 B 股	上海 B 股
开户费	个人:50 元	个人:40 元	个人: 120 港元	个人:19 美元
	机构:500 元	机构:400 元	机构: 580 港元	机构:85 美元
转托管费	30 元	无	港币 100 元	无

5. 清算与交割、交收

证券的清算与交割、交收是整个证券交易过程中必不可少的两个重要环节。

(1)证券清算业务。

证券清算业务,主要是指在每一营业日中每个证券公司成交的证券数量与价款分别予以轧抵,对证券和资金的应收或应付净额进行计算的处理过程。

证券清算业务通过证券登记结算机构进行。证券登记结算机构为证券交易提供集中的登记、托管与结算服务,具体负责证券账户的设立、结算账户的设立、证券的托管和过户、证券持有人名册登记的设立、上市证券交易的清算和交收、与上述业务有关的查询,等等。

当一个交易日收市后,证券登记结算机构根据交易数据对每一证券公司进行资金清算,证券公司再与投资者进行资金清算。

(2)证券交易的交割、交收。

在证券交易过程中,当买卖双方达成交易后,应根据证券清算的结果,在事先约定的时间内履行合约。买方需交付一定款项获得所购证券,卖方需交付一定证券获得相应价款。在这一钱货两清的过程中,证券的收付称为交割,资金的收付称为交收。交割与交收的实质是依据清算结果实现证券与价款的收付,从而结束整个交易过程。

①证券的交割、交收方式。证券的交割因交割期的不同,大致可以分为以下几种:

a. 当日交割、交收。证券买卖双方在证券交易达成之后,于成交当日进行证券的交割和价款的收付,完成交易的全过程。

b. 次日交割、交收。证券买卖双方在交易达成之后,于下一营业日进行证券的交割和价款的收付,完成交易的全过程。

c. 例行日交割、交收。证券买卖双方在交易达成后,按证券交易所的规定,在成交日后的某个营业日进行交割、交收。这种交割、交收的时间完全由证券交易所规定。例如,上海证券交易所的 A 股例行日交割、交收即为次日(T+1 日),B 股例行日交割、交收则为成交日后第三个营业日(T+3 日)。通常,若无特别指明,证券交易都为例行日交割、交收。

d. 特约日交割、交收。证券买卖双方在达成交易后,由双方根据具体情况,商定在从成交日算起15天以内的某一特定契约日进行交割、交收。这种交割、交收方式是为了方便那些无法进行例行日交割、交收的客户(如异地客户)而设立的。

e.发行日交割、交收。指证券买卖双方同意等新证券发行以后再办交割、交收事宜。这种交割、交收方式适用于上市公司分割股份并通知原股东更换新股,在新股未发行之前,多以此种方式买卖股票;上市公司增资发行新股时,原股东亦可采用此种方式卖出其新股优先购股权。

我国目前的证券交易交割、交收方式分为:T+0交割、交收(权证、可转换债券);T+1交割、交收(A股、基金、国债、国债回购、债券等)与T+3交割、交收(B股)。

②过户。股权(债权)过户,即股权(债权)在投资者之间转移。我国证券交易已实现"无纸化"交易,过户手续由交易所自动过户完成,一般无须另外办理。

7.4 禁止的交易行为

禁止的交易行为,是指证券监管机构为了维护证券市场的稳定、持续、健康发展,明确禁止的危害正常交易秩序、侵犯投资者合法权益的违法犯罪行为。主要包括:内幕交易行为、操纵证券市场行为、欺诈投资者(客户)行为和编造、传播虚假信息行为等。

7.4.1 证券欺诈行为

禁止的交易行为,实质上均是证券欺诈行为。

1. 证券欺诈行为的概念

所谓证券欺诈行为,是指证券发行人、证券机构、证券管理人员、证券从业人员、投资者或者其他人员,以获取非法利益、减少损失为目的,违反证券管理法规,在证券发行、交易及相关活动中从事内幕交易、操纵市场、欺诈客户、虚假陈述、妨碍证券信息、空买空卖等行为的总称。狭义的证券欺诈行为仅指欺诈客户一种情形。

证券欺诈行为是我国经济生活中的新型违法犯罪行为,和传统的经济违法犯罪行为相比较,一般具有资源(信息、资金、权力、智力)优势滥用性、危害结果严重性、行为方式分散性、隐蔽性、智能性和获得利益的表面公开性等特点。

2. 证券欺诈行为的特征

(1)证券欺诈行为主体的广泛性,是指证券欺诈行为主体包括机构投资者,如券商、发行人、中介组织,也包括个人投资者及证券管理人员、从业人员,甚至股评人士等。

(2)证券欺诈行为人在主观上只能是故意,并且具有营利的目的。营利可以是为自己,也可以是为第三人。

(3)在客观方面表现为违反相关法律、法规、从事法律法规禁止的交易行为。包括证券发行与交易过程中的内幕交易、操纵市场、欺诈客户、虚假陈述、妨碍证券信息、空买空卖等行为。

(4)侵害的客体是复杂客体:一方面侵犯了投资者的合法权益;另一方面,违反证券法规定的公平、公正、公开的"三公"原则,侵犯金融证券市场的管理制度和市场秩序。

7.4.2 内幕交易行为

1. 内幕交易

内幕交易指证券交易内幕信息的知情人和非法获取内幕信息的人,利用内幕信息直接或间接从事证券交易证券买卖的行为。

在证券市场上,投资者进行投资决策的依据是各种各样有关证券交易的信息。比如,在股票市场上,每只股票的未来收益都具有不确定性,投资者在收益、风险方面的偏好也有所不同。寻求各种投资项目和获利机会的企业和个人,都需要通过股票市场上披露的各种信息,包括上市公司定期公布的财务会计报表、股息红利配送方案,以及证券交易所每天公布的上市公司股票的交易数量、价格变动情况、涨跌最大的股票、反映整个证券交易市场的价格指数和证券市场上提供的其他信息数据等,进行分析预测,直到发现值得投资的行业,甚至具体的企业,才能作出购买或者出售股票的决定。所以,了解可能影响证券价格的各种信息,是投资者作出正确选择的前提。

在信息已经充分公开,大多数投资者都能够知悉的情况下进行证券交易,是保证证券交易公平的基本条件。在一个市场中,如果总是有一部分人可以在其他投资者还无法对市场变化作出判断时,利用所掌握的内部消息,抢先一步对市场作出反应,占据市场优势,从而占有更多的获利机会,而大多数投资者事先不能知道游戏规则或者游戏规则对他们是不确定和不公平的,他们蒙受损失的可能性总是更多一些,这个市场就不是公平的市场,市场的交易量将会因此而减少,市场效率也将降低,从根本上说,将会损害广大投资者对这个市场的信心,阻碍市场发展。由此可见,内幕交易的危害是极为严重的,为了保障证券市场的公平性,维持投资者的信心,必须严格禁止内幕交易。

在证券交易活动中,内幕交易从形式上看与正常的交易基本相同,也是按同样的操作程序在市场上公开买卖证券,但由于这是一部分人利用因自己的特殊地位或特殊关系掌握尚未公开的信息进行交易,对于其他投资者来说,这种交易实质上是不公平的。因此,在各国证券市场上,内幕交易都是为法律明令禁止的,不得进行内幕交易是证券交易活动的一项重要准则,也是国际上通行的一项规则。

2. 内幕信息

内幕信息指在证券交易活动中,涉及公司的经营、财务或者对该公司证券的市场价格有重大影响的尚未公开的信息。利用内幕信息进行证券交易,是内幕交易这种违法行为的构成要件之一,从法律上明确规定哪些信息属于内幕信息,对于在实践中认定内幕交易,从而惩处进行内幕交易活动的人员,是非常必要的。内幕信息具有两个特点:

(1)内幕信息的内容分为两大类:

一类是涉及公司的经营、财务状况的信息,这类信息是投资者判断公司发展前景,确定公司所发行的证券的投资价值,从而作出投资决策的必要依据。这一类信息基本上是来源于公司内部。

另一类是对公司证券的市场价格有重大影响的信息,这类信息有的来源于公司内部,也有的来源于公司外部,这些信息虽然不涉及公司的经营、财务状况,但是传播开来,就会对证券的市场价格产生重大影响,有的会导致公司自己发行的证券价格的上涨或下跌,也有的甚至会影响其他公司的证券价格上涨或下跌。所以,这种信息是投资者非常关心的,对投资者进行投资决策也是至关重要的。

由此可见,内幕信息的内容是对投资者进行证券投资决策非常重要的情况,是应当向投资者及时公开的。

(2)内幕信息是尚未公开的信息。公开信息就是向社会公众披露信息的内容。为了保证使广大投资者都能够知悉他们所应当了解的信息,新《证券法》对信息披露的方式作出了规定。新《证券法》第九十六条规定,依照法律、行政法规必须作出的公告,应当在证券交易场所的网站和符合国务院证券监督管理机构规定条件的媒体发布,同时将其置备于公司住所、证券交易所,供社会公众查阅。这条规定可以说是确定了信息公开的标准,这就是只有按照法定方式披露了信息,才算作是公开了信息,而有关信息尚未在证券交易场所的网站和符合国务院证券监督管理机构规定条件的媒体发布,并置备于公司住所、证券交易所供社会公众查阅的,就属于尚未公开的信息。

这里应当注意的是,证券市场上的信息是极为丰富的,只有同时具备这两个特点的信息,才属于内幕信息,不具备这两个特点的,或者只具备其中一个特点的,都不能算作是内幕信息。

下列信息属于内幕信息:新《证券法》第九十条第二款第九十一条第二款所列重大事件;公司分配股利或者增资的计划;公司股权结构的重大变化;公司债务担保的重大变更;公司营业用主要资产的抵押、出售或者报废一次超过该资产的百分之三十;公司的董事、监事、高级管理人员的行为可能依法承担重大损害赔偿责任;上市公司收购的有关方案;国务院证券监督管理机构认定的对证券交易价格有显著影响的其他重要信息。

3. 内幕人员

所谓内幕人员,是指知悉证券交易内幕信息的人员。内幕人员是内幕交易行为的主体,是这种违法行为的构成要件之一,在法律中明确规定内幕人员的范围,是非常必要的。这样可以使得禁止内幕交易规则的具体适用对象更加明确,有助于证券监督管理机构以及司法机关等在实际执行中认定内幕人员,使这一禁止性规则具有更强的可操作性。

确定内幕人员,一般是以是否拥有证券市场上尚未公开的信息为标准。从传统意义上讲,内幕人员是指公司内部的人员,具体包括董事、监事、经理等。这些人通常被认为能比其他人更早获得关于公司的信息。但是,在实际中为公司的证券交易提供服务的机构及其有关人员和对证券交易进行管理的有关人员等,也能够拥有关于公司的和有关证券交易的内幕信息,并且这些人利用内幕信息进行证券交易的情况也很普遍。因此,现在各国对于内幕人员的范围都规定得比较宽泛,不仅限于公司内部人员,还包括公司外部的由于工作性质或所任职务而拥有内幕信息的人员。可以这样说,内幕人员实际上是一类人员的集合,与这类人员相对应的是从报纸、广播、电视等获取信息的人员。

根据有关规定,下列人员属于内幕人员:发行股票或者公司债券的公司董事、监事、经理、副经理及有关的高级管理人员;持有公司5%以上股份的股东;发行股票公司的控股公司的高级管理人员;由于所任公司职务可以获取公司有关证券交易信息的人员,例如,文字秘书、打字办公人员等;证券监管工作人员,以及由于法定的职责对证券交易进行管理的人员,例如,工商、税务、金融、财政等部门工作人员;由于法定职责而参与证券交易的社会中介机构,或者证券、登记结算机构、证券交易服务机构的有关人员,例如 ,注册会计师、律师、资产评估师、审计师等;国务院证券监督管理机构规定的其他人员,例如,关联交易中的关联方、新闻记者等。

4. 内幕交易的表现形式

内幕交易的表现形式主要有:知悉证券交易内幕信息的人员买卖所持有的该公司证券的行为;内幕人员泄露该信息,使他人利用该信息进行内幕交易;内幕人员建议他人买卖该证券;非法获取内幕信息的人员,买卖或建议他人买卖证券或者泄露该内幕信息的行为。

内幕交易的行为主体包括内幕人员和非法获取内幕信息的非内幕人员,行为主体知悉了有关某证券的内幕信息,并且从事了该证券的买卖。这是内幕交易最主要的表现形式,因为这样做通常能够使得行为人直接获利。在内幕交易中,行为人买卖的应当是可能受内幕信息影响的证券。泄露内幕信息,其结果是使少数人利用内幕信息进行交易,获取不正当利益,并且通常泄露信息的人都能直接或者间接获利。行为主体利用自己所了解的内幕信息向他人提出买卖某种将受该信息影响的证券的行为,所导致的结果是使少数人获得利益,而对大多数投资者的利益造成损害。内幕人员只要有买入或者卖出所持有的该公司的证券,或者泄露该内幕信息或者建议他人买卖该证券的行为,则不论他是否有获利目的和动机,是否利用了内幕信息从事证券交易,以及是否从交易中获利,都视为进行了内幕交易。

内幕交易行为给投资者造成损失的,行为人应当依法承担赔偿责任。

7.4.3　操纵证券市场

在证券交易活动中,禁止操纵证券交易市场是一项重要的法律准则,也是各国证券市场通行的规则之一。

证券交易价格,是指证券持有者将证券让渡给购买者的货币数量。证券本身并没有价值,在证券市场上,证券的交易价格是由证券所代表的权益和证券的供求数量决定的。证券所代表的权益分为两部分:一部分是由发行人支付的股息、红利、利息等;另一部分是证券持有者买卖证券所获得的差价收益。一般情况下,当市场上证券的发行总量不变时,人们买入证券与卖出证券的数量随着他们对证券收益预期的变化而变化,并由此推动着证券交易价格的变化。预期收益较高时,买入数量增加,证券交易价格趋于上涨,预期收益较低时,卖出数量增加,证券交易价格就会趋于下跌。

从实践中看,影响证券预期收益,从而影响证券买入与卖出数量的因素非常多,经济的、政治的因素都有。比如,从宏观上说,经济周期的循环与波动、利率水平的高低、中央银行的货币政策和公开市场业务的调整、物价水平以及国家有关法律、法规、政策、措施的实施等,都能够影响证券的买入与卖出数量,从而影响证券交易价格;从微观上说,公司的盈利水平和股利派发政策等,也会直接影响证券的买入与卖出数量,带来证券交易价格的变化。证券交易价格受这些因素影响发生变动是经常的,也是不可避免的,由上述这些因素导致的证券交易价格发生变动是正常的。

在上述因素之外,还有一种因素也可以导致证券交易价格发生变动,这就是人为操纵。在证券市场上,买卖证券的心理是这样的,即一边倒的量会刺激出更大的一边倒的量。一般情况下,当证券持有者看到证券交易价格下跌,他们就会决定抛出,而这种抛出会引起更多的抛售。当潜在的投资者看到证券交易价格上涨时,他们就会决定买进,而这种买进又会带动更多的买进。某些个人或者机构利用人们的这种心理,背离市场竞争原则和供求原则,通过增加买进或者卖出证券的数量来人为地操纵证券交易价格,引诱他人参与证券交易,为自己牟取利益或者转嫁风险。这种人为地操纵证券交易价格,实质上是制造虚假的证券交易量和证券交易价格,是对不特定的投资者的欺诈行为。所以,为了保护广大投资者的利益,维持证券交易公正合理地进行,必须严格禁止操纵证券交易价格的行为。

操纵证券交易市场的行为的具体表现形式,主要有四种类型:

1. 单独或合谋操纵证券交易价格

操纵者具有两个客观要件:一是集中资金优势、持股优势或利用信息优势,二是联合买卖证券或者连续买卖证券。这两个要件应当同时具备才构成操纵证券交易市场的行为。单独的操纵者通常是利用自己手中持有的大量资金或股票,或者利用所知悉的重要信息进行连续买卖,而两个以上的操纵者可以合谋集中各自的优势,进行联手操作,联合进行证券买卖,也可以连续进行证券买卖。所谓连续买卖,是指在短时间内对同一种证券反复进行买进又卖出的行为。

2. 与他人串通影响证券交易价格或者证券交易量

这种操纵市场的方式又称为"对倒",是最古老的操纵证券交易市场的形式之一。这种行为的特点:串通好的操纵者必须是分为买方和卖方两个对应的方面,证券交易是在两方操纵者之间进行的;双方事先约定好证券交易的时间、价格和方式等。这种行为的目的是抬高证券交易价格,制造市场虚假繁荣景象,诱导投资者盲目跟进。

3. 以自己为交易对象进行不转移所有权的自买自卖

这种行为是将预先配好的委托分别下达给两个证券公司,经由一个证券公司买进,另一个证券公司卖出,而实质上是自买自卖,证券所有权并不发生转移。

4. 以其他方法操纵证券交易价格

这是指行为人不管采用什么手法,也不问其主观动机是什么,只要客观上造成了操纵证券交易价格的结果,且操纵者也因此获利,这种行为就属于操纵证券交易市场的行为。这样规定主要是考虑在上述三种操纵证券交易市场的形式以外,操纵者还会采用许多新的手法,法律难以一一列全。作出这一概括性的规定,可以适应复杂的实际情况,有利于严厉打击操纵证券交易市场的行为。

操纵证券市场行为给投资者造成损失的,行为人应当依法承担赔偿责任。有操纵证券交易市场行为的,依照《证券法》规定给予行政处罚,情节严重的构成犯罪,追究刑事责任。

7.4.4 欺诈客户

在证券交易活动中,必须遵循自愿、有偿、诚实信用的原则,以维护交易双方的利益,保证证券交易正常进行。对于证券公司代理客户买卖证券的,《证券法》规定了若干具体规则,如:证券公司应当根据客户委托书载明的证券名称、买卖数量、出价方式、价格幅度等办理经纪业务;买卖成交后,应当按规定制作买卖成交报告单交付客户;证券公司从事自营业务的,严禁挪用客户交易结算资金等。证券公司及其从业人员违反法律规定的规则代理客户买卖证券,从事损害客户利益的欺诈行为,严重有悖于自愿、有偿、诚实信用的法律原则的事项,应当严格禁止。

欺诈客户的行为主要有以下具体表现:

(1)违背客户的委托为其买卖证券,包括证券交易结果不符合委托的内容。

(2)不在规定时间内向客户提供交易的书面确认文件。

(3)挪用客户所委托买卖的证券或者客户账户上的资金,指证券公司或者其从业人员擅自将客户账户上的证券或资金挪作他用,如将客户账户上的证券用于质押,将客户账户上的资金用于自营或者转借给他人等。

(4)私自买卖客户账户上的证券,或者假借客户的名义买卖证券。私自买卖客户账户上的证券有两种情况:一种是证券公司或者其从业人员未经客户委托授权,擅自买卖客户账户上的证券;另一种情况是证券公司及其从业人员未经过其依法设立的营业场所,私下接受客户委托买卖证券。假借客户的名义买卖证券,所买卖的可能是客户账户上的证券,也可能并不动用客户账户上的证券,而是假借客户的名义开立证券账户进行证券买卖。

(5)为牟取佣金收入,诱使客户进行不必要的证券买卖。

(6)其他违背客户真实意思表示,损害客户利益的行为。

7.4.5 虚假信息

在证券市场上,各种各样信息的传播对证券交易都会造成影响,公布真实的信息,有助于投资者了解市场真实情况,作出正确选择;而散布虚假信息,进行信息误导,则会使投资者作出错误的判断,利益受到损失。所以,对编造、传播虚假信息,恶意进行信息误导的行为,应当坚决予以禁止。

虚假信息对证券市场造成的影响,主要是直接影响证券交易价格。恶意散布、编造虚假信息或者不实资料,通常都是以操纵证券交易市场为目的的,并且在很多情况下还伴随着操纵市场的行为而进行的,所以,许多国家将这种行为也列为操纵证券交易市场行为的一种表现形式。例如:美国规定,操纵市场行为包括故意散布虚假信息或不实资料,引诱他人买卖证券的行为;日本规定,自己或与他人共谋散布有价证券行情要有变动的流言,以及在进行有价证券买卖时,对主要事项故意制造虚假的或者能够产生误解的表示的,都属于操纵市场的行为。

禁止国家工作人员、传播媒介从业人员和有关人员编造、传播虚假信息,扰乱证券市场。禁止证券交易所、证券公司、证券登记结算机构、证券服务机构及其从业人员,证券业协会、证券监督管理机构及其工作人员,在证券交易活动中作出虚假陈述或者信息误导。各种传播媒介传播证券市场信息必须真实、客观,禁止误导。

其他规定:禁止法人非法利用他人账户从事证券交易;禁止法人出借自己或者他人的证券账户;禁止任何人挪用公款买卖证券;国有独资企业、国有资本控股公司买卖上市交易的股票,必须遵守国家有关规定。

本章小结

证券交易市场也称为证券流通市场或二级市场,是对已发行的证券进行交易的市场。交易市场具有主体的广泛性、价格的不确定性、资金运动的规模大、速度快的特点,证券交易行情和价格指数能较好地反映整个国民经济的状况,人们称之为国民经济的晴雨表、风向标。

证券上市就是证券在证券交易所挂牌交易,自由、公开地买卖,证券的公开上市必须符合证券交易所规定的主板、创业板、科创板上市条件。上海、深圳、北京证券交易所实行股票、可转换公司债券上市保荐制度。股票上市交易申请需经国务院证券监督管理机构核准或经证券交易所审核并由国务院证券监督管理机构同意注册。股票上市的特别处理、临时停牌、退市。

上市公司依法披露的信息,必须真实、准确、完整,不得有虚假记载、误导性陈述或者重大遗漏。公告信息包括年度报告、中期报告、临时公告。

证券交易的程序包括:开立股票账户和资金账户、办理指定交易和转托管、委托指令、竞价、成交、清算、交割、过户。

委托交易指令包括证券账号、日期、品种、数量、价格、委托买卖的方向、签名等。证券交易按“价格优先、时间优先”原则竞价成交。在每日开盘时采用集合竞价方式,在日常交易中采用连续竞价方式。

证券交易实行公开、公平、公正的原则,禁止的交易行为主要包括:内幕交易行为、操纵证券市场行为、欺诈投资者(客户)行为和编造、传播虚假信息行为等。

复习思考题

一、名词解释

证券交易　证券上市　上市保荐制度　持续信息公开制度　指定交易　转托管

连续竞价　集合竞价　内幕交易　操纵证券市场　欺诈客户　虚假信息

二、判断题

1. 证券交易的特征主要表现为流动性、安全性和收益性。（　）

2. 证券公司以获取更多的佣金为目的,诱导顾客进行不必要的证券买卖的行为属于操纵市场行为。（　）

3. 证券经纪商对委托人的一切委托事项负有保密义务。（　）

4. 集合竞价也要服从价格优先和时间优先原则。（　）

5. 新股在主板上发行上市当日无涨跌停板制度。（　）

三、单项选择题

1. 证券交易的原则不包括(　　)。

A. 公开原则　　B. 公平原则

C. 及时原则　　D. 公正原则

2. 集合竞价确定成交价的原则是(　　)。

A. 价格优先原则　　B. 时间优先原则

C. 价格优先和时间优先原则　　D. 最大成交量原则

3. 公开原则的核心要求是(　　)。

A. 上市公司的信息披露及时　　B. 证券公司公开业务

C. 实现市场信息公开化　　D. 证券交易实现社会化

4. 在我国,股票账户可以买卖的对象有(　　)。

A. 股票　　B. 债券　　C. 基金　　D. 以上都可以

5. 在我国证券交易所的证券交易中,完全不受10%涨跌幅限制的是(　　)。

A. 已上市A股　　B. 已上市B股　　C. 已上市基金　　D. 首日上市的证券

四、多项选择题

1. 证券交易的原则为(　　)。

A. 公开　　B. 公平　　C. 公允　　D. 公正

E. 信息对称

2. 目前投资者在证券营业部的资金存取方式主要有(　　)。

A. 证券营业部自办存取　　B. 证券公司办理存取

C. 委托银行代理资金存取　　D. 银证联网转账存取

3. 关于集合竞价说法正确的是(　　)。

A. 遵循最大成交量原则

B. 所有买方有效委托按委托限价由高到低的顺序排列

C. 所有买方有效委托按委托限价由低到高的顺序排列

D. 所有成交都以同一成交价成交

E. 未能成交的委托,自动进入连续竞价

4. 内幕交易包括的行为有(　　)。

A. 内幕人员利用内幕信息买卖证券

B. 内幕人员根据内幕信息建议他人买卖证券

C. 内幕人员向他人透露内幕信息

D. 非内幕人员通过不正当手段获得内幕信息

5. 股票交易中的竞价方式主要有(　　)。

A. 口头竞价　　B. 书面竞价

C. 集合竞价　　D. 连续竞价　　E. 计算机竞价

6. 下列人员中不得开立股票账户的有(　　)。

A. 证券管理机关工作人员　　B. 证券交易所管理人员

C. 政府行政人员　　D. 证券业从业人员

E. 未经授权代理法人开户者

五、简答题

1. 简述证券交易市场的特点、功能。
2. 简述股票主板、创业板上市条件。
3. 简述债券的上市条件。
4. 简述股票上市的特别处理、临时停牌、退市。
5. 简述证券交易的程序。
6. 简述股票上市的信息公开内容。
7. 简述证券交易委托指令内容。
8. 简述竞价原则和竞价方式。
9. 简述内幕交易行为的内容。
10. 简述操纵证券市场行为的内容。

11. 简述欺诈客户的内容。

12. 简述虚假信息编造和传播的内容。

六、论述题

试述股票上市保荐制度的内容。

全国首例证券集体诉讼案,康美药业虚假陈述侵权赔偿 24.59 亿元

2021 年 11 月 12 日,广州市中级人民法院对全国首例证券集体诉讼案作出一审判决,责令康美药业股份有限公司因年报等虚假陈述侵权赔偿证券投资者损失 24.59 亿元。

该案是新《证券法》确立中国特色证券特别代表人诉讼制度后的首单案件,是迄今为止法院审理的赔偿金额最高的上市公司虚假陈述民事赔偿案件。

据了解,此次康美药业特别代表人诉讼案件涉及的被告既包括上市公司,也包括上市公司实际控制人、董事、监事、高管,还包括年报审计机构及签字会计师、项目经理等。

判决结果显示,康美药业作为上市公司,承担 24.59 亿元的赔偿责任;公司实际控制人马××夫妇及邱××等 4 名原高管人员组织策划实施财务造假,属故意行为,承担 100% 的连带赔偿责任;另有 13 名高管人员按过错程度分别承担 20%、10%、5% 的连带赔偿责任。

同时,康美药业的审计机构广东正中珠江会计师事务所(简称“正中珠江所”),因未实施基本的审计程序,严重违反了相关法律规定,导致康美药业严重财务造假未被审计发现,被判决承担 100% 的连带赔偿责任。此外,作为正中珠江所合伙人以及康美药业年报审计项目的签字会计师,杨××在执业活动中因重大过失造成正中珠江需承担赔偿责任,也被判在正中珠江所承责范围内承担连带赔偿责任。

2020 年 5 月 13 日,因康美药业在年报和半年报中存在虚假记载和重大遗漏,中国证监会对该公司和 21 名责任人作出罚款和市场禁入的行政处罚决定。2021 年 2 月 18 日,中国证监会又对负责康美药业财务审计的正中珠江会计所和相关责任人员进行了行政处罚。4 月 8 日,中证中小投资者服务中心有限责任公司受部分证券投资者的特别授权,向广州中院申请作为代表人参加诉讼。经最高人民法院指定管辖,广州中院适用特别代表人诉讼程序,对这起全国首例证券集体诉讼案进行了公开开庭审理。

法院查明,康美药业披露的年度报告和半年度报告中,存在虚增营业收入、利息收入及营业利润,虚增货币资金和未按规定披露股东及其关联方非经营性占用资金的关联交易情况,正中珠江会计所出具的财务报表审计报告存在虚假记载,均构成证券虚假陈述行为。经专业机构评估,投资者实际损失为 24.59 亿元。

法院认为,康美药业在上市公司年度报告和半年度报告中进行虚假陈述,造成了证券投资者投资损失,应承担赔偿责任。马××、许××等组织策划财务造假,应对投资者实际损失承担全部连带赔偿责任。正中珠江相关审计人员违反执业准则,导致财务造假未被审计发现,应承担全部连带赔偿责任。部分公司高级管理人员虽未直接参与造假,但签字确认财务报告真实性,应根据过失大小承担部分连带赔偿责任。

根据判决,广州中院以自媒体质疑康美药业财务造假的 2018 年 10 月 16 日为案涉虚假陈述行为的揭露日。本案权利人范围为自2017年4月20日(含)起至2018年10月15日(含)期间以公开竞价方式买入,并于2018年10月15日闭市后仍持有康美药业股票,且与本案具有相同种类诉求的投资者。

在业内人士看来,在证券侵权民事诉讼中适用特别代表人制度,有利于保护中小证券投资者的合法权益,是人民法院加大证券市场秩序司法保护的重要措施。①

讨论题:1."康美药业"虚假陈述案给市场带来哪些危害?

2. 此案例给投资人带来哪些启示?

推荐阅读

[1] 曹理. 新《证券法》下内幕交易认定的理念转换与制度重构:以光大证券"乌龙指"案为对象的分析[J]. 西南民族大学学报(人文社会科学版),2022,43(1).

[2] 丁宇翔. 证券发行中介机构虚假陈述的责任分析:以因果关系和过错为视角[J]. 环球法律评论,2021,43(6).

[3] 肖志珂. 内幕交易罪中利用内幕信息及其认定[J]. 社会科学家,2021 (11).

[4] 伍坚,施羿言. 上市公司"面值退市"制度的反思与完善[J]. 上海金融,2021 (7).

[5] 路露. 上市公司财务造假动因及防范对策研究[D]. 昆明:云南财经大学,2021.

[6] 周淳. 证券发行虚假陈述:中介机构过错责任认定与反思[J]. 证券市场导报,2021 (7).

[7] 江榕. 注册制背景下保荐人法律责任承担问题研究[D]. 保定:河北大学,2021.

[8] 薛冰,张兵,王婉菁. T+1交易制度、卖空约束和日度换手率效应[J]. 金融评论,2020,12(5).

[9] 王茜茜. 证券上市中保荐人的法律责任研究[D]. 哈尔滨:黑龙江大学,2017.

[10] 李宗和. 完善股票上市制度[J]. 中国金融,2019 (16).

① 摘自新浪财经,2021年11月12日。

第 8 章　股票价格指数

教学目的

通过本章的学习,使学生了解股票价格指数的基本含义,掌握股票价格指数的编制方法,了解世界主要股价指数的特点,了解中国现行股价指数的种类,对中外股价指数的共性和个性特征有深刻理解。

教学内容

1. 股票价格指数的含义,股票价格指数的编制方法,编制步骤。
2. 世界主要股价指数。
3. 中国现行的股价指数。
4. 中外股价指数的比较。

教学重点

股票价格指数的编制方法,编制步骤;中国现行的股价指数。

教学难点

股票价格指数的编制方法。

开篇案例

道琼斯指数的产生

查尔斯·亨利·道,1851 年 11 月 6 日出生在康涅狄格州斯特灵的一个农场里。在他 6 岁时,父亲就去世了。此后的很多年里,他一直在自家的农场里帮助母亲从事艰苦的劳动。大概十三四岁时,他离开了农场,后来还从事过 20 种不同的工作以赡养母亲。长期的艰苦生活磨炼了查尔斯·道的意志,使他变得成熟坚韧、谦虚谨慎,更难能可贵的是他始终怀有自己的理想,从未放弃过努力。虽然只上过小学,但是查尔斯·道的最大梦想却是当一名记者。

1875 年查尔斯·道离开了斯普灵菲尔德,来到罗得岛州的普罗文顿斯,加入《普罗文顿斯晨星和晚报》报社工作。两年后,这家报社停业了。于是他就转到了《普罗文顿斯日报》。查尔斯·道很快就融入了新环境,干得得心应手,也越来越自信。在同事们眼里,他是一个大人物,有六英尺多高,甚至有点驼背,行为高傲,说起话来就像一个大学教授。在这里查尔斯·道遇到了他未来的合作伙伴——爱德华·戴维斯·琼斯。查尔斯·道非常尊敬琼斯受过的教育,也非常欣赏琼斯的才华和抱负,而琼斯则很敬佩查尔斯·道谦逊踏实的工作作风,所以他们很快便成了朋友。

内战后,美国经济迅速进入工业革命时期——一个股份有限公司的新时代。查尔斯·道成长于这个时代,目睹了企业生产产品在地区内销售,被有实力的追求巨大商业利润的工业资本家们控制着。他们组成了庞大的联合企业以发掘和垄断国内市场。他们也把企业的股份卖给公众以寻找传说中的黄金国。可是股票价格经常被华尔街的联合投资者们控制、垄断,从而引起它的暴涨和暴跌。

查尔斯·道预见到国内经济和国内市场的一种抽象的概念,而且还预测到有一种可以衡量那些工业巨头正在做什么的方法,即把握金融市场总趋势。他认为这才是最有价值的信息,也正是当时的华尔街和金融市场所缺少的。

1882 年 11 月,道·琼斯公司成立,在华尔街 15 号一个狭小的办公室里开始了他们的股票信息服务业务。公司里只有一台打字机和一部电话。

1882 年底,道·琼斯公司出版了一份只有两页的晚报。他们把华尔街的金融信息手写在劣质的纸张上,并复抄了 24 份,定名为《顾客晚报》,还雇人帮着分发。报纸迅速取得了成功。华尔街认识到查尔斯·道这个安静的总是记下看到的所有事情的人,在用毫不夸张的语言发布着极为精确的信息。通过对股票收盘价的研究,查尔斯·道发现可以发明一个反映市场总体走势的晴雨表,即股票平均指数。1884 年 7 月 3 日,他在《顾客晚报》上首次刊登了一项包含 11 种股票的指数,其中包括 9 家铁路公司和两家汽轮公司股票的平均价格,又被称作"铁路平均指数"。道琼斯指数一经推出,就迅速被华尔街所接受。它使股票市场改变了以往的面貌,缓解了华尔街股票交易面对的迷茫困境,给人们带来一盏指路的明灯。

1889 年 7 月 8 日,《华尔街日报》问世,查尔斯·道成为第一任主编。报纸的核心内容一直都是他的具有开创性的指数。他的发明对华尔街的影响十分深刻,金融家和投机者们已经离不开这些数字了。100 年后,查尔斯·道提出的平均指数以及登载它的《华尔街日报》,不但影响到华尔街,而且还影响了全世界。①

---

①摘自《差距在哪里:全球财富精英的传奇历程》,杨澜,蓝天出版社,2005。

8.1 股票价格指数概述

股票价格指数是表明股票平均价格水平及其变动情况以衡量股市行情的重要指标。由于经济、技术、市场、政治等各种因素的影响,股票价格经常处于变动之中。为了能够及时、准确地反映出这种变化趋势,世界各大证券市场都编制或参考编制股票价格指数,将某一时点上成千上万种此起彼落的股票价格表现为一个综合指标,代表该股票市场一定标准的价格水平和变动情况。

8.1.1 股票价格指数的概念与作用

1. 股票价格指数的概念

股票价格指数简称股价指数,是指金融服务机构编制并发布,通过对股票市场中多种股票的价格进行平均计算和动态对比后得出的以衡量股价变动程度的指标。它是报告期股票市场中列入计算范围的各种股票的股价平均数与基期同一范围内股票的股价平均数的比值。作为对比基础的价格时期叫作基期,与之进行对比的价格时期叫作报告期。股票价格指数,是股市动态的综合反映。

2. 股票价格指数的作用

随着股票市场的发展,股价指数的作用亦更加突出。编制股价指数的作用在于综合考察股票市场的动态变化过程,反映不同时点股票市场的价格水平。它不仅是反映股市变动情况的重要指标,也是股票投资者从事投资的不可缺少的参照系,而且还是反映经济情况的"晴雨表"。根据股票价格指数的变化,一是可以观察和分析股票市场的发展动态,研究有关国家和地区的政治、经济发展趋势,从宏观上为制定整个国民经济的投资策略提供依据;二是为投资者从事股票投资和合法的股票增值活动提供参考依据。为了帮助投资者实现投资目的,建立正常、规范的投资环境,客观上需要一种能够综合反映股票市场整体价格水平及其发展变化的指标,股票价格指数就是这样一种具有决策依据功能的指标。

8.1.2 股票价格指数的编制要求与步骤

1. 股票价格指数的编制要求

股票价格指数具有客观性、准确性、代表性和敏感性的特征。为了反映这些特征,在编制过程中应符合下列要求:

(1)要正确选择若干种股票作为计算对象。选择的计算对象又称样本,这些采样股票必须具有典型性、普遍性或一定的影响力,才能使计算结果有较高的代表性。因此,在选择作为计算对象的样本股票时,必须综合考虑其行业分布、市场影响力、股票等级、适当数量等因素。

(2)要采用恰当的计算方法进行科学的编制计算。对股价平均数和股价指数的计算,其计算方法应具有高度的适应性,能对不断变化的股市行情做出相应的调整或修正,使股价指数有较强的敏感性。

(3)要有科学的计算依据和手段。对于股价指数的计算,其计算依据的口径必须一致,一般均以交易所的收盘价作为计算依据,但随着计算频率的加快,有的以每小时价格甚至更短的时间价格来计算,因此,计算依据应与计算时间间隔相适应,随着科学技术的发展,计算手段也需不断完善,使股价指数能更准确,更客观地反映股市行情。

(4)选好计算股价指数的基期。在计算股价指数时要选择好基期,基期应该有较好的代表性、均衡性和可比性,要能够代表正常情况下股票市场的均衡水平。基期只有定得合适才有可比性,据此计算出来的股价指数也才能如实地反映股市活动的全貌。

2. 股票价格指数的编制步骤

世界各地的股票市场都有自己独特的股价指数,尽管这些股价指数各有特点,但其编制原理大致相同,主要经过如下几个步骤:

(1)选取有代表性的公司股票。编制股价指数可以以在交易所上市的全部股票为计算对象,也可以选取若干有代表性的公司股票。一般的股价指数是从证券交易所挂牌交易的全部股票中选取若干有代表性的公司股票作为样本加以编制的。因为上市公司数量较多,并且在各自市场中的作用也不尽相同,全部加以计算一是工作量大,二是没有必要,一般都是选取具有代表性的较大公司的股票,这些大公司股票的市场价值占全部股票市场价值较大部分,据此计算的股要价格指数能够反映整个市场情况。

(2)将选取的公司股票的市场价格加以平均,计算出平均价格。计算平均价格有三种方法,即简单算术平均法、加权平均法和几何平均法,通常采用加权平均法。如遇有些公司分红等情况,会影响到股价平均数,为保持股价指数的可比性,还需加以适当调整和修正。

(3)确定股价指数。通常选定一个基期价格指标,以后每期的平均价格都与之进行比较,就可求出股价指数。例如,道・琼斯股价平均指数是以 1928 年 10 月 1 日为基期,基期指数为 100,以后各期的股价平均数同基期股价平均数相比算出百分数,得出各期的道・琼斯股价指数。

8.1.3　股票价格指数的编制方法

1. 股价平均数的计算方法

编制股票价格指数,首先必须计算平均股价。平均股价也称股价平均数,是指股票市场全部股票或样本股票的平均价格,主要用来反映股票市场的价格水平。平均股价的计算方法有以下几种:

(1)简单算术平均法。简单算术平均法就是将列入计算范围的股票某一时点(收盘、开盘、最高、最低)的价格加总,然后除以股票数,来计算股价平均数的方法。其计算公式为:

$$\bar{P} = \frac{1}{n}\sum_{i=1}^{n} P_i \tag{8.1}$$

式中　$\bar{P}$ ——股价平均数;

P_i ——某一时点第 i 种股票的价格;

n ——股票样本数。

用简单算术平均法计算出的平均股价,有利于判断股票投资的获利情况,进而知道平均股价在利率体系中偏高还是偏低。计算方法简单,易于掌握。它的缺点在于:没有考虑股票分割、权数不一等因素的影响,不能反映股价一般的、长期的和动态的变化,也容易受到发行量和交易量较少的股票价格的涨落影响,难以真实反映股市动态。

(2)加权平均法。加权平均法是将列入计算范围的每种股票的交易价格乘以各自的权数后相加,再除以总权数,得出加权平均数的方法。权数的取法有二:一是以报告期的交易量为权数,交易量越大的股票其权数就越大,对股价平均数的影响就越大;二是以每种股票的发行量为权数,发行量越大的股票其权数就越大,对股价平均数的影响就越大。其计算公式为:

$$\bar{P} = \frac{\sum_{i=1}^{n} p_i Q_i}{\sum_{i=1}^{n} Q_i} \tag{8.2}$$

式中 $\bar{P}$——股价平均数;

P_i——第 i 种股票的价格;

Q_i——第 i 种股票的交易量或发行量,即代表权数;

n——列入计算范围的股票种数。

加权平均法的特点是:在计算股价平均数时,将列入计算范围的每种股票的交易量或发行量考虑在内,以此来衡量每种股票价格的变动对股价平均数的相对重要程度,从而能够真实地反映股票价格变动对股市行情的影响。

【例8.1】在某股市抽取了甲、乙、丙3种股票作为样本,它们在某营业日的交易量分别为2 000股、2 500股、1 500股,收盘价依次为25.10元、18.00元、20.30元,按加权平均法计算,该营业日3种股票收盘价的股价平均数为:

$$\bar{P} = \frac{25.10 \times 2\,000 + 18.00 \times 2\,500 + 20.30 \times 1\,500}{2\,000 + 2\,500 + 1\,500} = 20.94\ (\text{元})$$

(3)几何平均法。几何平均法是将列入计算范围的每种股票的交易价格连乘,然后再开股票种数次方求得股价平均数的方法。其计算公式为:

$$\bar{P} = \sqrt[n]{P_1 \cdot P_2 \cdots\cdots P_n} = \sqrt[n]{\Pi P_i} \tag{8.3}$$

式中 $\bar{P}$——股价平均数;

P_i——第 i 种股票的价格;

n——列入计算范围的股票种数。

再以例【8.1】的资料,计算抽取的甲、乙、丙3种股票收盘价的几何平均数为:

$$\bar{P} = \sqrt[3]{25.10 \times 18.00 \times 20.3} = 20.93\ (\text{元})$$

几何平均法能够较好地反映股票价格的平均涨跌幅度,但在实践中采用此种方法计算股价平均数的情况很少。

(4)修正平均法。修正平均法与简单算术平均法的一个重要区别,就在于除数的变化,因此这一方法也称为新除数法或弹性除数法。

修正平均法的基本原理是:①将更换或分割的股票每股市场价格加上其他没有变换或分割的股票每股市场价格,得到一个新的股票价格合计数;②用这个新的股票价格合计数除以变换或分割前的各种股票价格平均数，得到一个常数，这个常数就是新除数或弹性除数；③再用新的股票价格合计数除以这个新除数，即得到与变换或分割前相同的股价平均数。其计算公式为：

$$\bar{P} = \frac{\sum_{h=1}^{m} P_h + \sum_{k=1}^{n} P_k}{\beta} \tag{8.4}$$

式中：

$$\beta = \frac{\sum_{h=1}^{m} P_h + \sum_{k=1}^{n} P_k}{\bar{P}_s} \tag{8.5}$$

式(8.4)和(8.5)中　$\bar{P}$ ——修正法股价平均数；

$\bar{P}_s$ ——变换或分割前的股价平均数；

P_h ——未变换或未分割的股票市场价格；

P_k ——已变换或已分割的股票市场价格；

β ——新除数或弹性除数。

运用修正平均法计算平均股价，其目的在于消除股票分割、股票分红、增资发行新股票等因素的影响，弥补由此带来的平均股价数列的断裂现象，保持数列的连续性和股市变动指标的真实性。

目前在国际上影响最大、历史最悠久的道·琼斯股价平均数就采用修正平均法来计算股价平均数，每当股票分割、发放股票股息或增资配股数超过原股份10%时，就对除数做相应的调整。

2. 股票价格指数的编制方法

股价平均数虽然计算简便，简单明了，能够反映股票市场的价格水平，但由于股价平均数是以具体金额表示的，从中不能看出股票价格的波动幅度。为了弥补股价平均数的这个缺陷，产生了股票价格指数。最早研究股价指数的人是美国道·琼斯公司的创始人之一的查尔斯·道，至今已有一百多年的历史。目前，很多国家都有专门的编制股价指数的机构，并形成了具有权威性的股价指数。

股票价格指数，是报告期的股价与某一基期股价相比较的相对变化指数。它的编制首先假定某一时点为基期，基期值为100（或为10；或为1 000），然后用报告期股价与某一基期股价相比较而得出指数。其计算方法主要有以下几种：

(1)简单算术平均法。采用简单算术平均法计算股价指数，应先计算采样股票的个别股价指数，再加总求其算术平均数。其计算公式为：

$$P^I = \frac{1}{n} \sum_{i=1}^{n} \frac{P_{1i}}{P_{0i}} \tag{8.6}$$

式中　P^I ——股价指数；

P_{0i} ——基期第 i 种股票价格；

P_{1i} ——报告期第 i 种股票价格；

n ——股票样本数。

(2)综合平均法。综合平均法即把基期和报告期的股价分别相加总,用报告期股价总额与基期股价总额相比较。其计算公式为:

$$P^I = \frac{\sum_{i=1}^{n} P_{1i}}{\sum_{i=1}^{n} P_{0i}} \tag{8.7}$$

式中符号定义如前所述。

(3)几何平均法。几何平均法即把基期和报告期的股价分别相乘并开 n 次方后,再用报告期与基期的方根相比较。其计算公式为:

$$P^I = \frac{\sqrt[n]{P_{11} \cdot P_{12} \cdots P_{1n}}}{\sqrt[n]{P_{01} \cdot P_{02} \cdots P_{0n}}} \tag{8.8}$$

式中符号定义如前所述。

(4)加权综合法。无论是简单算术平均法,还是综合平均法或几何平均法,在计算股价指数时,都未考虑到各采样股票的权数(发行量或交易量)的不同,而对股票总额的影响不一样,因而,计算出来的指数难以真实全面地反映股市价格变动情况。为了使股价指数计算准确,则需要采用加权综合法来弥补其不足。

根据权数选择的不同,计算股价指数的加权综合法计算公式有如下几种:

①以基期交易量(Q_{0i})为权数,其计算公式为:

$$P^I = \frac{\sum_{i=1}^{n} P_{1i} Q_{0i}}{\sum_{i=1}^{n} P_{0i} Q_{0i}} \tag{8.9}$$

②以报告期交易量(Q_{1i})为权数,其计算公式为:

$$P^I = \frac{\sum_{i=1}^{n} P_{1i} Q_{1i}}{\sum_{i=1}^{n} P_{0i} Q_{1i}} \tag{8.10}$$

③以基期发行量(W_{0i_i})为权数,其计算公式为:

$$P^I = \frac{\sum_{i=1}^{n} P_{1i} W_{0i}}{\sum_{i=1}^{n} P_{0i} W_{0i}} \tag{8.11}$$

④以报告期发行量(W_{1i})为权数,其计算公式为:

$$P^I = \frac{\sum_{i=1}^{n} P_{1i} W_{1i}}{\sum_{i=1}^{n} P_{0i} W_{1i}} \tag{8.12}$$

(5)加权几何平均法。在股价指数计算中,为了调和交易量(发行量)在基期和报告期的不同影响,提出了加权几何平均法,其计算公式为:

$$P^{I}=\sqrt{\frac{\sum_{i=1}^{n}P_{1i}Q_{0i}}{\sum_{i=1}^{n}P_{0i}Q_{0i}}\cdot\frac{\sum_{i=1}^{n}P_{1i}Q_{1i}}{\sum_{i=1}^{n}P_{0i}Q_{1i}}} \tag{8.13}$$

式中符号定义如前所述。

公式(8.13)是对公式(8.9)和(8.10)、(8.11)、(8.12)的进一步修正。其原理是由英国经济学家费雪(Fisher)1922年在其《指数编制法》一书中提出的,人们通常将这一公式称之为理想公式。

综上所述,在公式(8.9)至(8.12)中,选择不同时期的权数是一个较为敏感而复杂的问题。在指数的具体编制过程中,以基期交易量或发行量作为权数而计算的股价指数,称为拉斯贝尔指数(Laspeyre Index);以报告期交易量或发行量为权数计算的股价指数,称为派许指数(Paasche Index)。人们通常认为,以基期交易量或发行量作为权数而计算的股价指数未能反映同度量因素的变化,以报告期交易量或发行量为权数计算的股价指数,其适用性较强,使用较为广泛。在实际运用中,一般的经济价格指数,多采用基期权数形式即拉氏指数;而编制股价指数则通常采用报告期加权指数,即派许指数,许多著名的股价指数,如标准·普尔指数等都采用这一方法。费雪理想公式尽管考虑周全,但计算过于烦琐,且存在增资除权(除权是去除增资时的拆股认购权)时的修正困难,实际中很少应用。

8.1.4　股票价格指数的修正方法

1. 需要修正的现象

在编制股票价格指数时,遇有不可比因素出现,就必须进行相应的修正,以保持股价指数在不同时期的可比性。所谓不可比因素,是指股票市场价格变动以外的其他因素,具体分为两类。

(1)样本成分股票种类更换,也即股票采样范围发生变化。包括:①新股上市;②旧股离市;③上市公司彼此兼并。

当发生上述三种情况时,无论是以简单算术平均法,还是以加权算术平均法计算股价指数,都要进行修正。

(2)样本成分股票种类不变,但其中某种股票数量发生增减。对于简单算术平均法而言,此类不可比因素导致样本股票价格发生变化的非市场行为包括五种情况:①股票拆细;②股票合并;③无偿向股东送股方式的除权;④有偿按优惠价配股方式的除权;⑤无偿送股与有偿配股结合方式的除权。

对于加权算术平均法而言,此类不可比因素导致成分股上市量发生变化的非市场行为包括四种情况:①按市价私募或公开发行的增资扩股;②有偿配股方式的除权;③认购股权证书兑现为股票;④可转换债券从优先股转变为普通股。

需要注意的是,在运用加权算术平均法计算股价指数时,对于成分股的拆细、合并以及无偿送股方式的除权等行为,由于并不改变该种股票的市值总额,因而并不带来不可比性,不必修正。由此可见,按加权算术平均法计算股价指数与按简单算术平均法计算股价指数所需剔除的不可比因素既有共同点,又有不同之处。

2. 剔除不可比因素的方法

股价平均数的计算是分子分母相除,股价指数的计算是两个数值相比。在计算形式上,它们是一样的，都表现为一个分式。当出现不可比因素时，分子受到影响，数值发生变化。为了保持分式在时间上的连续性，需要剔除不可比因素的影响，运用的方法是对分母进行修正，以适应分子的变化。对股价平均数而言，分母称除数，修正除数，意味着对样本股票的种类值进行修正；对股价指数而言，分母称基数，修正基数，意味着对样本股票的价格或市值进行修正。

(1)除数修正法。该方法用于修正计算各种股价平均数，具体方法如下：

①股价简单算术平均数的修正。该方法最早由美国道·琼斯公司于1928年提出，故又称为道氏修正，计算公式为：

$$\text{修正的股价平均数}=\frac{\text{报告期股价总额}}{\text{道氏除数}} \tag{8.14}$$

式中

$$\text{道氏除数}=\text{旧除数}\times\frac{\text{计入调整事项的新股价之和}}{\text{不含调整事项的旧股价之和}} \tag{8.15}$$

【例 8.2】某营业日甲种股票的收盘价为38.20元，乙种为28.00元，丙种为20.80元。次日开盘时，甲种股票实行分割，一股拆为两股，每股价格由38.20元变为19.10元。第三日收盘时，该股票价格由每股19.10元上升为20.10元。则此时股价平均数的修正方法如下：

计入调整事项的新股价之和：

$$38.20+28.00+20.80-38.20+20.10=68.90(\text{元})$$

不含调整事项的旧股价之和，实际上是指按照折股后的现价格还原为折股前股数状态的股价之和：

$$20.10\times2+28.00+20.80=89(\text{元})$$

旧除数即折股前的股票样本数目为3，则：

$$\text{道氏除数}=3\times\frac{68.90}{89}=2.322$$

$$\text{修正的股价平均数}=\frac{\text{报告期股价之和}}{\text{道氏除数}}=\frac{68.90}{2.322}=29.67(\text{元})$$

②股价加权平均数的修正。其原理与股价算术平均数的道氏修正法原理相同，但其公式因权数的取法不同而略有差异。

一种情况是以报告期成交量为权数，即：

$$\text{报告期股价加权平均数}=\frac{\text{报告期股票成交总额}}{\text{新除数}} \tag{8.16}$$

式中

$$\text{新除数}=\text{原除数}\times\frac{\text{计入调整事项的成交总额}}{\text{不计入调整事项的成交总额}} \tag{8.17}$$

另一种是以各种股票的上市量为权数，即：

$$\text{报告期股价加权平均数}=\frac{\text{报告期股票市值总额}}{\text{新除数}} \tag{8.18}$$

式中

$$新除数 = 原除数 \times \frac{计入调整事项的股票市值总额}{不计入调整事项的股票市值总额} \tag{8.19}$$

(2)基数修正法。该方法用于计算各种股价指数,具体方法如下:

①算术平均股价指数的修正,计算公式为:

$$修正的股价算术平均指数 = \frac{报告期股价之和}{修正的基期股价之和} \times 基期指数 \tag{8.20}$$

式中

$$修正的基期股价之和 = 原基期股价之和 \times \frac{报告期已计入调整事项股价之和}{报告期不计入调整事项股价之和} \times 基期指数 \tag{8.21}$$

②股价加权平均指数的修正,计算公式为:

$$修正的股价加权平均指数 = \frac{报告期样本成分股时价总额}{修正的基期样本成分股时价总额} \times 基期指数 \tag{8.22}$$

式中

$$修正的基期成分股时价总额 = 原基期时价总额 \times \frac{报告期已计入调整事项时价总额}{报告期不计入调整事项时价总额} \tag{8.23}$$

需要指出,股价加权平均指数的权数通常均为各种股票的上市量,很少有以成交量为权数的,因为各种股票的成交量可能在短期内变化很大,而上市量则是相对稳定的。

8.2　世界几种主要的股票价格指数

8.2.1　道琼斯股票价格平均指数

道琼斯股票价格平均指数,简称道琼斯指数,是世界上历史最悠久、最具影响而又最为公众所熟悉的股票价格指数,由美国道·琼斯公司计算并在《华尔街日报》上公布。早在1884年7月3日,道·琼斯公司创始人查尔斯·亨利·道(Charles Henry Dow,1851—1902)和爱德华·琼斯(Edward Jones,1856—1920)根据当时美国有代表性的11种股票,编制股票价格平均指数,并刊登在该公司编辑出版的《每日通讯》上。开始时,只选用了11种股票(其中9种是铁路公司的股票),以后样本股逐渐增加,并且扩大到其他行业。采样股票种类和数目已经变动过四次,即在1897年股票由11种增至32种,1916年增至40种,1928年增至50种,1938年所选用的代表性公司股票涉及工业、运输业、公用事业等三大行业65种,并一直延续至今,编制方法也有所改进。《每日通讯》也于1889年改为《华尔街日报》。现在的道琼斯指数实际上是一组股价平均指数,共分五种指数:

1. 道琼斯工业股价平均指数

道琼斯工业股价平均指数是由美国30家最有影响的大工业公司的股票组成的股票价格指数,如美国埃克森石油公司、通用汽车公司和美国钢铁公司等的股票,这30家公司股票市值占美国股票市值总数的1/5,占纽约交易所上市股票市值总数的1/4。该指数为道琼斯指数的代表,能灵敏地反映纽约交易所上市股票的价格变动情况及美国经济发展水平和变化趋势,常为世界各大报刊、电台、电视台所引用。

2. 运输业股价平均指数

运输业股价平均指数是以美国泛美航空公司、环球航空公司、国际联运公司等20家具有代表性的运输业公司的股票为对象编制的指数。涉及铁路公司、航空公司、轮船公司的股票，其中8家为铁路公司、8家为航空公司、4家为公路货运公司。该指数能客观地反映出运输业股票价格变化情况。

3. 公用事业股价平均指数

公用事业股价平均指数是以美国电力公司、煤气公司等15家具有代表性的公用事业大公司的股票为对象编制的指数，反映公用事业类股票价格变化情况。

4. 道琼斯股价综合指数

道琼斯股价综合指数该指数是以上述65家公司股票为编制对象计算的股价综合指数，能较好地反映出整个股票市场的变化情况。

5. 道琼斯公正市价指数

道琼斯公正市价指数以700种不同规模或实力的公司股票为编制对象，该指数于1988年10月首次发表。由于该指数所选取的股票不但考虑了行业分布的广泛性，而且兼顾了公司的不同规模和实力，因此具有相当的代表性。

道琼斯指数以1928年10月1日为基期，基期指数为100，通过和基期平均数的比较，算出以后各期的平均指数。道琼斯指数的计算方法原为简单算术平均法，由于该方法存在没有考虑样本股票变换或分割的不足，从1928年起采用修正平均法，使股价平均数能连续、真实地反映股价变动情况。同时，为了使道琼斯股票价格平均指数能更好地反映股票市场的实际动态变化情况，对组成平均指数的样本股票经常进行调整，选用一些更具活力、更有代表性的公司股票代替那些失去代表性的公司股票。自1928年以来，仅道琼斯工业平均指数的30种股票中，就有30次这样的替代，几乎每2年就有一个新公司的股票代替老公司的股票。

长期以来，道琼斯股价指数被公认为最具权威性的、是目前世界上影响最大的股价指数，是反映美国政治、经济和社会状况最灵敏的指标。究其主要原因是；

(1)历史悠久：它从1884年开始公布以来，一直延续使用至今。

(2)采样股票具有代表性：该指数选用的65种股票都是世界上第一流的大公司的股票，在各自的行业中都居于举足轻重的主导地位，并且不断以新生的更具代表性的公司股票取代那些已失去原有活力的股票，从而使指数更具代表性。

(3)快速敏捷，即时性强：该指数原来每天公布四次，自从采用计算机运算之后，以数秒的速度运算每分钟的价格平均数，并适时发布。

(4)指数由世界最有影响的金融报刊《华尔街日报》及时而详尽报道。该报每天报道其采样股票的以小时计算的平均数、变动百分比、成交量等数据，为全球股市和股票投资者所重视。

但是，随着近年来美国经济的发展，经济结构也发生了很大的变化，如金融、保险、电子等行业，这些在以前并不十分重要的行业股票现已占据了重要位置，而道·琼斯股价指数却未能反映出这一变化，也未能充分反映股价变动的全貌。

8.2.2 标准普尔股票价格指数

标准普尔股票价格指数是美国最大的证券研究机构斯坦达德·普尔公司编制的股票价格指数。

该公司于1923年开始编制发表股票价格指数。最初采样股票为233种,编制两种股票价格指数。到1957年,采样股票的范围扩大到500种,其中工业股票425种,铁路股票15种,公用事业股票60种。从1976年7月1日开始,改为400种工业股票,20种运输业股票,40种公用事业股票和40种金融业股票,分成95种组合。其中最重要的四种组合是工业股票组、铁路股票组、公用事业股票组和500种股票混合组。几十年来,虽然股票有更迭,但始终保持为500种。标准普尔指数在开市时间每半小时公布一次,发表在该公司主办的《展望》刊物上。许多报纸每天登载它的最高、最低及收盘价指数。美国著名的《商业周刊》杂志每期公布标准普尔混合指数。

标准普尔股票价格指数的计算方法是加权平均法,以1941年至1943年间抽样股票的平均市价总值为基期,以上市股票数为权数进行计算,以10为基期的指数值,以目前的股票市场价格乘以股票市场上发行的股票数量为分子,用基期的股票市场价格乘以基期股票数为分母,相除之数再乘以10就是股票价格指数。其计算公式为;

$$\bar{P} = \frac{\sum_{i=1}^{n} P_{1i}Q_{1i}}{\sum_{i=1}^{n} P_{0i}Q_{0i}} \times 10 \tag{8.24}$$

式中　$\bar{P}$ ——股票价格指数;

P_{1i} ——报告期第 i 种股票的市场价格;

P_{0i} ——基期第 i 种股票的市场价格;

Q_{1i} ——报告期第 i 种股票数量;

Q_{0i} ——基期第 i 种股票数量。

标准普尔股票价格指数具有如下特点:

(1)该指数500种采样股票的市价总值约占纽约证券交易所全部上市股票市值的75%,具有广泛的代表性。

(2)该指数能够灵活地对认购新股权、股份分红和股票分割等引起的价格变动作出调节,指数数值较精确,并且具有很好的连续性,考虑了许多影响股价变动的因素,有很高的敏感性。

(3)在股票分割等情况下,由于只是股份的增加,股票的市价总值并未发生变化,因此,计算指数时不需要进行调整。

(4)能为投资者提供多达95种股票价格指数,组合尤为重要。

由于上述特点,标准普尔指数在美国备受重视,美国商务部出版的《商情摘要》一直将其作为反映经济周期变化的12个先行指标之一。

8.2.3　纽约证券交易所股票价格指数

纽约证券交易所股票价格指数是由纽约证券交易所编制并发布的股票价格指数,是美国颇具影响的股价指数之一。

1966年6月,纽约证券交易所开始编制并发布股票价格指数。先是普通股股票价格指数,后来改为混合指数,包括在纽约证券交易所上市的1 570家公司的股票。具体计算方法是将这些股票按价格高低分开排列,分别计算工业股票、金融业股票、公用事业股票、运输业股票的价格指数。最大和最广泛的是工业股票价格指数,由1 093种股票组成;金融业股票价格指数包括投资公司、储蓄贷款协会、分期付款融资公司、商业银行、保险公司和不动产公司的223种股票;运输业股票价格指数包括铁路、航空、轮船、汽车等公司的65种股票;公用事业股票价格指数则有电话电报公司、煤气公司、电力公司和邮电公司的189种股票。

纽约证券交易所股票价格指数的计算方法和调整方法与标准普尔指数相同,所不同的是基期的确定时间和基期值。该指数以1965年12月31日为基期,基期指数值确定为50,纽约证券交易所每半个小时计算和公布一次指数的变动情况。虽然纽约证券交易所股票价格指数的编制时间不长,但因其可以全面及时地反映股票市场活动的综合状况,较为受投资者欢迎。

8.2.4 英国金融时报股价指数

英国金融时报股价指数是由英国《金融时报》编制发布,描述伦敦证券交易所工业和其他行业股票价格变化的股价指数。该指数以能灵敏反映伦敦股票市场动态而闻名于世。

该指数包括三组指数,即金融时报30种股价指数(FT-30),金融时报精算(FTA)所有股价指数和金融时报-100种股价指数(FT-SEl00)。

1. 金融时报30种股价指数(FT-30)

通常说的金融时报股价指数是指金融时报30种工业股价指数(FT-30),该指数包括30种最优良的工业股票价格,样本股票均为英国工业中财力雄厚的大公司所发行,发行量大,其中有烟草、食油、电子、化学药品、金属机械、原油等。由于这30家公司股票的市值在整个股市中所占的比重大,故具有一定的代表性。随着产业结构的变化和上市公司实力的升降,30种样本股票的成分股也在不断调整,因此FT-30指数对股票行情的一般变动能及时迅速地提供指示,起着股票市场晴雨表的作用。它以1935年7月1日为基期,后来调整为以1962年4月10日为基期,基期指数为100,采用几何平均法计算,是《金融时报》最早公布的一种股价指数。虽然其长期绩效并不显著。但许多投资人仍习惯用FT-30来衡量英国股市变化状况。

2. 金融时报精算(FTA)所有股价指数

FTA所有股价指数是衡量整体市场的基准指数,该指数由700多只成分股构成,是一种以市值加权的算术平均指数,自1962年4月10日起编制和发布,并以这一天为基期,指数的基期值定为100。该指数样本股市值占英国股市总市值的90%,统计面宽、行业范围广,能较全面地反映整个股市状况,也是评价投资组合与基金经理人绩效的基准指标。

3. 金融时报100种股价指数(FT-SEl00)

FT-SE100是英国第一个真正的即时指数,又称富时100指数。该指数于1984年1月3日起编制并发布,是由在伦敦证券交易所上市的最大的100家公司的股票构成的,以市值加权计算的算术平均指数。该指数通过伦敦股票市场自动报价计算机系统,可随时得出股票市价并每分钟计算一次,因此能迅速敏捷地反映股市行情的每一变动,自公布以来受到人们的广泛重视。为了便于期货交易和期权交易,指数的基期值定为1 000。该指数样本股市值占英国股市总市值的70%,它与FTA所有股价指数相关性高达98%,且克服了FT-30样本股数少,不足以代表市场变动和FTA所有股价指数计算费时的缺点。

8.2.5 日经股价指数

日经股价指数,又称日经道琼斯平均股价指数,是日本经济新闻社道琼斯股票平均价格指数的简称。它是由日本经济新闻社编制发布的,是日本股票市场上最具代表性的股价指数。

该指数开始发布于1950年9月7日，当时称为“东证修正平均股价”，选用在东京证券交易所第一市场上市的225种股票算出修正平均股价。1975年5月1日，日本经济新闻社向道·琼斯公司买进商标，采用美国道·琼斯公司的修正法计算，这种股票指数也就改称“日经道琼斯平均股价指数”。1985年5月1日在合同期满10年时，经两家商议，将名称改为“日经股价指数”。按计算对象和采样数目不同，该指数分为两种：

1. 日经225种股价指数

日经225种股价指数，所选样本均为在东京证券交易所第一市场上市的股票，包括制造业150家、建筑业10家、商业12家、路运及海运14家、金融保险业15家、其他行业24家。采样股票选定后原则上固定不变，自1991年10月起，将每年流通性较低的股票用流通性高的股票替代，以重新检视构成股票。为使市场的流通性及产业结构的变化能进一步反映到股指上，于2000年4月24日订出新的股票构成选定标准，更换了30种股票。现在构成股票包括松下电工、日产汽车、丰田汽车、野村证券、资生堂、花王等知名企业。日经225指数选取的股票虽只占东京证券交易所第一类股票中20%的股数，但该指数却代表第一类股票中近60%的交易量，以及近50%的总市值。

由于日经225种股价平均数是自1950年开始编制并一直延续下来的，具有可比性和连续性，成为考察分析日本股票市场股价的长期演变及其趋势的最常用、最可靠的指标。其实际基期是1949年5月16日，该日股价平均数的除数恰好等于股票样本数225。那一天正值东京证券交易所创立之日，225家样本股票的平均股价为176.21日元。日经股价平均数的计算公式为：

$$\text{日经股价平均数} = \frac{\text{225 种成分股的股价之和}}{\text{除数}} \tag{8.25}$$

为了保持股价平均数的连续性与可比性，对上式中的除数采取以下修正方法：

$$\text{新除数} = \text{原除数} \times \frac{\text{除权日前的股价总额} - \text{优惠前价格}}{\text{除权日前的股价总额}} \tag{8.26}$$

从上式可以看到，任何成分股票的每一次除权，都将使除数被调减。最初为225的这个除数，至1990年12月底已被调减为102.19。这使股价平均数与平均股价之间的数值差距趋于扩大。衡量二者之间差距大小的指标称为“道氏乘数”，它等于基期除数即成分股票种类数225被现除数去除所得的商，即：

$$\text{道氏乘数} = \frac{225}{\text{现除数}} \tag{8.27}$$

1990年12月底的道氏乘数等于22.018。这表示：该日数额高达23 848.71日元的日经股价平均数相对于1 083.15日元的算术平均股价，前者为后者的22.018倍。

日经225种股价指数用以观察股价的长期性变动极为便利，至今仍是最常用的分析指标；但由于其完全不考虑资本金的大小，造成一部分市场流通性小的高价股票的暴涨暴跌，会使平均值产生急剧波动的缺点，还因为个别股票价格的小幅度涨跌就使日经股价平均指数大幅度变动，这也易给人一种价格变动剧烈的错觉。

2. 日经500种股价指数

日经500种股价指数从1982年1月4日开始编制并每天公布，其采样包括500种股票，约占东京证券交易所第一市场上市股票的半数，但它的样本是不固定的。每年4月，根据前三个结算年度各股份有限公司的经营状况、股票成交量、成交金额、市价总值等因素为基本条件更换采样股票。日经500种股价指数,所选样本多,具有广泛的代表性,因而能比较全面、真实地反映日本股市行情的变化,还能反映日本产业结构的变动。

8.2.6 德国DAX指数

德国DAX指数,一般也称之为法兰克福DAX指数,是由德意志交易所集团推出的一个蓝筹股指数。该指数中包含有股值最大、交易额最大的30家德国股份公司。DAX指数是全欧洲与英国伦敦金融时报指数齐名的重要证券指数,也是世界证券市场中的重要指数之一。

DAX指数于1987年推出,以取代当时的Börsen - Zeitung指数和法兰克福汇报指数。1988年7月1日起开始正式编制,1999年6月起,此指数按电子交易Xetra为准,每15秒计算一次,以1987年12为基期,基期值为1 000。指数以"整体回报法"进行计算,即在考虑公司股价的同时,考虑预期的股息回报。

DAX指数是德国最受重视的股价指数,但该指数仅由30种蓝筹股组成,被认为范围过窄而不适合作为股市整体表现的指标。DAX30与美国标准·普尔500、法国CAC40股价指数及英国伦敦金融时报100股价指数一样是以市值加权的股价平均指数,而不是简单平均的股价平均指数。但与其他指数不同的是,DAX30指数试图反映德国股市的总收益情况,而其他指数则只反映市场价格的变化。DAX30指数考虑到股息收入,名义上将所有股息收入(按成分股的比重)再投资在股票上。如此,即便德国股票价格没有变动,DAX30指数仍可能因股息收入而上涨。DAX30指数的期货和期权合约在欧洲期货期权交易所(EUREX)挂牌买卖。

该指数通过Xetra交易系统进行交易,因此其交易方式不同于传统的公开交易方式,而是采用电子交易的方式,便于进行全球交易。

8.3 中国股票价格指数

8.3.1 上海静安股价指数

20世纪90年代初期,我国的股票交易尚属于初创时期,当时,上海静安证券业务部的股票交易额占上海股票交易额的绝大部分。因此,中国工商银行上海分行信托投资公司静安证券业务部于1990年3月19日开始发布上海静安股价指数,基期定为1987年11月2日,基日指数为100,这是新中国最早的股价指数。

上海静安股价指数的计算范围为当时在上海上市交易的全部股票,共6种。编制中采用了平均成交价格而非开盘价或收盘价;利用除数变更法剔除了红利发放、增资减额和采用牌号增减等非市场因素对股市行情的影响,尽可能准确地反映市场因素对股价的影响。

该指数的计算方法有自己的特色,它的编制参考了道琼斯指数的新算法,与道琼斯指数的计算方法是一致的,计算公式为:

$$今日股价指数=\frac{计算日股票综合成交价}{基日股票综合成交价}\times 100 \tag{8.28}$$

式中

$$计算日股票综合成交价=\frac{计算日单种股票平均成交价之和}{除数} \tag{8.29}$$

$$基日股票综合成交价 = \frac{单日某种股票平均成交价之和}{基日上市股数} \tag{8.30}$$

$$单种股票平均成交价 = \frac{该种股票成交总金额}{该种股票成交总股数} \tag{8.31}$$

除数最初为6,以后遇有调整事项则按道氏方法修正除数。除数修正公式为:

$$调整后的除数 = \frac{调整后单种股票平均成交价之和}{调整前单种股票平均成交价之和} \times 调整前的除数 \tag{8.32}$$

随着上证综合指数的编制和推出,上海静安股价指数的影响逐渐相对降低。

8.3.2 上海证券交易所股价指数

上海证券交易所编制和发布了以上证综指、上证50、上证180、上证380、科创50指数,以及上证国债、企业债和上证基金指数为核心的上证指数体系。上证系列指数分为规模指数、行业指数、策略指数、风格指数、主题指数、基金指数、债券指数、定制指数、股息点指数、其他指数等,总计339种指数,科学表征上海证券市场层次丰富、行业广泛、品种拓展的市场结构和变化特征,便于市场参与者的多维度分析,增强样本企业知名度,引导市场资金的合理配置。表8.1所示为上海证券交易所主要指数。本书主要介绍上证综合指数、上证30指数、上证180指数和上证50指数和科创50指数。

表8.1 上海证券交易所主要指数(数据截至2022年2月8日)

指数名称	基准日期	基准点数	公布首日	成分股数量	股本总数(亿股)
综合指数类					
上证指数	1990-12-19	100	1991-7-15	1 774	46 377.38
新综指	2005-12-30	1 000	2006-1-4	1 730	42 723.89
样本指数类					
上证180	2002-06-28	3 299.06	2002-7-1	180	25 401.60
上证50	2003-12-31	1 000	2004-1-2	50	13 474.20
上证30	1996-1季度	1 000	1996-7-1	30	2002年7月停止发布
科创50	2019-12-31	1 000	2020-7-23	50	342.51
分类指数类					
A股指数	1990-12-19	100	1992-2-21	1 729	46 211.04
B股指数	1992-02-21	100	1992-2-21	44	159.26
工业指数	1993-04-30	1 358.78	1993-5-3	1 250	19 295.20
商业指数	1993-04-30	1 358.78	1993-5-3	159	3 567.75
地产指数	1993-04-30	1 358.78	1993-5-3	24	929.82
公用指数	1993-04-30	1 358.78	1993-5-3	128	5 579.41
综合指数	1993-04-30	1 358.78	1993-5-3	213	17 005.20

1. 上证综合指数

上证综合指数的全称为上海证券交易所股票价格综合指数。上海证券交易所在吸取美国、日本等国家,以及我国香港和台湾地区股价指数编制经验的同时,对静安股价指数作了充分的分析，经过酝酿比较，以在上海交易所上市的所有股票为样本，以1990年12月19日为基期（该日为上海证券交易所正式营业之日），基期值为100，以股票发行量为权数进行编制的。上证指数于1991年7月15日正式公布。其计算公式为：

$$股价指数 = \frac{报告期股票市价总值}{基期股票市价总值} \times 100 \tag{8.33}$$

具体计算方法是：以报告期和基期的股票收盘价（如当日无成交，延用上一日收盘价）分别乘以发行股数，相加以后再求得报告期和基期的市价总值，再相除后即得股价指数。但遇上股票增资扩股或新增（剔除）时，则应进行修正，其修正公式为：

$$股价指数 = \frac{报告期股票市价总值}{新基期股票市价总值} \times 100 \tag{8.34}$$

式中：

$$新基期股票市价总值 = 修正前基期股票市价总值 \times \left(\frac{修正前市价总值 + 市价总值变动额}{修正前市价总值}\right) \tag{8.35}$$

随着上海股市的发展，上市股票品种不断增加。上海证券交易所在上述综合指数编制的基础上，从1992年2月起分别编制并发布上证A股指数和B股指数，上证A股指数以1990年12月19日为基期，上证B股指数以1992年2月21日为基期，分别以全部上市的A股和B股为样本，以发行量为权数进行加权计算；从1993年5月3日起发布上海证券交易所分类股价指数，即工业、商业、地产业、公用事业和综合五大类分类股价指数。将分类股价指数编制的基期定为1993年4月30日，并以该日上证综合指数收盘指数1 358.78点作为计算基准。同时，上证综合股价指数（包括A股指数和B股指数）仍照常编制。上证分类股价指数的计算公式为：

$$当日分类股价指数 = 前日收盘分类指数 \times \frac{当日收盘分类市价总额}{前日或经调整前日分类市价总额} \tag{8.36}$$

分类指数计算公式中"前日收盘分类指数"即为基准日上证综合收盘股价指数。首日上证分类指数分别为：工业类开盘1 367.38点，收盘1 348.23点；商业类开盘1 368.86点，收盘1 384.36点；地产类开盘1 373.06点，收盘为1 356.16点；公用事业类开盘1 358.78点，收盘为1 345.73点；综合类开盘1 360.30点，收盘1 378.83点。

在遇有新股上市或送配股时，分类股价指数应与上证综合指数一起作相应调整，其调整公式为：

$$新股上市次日分类股价指数 = 前日收盘分类指数 \times \left(\frac{当日收盘分类市价总额}{前日分类市价总额 + 前日收盘分类新股市价总额}\right) \tag{8.37}$$

根据上海证券交易所规定，上证综合指数自2002年9月23日起，新股上市首日计入指数。新股计入指数的基准价格为发行价格。

2. 上证30指数

上证30指数是由上海证券交易所编制，于1996年7月1日正式发布，以在上海证券交易所上市的所有A股股票中选取最具市场代表性的30种样本股票为计算对象，并以流通股数为权数的加权成分股指数。指数以1996年1月至3月的平均流通市值为基期，基期指数定为1 000点。

上证30指数样本股的选择考虑行业代表性、流通市值的规模、交易活跃程度、财务状况和经营业绩、已发行H股和B股、地区代表性等因素，同时按照定性分析与定量分析相结合、总量分析与结构分析相结合的方法，由专家委员会选出。上证30指数委员会定期举行会议对样本股票进行审核，并适时进行调整，用代表性强的股票替换代表性减弱的股票。

上证30指数的发布对当时市场产生了深远的影响，它较客观地反映了市场上有代表性的股票的总体走势，引导投资者树立以产业政策为导向，重视上市公司的投资理念，逐步实现了股价指数作为国民经济晴雨表的功能，满足了投资者多角度、多侧面审视上市公司市场表现的需要。上证30指数也存在缺陷，如样本股数量不足，难以完全反映市场全貌；市值比例小，活跃程度低，相关性不够，易于操控等。

上证30指数与上证综合指数相比，主要区别在于：

(1)编制范围不同。上证30指数以30家具有代表性的上市公司的股票为样本股。样本股的选择依据是：行业代表性强、地区代表性强及股本规模较大、成长性较好、已发行H股或B股。因而，由此选出的样本股所编制的指数具有一定程度的代表性。

(2)采用的权数不同。上证30指数是以流通量为权数。由于国外证券市场的发行量与流通量相差不大，因此以发行量为权数是国际上通行的做法。但在我国，由于当时约有70%以上的国家股、法人股暂不上市流通，所以，上证30指数用流通量作为权数，可以更好地反映流通市场的股价变动。

(3)基期指数不同。上证30指数以1996年1月至3月的平均流通市值为基期，避免由于基期股价过高过低造成的股价指数的失真。基期指数以较小的“千分点”作为计量单位，可以较敏感地反映股价走势。

由于上证30指数选定样本股编制指数，并保持一段时间样本股的稳定不变，因此，新股上市不影响其指数的编制，这有利于指数内部结构的稳定性和前后可比性。但若选出的样本股长时间不予更换，则股价指数将脱离现实，影响其代表性。2002年7月1日被上证180指数替代而终止发布。

3. 上证180指数

上证180指数是在上证30指数基础上，根据国际惯例和上市公司实际情况进一步调整完善的成分指数，它以2002年6月28日上证30指数收盘点数3 299.06为基点，自2002年7月1日起取代上证30指数，成为新的市场基准。

与上证30指数相比，上证180指数编制方法更为科学，成分股选择的代表性和公开性更强。上证180的流通市值占上海市场的50%，成交金额占到47%，指数加权方法采用分级靠档加权，更科学客观地反映了上市公司的经济规模和流通规模，每半年对样本进行不超过10%的调整，体现了样本稳定性和动态跟踪的结合。行业代表性、股票规模、交易活跃度和财务状况等是样本选择的着眼点。作为成分指数的上证180指数，可以使市场参与者更加客观地认识和评价市场，也是市场走向成熟、规范和国际化的重要标志。

与上证30指数相比，上证180指数是更加适应证券市场发展状况的成分指数。上证30指数因长期未作调整，其样本股流通市值占上海市场的比例已从原来的36%下降到2002年4月的10.5%，失去应有的代表性。而上证综指以总股本加权，而且覆盖了所有上市公司，其中还包括经营不正常的股票、亏损股票以及股价被操纵从而波动异常的股票，同时因为新股上市基期的虚拟性，使其存在相当缺陷，而上证180指数则尽力避免。

上证180指数可有效地规避市场系统性风险，且有较强的可操作性，缘于其以下特征：

(1)市盈率水平低:如表 8.2 所示,如不剔除亏损股,其他指数市盈率会更高,因而上证 180 指数抗风险能力强。

表 8.2　各指数相关风险测量指标比较(数据截至 2002 年 6 月 21 日)

统计指标	上证 180	上证 30	全部 A 股	深证 A 股	上证 A 股
市盈率(剔除亏损)(倍)	31.99	37.96	41.27	45.08	39.67
市盈率(倍)	32.09	38.64	63.41	191.88	46.61
市净率(倍)	2.83	2.48	3.53	3.81	3.39
总市值(亿元)	16 432.05	2 891.46	46 106.86	16 135.74	29 971.12
流通市值(亿元)	3 626.37	832.67	13 522.38	5 622.53	7 899.85
价格标准差	78.14	139.97	89.88	97.28	85.57
日收益率标准差(%)	1.89	3.74	2.03	2.10	1.98
年收益率标准差(%)	27.47	54.62	29.08	29.83	28.65
日均换手率(%)	0.81	0.60	1.02	1.04	1.01
累计换手率	85.51	63.51	108.26	110.06	107.02

(2)波动程度低:无论价格波动还是收益率波动,上证 180 指数的标准差都低于其他指数。

(3)流动性风险较小,换手率低,自然流动性风险低。

(4)样本股整体财务状况良好,各种财务评估指标,上证 180 盈利能力都优于其他指数。

(5)股权结构分布较为合理。

(6)大中小规模分布较均衡,上证 30 指数总市值的一半以上集中于大于 100 亿元的股票,而上证 180 指数流通市值分布均匀。

(7)样本股行业分布较全面,上证 180 指数涵盖了 90% 以上的证监会一级行业分类,在交通运输、仓储业、电子、金融、保险、建筑和采掘等证监会行业内股票比例较高。

(8)样本股上市时间分布较分散均匀,从 1990 年以前到 2002 年之后上市股票均有涉及。

(9)样本股地区分布更广泛,这主要是和上证 30 指数的比较。

(10)180 指数走势较其他指数稳定,其本身表现出的特性说明它可以作为指数化投资的基准指数。

但我们也要看到上证 180 指数的不足,如在指数选择样本股过程中还难免有很多主观决定的成分,加之流动性水平也不是特别好。

4. 上证 50 指数

上证 50 指数由上海证券交易所编制,于 2004 年 1 月 2 日正式发布,指数简称为上证 50,指数代码 000016,基日为 2003 年 12 月 31 日,基点为 1 000 点。

上证 50 指数是根据科学客观的方法,挑选上海证券市场规模大、流动性好的最具代表性的 50 只股票组成样本股,以便综合反映上海证券市场最具市场影响力的一批龙头企业的整体状况。其目标是建立一个成交活跃、规模较大、主要作为衍生金融工具基础的投资指数。

上证 50 指数依据样本稳定性和动态跟踪相结合的原则,每半年调整一次成分股,调整时间与上证 l80 指数一致。特殊情况时也可能对样本进行临时调整。每次调整的比例一般情况不超过 10% 。样本调整设置缓冲区,排名在 40 名之前的新样本优先进入,排名在 60 名之前的老样本优先保留。

5. 上证科创50指数

上证科创50指数由上海证券交易所科创板中市值大、流动性好的50只证券组成,反映最具市场代表性的一批科创企业的整体表现,行业分布包括信息技术、原材料、可选消费、医药卫生和工业等,其中主要以信息技术行业为主,占比为50%以上。上证科创50指数以2019年12月31日为基日,以1 000点为基点,由上海证券交易所和中证指数有限公司于2020年7月23日正式发布。其计算公式为:

$$股价指数 = \frac{报告期样本的调整总值}{除数} \times 1\ 000 \tag{8.38}$$

上证科创50指数的样本每季度调整一次,样本调整实施时间为每年3月、6月、9月和12月的第二个星期五的下一交易日。每次调整数量比例原则上不超过10%。样本调整同样设置缓冲区,采用缓冲区规则与上证50指数相同。权重因子随样本定期调整而调整,调整时间与指数样本定期调整实施时间相同。在下一个定期调整日前,权重因子一般固定不变。

8.3.3 深圳证券交易所股价指数

深圳证券交易所编制和发布的股价指数总计182种,主要有深证综合指数、深证成分指数、中小企业综合指数、创业板指数和深证100指数。表8.3所示为深圳证券交易所主要指数。

表8.3 深圳证券交易所主要指数

指数代码	指数简称	基日	基日指数	起始计算日
399001	深证成分指数	1994-7-20	1000	1995-1-23
399002	成分A股指数	1994-7-20	1000	1995-1-23
399003	成分B股指数	1994-7-20	1000	1995-1-23
399004	深证100指数	2002-12-31	1000	2003-1-2
399005	中小企业100指数	2005-6-7	1000	2006-1-24
399006	创业板指数P	2010-5-31	1000	2010-6-01
399100	深证新指数	2005-12-30	1107	2006-2-16
399101	中小企业综指	2005-6-7	1000	2005-12-1
399106	深证综合指数	1991-4-3	100	1991-4-4
399107	深证A股指数	1991-4-3	100	1992-10-4
399108	深证B股指数	1992-2-28	100	1992-10-6
399231	农林牧渔指数	1991-4-3	100	2013-3-4
399233	制造业指数	1991-4-3	100	2013-3-4
399236	批发零售指数	1991-4-3	100	2013-3-4
399240	金融业指数	1991-4-3	100	2013-3-4
399241	房地产业指数	1991-4-3	100	2013-3-4
399249	综合类指数	1991-4-3	100	2013-3-4
399300	沪深300指数	2004-12-31	1000	2005-4-8

1. 深证综合指数

深证综合指数是深圳证券交易所于 1991 年 4 月 4 日开始编制和发布的,以深圳证券交易所挂牌上市的全部股票为计算范围,以发行量为权数的加权综合股价指数。该指数以 1991 年 4 月 3 日为基日,基日指数定为 100 点。深证综合指数综合反映深交所全部 A 股和 B 股上市股票的股价走势和全体采样股票资产价值的变化,用发行量作权数,可以弥补简单算术平均及道·琼斯平均法忽视股票比重的缺点。此外还分别编制了反映全部 A 股和全部 B 股股价走势的深证 A 股指数和深证 B 股指数。深证 A 股指数以 1991 年 4 月 3 日为基日,1992 年 10 月 4 日开始发布,基日指数定为 100 点。深证 B 股指数以 1992 年 2 月 28 日为基日,1992 年 10 月 6 日开始发布,基日指数定为 100 点。

每当有新股票上市时,在其上市后第二天纳入指数计算。当某一股票暂停买卖时,则将其暂时剔除于指数的计算之外。若某一股票在交易时间内突然停牌,将取其最后成交价格计算即时指数,直至收市。深证综合指数基本计算公式为:

$$\text{即日指数} = \frac{\text{即日指数股总市值}}{\text{基日指数股总市值}} \times \text{基日指数} \tag{8.39}$$

若采样股的股本结构有所变动,则改用变动之日为新基期,并以新基数计算。同时用连锁的方法将计算得到的指数追溯至原有基期日,以维持指数的连续性。其调整计算公式为:

$$\text{当日即时指数} = \text{上日收市指数} \times \frac{\text{今日即时指数股总市值}}{\text{经调整上日指数股收市总市值}} \tag{8.40}$$

其中,今日即时总市值为各成分股市价与该股发行股数乘积的总和;上日收市总市值是根据上日成分股的股本或成分股的变动作调整后计算的总市值。

深证综合指数以所有挂牌的上市公司为样本,其代表性非常广泛,并且能够与深圳股市的行情同步发布,它是投资者和证券从业人员研判深圳股市股票价格变化趋势必不可少的参考依据。但深圳综合指数也存在以下不足:

(1)用总股本作为权数不尽合理。中国股市在股改前只是公众股市场,国家股和法人股不能上市流通。用总股本作为权数编制指数,难以如实反映市场状况,容易产生偏差。

(2)新股上市影响指数走低。深圳综合指数用全部股票计算指数,新股上市第二天即纳入指数计算,由于新股上市后价格不太稳定,获利套现较多,如果开高走低,往往拖累指数下跌。

(3)结构变动频繁。每次新股上市即纳入计算,从最初的 5 只增加到目前的 500 只,每只股票对指数的影响在不断降低,内部结构在不断变动,指数前后的可比性不强。

(4)除权时的调整计算有偏差。由于采用总股本计算除权价,如果国家股、法人股、公众股的分红方案不同,则这种除权价对于公众股来说往往不是一个有效的指标,用来计算指数会产生偏差。

2. 深证成分股指数

深圳成分股指数是由深圳证券交易所编制,通过对所有在深圳证券交易所上市的公司进行考察,按一定标准选出 40 家有代表性的上市公司作为成分股,自 2015 年 5 月 20 日起,为更好反映深圳市场的结构性特点,深交所将深证成指样本股数量从 40 家扩大到 500 家,并以其可流通股数为权数,采用加权平均法编制而成的。

深圳交易所选择成分股的一般原则：

(1)有一定的上市交易时间，度过交易平稳期。新股上市之初交易不稳定，要剔除初始阶段的数据，以充分考察上市股票的市场表现和行业代表性。

(2)有一定的上市规模。以每家公司一段时间内的平均总市值和平均可流通市值作为衡量标准。

(3)交易活跃。以每家公司一段时间内的总成交金额和换手率作为衡量标准。

(4)非终身制。与日经股价指数相似，深圳交易所每年定期考察成分股的代表性，成分股定期调整定于每年 1 月和 7 月的第一个交易日实施，通常在前一年的 12 月和当年 6 月的第二个完整交易周的第一个交易日提前公布样本调整方案，及时更换代表性差的公司，切实体现择优原则。根据上述标准确定初步名单后，再结合下列各因素评选出成分股：公司股票在一段时间内的平均市盈率；公司的行业代表性及所属行业的发展前景；公司近年来的财务状况、盈利记录、发展前景及管理水平，公司的地区、板块代表性等。

深圳成分股指数的编制主要采用有代表性公司的流通股数作为权数，利用派氏加权计算，即以计算日成分股实际可流通 A 股数和可流通 B 股数作为权数。计算公式为：

$$\text{即日成分股指数} = \frac{\text{即日成分股可流通总市值}}{\text{基日成分股可流通总市值}} \times 1\,000 \tag{8.41}$$

B 股用上周外汇调剂平均汇率将港币换算为人民币，用于计算综合指数，B 股指数仍采用港币计算。每日集合竞价结束后，用集合竞价产生开盘价（无成交者取上日收市价）计算开盘指数，然后用连锁方法定时计算即时指数，直至收市。计算公式为：

$$\text{每日即时指数} = \text{上日收市指数} \times \frac{\text{今日现时成分股可流通总市值}}{\text{经调整上日收市成分股可流通总市值}} \tag{8.42}$$

式中：成分股可流通总市值 = 成分股可流通 A 股总市值 + 成分股可流通 B 股总市值

成分股可流通 A 股总市值 = ∑(成分股 A 股股价 × 成分股可流通 A 股数)

成分股可流通 B 股总市值 = ∑(成分股 B 股股价 × 成分股可流通 B 股数) × 上周外汇调剂平均汇率

成分股指数按照股票种类分为 A 股指数和 B 股指数，A 股指数按其所属行业划分，包括工业分类指数、商业分类指数、金融分类指数、地产分类指数、公用事业分类指数、综合分类指数，每种分类指数至少用 3 家成分股编制。

成分股指数及其分类指数的基日定为 1994 年 7 月 20 日，1995 年 1 月 23 日开始发布。基日指数定为 1 000 点，主要基于以下考虑：第一，指数“点”只是一种计量单位，可大可小；第二，符合国际惯例；第三，深圳股市波动小，用“千分点”计量，较直观，从而提高指数的敏感性及与股市的相关性；第四，便于指数期货运作和结算，减少期货交易中平仓与交割的结算单位。

编制深圳成分股指数的意义体现在以下几方面：

(1)可以克服深圳综合指数的不足。该指数采用流通股市值较大，交易活跃，具有行业代表性的股票作为成分股，用可流通股数加权计算，可以克服深圳综合指数的不足，为投资者提供一个更合理的参考指标。

(2)有助于证券市场健康发展。成分股中大多数是大盘股、一线股，在市场中起着举足轻重的作用，依此编制成分股指数，有助于消除其他因素的影响，反映市场的主流趋向。

(3)该指数有助于新交易品种的开发。国外股票指数期货和期权交易大多采用成分股指数,原因是其内部结构较为稳定,投资者容易计算出成分股和指数之间的关系,从而在利用指数期货和期权规避风险时能够进行合理的投资组合。

3. 深证 100 指数

深证 100 指数由深圳证券信息有限公司编制并于 2003 年 1 月 3 日正式对外发布。该指数以 2002 年 12 月 31 日为基准日,基日指数定为 1 000 点。

深证 100 指数选取在深交所上市的 100 只 A 股作为样本股,以样本股的可流通 A 股数为权数,采用派氏综合法编制,采用逐日连锁方式实时计算,其计算公式为:

$$\text{实时指数} = \text{上一交易日收市指数} \times \frac{\sum(\text{样本股实时成交价} \times \text{样本股权数})}{\sum(\text{样本股上一交易日收市价} \times \text{样本股权数})} \tag{8.43}$$

在上述公式中,子项和母项中同一样本股的权数相同,为该样本股的最新 A 股流通股数(以深圳证券交易所公布数据为准)。子项中的乘积是样本股的实时流通市值,母项中的乘积是样本股的上一交易日收市流通市值,Σ 是指对纳入指数计算的样本股的流通市值进行汇总。

深证 100 指数的编制借鉴了国际惯例,吸取了深证成分指数的编制经验,样本股选样指标为一段时期(一般为前六个月)平均流通市值的比重和平均成交金额的比重。选样时先计算入围个股平均自由流通市值占市场比重和平均成交金额占市场比重,再将上述指标按 2∶1 的权重加权平均,然后将计算结果从高到低排序,选取排名在前 100 名的股票,构成深证 100 指数初始样本股。

根据市场动态跟踪和样本股稳定性的原则,深证 100 指数样本股每半年调整一次,调整于每年 5 月和 11 月进行,通常在第一周最后一个交易日后公布调整方案,第四周第一个交易日起开始实施。样本股调整设置缓冲区,排名在第 130 名之前的原样本股按顺序优先保留,数量不超过 90 只;排名在第 70 名之前的非原样本股股票按顺序入选样本股;按原样本股优先的原则,用剩余股票补足样本股数量。样本股中的中小企业样本股数量不足 10 只时,按相同的选股和调整原则补足至 10 只。

作为中国证券市场第一只由中立机构编制、管理并向整个证券市场发布的股票指数,深证 100 指数自公告之日起就引起了市场和广大投资者的普遍关注。深证 100 指数的推出,为投资者,特别是机构投资者提供了有效的投资绩效评价基准,适应了市场多样化的投资需求和研究分析需求,为指数产品如指数基金和交易所交易基金的创新发展创造了条件。

与现有指数相比,深证 100 指数更侧重于市场交易性指标,具有结构简单、权重清晰等特点。该指数选股原则客观简明,编制方法科学公开,具有较高的权威性和较强的市场适应性。

(1)市场覆盖率高。深证 100 指数样本股的流通市值和成交金额均占深圳股票市场总流通市值和总成交金额的 40% 左右。样本股具有流通市值大且交易活跃的特点,市场代表性较高。

(2)具有成分股的领先性。深证 100 指数样本股税后利润总额占深市上市公司的 61%,主营业务收入占深市上市公司的 43%,平均每股收益达 0. 187 元,比深市平均每股收益 0. 113 元高出 65%。统计分析结果表明,当市场出现明显波动时,深证 100 指数样本股中的最活跃的 6 至 10 只股票率先出现持续同向运动,走势往往领先于市场大盘。

(3)收益性好。从指数运行的结果看,无论是阶段性收益对比还是长期收益比较,深证 100 指数收益特征均强于深圳市场现有的指数,具有很高的可投资性。

(4)稳定性高。模拟测试数据表明,深证 100 指数的波动性小于深证综合指数及深证成分指数。此外,深证 100 指数在进行定期调整时采用样本缓冲区技术,提高了深证 100 指数内部结构的稳定性和指数前后的可比性。

4. 深证中小企业综合指数

深证中小企业综合指数由深圳证券交易所委托深圳证券信息有限公司编制、维护和管理,并由深圳证券交易所于 2005 年 12 月 1 日正式对外发布。该指数以 2005 年 6 月 7 日为基日,基日指数为 1 000。原指数名称为“中小板指数”,2021 年 4 月深证主板与中小板合并后,更名为“中小企业综合指数”。

中小企业综合指数的样本包括在深圳证券交易所原中小企业板上市的全部股票,其指数采用派氏加权法编制,采用逐日连锁方式实时计算,其计算公式为:

$$\text{实时指数} = \text{上一交易日收市指数} \times \frac{\sum(\text{样本股实时成交价} \times \text{样本股权数})}{\sum(\text{样本股上一交易日收市价} \times \text{样本股权数})} \tag{8.44}$$

在上述公式中,子项和母项中同一样本股的权数相同,为该样本股的最新自由流通股数。子项中的乘积是样本股的实时流通市值,母项中的乘积是样本股的上一交易日收市流通市值,Σ 是指对纳入指数计算的样本股的流通市值进行汇总。

每个交易日集合竞价开市后用样本股的开市价计算开市指数,其后在交易时间内用样本股的实时成交价计算实时指数,收市后用样本股的收市价计算收市指数。样本股当日无成交的,取上一交易日收市价。样本股暂停交易的,取最近成交价。

在遇有样本股暂停或终止上市及分红派现等情况时,在开市前对指数实时计算公式中的有关数据项分别或同时进行调整。样本股暂停或终止上市的,从暂停或终止上市之日起,将相应样本股从指数计算中剔除;当样本股上市公司进行派现、送股、配股或转增时,在除权除息日将该样本股的股权登记日收市价更新为除权参考价(除权参考价以深圳证券交易所的计算为准)。

中小企业综合指数采用自由流通股数进行加权计算,样本股公司进行权益分配,在送股、转增上市当日,根据实际送股、转增数量对相应样本股的权数进行修正;出现样本公司限制性流通股直接上市交易、样本股公司增资发行新股、样本股公司回购股份、样本股公司配股及导致样本股自由流通股数变化的其他情况的,对相应样本股权数进行定期修正。

中小企业综合指数能够反映原中小板市场股票价格波动的总体特征与总体走势,是市场的风向标。中小企业综合指数的推出,适应了市场结构的变化,为市场增加了一项用于观察中小板全流通后市场走势的指标和量化分析的工具,预示着深圳多层次指数体系的初步形成。

5. 创业板指数

创业板指数由深圳证券交易所委托深圳证券信息有限公司编制、维护和管理,并由深圳证券交易所于 2010 年 6 月 1 日正式对外发布。该指数以 2010 年 5 月 31 日为基日,基日指数定为 1 000 点。

该指数的编制参照深证成分指数和深证 100 指数的编制方法和国际惯例(包括全收益指

数和纯价格指数)。创业板指数、深证成指、深证 100 共同构成反映深交所上市股票运行情况的核心指数。

创业板指数从创业板股票中选取 100 只组成样本股,选样的一般原则为:

(1)在深交所创业板上市交易的 A 股,非 ST、* ST 股票。

(2)上市时间超过 6 个月,A 股总市值排名位于深圳市场前 1% 的股票除外。

(3)公司最近一年无重大违规、财务报告无重大问题。

(4)公司最近一年经营无异常、无重大亏损。

(5)考察期内股价无异常波动。

创业板指数的初始样本股为指数发布之日已纳入深证综合指数计算的全部创业板股票。在创业板指数样本未满 100 只前,新上市创业板股票,在其上市后第十一个交易日纳入指数计算。当创业板指数样本数量满 100 只后,样本数量锁定不再增加,以后需要对入围的股票进行排序选出样本股。

首先,计算入围选样空间股票在最近半年的 A 股日均总市值和 A 股日均成交金额;其次,对入围股票在最近半年的股日均成交金额按从高到低排序,剔除排名后 10% 的股票;然后,对选样空间剩余股票按照最近半年的 A 股日均总市值从高到低排序,选取前 100 名股票构成指数样本股。在排名相似的情况下,优先选取行业代表性强、盈利记录良好的上市公司股票作为样本股。

创业板指数采用派氏加权法编制,采用逐日连锁方式实时计算,其计算公式为:

$$实时指数 = 上一交易日收市指数 \times \frac{\sum(样本股实时成交价 \times 样本股权数)}{\sum(样本股上一交易日收市价 \times 样本股权数)} \quad (8.45)$$

在上述公式中,样本股指纳入指数计算范围的股票,样本股权数为样本股的自由流通量,子项和母项的权数相同。子项中的乘积为样本股的实时自由流通市值,母项中的乘积为样本股的上一交易日收市自由流通市值,Σ 是指对纳入指数计算的样本股的自由流通市值进行汇总。

每个交易日集合竞价开市后用样本股的开市价计算开市指数,其后在交易时间内用样本股的实时成交价计算实时指数,收市后用样本股的收市价计算收市指数。样本股当日无成交的,取上一交易日收市价。样本股暂停交易的,取最新成交价。

创业板指数在样本满 100 只后实施定期调整,定期调整于每年 6 月和 12 月的第二个星期五的下一个交易日实施。样本股调整方案通常在实施前两周公布。

样本股定期调整方法是先对入围股票按选样方法中的日均总市值从高到低进行综合排名,再按下列原则选股:

(1)排名在样本数 70% 范围之内的非原样本股按顺序入选。

(2)排名在样本数 130% 范围之内的原样本股按顺序优先保留。

(3)每次样本股调整数量不超过样本总数的 10% 。

创业板指数选样以样本股的日均总市值和日均成交金额为主要依据,体现深市日均市值高、成交活跃等特点;指数计算以样本股的自由流通股本的精确值为权数,消除了因股本结构而产生的杠杆效应,使指数表现更灵敏、准确、真实;指数样本股每季度进行调整,反映创业板市场快速成长的特点。

创业板指数是深交所多层次资本市场的核心指数之一，由创业板市场规模大、流动性好、最具代表性的 100 只股票组成，兼具价值尺度与投资标的功能，凸显了创业板作为相对独立市场层次的运行特征，提升其影响力和服务能力；创业板指数总市值市场覆盖率约为 43%，能够全面、客观地反映创业板股票的总体价格变动和走势，具有良好的市场代表性，为投资者提供权威的参照指标；样本股公司新兴产业、高新技术企业占比高，成长性突出。为指数挂钩产品的开发提供新标的，通过指数化投资有利于分散创业板上市公司的非系统性风险，帮助投资者分享创业板市场的高成长和高收益。创业板指数的推出，标志着创业板平稳启动后进入新的发展时期，标志着多层次资本市场指数体系得以建立。

8.3.4　沪深 300 指数

沪深 300 指数是由上海证券交易所和深圳证券交易所共同研究开发的跨市场综合股票指数，首次发布于 2005 年 4 月 8 日。2005 年 9 月，中证指数有限公司成立后，由其负责沪深 300 指数的编制和发布。该指数以 2004 年 12 月 31 日为基日，以该日 300 只成分股的调整市值为基期，基期指数定为 1 000 点。

1. 成分股的选择

(1) 选样空间。沪深 300 指数成分股选择侧重股票的稳定性和代表性，样本空间需要同时满足以下条件：上市时间超过一个季度，除非该股票自上市以来的日均 A 股总市值在全部沪深 A 股中排在前 30 位；其中科创板股票、创业板股票上市时间超过一年；非 ST、*ST、非暂停上市股票；公司经营状况良好，最近一年无重大违法违规事件、财务报告无重大问题；股票价格无明显的异常波动或市场操纵；剔除其他经专家委员会认定不能进入指数的股票。

(2) 选样标准。选取规模大、流动性好的股票作为样本股。

(3) 选样方法。对样本空间股票在最近一年（新股为上市以来）的日均成交金额由高到低排名，剔除排名后 50% 的股票，然后对剩余股票按照日均总市值由高到低进行排名，选取排名在前 300 名的股票作为样本股。

目前 300 只样本股中，深市有 116 只，沪市有 184 只；沪深 300 对沪深市场总市值占比为 57.55%。它覆盖了银行、钢铁、石油、电力、煤炭、水泥、家电、机械、纺织、食品、酿酒、化纤、有色金属、交通运输、电子器件、商业百货、生物制药、酒店旅游、房地产等数十个主要行业的龙头企业，其样本市值约占整个股票市场的 60% 左右。以证监会的行业分类为依据，沪深 300 指数覆盖了全部 13 个行业，总市值行业偏离度仅 2.05%，具有良好的行业代表性。

2. 计算方法

沪深 300 指数以调整股本为权数，采用派许加权综合价格指数公式进行计算。计算公式为：

$$\text{报告期指数} = \frac{\text{报告期成分股的总调整市值}}{\text{基期成分股的总调整市值}} \times 1\,000 \tag{8.46}$$

其中：总调整市值 = Σ（市价 × 样本股调整股本数），基期成分股的调整市值又称为除数。

调整股本数根据分级靠档方法获得。例如，某股票自由流通比例（流通股本/总股本）为 7.0%，低于 15%，则上调至最接近的整数值，对应的加权比例为 7%；某股票自由流通比例为 35%，落在区间(30,40)内，对应的加权比例为 40%，则将总股本的 40% 作为权数。具体加权比例如表 8.4 所示：

表 8.4　分级靠档权数调整表

自由流通比例/%	≤15	(10,20]	(20,30]	(30,40]	(40,50]	(50,60]	(60,70]	(70,80]	>80
加权比例/%	上调至最接近的整数值	20	30	40	50	60	70	80	100

自由流通比例是指公司总股本中剔除以下基本不流通的股份后的股本比例：①公司创建者、家族和高级管理者长期持有的股份；②国有股；③战略投资者持股；④员工持股计划。上市公司公告明确的限售股份和上述四类股东及其一致行动人持股超过5%的股份，都被视为非自由流通股本。

3. 指数的修正

沪深300指数采用"除数修正法"修正。当样本股名单、股本结构发生变化或样本股的调整市值出现非交易因素变动时，采用"除数修正法"修正原固定除数，以保证指数的连续性。修正公式为：

$$\frac{\text{修正前的调整市值}}{\text{原除数}}=\frac{\text{修正后的调整市值}}{\text{新除数}} \tag{8.47}$$

式中，修正后的调整市值＝修正前的调整市值＋新增(减)调整市值；由此公式得出新除数(即修正后的除数，又称新基期)，并据此计算指数。

需要修正的情况包括以下方面：

(1)除息：凡有样本股除息(分红派息)，指数不予修正，任其自然回落。

(2)除权：凡有样本股送股或配股，在样本股的除权基准日前修正指数。修正后调整市值＝除权报价×除权后的调整股本数＋修正前调整市值(不含除权股票)。

(3)停牌：当某一样本股停牌，取其最后成交价计算指数，直至复牌。

(4)摘牌：凡有样本股摘牌(终止交易)，在其摘牌日前进行指数修正。

(5)股本变动：当样本股股本发生由其他公司事件(如增发、债转股、权证行权等)引起的股本变动累计达到5%以上时，对其进行临时调整，在样本股的股本变动日前修正指数。修正后调整市值 ＝ 收盘价×变动后的调整股本数；当样本股股本发生由其他公司事件引起的股本变动累计未达到5%时对其进行定期调整，在定期调整生效日前修正指数。

(6)样本股名单发生变动时，在变动日前修正指数。

(7)停市：部分样本股停市时，指数照常计算；全部样本股停市时，指数停止计算。

4. 成分股的调整

沪深300指数成分股的调整分为定期调整和临时调整。

(1)定期调整。依据样本稳定性和动态跟踪相结合的原则，每半年审核一次沪深300指数样本股，并根据审核结果调整指数样本股。中证指数专家委员会一般在每年5月和11月的下旬开会审核沪深300指数样本股，样本股调整实施时间分别是每年6月和12月的第二个星期五收盘后的下一交易日。调整方案提前两周公布。每次调整的比例不超过10%。如果沪深300指数老样本日均成交金额在样本空间中排名前60%，则参与下一步日均总市值的排名。样本调整设置缓冲区，排名在240名内的新样本优先进入，排名在360名之前的老样本优先保留。最近一次财务报告亏损的股票原则上不进入新选样本，除非该股票影响指数的代表性。

为了增强沪深 300 指数的透明性和可预期性，沪深 300 还设置备选名单，以用于样本股的临时调整。备选名单是排名按照日均市值排名 301 ~ 315 的股票，当指数因为样本退市、合并等原因出现样本空缺或需要临时更换样本时，依次选择备选名单中排名最靠前的股票作为样本股。备选名单中股票数量一般为指数样本数量的 5%，当备选名单中股票数量使用过半时，将补充新的名单。沪深 300 指数设置 15 只股票的备选名单。

(2) 临时调整。对符合样本空间条件，且总市值(不含境外上市股份)排名在沪深市场前 10 位的新发行股票，启用快速进入指数的规则，即在其上市第十个交易日结束后进入指数，同时剔除原指数样本中最近一年日均总市值排名最末的股票。

当新发行股票符合快速进入指数的条件，但上市时间距下一次样本股定期调整生效日不足 20 个交易日时，不启用快速进入指数的规则，与定期调整一并实施。

对于增发、重组和合并等行为导致股票总市值增加，符合上述快速进入条件的，处理方式和新发行股票一致。

两家或多家成分公司合并，合并后的新公司股票保留样本股资格，产生的样本股空缺由备选名单中排名最高的股票填补。原样本股保留在指数中至合并后的新公司股票进入指数止。

一家成分公司合并另一家非成分公司，合并后的新公司股票保留样本股资格。原样本股保留在指数中至合并后的新公司股票进入指数止。

一家非成分公司收购或接管另一家成分公司，如果合并后的新公司股票排名高于备选名单上排名最高的公司股票，则新公司股票成为指数样本，原样本股保留在指数中至新公司股票进入指数止；否则，自该样本股退市日起，由备选名单上排名最高的公司股票作为指数样本。

一家成分公司分拆为两家或多家公司，分拆后形成的公司能否作为指数样本视这些公司的排名而定。

①如果分拆后形成的公司股票排名都高于原样本股中排名最低的股票，分拆后形成的公司股票全部作为新样本进入指数，原样本股中排名最低的股票被剔除以保持指数样本数量不变。分拆后形成的公司股票于上市第二日计入指数，原被分拆公司股票保留在指数中至新样本进入指数止。

②如果分拆后形成的公司中部分公司股票排名高于原样本股中排名最低的股票，则这些公司股票作为新样本进入指数。新样本于上市第二日计入指数，原被分拆公司股票保留在指数中至新样本进入指数止。

③如果分拆后形成的公司股票全部低于原样本股中排名最低的股票，但全部或部分公司股票高于备选名单中排名最高的股票，则分拆形成的公司股票中排名最高的股票替代被分拆公司作为新样本进入指数。新样本于上市第二日计入指数，原被分拆公司股票保留在指数中至新样本进入指数止。

④如果分拆后形成的公司股票全部低于原样本股中排名最低的股票，同时低于备选名单上排名最高的股票，则备选名单上排名最高的股票作为指数样本。自原被分拆样本股退市之日起，备选名单上排名最高的公司股票计入指数。

如果成分公司申请破产，尽快将其从指数中删除，产生的样本股空缺由备选名单中排名最高的股票填补。

当样本股公司退市时,自退市之日起,将其从指数样本中剔除,由备选样本中排名最高的股票替代。

5. 沪深300指数与国内其他主要指数的关系

沪深300指数与国内其他主要市场指数保持有高度相关性,沪深300指数与上证指数收益波动的相关系数达到97%,而与深圳综指的相关系数高达98%。

需要特别关注的是沪深300指数与上证指数的关系,两个指数收益波动的相关度高达97%,说明两者之间联动性十分强。由于上证指数计算方法的特点,使之比较容易受流通比重小但总市值很大的指标股影响,因此不能完全排除机构可以通过利用资金控盘这些具备杠杆作用的权重股,来影响上证指数的走势,再进而影响到沪深300指数及指数期货的价格变化。

与目前沪深两个交易所编制的成分指数相比,沪深300指数综合了现有指数的优点,并有进一步改进,主要体现在以下几方面:

(1)指数计算继续采用“分级靠档技术”。现有指数中,上证180和上证50指数均在指数计算时采用“分级靠档技术”,深证100指数则直接用股票流通市值为权重计算。两种计算方法各有长处,后者对市场的反映更准确,但前者主要是从指数使用者的角度出发,“分级靠档技术”的采用,可以使样本公司股本发生微小变动时保持用于指数计算的样本公司股本数的稳定,指数不必进行调整,可以降低指数使用者的跟踪成本,便于投资者跟踪投资。沪深300指数在指数计算时继续采用上证所的“分级靠档技术”,说明指数编制者在很大程度上将沪深300指数定位于投资指数。

(2)调整样本股票时继续采用“缓冲区技术”。现有指数中,不论是上证180、上证50指数,还是深证100指数,调整样本股票时都采用了“缓冲区技术”。沪深300指数也采用了该技术。“缓冲区技术”同样是为了降低指数使用者的跟踪成本。缓冲区技术的采用使每次指数样本定期调整的幅度得到一定程度的控制,使指数能够保持良好的连续性。

(3)样本股选样方法中不同指标给予不同权重。现有指数中,上证180和上证50指数在样本股选样时,采用了市值规模和流动性两类指标,并且给予这两类指标相同的权重,而深证100指数在样本股选样时,给予了市值规模因素2倍于流动性因素的权重。沪深300指数沿用了深交所的技术,说明大市值股票即使成交上略有逊色,依然能够优先入选样本股。

(4)新引入“日均流通股份数”和“日均成交股份数”。沪深300指数的编制规则虽然与上证180、深证100指数的编制规则大同小异。但仍有改进之处。在挑选样本股的指标中,与以前指数不同的是,除了常规考虑“市值规模”和“成交金额”外,还引入“日均流通股份数”和“日均成交股份数”两个指标。引入流通股本大小和成交股本,可以避免“小股本、高市值”股票入选。同时也可避免通过推高小股本股票的市值,使之进入指数,进而操纵指数之类的现象发生,进一步避免了指数的可操纵性。

沪深300指数具有良好的行业包容性和覆盖面,科学的编制方法,权威的支持和发布体系,能够较为准确地反映中国证券市场股票价格变动的概貌和运行状况,能够作为机构投资业绩的评价标准,为投资者提供了衡量证券投资收益情况的基本尺度。并为指数化投资及指数衍生产品创新提供基础条件。更为重要的是,沪深300已成为中国股指期货的标的物。沪深300指数在股票套期保值、金融衍生品开发、基金运作上产生越来越重要的作用。

总之,沪深300指数作为我国第一只反映A股市场整体走势的股价指数,具有表征市场股票价格波动情况的价格揭示功能，有利于投资者观察和把握国内股票市场的整体变化，具有很好的投资参考价值。

8.3.5　恒生指数

恒生指数由香港恒生银行全资附属的恒生指数服务有限公司编制，是系统反映香港股市行情变动趋势最有影响的一种股价指数。该指数于1969年11月24日首次公开发布，最初以1964年7月31日为基期，基期指数为100，以香港股票市场中的若干家上市股票为成分股样本，以成分股的发行股数为权数，采用加权平均法计算。后由于技术原因改为以1984年1月13日为基期，基期指数定为975.47。为进一步反映市场中各类股票的价格走势，恒生指数于1985年1月2日开始公布四个分类指数，把33种成分股分别纳入工商业、金融、地产和公共事业四个分类指数中（四个分类指数的计算方法及公式与恒生指数相同）；2001年10月3日，恒生综合指数设立，提供更具广泛代表性的股市指标，综合指数包括在香港股市市值头200位的上市公司，共代表香港交易所上市公司的97%的市值。

1. 成分股的选取

恒生指数的成分股具有广泛的市场代表性，代表了香港交易所所有上市公司的12个月平均市值涵盖率的70%左右。恒生指数成分股必须是以主版及于香港作第一上市地点。

（1）成分股的选股范畴。①按股票市值大小选择，必须属于占联交所所有上市普通股份总市值90%的排榜股票之列（市值指过去12个月的平均值）；②按成交额大小选择，必须属于占联交所上市所有普通股份成交额90%的排榜股票之列（成交额乃指过去24个月的成交总额）；③必须在联交所上市满24个月以上。

如是国企股只要符合以下其中一点亦可：①该H股公司股本以全国企股于香港交易所上市；②该H股公司需完成股权分置改革并没有非流通股本；③新上市的H股公司没有非上市股本；④必须位列在联交所上市所有普通股份（H股除外）总市值在首90%之列（市值指按过去一年内的平均值）；⑤必须位列在联交所上市所有普通股份（H股除外）成交额在首90%之列（成交额指按将过去两年内的成交总额分成八个季度各自作出评估）；⑥必须在联交所上市满两年或符合相关上市少于两年的大型股获纳入恒生指数的指引（见表8.5）。

（2）成分股的选取原则。根据以上标准初选出合格股票后、再按以下准则最终选定样本股：①公司市值及成交额之排名；②四个分类指数在恒生指数内各占的比重需大体反映市场情况；③公司在香港有庞大业务；④公司的财政状况。

表8.5　上市少于两年的大型股获纳入恒生指数指引

于检讨指数时大型股平均市值排名	最少上市时间
第五或以上	3个月
第六至十五	6个月
第十六至二十	12个月
第二十一至二十五	18个月
第二十五以下	24个月

2. 恒生指数的计算

恒生指数以成分股的发行股数为权数，采用加权平均法计算。恒生指数的计算公式为：

$$现时指数 = \frac{\sum (P_t \times IS \times FAF \times CF)}{\sum (P_{t-1} \times IS \times FAF \times CF)} \times 上日收市指数 \tag{8.48}$$

式中 P_t——现时股价；

P_{t-1}——上日收市股价；

IS——已发行股票数量；

FAF——流通系数；

CF——比重上限系数（如比重上限系数为40%，即指在指数编算上，只计算该成分股40%之流通量股权）。

3. 恒生指数的计算调整

（1）流通系数调整。流通量调整系数（简称流通系数）是流通量份占总发行股之百分比。各成分股之发行量将经流通系数调整后才用以编算指数，策略性持有的股权将不纳入指数编算中。例如流通量调整系数为70%，指该成分股流通于市场上之股权为70%。

2006年6月30日恒指服务有限公司宣布更改恒生指数加入H股后的计算方法及对现有成分股的数目及影响。恒生指数分三阶段更改成分股于指数比重上限，第一阶段由2006年9月8日开始，恒生指数的计算方法改为以流通市值调整计算。每只成分股的比重上限为25%。第二阶段由2007年3月9日实施2/3的流通调整，流通系数=100－2/3（100%－流通系数）并上调至最接近的5%倍数，比重上限为20%。第三阶段由2007年9月7日实施全流通调整，比重上限为15%。此举主要是为了避免指数受个别大市值成分股（如汇丰控股）所左右而失去代表性。目前对恒生指数影响最大的成分股是友邦保险，其次是汇丰控股、中国建设银行、香港交易所。

（2）新的成分股数目。恒生指数由恒生银行下属恒生指数有限公司负责计算及按季检讨，公布成分股调整。

1992年8月4日，中信泰富成为首只晋身恒生指数成分股的红筹股，恒指服务有限公司于2006年6月30日宣布将成分股数目由33只加至38只（当中包括33只非H股及5只H股），2006年9月11日中国建设银行成为首只晋身恒生指数成分股的国企股，2007年2月9日宣布将成分股逐渐增加至50只，当中H股与非H股数目将不会被固定于持定水平。2008年5月9日，恒生指数公司收市后公布季度检讨，中国铝业（2600）及腾讯控股（0700）成为成分股取代长江基建（1038）及电讯盈科（0008），并于2008年6月10日生效。自2008年10月6日起，恒生指数成分股包括42只股票。2011年11月11日，恒生指数公司收市后公布季度检讨，康师傅（00322）及中国旺旺（00151）成为成分股，此次检讨没有剔除任何成分股，恒指成分股数目进一步增加至48只，自2011年12月5日生效。2012年5月10日进一步增加至49只，金沙中国（01928）成为恒生指数成分股。2012年11月17日，恒生指数公司收市后公布季度检讨，昆仑能源（00135）成为成分股，增至50只的上限，在2012年12月10日生效。2013年2月6日，恒生指数公司收市后公布季度检讨，联想集团（00992）成为成分股，中国铝业（02600）被剔出，恒指成分股数目维持在50只不变。在2013年6月17日生效。2013年5月10日，恒生指数公司收市后公布季度检讨，银河娱乐（00027）成为成分股，思捷环球（00330）被剔出，恒指成分股数目维持在50只不变，在2013年3月4日生效。并在此后8年一直维持这一水平，直到2020年12月扩容至52只。2021年2月26日，恒生指数公司收市后公布季度检讨，阿里健康（00241）、龙湖集团（00960）及海底捞（06862）成为新增成分股，成分股数目将由52只增加至55只，没有成分股遭剔除，但由于新成分股加入将摊薄现有成分股比重，在2021年3月15日生效。

恒生指数任何一只指数成分股如连续停牌一个月，该成分股将会从指数中剔除。在非常特殊情况下，如该成分股被认为极有可能在短时间内复牌，才有可能获保留在指数内。

恒生指数现已成为反映香港政治、经济和社会状况的主要风向标，是反映香港股市价格的重要指标。

8.3.6　台湾证券交易所股价指数

1. 台北加权指数

台北加权指数全称为台湾股票价格加权指数。该指数以台湾证券交易所挂牌交易的所有普通股票为样本，以1966年为基期，基期指数定为100，以股票发行量为权数进行计算，由台湾证券交易所编制并公布。

台湾证券交易所在上述台北加权指数编制的基础上，分别编制并发布未含金融股发行量加权股价指数、未含电子股发行量加权股价指数。未含金融股发行量加权股价指数，以1966年平均数为基期，基期指数设定为100；未含电子股发行量加权股价指数，以1999年12月28日为基期，基期指数设定为8 448.84。2005年3月1日起发布未含金融电子股发行量加权股价指数，该指数以2003年12月31日为基期，基期指数设定为5 890.69。此外，还编制水泥类、食品类、塑料类、纺织纤维类、电机机械类、电器电缆类、化学生技医疗类、玻璃陶瓷类、造纸类、钢铁类、橡胶类、汽车类、电子类、营造建材类、运输类、观光类、金融保险类、百货贸易类、其他类以及水泥窑制类、塑料化工类、机电类等22种产业分类股价指数。其中，食品类、纺织纤维类、造纸类、营造建材类、金融保险类、水泥窑制类、塑料化工类、机电类等8种和未含金融电子股发行量加权股价指数以1986年12月29日为基期，基期指数定为100，其余14种产业分类股价指数以1994年12月31日为基期，基期指数定为100。

（1）台北加权指数的采样标准。①新上市公司股票在上市满一个日历月的次月第一个营业日纳入样本，如6月份上市则8月1日列入样本。但已上市公司转型为金融控股公司及上柜转上市公司，则于上市当日即纳入采样。②暂停买卖股票在恢复普通交易满一个日历月的次月第一个营业日纳入样本，但因公司分割办理减资换发新股而停止买卖的股票，新股恢复买卖当日即纳入样本。③全额交割股不纳入采样。

未含金融股发行量加权股价指数、未含电子股发行量加权股价指数和产业分类股价指数的采样标准与台北加权指数相同。产业分类股价指数的分类方式除水泥窑制类包括水泥工业和玻璃陶瓷业，塑料化工类包含塑料工业、化学工业、橡胶工业，机电类包含电机机械业、电器电缆业、电子工业外，其余19种产业分类股价指数均按台湾证券交易所之上市产业分类。

（2）编算方法。台北加权指数、未含金融股发行量加权股价指数、未含电子股发行量加权股价指数、未含金融电子股发行量加权股价指数和各产业分类股价指数，都以样本股票的发行股数为权数来计算指数，其计算公式为：

$$\text{发行量加权股价指数} = \frac{\text{当期总发行市值}}{\text{基值}} \times \text{基期指数} \tag{8.49}$$

基值原为基期的总发行市值(如:台北加权指数基值为1966年的各股平均市价乘以各股1966年底的发行量)。尔后若有样本异动或现金增资除权等情况发生时,则基值随之调整,以维持指数的连续性。当期总发行市值为样本中各股股价与其发行股数乘积的总和。

(3)调整基值。当采样股票异动或增资除权时,当期总发行市值或各股股价总和都会相应变动,因而会影响到股价指数和股价平均数。为避免非交易因素对股价指数或股价平均数造成影响,导致发生断层现象,必须调整基值,以维持指数的连续性。

台北加权指数的调整时机为:新增或剔除采样股票时;现金增资认购普通股的除权交易日;员工红利转增资除权交易日;特别股无偿配发普通股除权交易日;上市公司持有未办理减资注销库藏股除权交易日;公司依法注销股份办理减资公告后之除权交易日或次月第一个营业日,并以较先者为准;收到现金增资募集失败之通知后,次月第一个营业日将发行股数复原;公司合并后增资股或新股权利证书上市日;转换公司债转换的债券换股权证换发为普通股的上市日;上市公司发行之转换公司债直接换发为普通股或附认股权有价证券认购而发行之普通股,待其除权交易日或其办理资本额变更登记公告后次月第一个营业日;股东放弃认购而采用公开承销之现金增资股票或股款缴纳凭证上市日;海外存托凭证而发行的新股上市日;转换特别股转换为普通股的上市日;其他非市场交易而影响总发行市值的因素。调整公式为:

$$新基值 = 旧基值 \times \frac{异动后总发行市值}{异动前总发行市值} \tag{8.50}$$

2. 台湾50指数

台湾证券交易所台湾50指数(简称台湾50指数)是运用国际知名的富时指数编制技术及经验编制而成,并于2002年10月29日正式推出的指数。该指数适合作为衍生性商品和店头市场商品(如指数期货、指数选择权、股票指数基金、指数联动商品)的标的指数,也是用来衡量共同基金投资绩效的考核标准,是反映台湾市场整体表现的理想工具。

该指数挑选台湾证券市场中具有代表性的50只股票编制而成,约占台北加权指数市值的70%,与台北加权指数的相关性超过97%,台湾50指数能够充分表达台北加权指数的表现。

台湾50指数为成分股指数,其成分股的替换及权重的调整均以稳定为原则,由市场专业人士组成独立的指数咨询委员会进行管理,委员会负责每季审核成分股的变动,以确保指数的客观性。在每年一、四、七和十月进行季间审核,成分股的变动在审核当月第三个星期五后的下一个交易日执行。指数咨询委员会对外详细公开样本股纳入和保留的管理方法,具有相当高的透明度。

为避免台湾50指数成分股频繁变动,未来市值前40名股票(符合筛选条件)是保证成分股,另外10只股票,则从市值41名至60名中遴选,目前已是台湾50指数的成分股优先入选。因此,即使台湾股市行情发生大变动,台湾50指数成分股每次变动也将在10只以下。

3. 台湾中型100指数

台湾中型100指数的样本股由证券交易所市值排名前51到150名的公司股票组合而成。台湾中型100指数以2003年6月30日为基期,基期指数设定为5 000点。台湾中型100指数的推出促进了指数商品的多样化,为投资者提供了更多的投资选择,也有助于提升台湾证券市场的知名度,吸引更多的外资加入并投资台湾证券市场。

8.4　世界主要股价指数的比较

8.4.1　主要股价指数的共性比较

世界各国的股价指数,无论编制方法和依据如何,其实质都是用平均的观点来描述整个股市的变化。因此归纳起来具有下列共性特征。

1. 代表性和敏感性

代表性和敏感性是所有股价指数的基本特征。代表性主要是指采样股票,既要选出不同行业的股票,又要在各行业中选取具有鲜明特征的股票,而且成分股的选择要尽可能符合股票市场结构状态,同时成分股总市值又要在全部总市值中占有相当比例。敏感性是指股价指数对整个股市反映的及时性和准确性,由于技术的发展,使股价指数在各证券交易所瞬时公布,具有极高的灵敏性和可用性。代表性和敏感性是各国主要指数的一致的特征。

2. 作用的共同性

世界各地股价指数虽名称不同,但其作用却具有共同性。①都能及时地反映市场上股票价格水平的变化,透过股价的涨跌,可以观察股票市场变化的趋势,从一个侧面反映一国政治、经济、社会的发展变化情况;②有利于投资者进行投资选择,有利于研究者研究国民经济的发展变化。

3. 具有可调控性

股市运行的规律,决定了它随时反映经济状况,而全球股价指数体系也成为世界经济运行中的一个子系统,经济中的任何风吹草动乃至政治风云变幻都会清晰地印证在股价指数上。因此,股价指数(或股票市场)不会放任自流,无序、孤立的发展,而是要受到经济、法律、行政手段的干预和调控,这在全球是普遍的现象,只有程度上的差异。

4. 编制步骤的一致性

世界各地股价指数编制方法各异,侧重点也不尽相同,但其编制的基本步骤是一致的。即:首先确定样本股,即选取一定数量的有代表性的公司股票作为编制股价指数的明确对象;然后收集样本股票在某一时期的价格,采用不同的计算方法计算平均价格;然后为保持股价指数的可比性,还需加以适当调整和修正;最后确定股价指数,通常选定一个基期价格指标,以后每期的平均价格都与之进行比较,就可求出股价指数。

5. 变化总趋势的同向性

经济全球化导致金融全球化,股价指数的编制基础是实体经济,经济全球化的特点必然反映到股价指数上,每次重大政治经济事件发生的前后,全球股指连动反应,就是有力的佐证。从理论上讲,不同股票市场的指数间、同一市场不同的指数间存在着变化总趋势的一致性。也就是说,指数之间存在着同向关系。统计分析结果表明:美国道琼斯指数、标准普尔500指数和纽约证券交易所指数,虽然三者的定位、计算方法大不相同,反映的市场状况也有很大差异,但整体而言,三者的表现非常接近,近几十年来,它们的相关系数都在90%以上;沪深300指数与国内其他主要市场指数也保持有高度相关性,沪深300指数与上证指数收益波动的相关系数达到97%,而与深圳综指的相关系数高达98%。由此可见,指数间长期的运动规律是非常一致的,具有明显的同向性。

6. 计算方法的总括性

各种股价指数的计算方法虽然有所不同,但无一例外地都在如下三种方法中选择,即简单算术平均法、加权平均法和调整算术平均法,所以股价指数的计算具有三种方法的总括性。

8.4.2 主要股价指数的个性比较

1. 道琼斯股价指数与标准普尔500指数

道琼斯指数采用调整算术平均法计算,选用样本侧重于股票品质,反映优等股概貌,但没有考虑公司规模问题。标准普尔500指数采用市值加权法计算,选用样本的交易额在市场交易总额中占绝大部分,避免了道琼斯指数在股票拆分时调整分母的麻烦,但由于其涵盖股票很多,波动程度经常偏高,对于不熟悉美国股市的投资人来说,主要以道琼斯指数来衡量股市表现,因此,美国股市有句俗话:"最佳的指数是人们最经常使用的指数。"

2. FT30,FTA所有股票与FT-SEl00

在多年的运行趋势上,三者虽然具有高度的一致性,但FTA所有股票价格指数的绩效最理想,因为它包含成长较快的中小企业,这使另外二者望尘莫及;而FT30由于其构成中大多是稳定的绩优股,它的整体走势多与英国经济长期走势相同,因此表现欠佳;FT-SEl00的具有良好的即时性,而且它公布之初,就由市值最大的百种股票构成,与FTA所有股票的相关性极高,也具有极大的动态性。

3. 日经股价指数与道琼斯指数

日经股价指数又称日经道琼斯指数,该指数与美国道琼斯股价平均指数相比,有一定差别,因为它没有设定基期,没有基期值,是严格意义上的股价平均数,离指数化还有一定距离。

8.4.3 股价指数设计的国际经验

综观当今各主要发达国家和地区的股票市场,被投资者广泛接受用以代表市场的指数,如美国的标准普尔500指数,英国FT-SEl00指数,日经225股价指数,德国DAX30等,它们在指数设计环节和技术方案上都有着值得借鉴的国际经验。

1. 股价指数设计的主要环节

从股价指数设计的流程看,国际各成功股价指数运转前要经过以下环节。

(1)指数构想:主要是确定指数的市场定位、服务对象、反映内容,指数应涵盖的市场规模及将指数作为其他衍生品的基础等,然后对指数进行评价。

(2)样本的选择:主要是为反映一定市场特征,依据标准选取股票,对样本的选择要考虑多方面因素,样本股要具有典型性和代表性。

(3)指数计算:在计算方法上要考虑是否采用加权的方法,采用何种方法加权,用何种指标作权重。股票指数要有良好的敏感性,且能对不断变化的市场行情作调整和修正。同时,计算方法、调整依据的口径必须保持连贯和统一,并且要确定指数的起点,即指数的基期和基期点数应有较好的均衡性和可比性。

(4)指数维护:从一般国际经验看,定期和非定期的指数维护主要包括样本调整和指数权重的调整,通过指数维护不仅能保证指数内在特征的前后一致性,符合指数设计原则,同时也使指数能及时跟踪市场动态,反映市场结构变化。从国际各主要指数的设计经验看,在以上几个环节中,确定指数样本的选择标准和选择方法以及确定股价指数的计算方法是股价指数设计的主要环节。

2. 股价指数设计的技术方案

借鉴成功的指数编制技术和策略,首先是要注意成分指数的样本股的选取,世界著名股价指数如标准·普尔 500 指数、FT-SEl00 指数在样本选择上并无统一标准,但均无例外地把上市公司市值作为首要标准,辅之以行业代表性、市场流动性、公司基本面等因素。其次在指数计算方法上尽管居于主导地位的是采用股本派氏加权方法,形成"一揽子"股价波动的反映(见表 8.6),但具体加权指标的选择以及权数的调整原则等问题仍然成为各国股价指数编制机构面临的难题。指数不同的编制方法反映了设计者对价格变动不同的观察方式和角度。方法本身没有科学与否之分,要具体情况具体对待以及视编算的需要而定,这也是世界各国在股价指数的编制方法上尚无统一标准的原因。另外,关于指数发布,目前世界各著名股价指数,其发布和维护主体有交易所和金融服务公司两大类,指数维护主要包括指数样本调整和权重调整,世界著名股价指数维护均采取提前公布的办法,让市场投资者充分消化调整信息,同时给指数基金经理们以充分时间准备交易计划。这些指数设计的国际经验值得我们借鉴。

表 8.6 股价指数编制方法比较

编制方法	代表指数
价格算术平均,无权数	道琼斯指数系列,日经 225 指数
股本派氏加权	标准普尔 500 指数系列,FT-SE 系列
股本拉氏加权	德国 DAX 系列
价格算术平均和几何平均,无权数	美 Value Line 指数
价格调和平均	Morgan Stanley High-Teeh 35 指数

本章小结

股票价格指数是表明股票平均价格水平及其变动情况以衡量股市行情的重要指标。

世界各地的股票市场都有自己独特的股价指数,尽管这些股价指数各有特点,但其编制原理大致相同,主要经过如下几个步骤:①选取有代表性的公司股票;②将选取的公司股票的市场价格加以平均,计算出平均价格;③确定股价指数。

股票价格指数的编制方法主要有简单算术平均法、综合平均法、几何平均法、加权综合法和加权几何平均法。

世界主要的股票价格指数有道琼斯股票价格平均指数,标准普尔股票价格指数,纽约证券交易所股票价格指数,英国金融时报股价指数,日经股价指数和德国 DAX 指数。

中国股票价格指数有上证综合指数、上证180指数、上证50指数、科创50指数、深证综合指数、深证成分指数、中小企业综合指数、创业板指数、深证100指数、沪深300指数、恒生指数和台北加权指数。

世界主要股价指数具有下列共性特征:代表性和敏感性、作用的共同性、具有可调控性、编制步骤的一致性、变化总趋势的同向性和计算方法的总括性。

复习思考题

一、名词解释

股票价格指数　除数　道琼斯股票价格平均指数　标准普尔股票价格指数　FT-30

富时100指数　日经股价指数　德国DAX指数　上海静安股价指数　上证综合指数

上证180指数　上证50指数　科创50指数　深证综合指数　深圳成分股指数　深证100指数

中小企业综合指数　创业板指数　沪深300指数　恒生指数　台北加权指数

二、判断题

1. 股票价格指数是表明股票平均价格水平及其变动情况的重要指标。（　　）
2. 道琼斯指数的计算方法为简单算术平均法。（　　）
3. 代表性和敏感性是所有股价指数的基本特征。（　　）
4. 恒生指数以成分股的流通股数为权数,采用加权平均法计算。（　　）
5. 上证综合指数以在上海交易所上市的所有A股股票为样本,以股票发行量为权数编制的。（　　）

三、单项选择题

1. 标准普尔股票价格指数采样股票的范围是(　　)种。

A. 300　　B. 500　　C. 100　　D. 450

2. 道琼斯指数实际上是一组股价平均指数,共分(　　)种指数。

A. 4　　B. 5　　C. 3　　D. 2

3. 新中国最早的股价指数叫(　　)。

A. 上证综合指数　　B. 上证30指数

C. 静安股价指数　　D. 深证综合指数

4. 深圳成分股指数的基日指数是(　　)点。

A. 1 000　　B. 100　　C. 500　　D. 5 000

5. 下列指数中,采用调整算术平均法计算的是(　　)。

A. 上证30指数　　B. 深证综合指数

C. 日经股价指数　　D. 上证综合指数

四、多项选择题

1. 股价平均数的计算方法主要有(　　)。

A. 简单算术平均法　　B. 修正平均法

C. 加权算术平均法　　D. 几何平均法

2. 国际成功指数设计的主要环节包括(　　)。

A. 指数构想　　B. 样本的选择

C. 指数计算　　D. 指数维护

3. 在国内现有股票指数中,计算时采用"分级靠档技术"的有(　　)。

A. 上证 180 指数　　B. 上证 50 指数

C. 深证综合指数　　D. 沪深 300 指数

4. 下列指数中,采用加权算术平均法计算的有(　　)。

A. 台湾 50 指数　　B. 道·琼斯指数

C. 深证综合指数　　D. 上证 50 指数

5. 在国内现有指数中,调整成分股票时采用"缓冲区技术"的有(　　)。

A. 深证 100 指数　　B. 沪深 300 指数

C. 科创 50 指数　　D. 上证 180

五、简答题

1. 简述股票价格指数的编制步骤。
2. 简述股票价格指数的编制方法。
3. 上证 180 指数与上证综合指数的区别是什么?
4. 深证 100 指数的特征有哪些?
5. 股价指数的共性特征有哪些?

六、论述题

论述沪深 300 指数与国内主要指数的关系。

A 股纳入富时罗素全球指数,中国资本市场国际化之路再启新章

全球第二大指数公司富时罗素(FTSE Russell)2018 年 9 月 27 日早间宣布,将把中国 A 股纳入其全球股票指数体系的次级新兴市场指数。这是继明晟指数公司(MSCI)之后,第二家将中国 A 股纳入其指数体系的全球主要股票指数公司。

富时罗素首席执行官麦思平(Mark Makepeace)表示,20 年前,富时罗素成为第一家提供中国市场基准的国际指数供应商。近年来,中国政府持续引入改革,并向国际投资者开放市场,中国已经成为全世界第二大经济体。富时罗素公司今后将继续与全球客户合作,提供指数基准和分析解决方案,以促进对中国股票和固定收益的投资。

麦思平介绍,富时罗素此次将中国 A 股提升至新兴市场级别,将自 2019 年 6 月起分三个阶段执行。在每一个纳入批次完成后,富时罗素会寻求市场反馈以评估市场吸收新增资产的能力。股票纳入将按富时中国 A 股互联互通全盘指数(目前约 1 250 个成分股)中合资格的大、中、小盘股票可投资市值的 25% 计算。在纳入的第一阶段完成后,预计中国 A 股在富时新兴市场指数中的权重约为 5.5%,代表仅该指数就能带来 100 亿美元的被动管理资产净流入。在富时全球全盘指数(FTSE Global All Cap Index)中,预计中国 A 股将占约 0.57% 的权重。他同时预计,未来5~10年内,以跟踪指数形式进入中国市场的被动资金可达2.5万亿美元。

麦思平还表示,富时罗素的最终目标是全面纳入中国A股,未来中国股票(包括A股以及非A股中国股票)有望在富时新兴市场指数中占到50%以上的权重,在富时环球指数中占到6.5%的权重。中国市场有望在全球的投资组合中占到10%以上,这也是对全球投资界的巨大改变。

上海证券交易所总经理蒋锋表示,A股被纳入富时全球股票指数系列,体现了国际投资界对中国经济发展前景和资本市场稳健发展的良好预期,是对中国坚持对外开放、深度融入全球金融市场投下的“信任票”。近年来,在中国加快构建全面开放新格局的大背景下,上交所按照中国证监会的整体部署,不断加快国际化发展步伐。

深圳证券交易所首席风控官张兆义表示,一直以来,深交所在中国证监会的统一领导下,主动适应国际化发展要求,积极响应境外投资者需求与市场关切,广泛开展全球路演,积极推动上市公司境外投资者管理体系建设,持续推动制度、服务与国际接轨。深交所将以A股被纳入富时全球股票指数系列为契机,与富时罗素进一步探索指数业务合作空间,持续优化市场投资环境,努力提升交易所一线监管和风险防控能力,有序推进交易所国际化发展战略实施。

中国人民银行市场司副司长邹澜表示,富时罗素宣布将中国列为世界国债指数观察国家,体现了中国债券市场获得国际社会的认可。下一阶段,人民银行将继续推动中国金融市场对外开放进程,为境外投资者提供更加友好、便利的投资环境。

在后续的研讨会环节,南方东英基金公司总裁、香港中资基金业协会会长丁晨表示,从历史定位上看,中国内地总体上是以本土市场及零售市场为主。富时罗素指数宣布纳入A股,并且给予比较大的权重,这预示着未来会有更多的海外投资者进入中国,中国资本市场也将进入一个多样化的时代。

全球最大的ETF管理公司Vanguard集团中国区总裁、先锋领航投资管理(上海)有限公司董事长林晓东说,中国拥有全球7%左右的消费量以及约22%的贸易规模,Vanguard也是全球第一家把A股纳入美国注册的公募基金当中的公司。最新统计数据显示,过去3年整个中国市场的机构化比例已提升了3个百分点,这表明中国资本市场更加成熟、机制更完善,投资渠道也更加丰富。①

讨论题:

1. 中国A股纳入富时罗素全球指数的意义。
2. 中国A股先后纳入MSCI、富时罗素新兴市场指数对我国资本市场有哪些影响?

推荐阅读

[1] 张芳,曾庆铎. 融资融券视域下投资者情绪与股市收益关系研究:基于沪深300指数的实证检验[J]. 价格理论与实践,2021 (6).

[2] 童元松我国股票价格指数与投资者情绪的互动效应研究[J]. 价格理论与实践,2020 (9).

① 摘自东方财富网,2018年9月28日。

[3] 唐志武,居阔. 沪深300股指期货与富时中国A50指数期货联动性研究[J]. 价格理论与实践,2020 (9).

[4] 尚迎超. 人民币汇率与股价的关联性[D]. 南京:南京理工大学,2020.

[5] 杨文杰. 中国碳汇股价指数的编制及其功能分析[D]. 南京:南京林业大学,2020.

[6] 张乖利. 黄金与股票价格指数之间的关系研究[J]. 技术经济与管理研究,2020(5).

[7] 黄韶青. 人民币汇率变化对中国股市价格的影响研究[D]. 济南:山东大学,2019.

[8] 刘志蛟,刘力臻,滕建州. 中国股票指数趋势的实证分析[J]. 统计与决策,2019,35(10).

[9] 于乃书,于棚土. 人民币汇率与我国股市综合指数及行业指数变动关系的实证分析[J]. 统计与决策,2018,34(22).

[10] 陈影,王立夏,周智敏. 投资者情绪对股票价格指数影响研究:以百度指数与微博指数为指标[J]. 价格理论与实践,2017 (9).

第9章　证券投资分析

教学目的

通过对证券投资的基本分析与技术分析，促使学生掌握证券投资的技巧，提高证券投资的分析能力，增强投资操作的实战能力。要求学生掌握宏观经济分析、行业分析、公司分析和财务分析的基本理论与方法，并能在实践中综合运用。了解证券投资技术分析的基本理论；理解和掌握K线、切线、形态等的基本图形分析方法，能够熟练运用MA、MACD、OBV、BISA、KDJ、RSI等技术指标进行实战操作。

教学内容

1. 证券投资分析的意义。
2. 证券投资分析的信息来源。
3. 证券投资基本分析需考虑的因素。
4. 公司财务分析的主要财务比率。
5. 技术分析的“三大假设”及理论基础。
6. K线理论、切线理论、形态分析、波浪理论及量价关系理论，利用上述理论对市场行情进行研判。
7. 技术指标的分类，利用技术指标对市场行情进行研判。

教学重点

影响股票价格波动的宏观因素、行业因素的分析，公司基本分析与财务分析、技术分析的理论基础，K线图的画法及主要形态，整理形态和反转突破形态的分类标准、技术指标分类及基本含义。

影响股价波动的宏观因素，公司财务分析，K线图的画法及主要形态，各类技术指标的计算公式及运用法则。

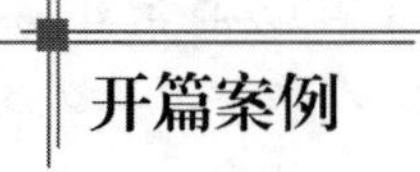

开篇案例

马克·莫比尔斯的投资策略

马克·莫比尔斯作为富兰克林邓普顿基金公司执行总裁，手中掌管着超过500亿美元的资产。与巴菲特、彼得·林奇、索罗斯同列为《纽约时报》评选的“全球10大顶尖经理人”。从事新兴市场投资和研究30多年，被誉为“新兴市场之父”。

一、当每个人都想进场时，就是出场时点；当每个人都急着出场时，就是进场时点

根据个人经验，马克·莫比尔斯发现最好的出场方式就是在股市高档时，慢慢地、逐步地分批赎回。不要等市场下跌时才恐慌性抛售，而是在市场仍然还在上涨时就分批出场，当然，所谓的“正确的出场时点”连专家都不一定抓得准，因此，建议当以下两个主要信号出现时，就是投资人出场的时点：信号一：平常不太有联络的营业员，突然打电话给你，极力推荐你买某只股票，否则你可能会错失这波涨幅。信号二：营业员用非常戏剧化的夸张语气，来推荐你买股票。这两种情况都可能暗示市场投资气氛已经快要失去控制，市场可能发生巨幅波动的局面。另一方面，当每个人都想出场时，就是进场时机，因为在恐慌性抛售下，具有投资价值的股票，可能出现被低估的价格。

二、最好的保护就是分散投资

投资应该是无国界的，只要是具有获利潜力的公司，不论该公司在哪一国家，都应该列入您的投资组合当中，如此才能够达到分散单一股票或是单一国家的景气循环风险，分散投资体质佳的股票，便是最好的保护。

三、经营团队的素质，是选股投资的最高标准

马克·莫比尔斯一年365天当中有250天是往返世界各国的路途上，拜访上市公司，会面各公司经营团队。马克·莫比尔斯认为，人的因素，经营团队的素质，决定了该上市公司未来成长获利空间。

四、用FELT选择股票或股市投资

所谓FELT就是Fair、Efficient、Liquid、Transparent。凡投资任何股票或股市之前，都应该审视股价是否合理(Fair)，股市是否是有效率交易(Efficient)，此股票是否具有流动性(Liquid)，该上市公司财务报表是否透明(Transparent)。

五、所谓“危机(Crisis)”，就是人们开始觉醒的理由

由于泰铢贬值引爆亚洲金融风暴，泰国政府开始进行金融法规的改革，人们担忧未来的生活，也开始更努力地工作、存更多钱。由此看出，当大环境安逸时，人们容易懒散，而当大环境较为艰难时，人们的奋斗热情更容易被激发出来。因此，当金融风暴发生时，正是国家开始瘦身、锻炼肌肉的时候,也就是开始出现投资机会的时候。

六、以资产净值(NAV)判断是否值得投资

在考量一个投资标的是否值得投资时,可以该投资标的之总资产价值减去总负债所得的净值,除以发行在外的股数;如果此数值高于当前股价,则表示该投资标的低估(undervalued),股价具有上扬潜力,是一值得考虑之标的物;反之则否。

七、一个国家的总体面常常与个别公司的未来成长性互相矛盾

以俄罗斯为例,该国的总体经济面相当恶劣,如高通货膨胀率、高失业率等,以此来看,并非一个适合投资的国家;但该国从社会经济体制转型为资本主义体制的过程中,蕴含了许多的高获利契机,如国有企业的私有化,使得相关投资标的具有高度成长潜力。在此情势下,透过“由下而上”的投资策略才能掌握获利契机。

八、选择投资标的时,如果只靠技术分析等投资方法往往会误判情势,必须辅以实际的田野调查

虽然投资国际化,可以寻找更多更佳的获利机会,也可以分散投资单一市场的波动风险。但外国市场,尤其是政经情势不稳定的新兴国家,情势可能瞬息万变,投资据点遍布全球重要金融市场的国际性投资集团才能有效掌握全球金融情势的脉动。

九、如果全世界的股市皆因为一个国家的短期因素而出现剧烈下跌,投资建议立刻从持有(hold)改为买进(buy)

1998年初的巴西里拉危机等于是为投资人开启的一扇投资的大门,亚洲金融风暴使市场如同惊弓之鸟,轻易地就将拉丁美洲与身陷风暴的亚洲画上等号,殊不知此乃两个截然不同的区域,因金融变动的效率也截然不同,尽管在分类上,拉丁美洲与东盟皆为新兴国家,然而同样的归类并不表示拉丁美洲一定也会重现亚洲股市的景象。

十、政治不确定性是进入一个市场的通行标志

不确定性会压抑股价,但如果你相信你的基本分析,不确定性反而是买进原本可能价格过高的大型蓝筹股的好机会。政治因素难以量化,对于金融市场的影响也难以预测,政治风险高的地方,股市波动幅度也较大,在马克·莫比尔斯的眼中,政治风险也是投资机会。①

9.1 证券投资分析概述

证券投资分析是指投资者通过各种专业性分析方法对影响证券价值或价格的各种信息进行综合分析以判断证券价值或价格及其变动的行为,是证券投资过程中不可或缺的一个重要环节。证券投资分析的具体目标是在风险既定条件下追求投资收益最大化和在收益既定的条件下追求风险最小化,其目的在于证券投资净效用(即收益带来的正效用减去风险带来的负效用)的最大化。

9.1.1 证券投资分析的意义

1. 证券投资分析是实施科学投资决策的前提

投资决策贯穿于整个投资过程,其正确与否关系到投资的成败。尽管不同投资者投资决

① 摘自投资银河汇,2022年2月10日。

策的方法可能不同,但科学的投资决策无疑有助于提高投资决策的准确性。不同的投资者由于资金拥有量及其他条件的不同,会拥有不同的风险容忍度、不同的风险-收益率态度和不同的投资持有周期。因此,投资者需要明确每一种证券在风险性、收益性、流动性和时间性方面的特点,借此选择在各方面与自己的要求相匹配的投资对象,制订相应的投资策略。只有这样,投资者的投资决策才具有科学性,也才能使其投资获得成功。进行证券投资分析正是使投资者正确认知证券风险性、收益性、流动性和时间性的有效途径,能够减少投资决策的盲目性,提高投资决策的科学性。

2. 证券投资分析是正确评估证券投资价值的基础

投资者之所以对证券进行投资,是因为证券具有一定的投资价值。证券的投资价值受多方面因素的影响,并随着这些因素的变化而发生相应的变化。所以,投资者在决定投资某种证券前,首先应该认真评估该证券的投资价值。只有当证券处于投资价值区域时,投资该证券才有的放矢,否则可能会导致投资失败。证券投资分析正是对可能影响证券投资价值的各种因素进行综合分析,来判断这些因素及其变化可能会对证券投资价值带来的影响,因此成为投资者正确评估证券的投资价值的基础。

3. 证券投资分析是投资者规避风险的需要

投资者选择投资证券,目的是获得预期收益,但收益的获得是以投资者承担相应的风险为代价的。从总体来说,预期收益水平与风险之间存在一种正相关关系。预期收益越高,投资者所承担的风险也就越大;预期收益越低,投资者所承担的风险也就越小。然而,每一证券都有自己的风险-收益特性,而这种特性又会随着各相关因素的变化而变化。因此,对于某些具体的证券而言,由于判断失误,投资者在承担较高风险的同时,却未必能获得较高收益。理性投资者通过证券投资分析来考察每一种证券的风险-收益特性及其变化,可以较为准确地确定哪些证券是风险较大的证券,哪些证券是风险较小的证券,从而可以选择风险较小的证券,避开风险较大的证券,在获得预期收益的同时避免承担不必要的风险。

4. 证券投资分析是投资者成功投资的关键

证券投资的目的是证券投资净效用最大化。因此,在风险既定的条件下投资收益率最大化和在收益率既定的条件下风险最小化是证券投资的两大具体目标。证券投资的成功与否,往往是看这两个目标的实现程度。但是,影响证券投资目标实现程度的因素很多,其作用机制也十分复杂。只有通过全面、系统和科学的专业分析,才能客观地把握住这些因素及其作用机制,并作出比较准确的预测。证券投资分析正是采用专业分析方法和分析手段对影响证券收益率和风险的诸因素进行客观、全面和系统的分析,揭示出其作用机制以及某些带有规律性的东西,用于指导投资决策,从而保证在降低投资风险的同时获取较高的投资收益。

9.1.2 证券投资分析的信息来源

作为进行证券投资分析的基础,来自不同渠道的信息最终都将通过各种方式作用于证券价格,导致证券价格的上升或下降,从而影响证券的收益率。证券投资分析说到底就是通过各种专业性的分析方法和分析手段对来自各个渠道的能够对证券价格产生影响的各种信息进行综合的分析,判断其对证券价格发生作用的方向和发生作用的力度。因此,信息的多寡、信息质量的高低将直接影响证券投资分析的效果,影响证券分析的最终结论。一般来说,进行证券投资分析的信息主要来自以下四个渠道:

1. 公开渠道

公开渠道主要是指各种书籍、报纸、杂志、其他公开出版物,以及电视、广播、互联网等媒体公开发布的信息。这类信息来源种类繁多,提供的信息量最为庞大,是进行证券投资分析的最重要的信息来源。按照不同的分类标准,可以对这一来源的信息进行不同的分类。

(1)从信息发布主体和发布渠道看,一般证券市场上的各种信息来源主要包括:政府部门、证券交易所、上市公司、中介机构和媒体。针对我国的实际情况,所发布信息可能会对证券市场产生影响的政府部门主要包括国务院、中国证券监督管理委员会、财政部、中国人民银行、国家发展和改革委员会、商务部、国家统计局以及国务院国有资产监督管理委员会;沪、深、北证券交易所向社会公布的证券行情、按日制作的证券行情表,以及就市场内成交情况编制的日报表、周报表、月报表与年报表等,成为技术分析中的首要信息来源;上市公司通过定期报告和临时公告等形式向投资者披露其经营状况的有关信息,如公司盈利水平、公司股利政策、增资减资和资产重组等重大事宜,是投资者对其证券进行价值判断的最重要来源;诸如证券经营机构、证券投资咨询机构、证券登记结算机构以及可从事证券相关业务的会计师事务所、资产评估事务所和律师事务所、信用评级机构等证券中介机构,利用其人才、信息等方面的优势,为不同市场参与者提供相应的专业化服务,有助于投资者分析证券的投资价值,引导其投资方向;媒体是连接信息需求者和信息供给者的桥梁,通过媒体专业人员对各种信息的收集、整理、归类和汇总,并按有关规定予以公开披露,能够节省信息使用者的时间,大大提高工作效率。

(2)从信息所涉及的内容范围来看,可以是世界政治经济形势的信息,某个国家政治经济形势的信息,某一时期经济政策方面的信息,某个行业发展状况的信息,也可以是某个公司生产、销售、管理、财务、股票状况的信息或者某项产品生产与销售状况的信息等。

(3)从信息发布的方式看,有实时信息和历史信息两种形式。实时信息发布的是与市场同步的信息,例如证券交易所发布的各种股票交易价格的信息;历史信息发布的是落后于市场的信息。

(4)从信息的表现形式来看,有的是以文字表现的信息,如互联网及大部分报纸、杂志、研究报告等印刷出版物一般都提供文字信息;有的是以图形图像表现的信息,如实时性的股票交易行情接收分析系统,电视台、互联网等通常提供图形图像信息;有的是以数据表格表现的信息以及以声音表现的信息,如会议和广播电台通常提供声音信息等。

2. 商业渠道

公开渠道的信息种类繁多,提供的信息量极为庞大,某些商业机构便将证券公司和研究机构等提供的证券价格行情、基本面信息、公司财务报表等制成数据库,将其存放在某个服务器上,使用者可以通过网络访问该服务器,在支付一定的费用后,可以利用这些经过整理的信息资料,从而节省时间,大大提高工作效率。还有些商业机构,如会计公司、银行、资信评估机构、咨询机构、证券公司等,也有专门的人员进行资料的收集、整理、分析工作,并撰写研究报告,这些报告通常会以有偿的形式向使用者提供。

3. 实地访查

实地访查是指证券投资分析人员直接到有关的上市公司、交易所、政府部门等机构去实地了解进行证券分析所需的信息资料,它是获得证券分析信息的又一个来源。由于在证券投资分析过程中需要用到各种各样的信息资料,有些信息资料可以通过公开的渠道或者商业渠道获得,但有些资料无法通过公开的渠道获得,或者通过公开渠道所获得资料的完整性、客观性值得怀疑,就可以通过实地访查去核实。通过实地访查去获取信息资料的做法,具有比较强的针对性,信息资料的真实性也有相当的保障。但是,所花费的时间、精力都比较多,成本比较高,而且具有一定的难度。因此,通常将这种方法作为前面两个信息来源的补充。

4. 其他渠道

除上述几种信息来源以外,投资者还可通过专家访谈、市场调查等渠道获得有关的信息,也可通过家庭成员、朋友、邻居等获得有关信息。对某些投资者来说,上述渠道有时可能是获取信息的非常重要的渠道。

信息的收集、分类、整理和保存是进行证券投资分析的最基础的工作,是进行证券投资分析的起点。投资者最终得出的分析结论是否正确,除了与所采用的分析方法和分析手段有关外,更重要的取决于所占有信息的广度和深度。

9.1.3　证券投资分析的主要方法

证券投资分析方法的种类很多,门派各异,但是大体上可以分为以下四类:基本分析法、技术分析法、投资组合分析法和行为金融分析法。

1. 基本分析法

基本分析又称基本面分析,是指根据经济学、金融学、财务管理学及投资学等基本原理,对决定证券价值及价格的基本要素进行分析,评估证券的投资价值,判断证券的合理价位,提出相应的投资建议的一种分析方法。

任何资产都有其内在价值,当市场价格与其内在价值不相等时就会出现“定价错误”,基本分析方法的主要内容就是分析能够影响证券价格围绕其价值变化的因素,包括宏观经济分析、行业分析、公司分析。

(1)宏观经济分析。宏观经济分析主要探讨各经济指标和经济政策对证券价格的影响。经济指标分为三类:

①先行性指标:这类指标可以对将来的经济状况提供预示性的信息,如利率水平、货币供给、消费者预期、主要生产资料价格、企业投资规模等。

②同步性指标:这类指标的变化基本上与总体经济活动的转变同步,如个人收入、企业工资支出、GDP、社会商品销售额等。

③滞后性指标:这类指标的变化一般滞后于国民经济的变化,如失业率、库存量、银行未收回贷款规模等。

除了经济指标之外,经济政策则主要包括:货币政策、财政政策、信贷政策、税收政策、利率与汇率政策、产业政策、收入分配政策等。

(2)行业分析。行业分析也称为中观分析,通常包括产业分析与区域分析两个方面。

①产业分析主要分析产业所属的不同市场类型、所处的不同生命周期以及产业的业绩对证券价格的影响;

②区域分析主要分析区域经济因素对证券价格的影响。一方面,产业的发展状况对该产业上市公司的影响是巨大的,从某种意义上说,投资某个上市公司,实际上就是以某个产业为投资对象;另一方面,上市公司在一定程度上又受区域经济的影响,尤其在我国,各地区的经济发展极不平衡,从而造成了我国证券市场所特有的“地域板块效应”。

(3)公司分析。公司分析也称为微观分析,是基本分析的重点,无论什么样的分析报告,最终都要落实在某家公司证券价格的走势上。如果没有对发行证券的公司状况进行全面的分析,就不可能准确地预测其证券的价格走势。公司分析主要包括以下方面:

①公司财务报表分析,即根据一定的原则和方法,通过对公司财务报表数据进行进一步的分析、比较、组合、分解,得出新的数据,用这些新的数据来说明企业的财务状况是否健全、企业的经营管理是否妥善、企业的业务前景是否光明。

②公司产品与市场分析,包括产品分析和市场分析两个方面。前者主要是分析公司的产品品种、品牌、知名度、产品质量、产品的销售量、产品的生命周期;后者主要分析产品的市场覆盖率、市场占有率以及市场竞争能力。

③公司证券投资价值及投资风险分析,主要是通过各种财务模型和投资模型来分析公司股票、债券及其他证券的投资价值和投资风险。

基本分析方法的优点主要是能够比较全面地把握证券价格的基本走势,适用于波动周期比较长的证券价格预测;缺点是对短线投资者的指导作用比较弱,预测的精度比较低。这些基本走势若能够预测出来,便不能够被轻易左右,没有人可以有实力改变世界商品市场的走势,可见基本分析方法适合于长线投资。

2. 技术分析法

证券投资技术分析,是以证券市场过去和现在的市场行为为分析对象,应用数学和逻辑的方法,探索出一些典型变化规律,并据此预测证券市场未来变化趋势的技术方法。技术分析的理论基础是建立在三个假设之上,即市场的行为包含一切信息、价格沿趋势移动、历史会重演。一般可以将技术分析理论分为以下几类:K线理论、切线理论、形态理论、技术指标理论、波浪理论和循环周期理论。技术分析理论经过长时间的发展和演化,形成自身的分析流派,而对投资市场的数量化与人性化理论之间的平衡,是技术分析流派面对的最艰巨的研究任务之一。

技术分析方法的优点是以市场数据为基础,对市场的反应比较直接,其结果也更接近市场实际,分析的结论时效性强,对短线投资有很强的指导意义。其缺点是考虑问题的范围较窄,对市场的长远趋势不能进行有效判断,在中国的证券市场,要得到较准确的长期预测结论,仅仅依靠技术分析是不够的。技术分析的另一个缺点是不容易把握事物发展过程中量变与质变的界限,事后来看,观点似乎很清楚,但从当时来看,很难抉择。建立在单一技术分析方法上的投资决策系统失误率较高;而同时使用多种技术分析方法,投资决策系统的效率又较低。

3. 证券组合分析法

证券组合分析法是根据投资者对收益率和风险的共同偏好以及投资者的个人偏好确定投资者的最优证券组合并进行组合管理的方法。证券组合分析的理论基础是:证券或证券组合的收益由它的期望收益率表现,风险则由其期望收益率的方差来衡量,理性投资者具有在期望收益率既定的条件下选择风险最小的证券和在风险既定的条件下选择期望收益率最高的证券这两个共同特征。

证券组合分析法分为传统的证券组合分析方法和现代证券组合分析方法。传统分析方法是根据不同证券对相同的系统性风险的不同反应,来降低非系统性风险;而现代组合分析方法是一种数量化的组合管理方法,以实现投资收益和风险的最佳平衡,如马柯维茨的均值方差模型、威廉·夏普的单因素模型、多因素模型和夏普、特雷、詹森的资本资产定价模型(CAPM)以及罗斯的套利定价模型(APT)等。

投资组合分析方法的优点是在投资分析中对风险进行分类和定量化描述，寻求收益和风险的制衡，在理论上证明了组合投资可以有效降低非系统风险的同时，能够运用定量化的方法来求解证券组合中各个证券的最佳比例关系，克服了传统证券组合方法在确定各组合证券比例中的盲目性，来实现投资收益和风险的最佳平衡。缺点是模型计算复杂，对证券市场的假定条件过于苛刻，甚至这些条件与实际市场存在很大差距。投资组合分析方法由于受到市场条件的限制，如交易成本的存在、对多个证券有很透彻的了解，不是单个投资者在短时间内能够做到的，因此该方法比较适合于机构投资者，并且在配合基本面分析的情况下进行。

4. 行为金融分析法

行为金融分析法源于20世纪80年代，当时证券市场上不断出现一些与经典理论相悖，而经典理论又无法解释的“异象”问题，如周末现象（某些下周一的信息提前反映到本周五的股票价格上）、假日现象等，一些投资者利用这些“异象”进行投资，确实获得了超常收益。因此该方法是以这些“异象”为研究对象，从对标准金融理论的质疑开始，以行为科学为基础，研究投资者的心理行为，进行投资决策的分析方法。在现实的证券市场上，并不是每一个投资者都会用投资理论中的复杂数学方法来推导所谓的理性与均衡价格来指导自己的投资行为，投资者并不总是根据基本面来进行投资决策，有时会根据噪声来决策，成为所谓的噪声交易者。

行为金融分析方法的优点在于，能够使投资者在证券投资过程中保证正确的观察视角，特别是在市场重大转折点的心理分析上，往往具有很好的效果；缺点是该方法基于人的不同理性行为和心理假设，很难得到一个统一的结论用于指导投资者的行为。

随着证券市场的不断发展，投资者会变得越来越成熟，对市场的洞察力会越来越强，要想在证券市场中获得稳定的利润，只靠一种分析方法来指导投资决策是不行的，甚至是要冒很大风险的，必须把上述几种方法结合起来使用，才能够使投资者以最小的损失换取更大的收益。

9.2　证券投资基本分析

基本分析法又称为基本面分析法，主要包括宏观经济分析、行业经济分析和公司分析三大内容。

9.2.1　宏观经济分析

证券市场与宏观经济密切相关，尤其是股票市场素有宏观经济晴雨表之称。证券市场的波动与整体经济的变化紧密相关，其长期走势是由宏观经济的发展状况决定的，所以，在进行证券投资时，宏观经济分析非常重要。证券投资活动，其效果的好坏、效率的高低，不仅要受宏观经济运行的影响，更要受宏观经济政策的直接制约。因此，投资者在进行证券投资时，必须首先要进行宏观经济分析，以准确把握整个证券市场的运动趋势和各个证券品种的投资价值变动方向。

证券投资的宏观经济分析主要有两个方面的内容，即宏观经济运行和宏观经济政策对证券市场的影响分析。

1. 宏观经济运行分析

证券市场素有“经济晴雨表”之称，这既表明证券市场是宏观经济的先行指标，也表明宏观经济的走向决定了证券市场的长期趋势。宏观经济运行环境对整个证券市场的影响，主要

表现在对企业经济效益、居民收入水平、投资者对股价的预期以及资金成本等方面。宏观经济变动与证券市场波动的关系具体表现为:

(1)国内生产总值变动。国内生产总值(GDP)是一国经济成就的根本反映。从长期看,在上市公司的行业结构与该国产业结构基本一致的情况下,股票平均价格的变动与 GDP 的变化趋势是相吻合的。持续稳定的 GDP 增长,社会总需求与总供给协调增长,经济发展势头良好,上市公司利润上升,股息增长,企业经营环境改善,公司的股票和债券升值,人们投资积极性提高,增加对证券的需求,证券价格上涨;当经济处于严重失衡下的高速增长时,总需求大大超过总供给,这将表现为高的通货膨胀率,是经济形势恶化的征兆,企业经营将面临困境,居民实际收入降低,证券价格下跌;当 GDP 呈失衡的高速增长时,政府可能采取宏观调控措施以维持经济的稳定增长,这样必然减缓 GDP 的增长速度,当调控目标得以顺利实施,经济矛盾将逐步得以缓解,证券市场也将反映这种好的形势而呈平稳渐升的态势;如果 GDP 一定时期呈负增长,当负增长速度逐渐减缓并呈现向正增长转变的趋势时,表明恶化的经济环境逐步得到改善,证券市场走势也将由下跌转为上升。

(2)经济周期变动。经济周期是指经济运行中周期性出现的经济扩张与经济紧缩交替更迭、循环往复的一种现象,每个周期一般都要经过繁荣、衰退、萧条和复苏四个阶段,即景气循环。经济的周期性波动对于证券市场具有较大的冲击力,经济周期变动通过下列环节影响证券价格:经济周期变动—公司利润增减—证券收益增减—投资者心理和投资决策变化—供求关系变化—证券价格变化。但值得重视的是,股价的变动通常比实际经济的繁荣或衰退领先一步,即在经济高涨后期股价已率先下跌;在经济尚未全面复苏之际,股价已先行上涨。当经济持续衰退至尾声即萧条时期,百业不振,投资者已远离证券市场,此时,那些有眼光而且不停收集和分析有关经济形势,并给出合理判断的投资者已在默默吸纳,证券价格实际上已经回升至一定水平,初步形成底部反转之势。当各种媒介开始传播萧条已去、经济日趋复苏时,证券价格实际上已经上升至一定水平。而那些有识之士在综合分析经济形式的基础上,认为经济迅速增长的繁荣阶段即将过去,经济将不会再创热潮,就悄悄抛出证券,证券价格虽然还在上涨,但供需力量逐渐发生转变。当经济形势逐渐被更多投资者认识,供求趋于平衡直至供大于求时,证券价格便开始下跌。当经济形势发展按照人们的预期走向衰退时,与上述相反的情况便会发生。

(3)通货变动。通货是指一国的法定货币,通货变动包括通货膨胀和通货紧缩。通货膨胀对证券市场特别是个股的影响,没有一成不变的规律可循,完全可能产生反方向影响,所以应具体情况具体分析。在通货膨胀之初,公司会因产品价格的提升和存货的增值而增加利润,从而增加可以分派的股息,并使股价上涨。在物价上涨时,股东实际股息收入下降,股份公司为股东利益着想,会增加股息派发,使股息名义收入有所增加,也会促使股价上涨。但是当通货膨胀严重、物价居高不下,企业因原材料、工资、费用、利息等各项支出增加,使得利润减少,引起股价下降。严重的通货膨胀会使社会经济秩序紊乱,使企业无法正常地开展经营活动,同时政府也会采取治理通货膨胀的紧缩政策和相应的措施,此时对股价的负面影响更大。通货膨胀提高了对固定收益证券的必要收益率,一般会导致固定收益证券的价格下降。通货紧缩是通货膨胀的对称,是指一般物价水平的持续下降。通货紧缩将损害消费者和投资者的积极性,造成经济衰退和经济萧条,与通货膨胀一样不利于币值的稳定和经济增长。通常,通货紧缩带来的经济负增长,会使得股票、债券及房地产等资产价格大幅下降,银行资产状况严重恶化。而经济危机与金融萧条的出现，反过来又大大影响投资者对证券市场走势的信心。

2. 宏观经济政策分析

(1)财政政策。财政政策是政府依据客观经济规律制定的指导财政工作和处理财政关系的一系列方针、准则和措施的总称。财政政策手段主要包括国家预算、税收、国债、财政补贴、财政管理体制、转移支付制度等。这些手段可以单独使用，也可以配合协调使用。从财政政策的运作来看，主要包括扩张性财政政策和紧缩性财政政策。实施紧缩性财政政策时，政府财政在保证各种行政与国防开支外，并不从事大规模的投资，或是通过增加财政盈余或减少赤字，减少财政支出，抑制经济增长。实施扩张性财政政策时，政府扩大财政赤字、发行国债筹集资金，增加财政支出，积极投资于大型基础设施建设，从而带动相关产业的发展，刺激经济增长，提高企业和居民收入，增强投资者信心，增加对证券市场的投资需求。总的来说，紧缩性财政政策将使得过热的经济受到抑制，证券市场也将走弱，因为这预示着，未来经济将减速增长或走向衰退；而扩张性财政政策刺激经济发展，证券市场则将走强，因为这预示着，未来经济将加速增长或进入繁荣阶段。

(2)货币政策。货币政策是指政府为实现一定的宏观经济目标所制定的关于货币供应和货币流通组织管理的基本方针和基本准则。货币政策是一国重要的宏观经济政策，主要用于调控社会总需求，可划分为扩张性货币政策和紧缩性货币政策。货币政策一般是通过证券市场资金面的状况来影响证券市场的价格，中央银行的货币政策手段主要包括存款准备金制度、再贴现政策、公开市场业务、利率政策等。货币政策对证券市场的影响可以从四个方面来分析：

第一，利率是借贷资金的利息收入与借贷资金量的比率，是主要的货币政策工具，也是对证券市场影响最为直接和迅速的金融因素。利率政策通过改变存款人和贷款人的利益分配状况，影响公司借贷资金成本和净利润等，引起证券市场价格的上升或下降。一般来说，利率下降时，证券价格就会上涨；利率上升时，证券价格就会下跌。

第二，中央银行通过公开市场业务的微调政策，会对证券市场价格产生影响。如果放松银根，中央银行大量买进证券，增加了社会对证券的需求，从而引起证券价格上升；如果抽紧银根，中央银行将抛出证券，使证券供给过旺，从而证券价格下降。

第三，中央银行通过调整法定存款准备金率和再贴现率，影响商业银行的可贷资金数量，进而影响货币供应总量。市场资金的多寡，会引起证券价格的上涨或下跌。

第四，为了实现国家的产业政策和区域经济政策，对不同行业和区域采取区别对待的方针，直接信用控制或间接信用指导等货币政策引起的贷款流向能够反映出当时的产业政策与区域政策，并引起证券市场价格的比价关系作出结构性的调整。

(3)收入政策。收入政策是国家为实现宏观调控总目标和总任务，针对居民收入水平高低、收入差距大小在分配方面制定的原则和方针。与财政政策、货币政策相比，收入政策具有更高一层次的调节功能，它制约着财政政策和货币政策的作用方向和作用力度，而收入总量调控最终也要通过财政政策和货币政策的传导对证券市场产生影响。

3. 国际金融市场环境分析

目前，我国的证券市场是有限度地开放，受国际金融市场的直接冲击比较小。但由于经济全球化的发展，我国经济与世界经济的联系日趋紧密，因此，国际金融市场的剧烈动荡，会通过各种途径影响我国的证券市场。

(1)国际金融市场动荡，通过人民币汇率预期影响证券市场。国际化程度越高，证券市场受汇率的影响越大。一般来说,汇率上升,本币贬值,出口型企业产品的竞争力增强,利润增加,从而带动企业股票和债券价格上涨;而对于那些依赖于进口的企业成本增加,利润减少,从而使企业股票和债券价格下降。同时,汇率上升,本币贬值,将导致资本流出,这使得对本国证券市场需求减少,从而市场价格下跌。由于我国人民币实行贸易项下的自由兑换和资本项目的严格控制,因此,官方的人民币汇率不容易受到国际金融市场的冲击。但由于贸易项下的自由兑换、心理恐慌形成汇率预期,造成实际汇率的波动,从而影响证券市场。

(2)国际金融市场动荡,通过宏观面和政策面间接影响证券市场。改革开放以来,国民经济对外依存度大大提高,国际金融市场动荡会导致出口受阻,外商直接投资下降,从而影响经济增长,失业率上升,宏观经济环境的恶化,导致上市公司业绩下降和投资者信心下降,最终使证券市场行情下跌,尤其对外向型的上市公司影响更大,股价受到的冲击也更大。就我国目前的市场结构来看,国际金融动荡对 A 股市场的影响较小,而对 B 股市场的影响较大。因此,在对 B 股市场进行分析时,这是一个必须要重视的基本因素。

(3)国际金融市场动荡通过微观层面直接影响证券市场。随着中国经济实力的不断壮大,国内企业的国际竞争能力也在不断增强。一些大型企业通过跨国兼并参与国际竞争。国内主要上市公司通过购买境外企业的股份,以达到参股或控股的目的。另外一些大型上市公司通过购买境外企业债券进行组合投资套期保值。国际金融市场的动荡造成境外企业的股票和债券价格大幅度缩水,严重影响了上述公司的业绩。

9.2.2 行业分析

行业是指从事国民经济中同性质的生产,或其他经济社会活动的经营单位和个体等构成的组织结构体系,如林业、汽车业、银行业、房地产业等。行业分析的主要任务在于了解行业本身所处的发展阶段及其在国民经济中的地位,分析影响行业发展的各种因素以及判断对行业影响的力度,预测行业的未来发展趋势,判断行业投资价值,揭示行业投资风险,从而为最终确定投资对象提供准确的行业背景。行业分析是对上市公司进行分析的前提,也是连接宏观经济分析和上市公司分析的桥梁,是基本分析的重要环节。

2012 年 10 月 26 日,中国证监会公布了《上市公司行业分类指引(2012 年修订)》(以下简称《指引》)。《指引》是根据《中华人民共和国统计法》《证券期货市场统计管理办法》《国民经济行业分类》等法律法规和相关规定制定的。我国上市公司的行业分类所采用的财务数据为经过会计师事务所审计并已公开披露的合并报表数据。当上市公司某类业务的营业收入比重大于或等于 50%,则将其划入该业务相对应的行业。当上市公司没有一类业务的营业收入比重大于或等于 50%,但某类业务的收入和利润均在所有业务中最高,而且均占到公司总收入和总利润的 30% 以上(包含本数),则该公司归属该业务对应的行业类别。不能按照上述分类方法确定行业归属的,由上市公司行业分类专家委员会根据公司实际经营状况判断公司行业归属;归属不明确的,划为综合类。

《指引》将上市公司按二级分类,分别列入 19 个门类及 90 大类。19 个门类包括:农、林、牧、渔业,采矿业,制造业,电力、热力、燃气及水生产和供应业,建筑业,批发和零售业,交通运输、仓储和邮政业,住宿和餐饮业,信息传输、软件和信息技术服务业,金融业,房地产业,租赁和商务服务业,科学研究和技术服务业,水利、环境和公共设施管理业,居民服务、修理和其他服务业,教育,卫生和社会工作,文化、体育和娱乐业,综合。

1. 经济周期与行业分析

依据行业对经济周期的反映,可以将行业划分为增长型行业、周期型行业、防御型行业三类。这种分类方法更适合证券投资分析。一个增长型行业一般能独立于经济周期性变化,并且以高出经济增长较大幅度的比率成长,该行业的价格长期稳定上升,价格波动较小,尤其在证券市场,受到整个国民经济衰退影响的萧条时期,此类股票成为较为抗跌的品种。周期型行业的运动状态与经济周期紧密相关,当经济处于上升时期,周期型行业会紧随其扩张;当经济衰退时,周期型行业也相应衰落。例如,消费品业、耐用品制造业及其他需求的收入弹性较高的行业,就属于典型的周期型行业。防御型行业的运动状态不受经济周期的影响,表现出的证券市场特性是价格走势平衡,波动幅度小,长期稳定,价差收益不大,但会获得较高的分红收益。例如:公用电和煤气行业,无论经济处于一个什么样的状态,人们日常用电和用气不会发生变化。

2. 行业生命周期分析

每个行业都要经历一个由成长到衰退的发展演变过程,这个过程称为行业生命周期。一般来说,行业生命周期可分为幼稚期、成长期、成熟期和衰退期。幼稚期阶段,产品能否被市场接受和行业的经营策略均不明朗,这一时期行业的风险大,失败的可能性也大;成长期阶段,产品被市场迅速接受,销售收入和利润快速增长;成熟期阶段,产品已被大多数潜在购买者接受,行业的增长趋于平缓;衰退期阶段,市场及技术的变化使行业的产品逐渐被替代,市场对产品的需求逐渐减少。投资者应当仔细研究公司所处的行业生命周期阶段,跟踪考察该行业的发展趋势,分析行业的投资价值和投资风险。对于收益型投资者,应优先选择处于成熟期的行业,因为这些行业基础稳定,盈利丰厚,市场风险相对较小。而幼稚期和衰退期虽然其股票存在较大风险,但若经深入分析研究,也可带给投资者高额回报。

3. 行业的竞争结构分析

行业竞争结构是影响行业竞争规则、企业竞争战略的关键因素。美国哈佛商学院迈克尔·波特教授提出的行业五种基本竞争力模型是分析行业竞争结构的经典模型,如图9.1所示。

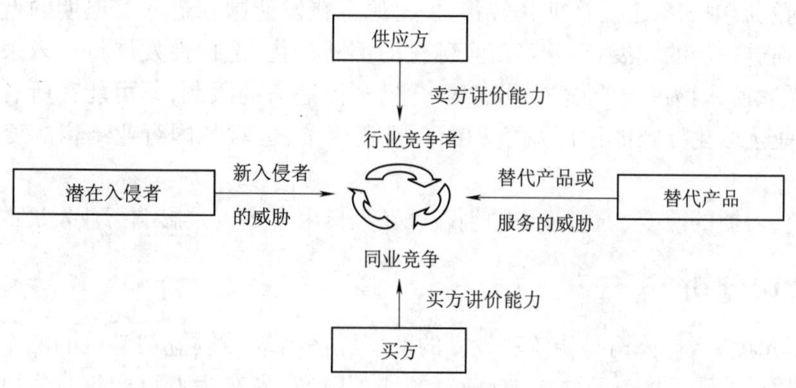

图9.1 行业五种基本竞争力的波特模型

由此可见,供应方讲价能力、买方讲价能力、新入侵者的威胁、替代产品或服务的威胁、行业内企业间竞争,这五种竞争力的强弱,是决定行业经济水平(利润率)的关键因素。这五种因素作用的时间、方向和强度往往并不一致,不同时期各有侧重。如某个企业所在的行业自我保护能力很强，进入行业的障碍很大，新的竞争者不易进入，难以构成威胁，然而价廉物美的替代品的出现却直接威胁到行业内现有企业的生存。因此，一个企业竞争战略的主要目标，就在于使企业在行业中处于最佳位置，保护、壮大自己，抗击五种竞争力，或根据自己的需要影响这五种竞争力。

4. 影响行业发展的主要因素分析

(1)技术因素对行业的影响。目前，人类社会所处的时代是科学技术日新月异的时代，不仅新兴学科不断涌现，而且理论科学向实用技术的转化过程大大缩短，速度大大加快，直接而有力地推动了行业的迅速发展和水平的提高。技术进步对行业的影响是巨大的，它往往催生了一个新的行业，同时迫使一个旧的行业加速进入衰退期。

(2)产业政策对行业的影响。促进行业发展的产业政策有：第一，资金支持，政府通过政策手段为主导行业的发展创造有利条件，例如利率和税收政策优惠；第二，技术支持，政府为上市公司的技术和产品研发提供保护和支持；第三，从行业发展的产品和要素市场方面看，政府给予优惠的进出口政策。在证券市场上，产业政策支持的行业绩效会明显提高，从而其证券价格也会上涨；产业政策限制的行业不断萎缩，业绩更加不好，遭受投资者抛售；处于产业转型的行业，其未来预期具有较大不确定性，转型成功则证券价格暴涨，失败则证券价格暴跌。

(3)相关行业变动对行业的影响。相关行业变动对证券价格的影响一般表现在三个方面：第一，如果相关行业的产品是该行业生产的上游产品，那么相关行业产品价格变化与该行业的生产成本直接相关，进而影响证券价格的变化；第二，如果相关行业的产品是该行业产品的替代品，那么若相关行业产品价格上涨，在其产品需求下降的同时，就会提高对该行业产品的市场需求，从而使市场销售量增加，公司利润的提高将导致证券价格的上升；第三，如果相关行业的产品与该行业的产品是互补关系，那么相关行业产品价格上升，对该行业内部的公司证券价格将产生不利影响。

(4)经济全球化对行业的影响。经济全球化是指商品、服务、生产要素与信息跨国界流动的规模与形式不断增加，通过国际分工，在世界市场范围内提高资源配置效率，从而使各国经济相互依赖程度有日益加深的趋势。经济全球化导致产业的全球性转移，发达国家将低端制造技术加速向发展中国家进行产业化转移，使得原本在发达国家进入衰退期的行业得以存活下来，甚至得到进一步的发展；随着经济全球化的不断深化，选择性发展将是未来各国形成优势产业的重要途径，因为一个国家受到技术水平、资源潜力的限制，不可能在所有领域都取得领先优势；产业全球化导致的国际竞争和国际投资因素，也对各国行业结构的变化产生很大影响。

此外，社会习惯的改变、产业组织的创新以及人口因素等也是影响行业发展的重要因素。

9.2.3 公司分析

从经济学角度来看，公司是指依法设立的从事经济活动并以盈利为目的的企业法人。我国《公司法》规定："公司是企业法人，有独立的法人财产，享有法人财产权。公司以其全部财产对公司的债务承担责任。有限责任公司的股东以其认缴的出资额为限对公司承担责任；股份有限公司的股东以其认购的股份为限对公司承担责任。"

公司按其股票是否上市流通分为上市公司和非上市公司，证券投资分析中公司分析的对象主要是指上市公司。公司分析的目的在于，通过对具体上市公司的考查，以确定其是否具有投资价值。公司分析包括公司基本素质分析和公司财务分析两大部分,基本素质分析着重考查公司的竞争能力、经营管理能力和成长性;财务分析则通过分析公司的财务指标,考查其偿债能力和盈利能力等。

1. 公司基本分析

(1)公司行业地位分析。行业地位分析的目的是判断公司在所处行业中的竞争地位,如是否为领导企业,在价格上是否具有影响力,是否有竞争优势等。在大多数行业中,无论其行业平均盈利能力如何,总有一些企业比其他企业具有更强的获利能力。企业的行业地位决定了其盈利能力是高于还是低于行业平均水平,决定了其在行业内的竞争地位。衡量公司行业竞争地位的主要指标是行业综合排序和产品的市场占有率。

(2)公司经济区位分析。经济区位是指地理范畴上的经济增长点及其辐射范围。上市公司的投资价值与区位经济的发展密切关联,如处在经济区位内的上市公司,一般具有较高的投资价值。一般可以通过对区位内的自然条件和基础条件、区位内的政府产业政策、区位内的经济特色等方面进行上市公司的区位分析。

(3)公司产品分析。对具体产品进行分析,主要是指公司的主营业务产品。产品的质量、性能、样式、包装给消费者带来的满足程度如何,产品成本与同行业其他公司的成本相比是高是低,这些都会影响到公司的盈利能力和竞争地位。公司产品分析主要包括:

①成本优势分析。成本优势是指公司的产品依靠低成本获得高于同行业其他企业的盈利能力。在很多行业中,成本优势是决定竞争优势的关键因素。企业一般通过规模经济、专有技术、优惠的原材料、低廉的劳动力、科学的管理、发达的营销网络等实现成本优势。由资本的集中程度而决定的规模效益是决定公司生产成本的基本因素。

②技术优势分析。技术优势是指公司拥有的比同行业其他竞争对手更强的技术实力及其研究与开发新产品的能力。在信息时代,技术优势越发显得重要,决定了公司竞争的成败。因此,大公司都会投入一个相当比例的研发费用。产品的创新包括:通过新核心技术的研制,开发出一种新产品或提高产品的质量;通过新工艺的研究,降低现有的生产成本,开发出一种新的生产方式;根据细分市场进行产品细分,实行产品差异化生产;通过对产品组成要素的重新组合,获得一种原料或半成品的新的供给来源等。

③质量优势分析。质量优势是指公司的产品以高于其他公司同类产品的质量赢得市场,从而取得竞争优势。在与竞争对手成本相等或成本近似的情况下,具有质量优势的公司往往在该行业中占据领先地位。

④市场占有率分析。市场占有率指在一定的时期内,企业所生产的产品在市场的销售量或销售额占全部同类产品销售量或销售额的比重。产品的市场占有率在衡量公司产品竞争力方面占有重要地位,通常可以从公司产品销售市场的地域分布情况和公司产品在同类产品市场上的占有率两个方面进行考察。市场占有率是公司的利润之源,效益好并能长期存在的公司,其市场占有率必然是长期稳定并呈增长趋势的。

⑤品牌战略分析。品牌是一个商品名称和商标的总称,它是整体产品的一部分,基本功能是与竞争公司的同类产品区别开来。一个品牌不仅是一种产品的标识,而且是产品质量、性能、满足消费者效用可靠程度的体现。当产业发展到成熟阶段时,品牌就成为产品及企业竞争力的一个更加重要的因素。品牌具有创造市场、联合市场、巩固市场的功能。

(4)公司经营能力分析。公司经营能力分析主要包括公司法人治理结构、公司经理层素质和公司从业人员素质和创新能力分析。

①公司法人治理结构。公司法人治理结构有狭义和广义之分。狭义的公司法人治理结构是指有关公司董事会的功能、结构和股东的权利等方面的制度安排;广义的法人治理结构是指有关企业控制权和剩余索取权分配的一整套法律、文化和制度安排,包括人力资源管理、收益分配和激励机制、财务制度、内部制度和管理等。健全的公司法人治理机制至少体现为:规范的股权结构、有效的股东大会制度、董事会权力的合理界定与约束、完善的独立董事制度、监事会的独立性和监督责任、优秀的职业经理层、相关利益者的共同治理。

②公司经理层素质。在现代企业里,经理人员不仅担负着对企业生产经营活动进行计划、组织、指挥、控制等管理职能,而且从不同角度和方面负责或参与对各类非管理人员的选择、使用与培训工作。因此,经理人员的素质是决定企业能否取得成功的一个重要因素。在一定意义上,是否有卓越的企业经理人员和经理层,直接决定着企业的经营成果。对经理人员的素质分析是公司分析的重要组成部分。一般而言,企业的经理人员应该具备从事管理工作的愿望、专业技术能力、良好的道德品质修养和协调人际关系等能力和素质。

③公司从业人员素质和创新能力。公司从业人员的素质也会对公司的发展起到很重要的作用,公司从业人员应该具有如下的素质:熟悉自己从事的业务,必要的专业技术能力,对企业的忠诚度,对本职工作的责任感,具有团队合作精神等。当今国际经济竞争的核心,是知识创新、技术创新和高技术产业化,而企业核心竞争力的形成需要具有创新能力的公司从业人员,如技术创新、新产品的开发必须要由技术开发人员来完成,而市场创新的信息获得和创新方式则不可缺少市场营销人员的努力。因此,公司从业人员的素质,包括进取意识和业务技能也是公司发展不可或缺的要素,对从业人员素质进行分析可以判断该公司发展的持久力和创新能力。

(5)公司盈利能力和公司成长性分析。公司盈利能力和公司成长性分析包括公司盈利预测、公司经营战略分析、公司扩张潜力分析等内容。

①公司盈利预测。对公司盈利进行预测是判断公司估值水平及投资价值的重要基础。盈利预测的假设主要包括销售收入预测、生产成本预测、管理和销售费用预测、财务费用预测以及主营业务利润占税前利润百分比、非经营项目及其他利润占税前利润的比例、到目前为止利润的完成情况等。

②公司经营战略分析。经营战略是指企业面对激烈的变化和严峻的环境,为求得长期生存和不断发展而进行的总体性谋划。经营战略分析一般包括对经营任务、战略环境、战略条件、战略目标和战略思想五个方面的分析,但由于经营战略决策直接关系到企业的未来发展,其决策对象复杂而且面对的问题常常是难以预料的,因此,对公司经营战略的分析比较困难,难以标准化。

③公司扩张潜力分析。公司的扩张潜力一般与其所处的行业发展阶段、市场结构、经营战略密切相关,能够从微观层面体现公司的成长性。公司的扩张潜力分析可以通过以下途径进行:分析公司规模扩张的动因,据此找出企业发展的内在规律;纵向比较公司历年销售、利润、资产规模等数据,进而把握公司的发展趋势;将公司销售、利润、资产规模等数据及其增长率与行业平均水平及主要竞争对手的数据进行比较,了解其行业地位的变化;分析预测公司主要产品的市场前景及公司未来的市场份额;分析公司的投资项目,预计其销售和利润水平;分析公司的财务状况以及公司的投资和筹资潜力。

2. 公司财务分析

公司财务分析，是指投资者利用企业资产负债表、利润表、现金流量表等财务报表的相关数据，通过计算财务指标，采用一定的方法对企业财务活动中的各种经济关系及财务活动结果进行分析、评价，综合地分析和评价企业的财务状况和经营成果。公司的财务状况及前景是影响证券价格长期波动的基本因素之一，研究证券投资必须认真做好公司财务分析工作。

公司财务分析主要采用财务比率分析法。财务比率是指同一张财务报表的不同项目之间、不同类别之间、在同一年度不同财务报表的有关项目之间，各会计要素的相互关系。对于投资者来说，最重要、最有意义的不是财务报表中的各项具体数据资料，而是各项数据之间的联系及其变化趋势，因此，财务比率分析法是财务分析中应用最广、最重要的方法。

(1)变现能力分析。变现能力是公司产生现金的能力，它取决于可以在近期转变为现金流动资产的多少，是考察公司短期偿债能力的关键。反映变现能力的财务比率主要有流动比率和速动比率。

①流动比率，指流动资产与流动负债的比率，通常用公式表示为：

$$流动比率=流动资产/流动负债 \tag{9.1}$$

一般认为，流动比率为2∶1较理想。但一家公司的流动比率要多大才合适，要视其行业特点和流动资产的结构而定。流动比率过高，说明流动资产未能有效利用，太低也说明企业偿债能力不强。一般情况下，营业周期、流动资产中的应收账款数额和存款的周转速度是影响流动比率的主要因素。

②速动比率，又称酸性测试比率，是从流动资产中扣除存货部分的余额与流动负债的比值。速动比率的计算公式为：

$$速动比率=(流动资产-存货)/流动负债 \tag{9.2}$$

通常认为正常的速动比率为1，这表明公司不需要动用存货就可以偿付流动负债，表明公司有较强的偿债能力。

(2)营运能力分析。营运能力是指公司经营管理中利用资金运营的能力，一般通过公司资产管理比率来衡量，表现为资产管理及资产利用的效率，主要包括存货周转率、应收账款周转率、流动资产周转率和总资产周转率。

①存货周转率。存货周转率是主营业务成本与平均存货的比率，它是衡量和评价公司购入存货、投资生产、销售收回等环节管理状况的综合性指标。存货周转率的计算公式为：

$$存货周转率=主营业务成本/平均存货 \tag{9.3}$$

公式中的平均存货余额应以各月末的存货余额之和除以12求得。但实践中，为求简便，经常以年初和年末的数额平均作为全年的存货平均额。一般来说，存货周转率越高，利润额越高，存货占用的资金越少。但存货周转率太高，可能会导致产品供不应求，一旦出现脱销，给公司的销售带来负面影响，因此，存货周转速度应控制在合理的范围内。

②应收账款周转率。应收账款周转率是主营业务收入与平均应收账款的比率。应收账款周转率的计算公式为：

$$应收账款周转率=主营业务收入/平均应收账款 \tag{9.4}$$

应收账款周转率越高，说明应收账款在一个年度里转化为现金的次数越多。但是如果应收账款周转率太高，可能会因苛刻的销售条件失去部分客户。

③流动资产周转率。流动资产周转率是营业收入与全部流动资产的平均余额的比值,其计算公式为:

流动资产周转率=营业收入/平均流动资产　(9.5)

流动资产周转率反映流动资产的周转速度。周转速度快,会相对节约流动资产,等于相对扩大资产投入,增强公司盈利能力;而延缓周转速度,需要补充流动资产参加周转,形成资金浪费,降低公司盈利能力。

④总资产周转率。总资产周转率是营业收入与平均资产总额的比值。其计算公式为:

总资产周转率=营业收入/平均资产总额　(9.6)

总资产周转率反映资产总额的周转速度。周转越快,反映销售能力越强,公司可以通过薄利多销的方法,加速资产周转,带来利润绝对额的增加。

(3)长期偿债能力分析。长期偿债能力是指公司偿付到期长期债务的能力,通常用反映债务与资产、净资产关系的负债比率来衡量。主要包括:资产负债率、产权比率、有形资产净值债务率、已获利息倍数等。

①资产负债率。资产负债率是企业负债总额占其全部资产总额的比率,它反映在总资产中有多大比例是通过借债来筹资的,也可以衡量公司在清算时保护债权人利益的程度。资产负债率计算公式为:

资产负债率=负债总额/资产总额×100%　(9.7)

资产负债率既可以被企业的债权人用来分析企业进一步举债的潜力,也可以被证券投资者用来分析判断是否应购买或抛出该公司的证券,当然也是企业进行资金筹措决策时估计举债合理规模及融资风险的重要依据。

②产权比率。产权比率是负债总额与股东权益总额之间的比率,也称为债务股权比率。其计算公式为:

产权比率=负债总额/股东权益×100%　(9.8)

该项指标反映由债权人提供的资本与股东提供的资本的相对关系,反映公司基本财务结构是否稳定。产权比率与资产负债率具有相同的经济意义,两个指标可以相互补充。

③有形资产净值债务率。有形资产净值债务率是公司负债总额与有形资产净值的百分比,其计算公式为:

有形资产净值债务率=负债总额/(股东权益-无形资产净值)×100%　(9.9)

有形资产净值债务率指标实质是产权比率指标的延伸,更为谨慎、保守地反映了公司清算时债权人投入的资本受到股东权益的保障程度。从长期偿债能力来讲,有形资产净值债务率越低越好。

④已获利息倍数。已获利息倍数指标是指公司经营业务收益与利息费用的比率,用以衡量偿付借款利息的能力,也称利息保障倍数,其计算公式为:

已获利息倍数=息税前利润/利息费用　(9.10)

已获利息倍数指标反映公司经营收益为所需支付的债务利息的多少倍,只要已获利息倍数足够大,公司就有充足的能力偿付利息,否则相反。

(4)盈利能力分析。盈利能力是指公司赚取利润的能力。它不仅关系到公司所有者的利益,也是公司偿还债务的一个重要资金来源。因此,公司的债权人、所有者以及管理者都十分关心的公司盈利能力。评价公司盈利能力的指标主要有:营业净利率、资产净利率、净资产收益率等。

①营业净利率。营业净利率是指净利润与营业收入的百分比,其计算公式为:

营业净利率 = 净利润/营业收入 ×100% (9.11)

从营业净利率的指标关系看,净利润额与营业净利率成正比关系,而营业收入额与营业净利率成反比关系。通过分析营业净利率的升降变动,可以促使企业在扩大营业业务收入的同时,注意改进经营管理,提高盈利水平。

②营业毛利率。营业毛利率是毛利占营业收入的百分比,其中毛利是营业收入与营业成本的差,其计算公式为:

营业毛利率 =(营业收入 - 营业成本)/营业收入 ×100% (9.12)

营业毛利率是公司营业净利率的基础,没有足够大的毛利率便不能盈利。

③资产净利率。资产净利率又叫资产报酬率或资产收益率,是企业在一定时期内的净利润和资产平均总额的比率,其计算公式为:

资产净利率 =(净利润 ÷ 平均资产总额)×100% (9.13)

资产净利率主要用来衡量企业利用资产获取利润的能力,反映了企业总资产的利用效率,表示企业每单位资产能获得净利润的数量,这一比率越高,说明企业全部资产的盈利能力越强。

④净资产收益率。净资产收益率是净利润与年末净资产的百分比,也称为净值报酬率或权益报酬率,其计算公式为:

净资产收益率 =(净利润 ÷ 年末净资产)×100% (9.14)

净资产收益率反映公司所有者权益的投资报酬率,具有很强的综合性。

(5)投资收益分析。投资收益分析是将公司财务报表中公告的数据与有关公司发行在外的股票数、股票市场价格等资料结合起来进行,计算出每股收益、市盈率等与股票利益紧密相关的财务指标,以便帮助投资者对不同上市公司股票的优劣做出判断。涉及的财务指标主要包括每股收益、市盈率、股利支付率、每股净资产、市净率等。

①每股收益,是指净利润与公司发行在外的年末普通股总数的比值,其计算公式为:

每股收益 = 净利润/发行在外的年末普通股总数 (9.15)

每股收益是衡量上市公司盈利能力的最重要的财务指标,它反映普通股的获利水平。在分析时,可以进行公司间的比较,评价该公司相对的盈利能力;可以进行不同时期的比较,了解该公司盈利能力的变化趋势;可以进行经营实施和盈利预测的比较,掌握该公司的管理能力。

②市盈率,是普通股每股市价与每股收益的比率,其计算公式为:

市盈率 = 每股市价/每股收益 (9.16)

市盈率是衡量上市公司盈利能力的重要指标,反映投资者对每1元净利润所愿支付的价格,可以用来估计公司股票的投资报酬和风险。一般来说,市盈率越高,表明市场对公司的未来越看好,通常认为正常的市盈率为5~20倍。

③股利支付率,是普通股每股股利与每股净收益的百分比,其计算公式为:

股利支付率 =(每股股利 ÷ 每股净收益)×100% (9.17)

该指标反映公司股利分配政策和支付股利的能力。

④每股净资产,是年末净资产与发行在外的年末普通股总数的比值,其计算公式为:

每股净资产 = 年末净资产/发行在外的年末普通股股数 (9.18)

每股净资产反映发行在外的每股普通股所代表的净资产成本即账面权益。由于会计记账一般采用历史成本计价,既不反映净资产的变现价值,也不反映净资产的产出能力,因此,在投资分析时,每股净资产仅提供了股票的最低价值,使用具有局限性。

⑤市净率，是每股市价与每股净资产的比值，其计算公式为：

$$市净率 = 每股市价/每股净资产 \tag{9.19}$$

市净率是将每股市价与每股净资产相比，表明股价以每股净资产的若干倍在流通转让，评价股价相对于每股净资产而言是否被高估。市净率越小，表明股票的投资价值越高，股价的支撑越有保证；反之则投资价值越低。

(6)会计报表附注分析。会计报表附注是为了便于会计报表使用者理解会计报表的内容而对会计报表的编制基础、编制依据、编制原则和方法及主要项目等所作的解释。会计报表附注是会计报表的补充，主要对会计报表不能包括的内容或者披露不详尽的内容作进一步的解释说明。通过详尽地阅读和分析会计报表附注，能更深入理解和使用会计信息，帮助报告使用者进一步了解企业动态，从这些附注中找出企业目前存在的问题和发展潜力，从而作出投资决策。投资者在对会计报表附注分析时，主要关注会计报表附注四个方面的内容：重要会计政策和会计估计及其变更的说明、或有事项、资产负债表日后事项、关联方关系及其交易说明。

应用财务比率分析公司财务状况需要注意以下几点：财务比率分析所采用的公司财务报表的财务数据都属于历史数据，对于未来公司财务变动的预测有一定参考价值；计算财务比率所使用的财务报表数据不一定反映公司财务的真实情况。例如，财务报表数据未按通货膨胀或物价水平调整；个别公司可能选择不同的会计程序，使它们的财务比率失去可比性。

基本分析是证券投资分析的重要方法。基本分析通过分析影响证券价格的基础条件和决定因素，评价证券的内在价值，预测证券市场的发展趋势并从中寻找证券价格变动的内在依据和规律。但基本分析虽然能够分析掌握上市公司的质量，但不能以此作为买卖证券的依据，尤其不能以此来选择介入证券市场的时机，这就需要依靠证券投资的技术分析方法。

9.3 证券投资技术分析

9.3.1 技术分析的基本假设与理论基础

1. 技术分析的基本假设

证券投资技术分析的理论基础包括三大假设，即市场行为涵盖一切信息；价格沿趋势移动，并保持趋势；历史会重演。

(1)市场行为涵盖一切信息。这一假设是投资者进行技术分析的基础，其主要思想是：认为市场的投资者在决定交易行为时，已经充分考虑了影响市场价格的各项因素。因此，只要研究市场交易行为就能了解目前的市场状况，而无须关心背后的影响因素。

(2)价格沿趋势移动，并保持趋势。这一假设是投资者进行技术分析最根本、最核心的因素，该假设认为股票价格的变动是按一定规律进行的，股票价格有保持原来方向的惯性。一般说来，一段时间内股票价格一直是持续上涨或下跌，那么今后一段时间，如果不出意外，股票价格也会按这一方向继续上涨或下跌，没有理由改变这一既定的运动方向。

(3)历史会重演。这一假设是投资者进行技术分析的重要前提，是从人的心理因素方面考虑的。证券投资是一个追求收益的行为，因此，在这种心理状态下，人类的交易行为将趋于一定的模式，而导致历史重演。所以，过去价格的变动方式，在未来可能不断发生，值得投资者研究，并且利用技术分析的方法，从中发现一些有规律的图形，整理一套有效的操作原则。

2. 技术分析的理论基础——道氏理论

道氏理论是技术分析的基础。该理论的创始人是美国人查尔斯·亨利·道,他与爱德华·琼斯创立了著名的道琼斯平均指数。他们在《华尔街日报》上发表的有关股市的文章,经后人整理,成为道氏理论。

(1)道氏理论的基本内容。①市场价格指数可以解释和反映市场的大部分行为,这是道氏理论对证券市场的重大贡献之一。②市场波动有三种趋势,即主要趋势、次要趋势和短暂趋势。主要趋势是股票的基本趋势,即股价广泛或全面性上升或下降的变动情形。这种变动持续的时间通常为一年或一年以上,股价总升(降)的幅度超过20%,对投资者来说,基本趋势持续上升就形成了多头市场,持续下降就形成了空头市场;次要趋势经常与基本趋势的运动方向相反,并对其产生一定的牵制作用,因而也称为股价的修正趋势。这种趋势持续的时间从3周至数月不等,其股价上升或下降的幅度一般为股价基本趋势的1/3或2/3;短暂趋势反映了股价在几天之内的变动情况,很少超过3个星期,通常少于6天。无论股市成熟与否,短暂趋势是唯一可以被"操纵"的,而主要趋势和次要趋势却是无法被操纵的。③交易量在确定趋势中起重要的作用。通常,在多头市场,价位上升,成交量增加;价位下跌,成交量减少。在空头市场,当价格滑落时,成交量增加;在反弹时,成交量减少。当然,这条规则有时也有例外,因此正确的结论应该在持续一段时间的整个交易分析中做出。在道氏理论中,为了判定市场的趋势,最终结论性信号只有在价位变动时才能产生,交易量提供的信息有助于投资者解决一些令人困惑的市场行为。④收盘价是最重要的价格。道氏理论认为在所有的价格中,收盘价是最重要的,甚至认为只需要用收盘价,而不需要用别的价格。收盘价表示的是多空双方经过一天的较量而最终达成的共识,是双方的平衡点,因此收盘价可以作为当天价格的代表。

(2)道氏理论的应用及不足。道氏理论对大形势的判断有较大的作用,而对中期的趋势波动则显得有些无能为力,不能给投资者带来明确启示。道氏理论的另一个不足是它的可操作性较差:一方面道氏理论的结论落后于价格变化,信号太迟;另一方面,理论本身存在不足,使得投资者在进行行情判断时,会因得到一些不明确的信号而产生困惑。道氏理论的存在已经上百年了,对今天的投资者来说相当部分的内容已经过时,不能照搬老方法。但很多新的技术分析方法,都是道氏理论的延伸,这在一定程度上弥补了道氏理论的不足。

3. 技术分析方法应用时应注意的问题

(1)技术分析必须与基本分析相结合。从理论上看,技术分析法与基本分析法分析股价趋势的基本点是不同的。基本分析法的基点是事先分析,即在基本因素变动对证券市场产生影响之前,投资者已经在分析、判断市场的可能走势,从而作出顺势而为的买卖决策。但是基本分析法很大程度上依赖于经验判断,其对证券市场的影响力难以数量化、程式化,受投资者主观能力的制约较大。技术分析法的基点是事后分析,以历史预知未来,用数据、图形、统计方法来说明问题,不依赖于人的主观判断,一切都依赖于用已有资料作出客观结论。但未来不会简单重复过去,所以仅依靠过去和现在的数据预测未来并不可靠。因此,为了提高技术分析的可靠性,投资者只有将技术分析法与基本分析法结合起来进行分析,才能既保留技术分析的优点,又考虑基本因素的影响,提高测试的准确程度。

(2)多种技术分析方法综合研判。技术分析方法多种多样,每一种方法都有其独特的优势和功能,也有不足和缺陷。没有任何一种方法能概括股价走势的全貌。实践证明,单独使用一种技术分析方法有相当大的局限性和盲目性,甚至会给出错误的买卖信号。为了减少失误,只有将多种技术分析方法结合运用,相互补充、相互印证,才能减少出错的机会,提高决策的准确性。

(3)理论与实践相结合。各种技术分析的理论和方法都是前人或别人在一定的特殊条件和特定环境下得到的。随着环境的变化,别人的成功方法自己在使用时却有可能失败。因此,在使用技术分析方法时,要注意掌握各种分析方法的精髓,并根据实际情况作适当的调整。同时,只有将各种方法应用于实际,并经过实践检验后成功的方法才是好的方法。

9.3.2 技术分析的主要理论

1. K 线理论

K 线图又称为蜡烛线或阴阳线,是目前普遍使用的图形,K 线图记录了证券在一个交易时间段内的价格变动情况,表现了交易过程中买卖双方的实力对比,可用于判断买卖双方的强弱程度,并作为进场交易的参考。

(1)K 线的画法。K 线是一条柱状的线条,由影线和实体组成。影线在实体上方的部分叫上影线,下方的部分叫下影线。实体表示一日的开盘价和收盘价,上影线的上端顶点表示一日的最高价,下影线的下端顶点表示一日的最低价。根据开盘价和收盘价的关系,K 线又分为阳线和阴线,也可以称它们为红线和黑线。收盘价高于开盘价时为阳线,收盘价低于开盘价时为阴线,图 9.2 为 K 线的简单形状。

图 9.2 K 线的基本形状

日开盘价是指每个交易日的第一笔成交价格,日收盘价是指每个交易日的最后一笔成交价格,日最高价和日最低价是每个交易日成交股票的最高成交价格和最低成交价格。在四个价格中收盘价是最重要的。

一条 K 线记录的是某一天股票的价格变动情况。将每天的 K 线按照时间顺序排列在一起就是日 K 线图。当然,还可以画出周 K 线和月 K 线。其画法与日 K 线几乎完全一样,区别只在四个价格时间参数的选择上。例如,周 K 线是一周之内的最高价、最低价、开盘价和收盘价。

(2)K 线的形状。根据最高价、最低价、开盘价和收盘价相对位置的不同,除图 9.2 所画的 K 线基本形状外,还产生了其他形状的 K 线。概括起来,图 9.3 列出了常见的几种形状。

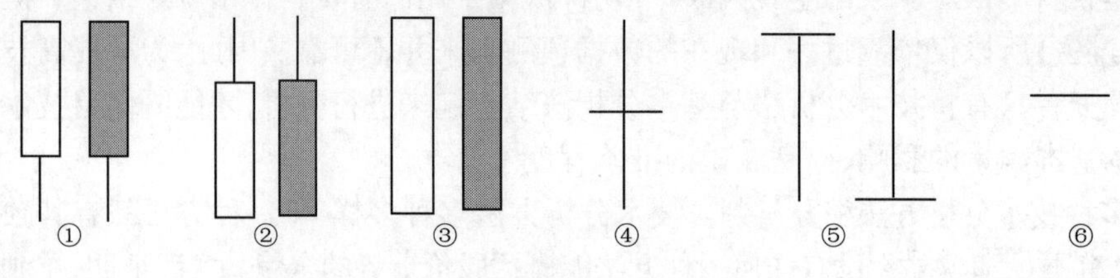

图 9.3 K 线的常见形状

①光头阳线和光头阴线。这是没有上影线的K线。当收盘价或开盘价正好与最高价相等时,就会出现这种K线。

②光脚阳线和光脚阴线。这是没有下影线的K线。当开盘价或收盘价正好与最低价相等时,就会出现这种K线。

③光头光脚阳线和光头光脚阴线。这种K线既没有上影线又没有下影线。当收盘价和开盘价分别与最高价和最低价中的一个相等时,就会出现这种K线。

④十字形。当收盘价与开盘价相同时,就会出现这种K线,它的特点是没有实体。

⑤T字形和倒T字形。当收盘价、开盘价和最高价三价相等时,就会出现T字形K线图;当收盘价、开盘价和最低价三价相等时,就会出现倒T字形K线图。它们没有实体,也没有上影线或者下影线。

⑥一字形。当收盘价、开盘价、最高价、最低价四价相等时,就会出现这种K线图。在存在涨跌停板制度时,当一只股票一开盘就封死在涨跌停板上,而且一天都不打开时,就会出现这种K线。同十字形和T字形K线一样,一字形K线同样没有实体。

(3)应用K线图应注意的问题。无论是一根K线,还是两根、三根以至更多根K线,都是对多空双方争斗的一个描述,分析它们得到的结论是相对的,只是起到建议的作用。在应用时,有时会发现运用不同种类的组合会得到不同的结论。有时应用一种组合得到明天会下跌的结论,但是次日股价没有下跌,反而上涨。避免这种情况发生的一个重要原则是尽量使用根数多的K线组合的结论,并将新的K线加进来重新进行分析判断。一般说来,多根K线组合得到的结果不大容易与事实相反。

2. 切线理论

证券市场有顺应潮流的问题。“顺势而为,不逆势而动”,已经成为投资者的共识。如何在变幻莫测的市场中识别大势,是每一个投资者遇到的重大课题,切线分析给投资者提供了一些判断趋势的方法。

(1)支撑线与压力线。支撑线又称为抵抗线,当股价跌到某个价位附近时,多方在此买入,导致股价停止下跌,甚至有可能回升,则该阻止股价继续下跌的价位就是支撑线所在的位置。压力线又称阻力线,是指当股价上涨到某个价位附近时,空方在此抛出,导致股价停止上涨,甚至回落,则该阻止股价继续上涨的价位即为压力线所在位置。图9.4为支撑线和压力线的简单形状。

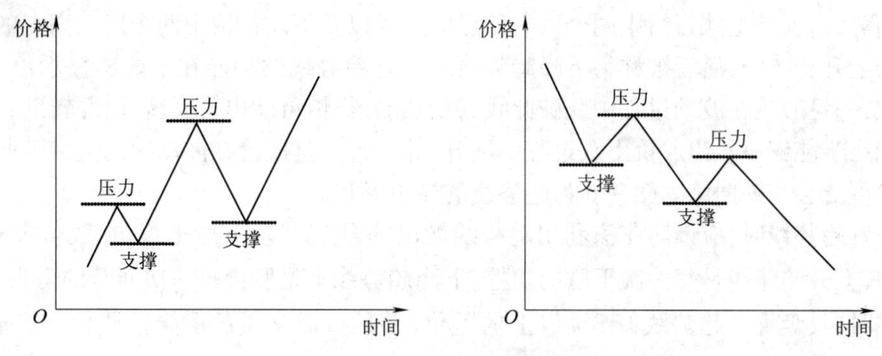

图9.4 支撑线和压力线

①支撑线与压力线的作用。支撑线和压力线能够阻止或暂时阻止股价向一个方向继续运

动。股价的变动是有趋势的,要维持这种趋势,保持原来的变动方向,就必须冲破阻止其继续向前的障碍。例如,要维持下跌行情,就必须突破支撑线的阻力和干扰,创造出新的低点;要维持上升行情,就必须突破上升的压力线的阻力和干扰,创造出新的高点。由此可见,支撑线和压力线迟早有被突破的可能,它们不足以长久地阻止股价保持原来的变动方向,只不过是使之暂时停顿而已。同时,支撑线和压力线又有彻底阻止股价按原方向变动的可能。当一个趋势终结,它就不可能创出新的低价和新的高价,这样支撑线和压力线就显得异常重要。在上升趋势中,如果下一次未创出新高,即未突破压力线,这个上升趋势就已经处在很关键的位置了;如果再往后的股价又向下突破了这个上升趋势的支撑线,这就产生了一个趋势变得很强烈的警告信号,通常这意味着,这一轮上升趋势已经结束,下一步的走向是向下跌的过程。同样,在下降趋势中,如果下一次未创新低,即未突破支撑线,这个下降趋势就已经处于很关键的位置;如果下一步股价向上突破了这次下降趋势的压力线,这就发出了这个下降趋势将要结束的强烈的信号,股价的下一步将是上升的趋势。

②支撑线与压力线的相互转化。支撑线和压力线主要是从人的心理方面考虑的,两者的相互转化也是由于心理方面的原因。一个主要的上升或下降趋势中,如果那个支撑位置的重要价格水平被足够大的市场力量击穿,或者那个重要的阻力区域被多方向上突破,那么这个位置在以后的行情中则成为相反的角色。换句话说,支撑线被击穿后,以后则变为压力线;压力线被突破后,以后则变为支撑线,具体如图 9.5 所示。

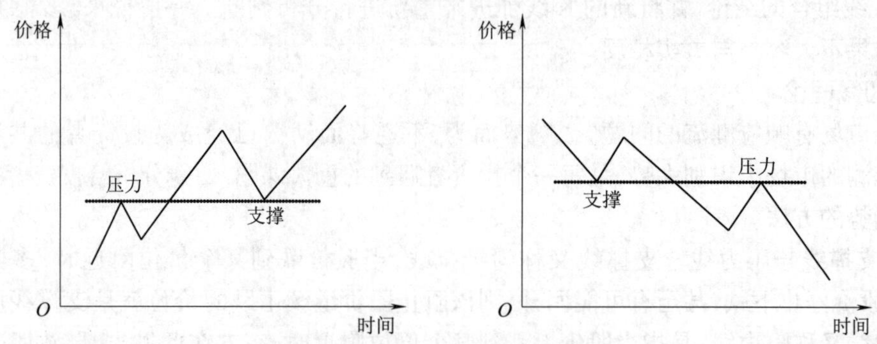

图 9.5　支撑线与压力线的相互转化

(2)趋势线与轨道线。

①趋势线,就是上涨行情中两个以上低点的连线以及下跌行情中两个以上高点的连线,前者被称为上升趋势线,后者被称为下降趋势线。上升趋势线的功能在于能够显示出股价上升的支撑位,一旦股价在波动过程中跌破此线,就意味着行情可能出现反转,由涨转跌;下降趋势线的功能在于能够显示出股价下跌过程中回升的阻力,一旦股价在波动中向上突破此线,就意味着股价可能会止跌回涨。图 9.6 为趋势线的简单形状。

在研判趋势线时,应谨防庄家利用趋势线做出的“陷阱”。一般来说,在股价没有突破趋势线以前,上升趋势线是每一次下跌的支撑,下降趋势线则是股价每一次回升的阻力。股价突破趋势线时,收盘价与趋势线有 3% 以上的差价,并且有成交量的配合。股价在突破趋势线时,如果出现缺口,反转走势极可能出现,并且出现反转后股价走势有一定的力度。股价突破下降趋势线的阻力而上升时,一般需大成交量的配合,而股价向下突破上升趋势线时,成交量一般不会放大,而是在突破后几天内成交量急剧放大。

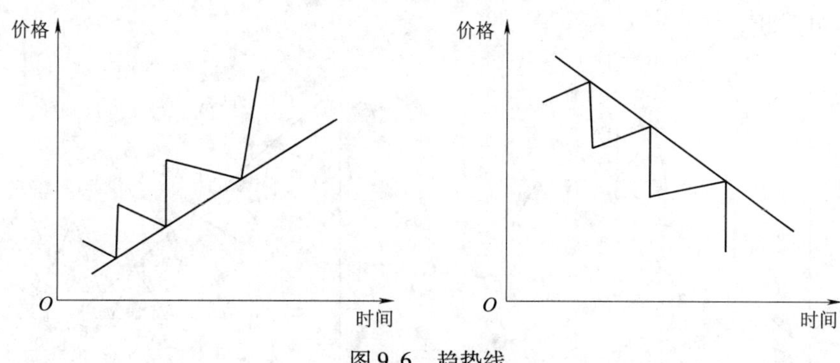

图9.6　趋势线

②轨道线,又称通道线或管道线,是基于趋势线的一种方法。在已经得到了趋势线后,通过第一个峰和谷可以作出这条趋势线的平行线,这条平行线就是轨道线。图9.7为轨道线的简单形状。

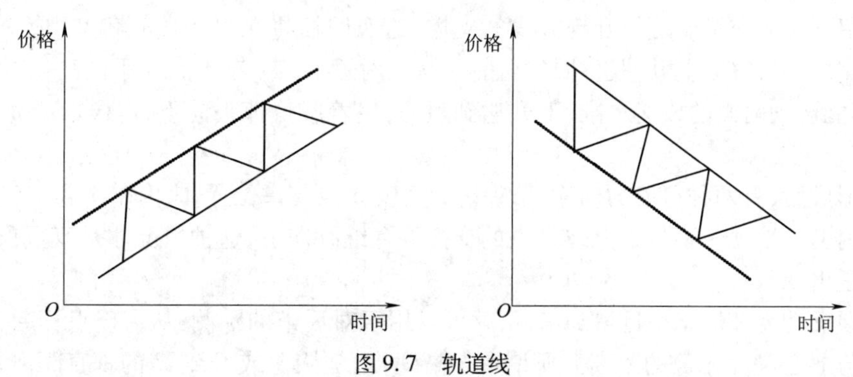

图9.7　轨道线

轨道线是趋势线概念的延伸,当股价沿轨道趋势上涨到某一价位水准,会遇到阻力,回档至某一水准价格又获得支撑,轨道线就在接高点的延长线及接低点的延长线之间上下来回,当轨道线确立后,股价就非常容易找出高低价位所在,投资者可依此判断来操作股票。

轨道线和趋势线是相互合作的一对。很显然,先有趋势线,后有轨道线。趋势线比轨道线重要。趋势线可以单独存在,而轨道线则不能单独存在。

(3)应用切线理论应注意的问题。切线为投资者提供了很多价格移动可能存在的支撑线和压力线,这些直线有很重要的作用。但是,支撑线、压力线有被突破的可能,它们的价位只是一种参考,不能把它们当成万能的工具。

3. 形态理论

形态理论是通过研究证券价格走过的轨迹,分析和挖掘出曲线显示出的多空双方力量的对比结果,进而指导投资者的行为。一般将价格曲线的形态分成两大基本类型:一是反转突破形态;二是持续整理形态。

(1)反转突破形态。反转突破形态简称反转形态。最主要的特点是,形态所在的平衡被打破以后,价格的波动方向与平衡之间的价格趋势方向相反。反转突破形态主要有双重顶(底)、头肩顶(底)、圆弧顶(底)等多种形态。

①双重顶和双重底。双重顶和双重底就是市场上众所周知的 M 头和 W 底,图 9.8 即为这种形态的简单形状。

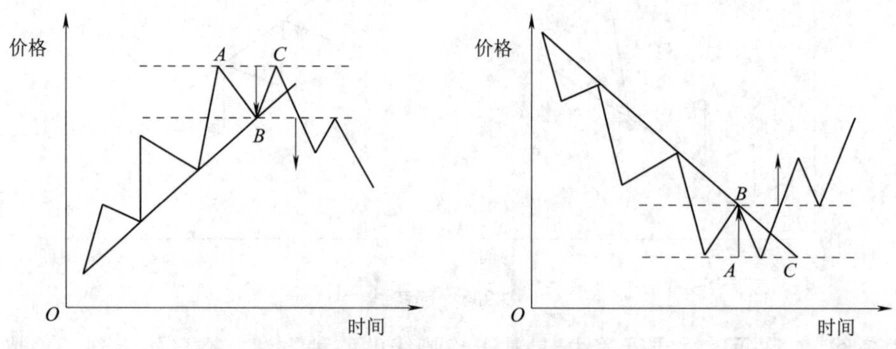

图 9.8　双重顶和双重底

上升趋势过程中的末期,股价急速上升到第一个高点 A 点建立了新高点之后受阻回跌,在顶峰处留下大成交量。受上升趋势线的支撑,这次回档将在 B 点附近停止,成交量随股价下跌而萎缩。往后继续上升,股价回到至前一峰顶附近 C 点(与 A 点几乎同高),成交量再度增加,却不能达到前面的成交水准,上升遇到阻力,接着股价掉头向下,这样形成 A 和 C 两个顶的形状。

M 头形成后,有两种可能的前途:第一是为突破 B 点支撑位置,股价在 A、B、C 三点形成的狭窄范围内上下波动。第二是突破 B 点的支撑位置继续向下,这种情况才是双重顶反转突破形态的真正出现。

双重顶反转突破形态一旦得到确认,就可以用于对后市的预测:从突破点算起,股价将至少要跌到与形态高度相等的距离。所谓形态高度,就是从 A 或 C 到 B 的垂直距离,亦即从顶点到颈线(过 B 点平行于 A 点、C 点连线的平行线)的垂直距离。图 9.8 中左图右边箭头所指的将是股价至少要跌到的位置。

对于双重底,有完全相似或者说完全相同但方向相反的结果。

②头肩顶和头肩底。头肩顶(底)是实际价格形态中出现得最多的形态,是最著名的和最可靠的反转突破形态。这种形态一共出现三个顶和底,即三个局部的高点和局部低点。中间的高点(低点)比另外两个都高(低),称为头(底),左右两个相对较低(高)的高点(低点)称为肩。图 9.9 即为这种形态的简单形状。

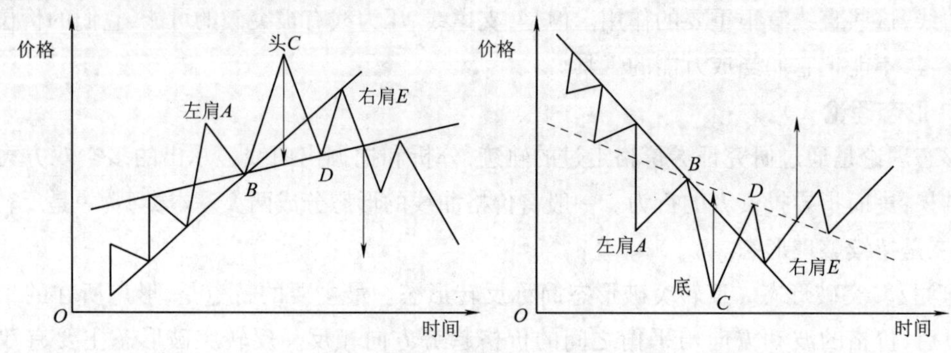

图 9.9　头肩顶和头肩底

在上升趋势中,成交量大增,获利回吐压力亦增加,导致股价回落,成交量较大幅度下降,左肩 A 形成;股价回升,突破左肩 A,成交量亦可能因充分换手而创纪录,但价位过高使持股者产生恐慌心理,竞相抛售,股价回跌到前一低点水准附近,头 C 完成;股价第三次上升,但前段的巨额成交量将不再重现,涨势亦不再凶猛,价位到达 C 点之前即告回落,形成右肩 E,这一次下跌时,股价急速穿过颈线,再回升时,股价也仅能达到颈线附近,然后成为下跌趋势,头肩顶形态完成。在头肩顶形成过程中,左肩 A 的成交量最大,头 C 的成交量略小些,右肩 E 的成交量最小。成交量呈递减现象,说明股价上升时追涨力量越来越弱,股价有涨到头的意味。

头肩顶反转突破形态一旦得到确认,下跌的深度可以借助头肩顶形态的测算功能进行:从突破点算起,股价将至少要跌到与形态高度相等的距离。

对头肩底而言,除了在成交量方面与头肩顶有所区别外,其余与头肩顶结论基本一样。头肩顶形态完成后,向下突破颈线时,成交量不一定扩大,但日后继续下跌时,成交量会放大。头肩底向上突破颈线,若没有较大的成交量出现,可靠性将降低,或者会再跌回底部整理一段时间,积蓄买方力量才能上升。

③圆弧顶和圆弧底。将股价在一段时间的顶部高点用折线连起来,每一个局部的高点都考虑到,有时可能得到一条类似于圆弧的弧线,盖在股价之上;将每个局部的低点连在一起也能得到一条弧线,托在股价之下,形成圆弧顶(底)。圆弧形又称为碟形、圆形、碗形等。图9.10即为这种形态的简单形状。

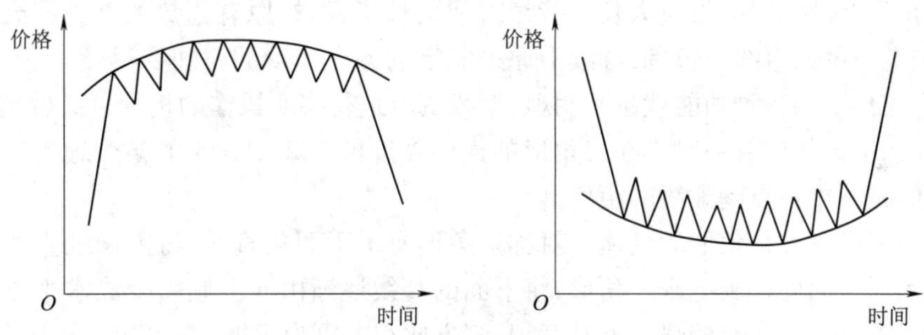

图9.10　圆弧顶和圆弧底

圆弧形在实际中出现的机会较少,但是一旦出现,则是绝好的机会,它的反转深度和高度是不可测的。圆弧形的形成在很大程度上是一些机构大户炒作市场的产物,这些人手里有足够的"筹码",如果一下子抛出太多,价格将下落得太快。手里的"货"可能无法全部出手。他们只能一点一点地往外抛,这样就会形成众多来回"拉锯"的现象,直到手中"筹码"接近抛完时,才会大幅度打压,一举将价格打压到很低的位置。类似地,如果这些人手里持有足够的资金,如果一下"吃"得太多,价格会上升得过快。也不利于今后的买入,因此要一口一口地吃进,直到价格一点一点地来回"拉锯",往上接近圆弧边缘时,才会用少量的资金一举将价格往上提拉到一个相对很高的高度。

在识别圆弧形时,成交量是十分重要的。无论是圆弧顶还是圆弧底,在它们的形成过程中,成交量都是两头多、中间少,越靠近顶点或底点的成交量越少,到达顶或底时成交量最少(圆弧底在达到底部时,成交量可能突然放大一下,之后恢复小成交量),在突破后的一段,都有相当大的成交量。形成圆弧形所花的时间越长,日后反转的力度就越强。

(2)持续整理形态。持续整理形态是指经过一段时间的快速变动之后,就不再前进,而在一定区域内上下窄幅度变动,等时机成熟后再继续以往的走势。同反转突破形态相比,持续整理形态通常较为短暂,一般属于短暂形态或中等形态的类别。持续整理形态主要有三角形、矩形、旗形、楔形等多种形态。

①三角形。三角形态主要分为两种,即对称三角形和直角三角形,直角三角形又可以分为上升三角形和下降三角形。图 9.11 和图 9.12 即为这种形态的简单形状。

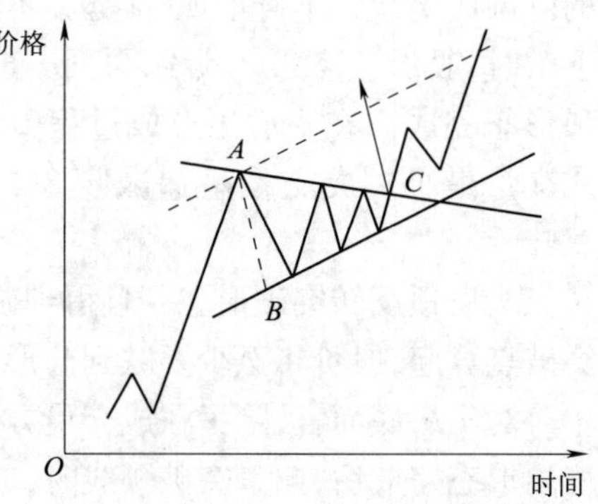

图 9.11 对称三角形

对称三角形大多发生在一个大趋势的进程中,它表示原来的趋势暂时处于休整阶段,之后还要沿着原趋势的方向继续行动。图 9.11 是对称三角形的一个简化的图形,这里的原有趋势是上升,所以,三角形态完成以后是突破向上。从图中可以看出,对称三角形有两条聚拢的直线,上面的向下倾斜,起压力作用;下面的向上倾斜,起支撑作用。两直线的交点称为顶点。另外,对称三角形要求至少应有四个转折点,因为每条直线的确定需要两个点,上下两条直线就至少要求有四个转折点。正如趋势线的确认要求第三点验证一样,对称三角形一般应有六个转折点,上下两条直线的支撑压力作用才能得到验证。

对称三角形持续的时间不应太长。持续时间太长了,保持原有趋势的能力就会下降。一般说来,突破上下两条直线的包围,继续沿原来既定的方向运动的时间要尽量早些,越靠近三角形的顶点,三角形的各种功能就越不明显,对投资者进行买卖操作的指导意义就越不强。根据多年的经验,突破的位置一般应在三角形的横向宽度的 1/2 到 3/4 的某个地点。三角形的横向宽度指的是图中顶点到虚线的距离。

直角三角形是对称三角形的变体。对称三角形有上下两条直线,将上面的直线逐渐由向下倾斜变成水平方向即得到上升三角形,将下面的直线逐渐由向上倾斜变成水平方向即得到下降三角形。上升三角形有较强的上升意识,多方比空方更为积极,通常以三角形的向上突破作为这个持续过程终止的标志。下降三角形同上升三角形正好反向,是看跌的形态。直角三角形的简单形状如图 9.12 所示。

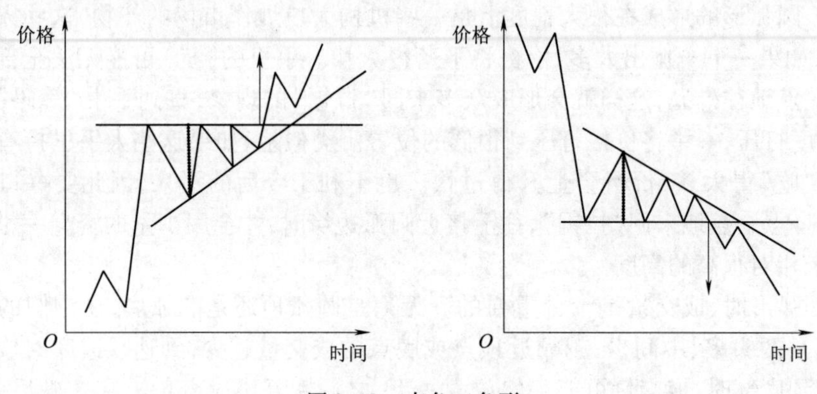

图 9.12 直角三角形

②矩形。矩形又叫箱形，是一种典型的整理形态，股票价格在两条横着的水平直线之间上下波动，作横向延伸运动。图9.13即为这种形态的简单形状。

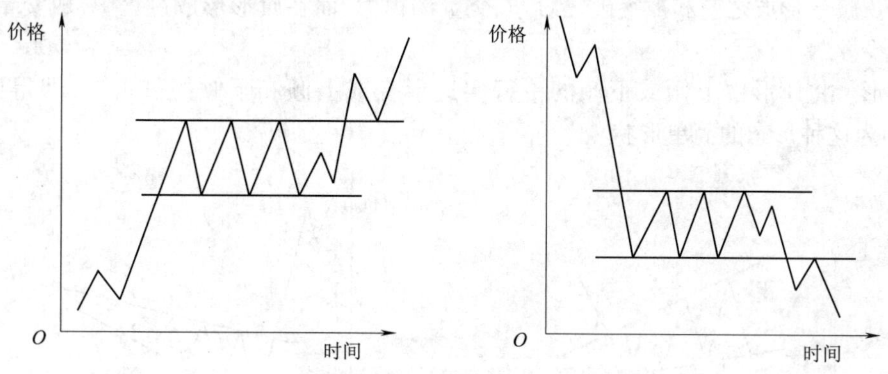

图9.13　矩形

矩形在形成之初，多空双方全力投入，各不相让：空方在价格高上去后，在某个位置抛压，多方则在股价下跌后到某个价位就买入，时间一长就形成两条明显的上下界线。随着时间的推移，双方的战斗热情会逐步减弱，市场趋于平淡。

应该注意的是，矩形在其形成的过程中极可能演变成三重顶（底）形态。因此，在面对矩形和三重顶（底）进行操作时，基本上要等到突破之后才能采取行动，因为这两个形态今后的走势方向完全相反：一个是持续整理形态，要维持原来的趋势；一个是反转突破形态，要改变原来的趋势。

矩形的突破也有一个确认的问题。当股价向上突破时，必须有大成交量的配合方可确认，而向下突破则不必有成交量增加；当矩形突破后，其涨跌幅度通常等于矩形本身高度，这是矩形形态的测算功能。

③旗形。旗形是一个上倾或下倾的平行四边形。旗形的特殊之处在于，它的形态本身具有明确的方向，并与价格波动原有的趋势方向相反。例如，如果原有的趋势方向是上升方向，则旗形的形态方向就是下降方向。图9.14即为这种形态的简单形状。

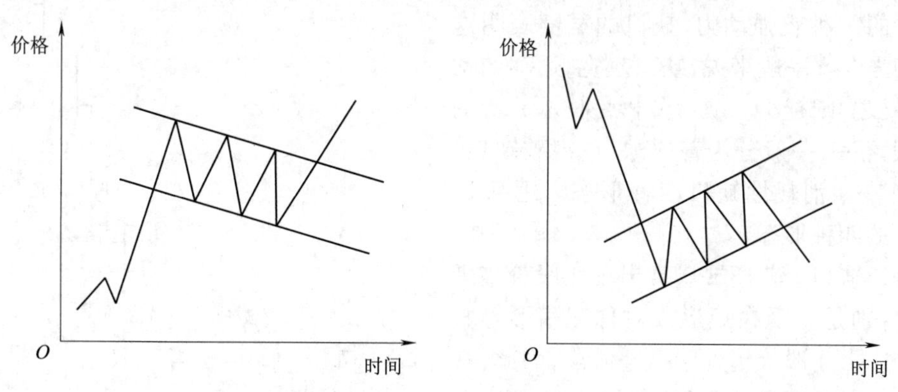

图9.14　旗形

旗形大多发生在市场极度活跃，价格的运动是剧烈的、近乎直线上升或下降的情况下，这种剧烈运动形成的“旗杆”，是产生旗形的条件。由于上升、下降的过于迅速，市场必然会有所休整,旗形就是完成这一休整过程的主要形式之一。

旗形持续的时间不能太长,时间一长,它保持原来趋势的能力将会下降,一般持续时间应短于 3 周。旗形形成之前和被突破之后,成交量都很大,而在旗形形成过程中,成交量从左向右逐渐减少。

④楔形。将旗形中上倾或下倾的平行四边形变成上倾和下倾的三角形,即得到楔形。图 9. 15即为这种形态的简单形状。

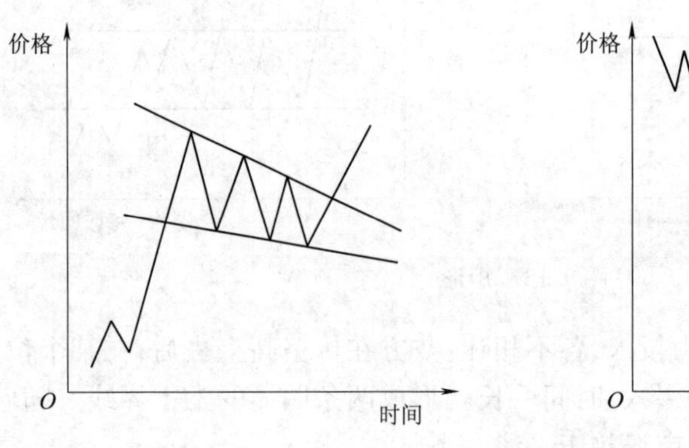

图 9. 15　楔形

同三角形和旗形一样,楔形有保持原有趋势方向的功能,股价运行趋势的途中会遇到这种形态。与旗形和三角形不同的是,楔形偶尔也出现在顶部或底部而作为反转形态,这种情况一定是发生在一个趋势经过了很长时间接近尾声的时候。投资者可以借助其他的技术分析方法,从时间上判断趋势是否接近尾声,尽管如此,看到一个楔形后,首先还是把它当成中途的持续形态。

在形成楔形的过程中,成交量是逐渐减少的,形成之前和突破之后,成交量都很大。

(3)缺口。缺口,通常又称为跳空,是指证券价格在快速大幅波动中没有留下任何交易的一段真空区域。缺口的出现往往伴随着向某个方向运行的一种较强动力,缺口的宽度表明这种运动的强弱。一般来说,缺口越宽,运动的动力越大;反之,则越小。缺口分析是技术分析的重要手段之一,一般分为普通缺口、突破缺口、持续性缺口和消耗性缺口四种形态。用 9. 16 即为缺口的四种形态。

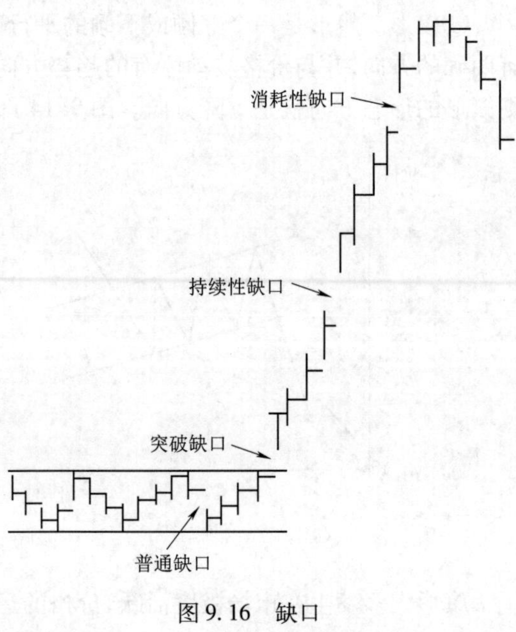

图 9. 16　缺口

①普通缺口。普通缺口常出现在股价整理形态中,特别是出现在矩形或对称三角形等整理形态中。由于股价仍处于盘整阶段,因此,在形态内的缺口并不影响股价短期内的走势。普通缺口一般会在 3 日内回补,同时成交量较小,很少有主动的参与者。普通缺口的支撑或阻力效能一般较弱。

②突破缺口。突破缺口是证券价格向某一方向急速运动,跳出原有形态所形成的缺口。突破缺口蕴含着较强的动能,常常表现为激烈的价格运动,具有较大的分析意义,一般预示行情走势将要发生重大变化。突破缺口的形成在很大程度上取决于成交量的变化情况,特别是向上的突破缺口。若突破时成交量明显较大,且缺口未被封闭,则这种突破形成的缺口是真突破缺口。若突破时成交量未明显增大,或成交量虽大,但缺口短期内很快就会被封闭,则这缺口很可能是假突破缺口。

③持续性缺口。持续性缺口是在证券价格向某一方向有效突破之后,由于急速运动而在途中出现的缺口,它是一个趋势的持续信号。在缺口产生的时候,交易量可能不会增加,但如果增加的话,则通常表明一个强烈的趋势。持续性缺口一般不会在短期内被封闭,因此,投资者可在向上运动的持续性缺口附近买入证券或者在向下运动的持续性缺口附近卖出证券,而不必担心是否会套牢或者踏空。

④消耗性缺口。消耗性缺口一般发生在行情趋势的末端,表明股价变动的结束。若一轮行情走势中已出现突破性缺口与持续性缺口,随后出现的缺口就很可能是消耗性缺口。判断消耗性缺口最简单的方法就是考察缺口是否会在短期内封闭。若缺口封闭,则消耗性缺口形态可以确立。由于消耗性缺口形态表明行情走势已接近尾声,因此,投资者在上升行情出现消耗性缺口时应及时卖出证券,而在下跌趋势中出现消耗性缺口时买入证券。

(4)应用形态理论应注意的问题。形态理论是较早得到应用的方法,相对比较成熟,但尽管如此,也有正确使用的问题。一方面,站在不同的角度,对同一形态可能产生不同的解释,例如,头肩形是反转形态,但有时从更大的范围去观察,则有可能成为中途持续形态;另一方面,进行实际操作时,形态理论要求形态完全明朗才能行动,从某种意义上讲,有错过机会的可能。此外,同其他技术方法一样,不能把形态理论当成万能的工具,更不应将其作为金科玉律,其结论仅是一种参考。

4. 波浪理论

波浪理论是在1934年由美国会计师艾略特建立的一套有关股票价格波动和投资技术的理论。但是,由于艾略特的研究成果没有形成完整的体系,他在世时并没有得到社会的广泛承认。直到20世纪70年代,柯林斯的专著 *Wave Theory* 出版后,波浪理论才正式确立。

(1)波浪理论的基本内容。艾略特最初发明波浪理论是受到股价上涨下跌现象不断重复的启发,力图找出其上升和下降的规律。艾略特认为,由于证券市场是经济的晴雨表,而经济发展具有周期性,所以股价的上涨和下跌也应该遵循周期发展的规律。

波浪理论考虑的因素包括三个方面:①价格走势所形成的形态;②价格走势图中各个高点和低点所处的相对位置;③完成某个形态所经历的时间长短。简单地概括为:形态、比例和时间,其中价格的形态是最重要的。

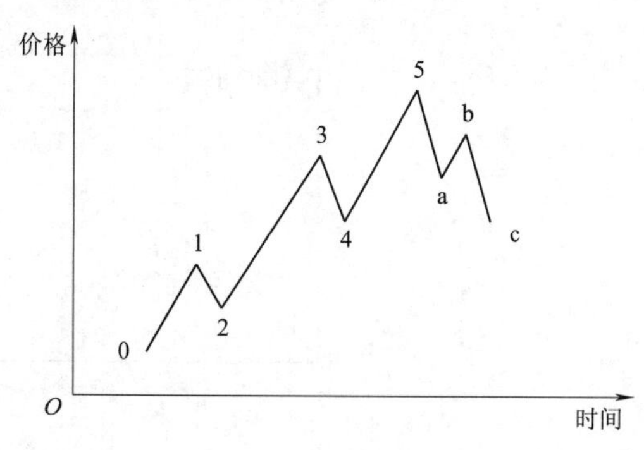

图9.17 波浪理论的基本形态

(2)波浪理论价格走势的基本形态结构。价格的波动是按照某种规律进行的,价格波动的每个周期可以分成8个小的过程,这8个小过程一结束,一次大的行动就结束了,紧接着是另一次大的行动。如图9.17所示,0~1是第一浪,1~2

是第二浪,2~3 是第三浪,3~4 是第四浪,4~5 是第五浪。这 5 浪中,第一浪、第三浪和第五浪称为“上升主浪”,而第二浪和第四浪称为是对第一浪和第三浪的“调整浪”。上述 5 浪完成后,紧接着会出现一个 3 浪的向下调整,这 3 浪是:从 5 到 a 为 a 浪、从 a 到 b 为 b 浪、从 b 到 c 为 c 浪。

(3)浪的合并和浪的细分。波浪理论考虑价格形态的跨度是可以随意而不受限制的。在数 8 浪时,会涉及将一个大浪分成很多小浪和将很多小浪合并成一个大浪的问题。处于层次较低的几个浪可以合并成一个层次较高的大浪,而处于层次较高的一个浪又可以细分成几个层次较低的小浪。换句话说,如果这一浪的上升和下降方向与它上一层次的浪的上升和下降方向相同,则分成 5 浪,如果不相同则分成 3 浪。

(4)波浪理论的应用及不足。如果知道了一个大周期运行的全过程,就可以很方便地对大趋势进行预测。只要明确了目前的位置,按波浪理论所指明的各种浪的数目就会很方便地知道下一步该干什么。

波浪理论最大的不足是应用上的困难,波浪理论从理论上讲是 8 浪结构完成一个完整的过程,但是,主浪的变形和调整浪的变形会产生复杂多变的形态,波浪所处的层次又会产生大浪套小浪、浪中有浪的多层次形态,这些都会使投资者在具体数浪时发生偏差。另外,面对同一个形态,不同的人会产生不同的数法,从根本上说波浪理论只是一种主观上的分析工具。

5. 量价关系理论

市场行为最基本的表现就是成交价和成交量。买卖双方对价格的认同程度通过成交量的大小得到确认,认同程度大,成交量大;认同程度小,成交量小。双方的这种市场行为反映在价、量上就往往呈现出这样的一种趋势:价升量增、价跌量减。根据这一趋势规律,形成了量价关系理论。

量价关系理论是通过观测市场供需力量的强弱,来研判未来走势方向的方法。逆时针曲线法将市场行为分为 8 个过程,可以用一个正 8 边形来理解这 8 个过程,横坐标表示成交量,纵坐标表示价格。随着价格和成交量的变化,投资者的行为将从买入到观望,到卖出,到观望,回到买入。逆时针曲线法示意如图 9.18 所示。

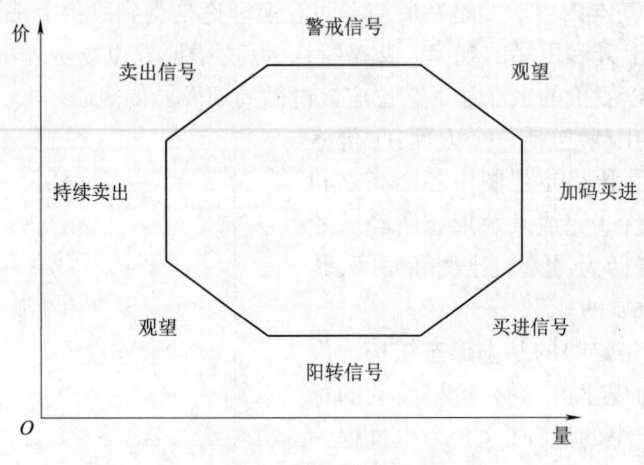

图 9.18 逆时针曲线法

(1)阳转信号。股价经过一段跌势后,下跌幅度缩小,止跌趋稳;同时在低位盘旋时,成交量明显由萎缩转而递增,表示低档承接力转强,此为阳转信号。

(2)买进信号。成交量持续扩增,股价回升,逆时针曲线由平向上时,为最佳买入时机。

(3)加码买进。当成交量增至某一高水准时,不再急剧增加,但股价仍继续上升,此时适逢股价回档时,宜加码买进。

(4)观望。股价继续上涨,但涨势趋缓,成交量未能跟上,走势开始有减退的迹象,此时价位已高,不宜再追高抢涨。

(5)警戒信号。股价在高位盘整,已难创新高,成交量明显减少,此为警戒信号。此时投资者应作好卖出准备,宜抛出部分持股。

(6)卖出信号。股价从高位滑落,成交量持续减少,逆时针曲线的走势由平转下时,进入空头市场,此时应卖出手中股票,甚至融券放空。

(7)持续卖出。股价跌势加剧,呈跳水状,同时成交量均匀分布,未见萎缩,此为出货行情,投资者应果断抛货,不要犹豫、心存侥幸。

(8)观望。成交量开始递增,股价虽继续下跌,但跌幅已小,表示谷底已近,此时多头不宜杀跌,空头也不宜肆意打压,应伺机回补。

9.3.3 技术分析的主要技术指标

技术指标分析就是应用一定的数学公式,对原始数据进行处理,得出指标值,将指标值绘成图表,从定量的角度对股市进行预测的方法。这里的原始数据指开盘价、最高价、最低价、收盘价、成交量和成交金额等。

1. 趋向指标

(1)移动平均线(MA)。移动平均线是指用统计分析方法,将一定时期内的证券价格(指数)加以平均,并把不同时间的平均值连接起来,形成一根 MA,用以观察证券价格变动趋势的一种技术指标。

①MA 的计算。移动平均线的计算方法就是连续若干个交易日收盘价的算术平均,其交易日的天数就是 MA 的参数。

$$MA(n)=(\text{第 1 日收盘价}+\text{第 2 日收盘价}+\cdots+\text{第 } n \text{ 日收盘价})\div n \tag{9.20}$$

例如,MA(5)、MA(10)就是连续 5 个和 10 个交易日收盘价的算术平均价格。根据计算期的长短,MA 又可分为短期、中期和长期移动平均线。通常将 5 日、10 日线称为短期移动平均线;30 日、60 日线称为中期移动平均线;13 周、26 周线称为长期移动平均线。

②MA 的应用。在 MA 的应用上,最常见的是葛兰威尔的“移动平均线八大买卖法则”。此法则是以证券价格(或指数)与移动平均线之间的偏离关系作为研判的依据,如图 9.19 所示。

买入信号①:当移动平均线走势由下降逐渐转平或回升,股价从平均线的下方向上升穿平均线时,为买入信号。

买入信号②:股价连续上升后因获利回吐导致一时跌破平均线,但平均线在短期内仍继续上升,而股价回跌幅度不大,并马上恢复再次向上升穿平均线时,为买入信号。

买入信号③:股价连续上升远离平均线后出现大涨小回的突然下跌,但未跌破平均线又再度上升,仍可视为买入信号。

买入信号④:股价跌破平均线后,突然连连暴跌,远离平均线,属于超卖现象。当股价向平均线方向回升时,是短线技术反弹的有力买进时机。

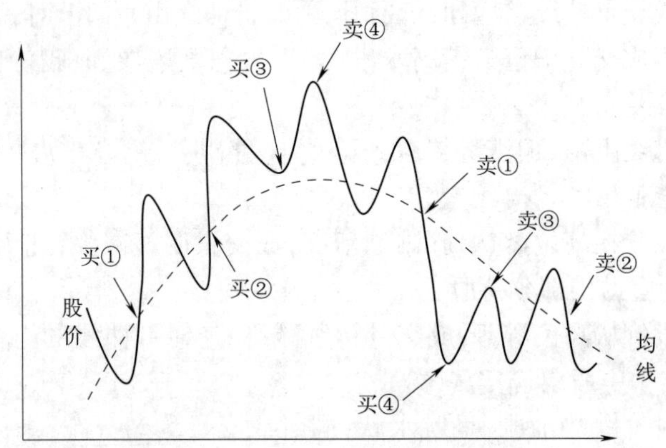

图 9.19　葛兰威尔八大买卖法则

卖出信号①:当平均线走势由上升逐渐走平转弯下跌,而股价从平均线上方向下跌破平均线时,为重要卖出信号。

卖出信号②:股价虽向上突破平均线,但又立即跌到平均线之下,而这时平均线仍在继续向下,为卖出信号。

卖出信号③:股价跌落于平均线之下,然后向平均线弹升,但未升穿平均线即又告回落,为卖出信号。

卖出信号④:股价升穿平均线后,在平均线上方急速上升,距平均线越来越远,且上涨幅度相当可观,属于超买现象,随时会因获利回吐产生卖压,为卖出信号。

此外,投资者还可以利用短期和长期两种移动平均线的交叉情况决定买进和卖出的时机。当现时价位站稳在长期与短期 MA 之上,短期 MA 又向上突破长期 MA 时,为买进信号,此种交叉称为"黄金交叉";反之,若现时行情价位于长期与短期 MA 之下,短期 MA 又向下突破长期 MA 时,则为卖出信号,交叉称为"死亡交叉",如图 9.20 所示。

(2)平滑异同移动平均线(MACD)。平滑异同移动平均线是利用快速移动平均线和慢速移动平均线,在一段上涨或下跌行情中两线之间的差距拉大,而在涨势或跌势趋缓时两线又相互接近或交叉的特征,通过双重平滑运算后研判买卖时机的方法。

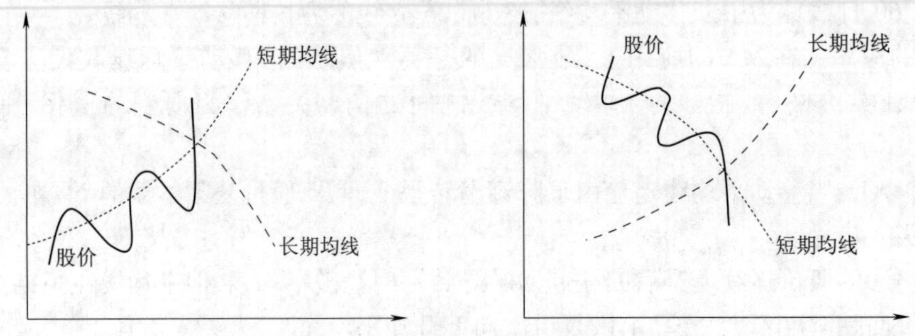

图 9.20　黄金交叉与死亡交叉

①MACD 的计算。MACD 是由正负差(DIF)和异同平均数(DEA)两部分组成,DIF 是核心,DEA 是辅助。DIF 是快速平滑移动平均线与慢速移动平均线的差,常以 12 日 EMA 为快速移动平均线,26 日 EMA 为慢速移动平均线,计算出两条移动平均线数值间的离差值(DIF),然后再求 DIF 的 9 日平滑移动平均线,即 MACD。

$$今日\ EMA(12)=\frac{2}{12+1}\times 今日收盘价+\frac{11}{12+1}\times 昨日\ EMA(12) \tag{9.21}$$

$$今日\ EMA(26)=\frac{2}{26+1}\times 今日收盘价+\frac{25}{26+1}\times 昨日\ EMA(26) \tag{9.22}$$

$$DIF=EMA(12)-EMA(26) \tag{9.23}$$

$$今日\ DEA(MACD)=\frac{2}{10}\times 今日\ DIF+\frac{8}{10}\times 昨日\ DEA \tag{9.24}$$

此外,MACD 还涉及另一个比较重要的概念,即分析软件上的一个叫柱状线(BAR)的指标,其计算公式为:

$$BAR=2\times(DIF-DEA) \tag{9.25}$$

②MACD 的应用。MACD 主要是从三个方面进行行情预测:

第一,以 DIF 和 DEA 的取值和这两者之间的相对取值对行情进行预测,其应用法则如下:

• DIF 和 DEA 均为正值时,属多头市场。DIF 向上突破 DEA 是买入信号;DIF 向下跌破 DEA 只能认为是回落,作获利了结。

• DIF 和 DEA 均为负值时,属空头市场。DIF 向下突破 DEA 是卖出信号;DIF 向上穿破 DEA 只能认为是反弹,作暂时补空。

• 当 DIF 向下跌破 0 轴线时,此为卖出信号,即 12 日 EMA 与 26 日 EMA 发生死亡交叉;当 DIF 上穿 0 轴线时,为买入信号,即 12 日 EMA 与 26 日 EMA 发生黄金交叉。

第二,DIF 和 MACD 与股价的背离,这属于技术指标的背离范畴。DIF 和 MACD 与股价形成背离是比较强烈的采取行动的信号,是卖出还是买入要由 DIF 的上升和下降情况而定。如果 DIF 或 MACD 与股价走势在比较低的位置形成背离,是买入信号;如果 DIF 或 MACD 与股价走势在比较高的位置形成顶背离,是卖出信号。

第三,BAR 的使用。“民间”的使用方法是:当横轴下面的绿线缩短的时候买入,当横轴上面的红线缩短的时候卖出。这样的操作好处是比较“快”,容易在比较“好”的时候行动。

2. 超买超卖指标

(1)威廉指标(WMS%)。威廉指标是由拉里·威廉于 1973 年首创的,最初应用于期货市场,WMS% 的取值的大小表示市场当前的价格在过去一段时间内所处的相对高度,进而指出价格是否处于超买或超卖的状态。

①WMS% 的计算。WMS% 的计算公式为:

$$WMS\%\ (n)=\frac{H_n-C_t}{H_n-L_n}\times 100 \tag{9.26}$$

式中　C_t——当天的收盘价;

H_n、L_n——最近 n 日内(包括当天)出现的最高价和最低价;

n——选定的时间参数,一般为 6、12、26 日。

②WMS% 的应用。WMS% 的应用可以从以下几个方面考虑:

第一，当 WMS% 高于 80 时，处于超卖状态，是买进信号；当 WMS% 低于 20 时，处于超买状态，是卖出信号。这里的 80 和 20 只是一个经验数字。

第二，当 WMS% 由超卖区向上爬升时，表示行情趋势可能转向，一般情况下，当 WMS% 突破 50 的轴线时，市场由弱市转为强市，是买进的信号；当 WMS% 从超买区向下跌落，跌破 50 轴线后，可确认强市转弱，是卖出的信号。

第三，WMS% 连续几次撞顶（底），局部形成双重或多重顶（底），则是卖出（买进）的信号。

（2）随机指标（KDJ）。随机指标是由乔治·莱恩首创的，与威廉指标一样，是期货和股票市场上最常用的技术分析工具之一。

①KDJ 的计算。产生 KDJ 以前，先产生未成熟随机值 RSV，其计算公式为：

$$\mathrm{RSV}(n)=\frac{C_t-L_n}{H_n-L_n}\times 100 \tag{9.27}$$

式中的 C_t、H_n、L_n 的含义同 WMS% 计算公式。可见，RSV 实际上就是 WMS% 的另一个计算公式。

对 RSV 进行 3 日指数平滑移动平均，得到 K 指标，计算公式如下：

$$\text{今日 } K \text{ 值}=2/3\times\text{昨日 } K \text{ 值}+1/3\times\text{今日 } RSV \tag{9.28}$$

对 K 值进行 3 日指数平滑移动平均，得到 D 指标，计算公式如下：

$$\text{今日 } D \text{ 值}=2/3\times\text{昨日 } D \text{ 值}+1/3\times\text{今日 } K \text{ 值} \tag{9.29}$$

式中，1/3 是平滑因子，可以人为选择，不过目前已经较为固定为 1/3；初始的 K、D 值，可以用当日的 RSV 值或以 50 代替。

J 是 D 加上一个修正值，计算公式为：

$$J=3D-2K=D+2(D-K) \tag{9.30}$$

②KDJ 的应用。KDJ 指标是三条曲线，在应用时主要从五个方面进行考虑。KD 的取值、KD 曲线的形态、KD 指标的交叉、KD 指标的背离和 J 指标的取值大小。

第一，KD 的取值。KD 的取值范围都是 0～100，将其划分为几个区域：80 以上为超买区，20 以下为超卖区，其余为徘徊区。当 KD 超过 80 时，是卖出信号；低于 20 时，是买入信号。应该说明的是，这种划分只是 KD 指标应用的初步过程，仅仅是信号，完全按这种方法进行操作很容易导致损失。

第二，KD 曲线的形态。当 KD 指标在较高或较低的位置形成头肩形和多重顶（底）时，是采取行动的信号。这些形态一定要在较高位置或较低位置出现，位置越高或越低，结论越可靠。

第三，KD 指标的交叉。当 K 在低位自下而上突破 D 时，形成黄金交叉，是买进信号；当 K 在高位自上而下跌破 D 时，形成死亡交叉，是卖出信号。买入信号发生位置越低越有效，卖出信号发生位置越高越有效。

第四，KD 指标的背离。当 KD 处在高位或低位，如果出现与股价走向的背离，是采取行动的信号。当 KD 处在高位，并形成两个依次向下的峰，而此时股价还在上涨，并出现两个上升的峰，就构成顶背离，是卖出信号；与之相反，KD 处在低位，并形成一底比一底高的两个谷，而价格还继续下跌，并出现两个依次下降的谷，这就构成底背离，是买入信号。

第五，J 指标的取值大小。J 指标常领先于 KD 值显示曲线的底部和顶部。J 值可以大于 100 或小于 0。J 指标取值超过 100% 和低于 10%，都属于价格的非正常区域，大于 100% 为超买，小于 10% 为超卖。

(3)相对强弱指标(RSI)。RSI是由美国人威尔德于1978年首先提出的,最初是在期货市场使用,RSI以一特定时期内股价的变动情况推测价格未来的变动方向,并根据股价涨跌幅度显示市场的强弱。

①RSI的计算。RSI通常采用某一时期(n天)内收盘指数的结果作为计算对象,来反映这一时期内多空力量的强弱对比。RSI将n日内每日收盘价或收盘指数涨数的总和作为买方总力量A,而n日内每日收盘价或收盘指数跌数的总和作为卖方总力量B。先找出包括当日在内的连续$n+1$日的收盘价,用每日的收盘价减去上一日的收盘价,可得到n个数字。这n个数字中有正有负。

$$\mathrm{RSI}(n)=\frac{A}{A+B}\times 100 \tag{9.31}$$

式中 A——n日中股价向上波动的大小;

B——n日中股价向下波动的大小;

$A+B$——股价总的波动大小。

RSI实际上是表示股价向上波动的幅度占总波动的百分比,如果比例大就是强市,否则就是弱市。

②RSI的应用。RSI指标在应用时主要从四个方面进行考虑:RSI的取值、RSI曲线的形态、RSI指标的交叉和RSI指标的背离。

第一,RSI的取值。RSI的取值范围是0~100,当RSI数值大于80时,市场处于超买,是卖出信号;当RSI数值小于20时,市场处于超卖,是买进信号。

第二,RSI曲线的形态。RSI指标在低位区形成W底、三重底、圆弧底、潜伏底等底部形态时,是买进信号;RSI指标在高位区形成M头、三重顶、头肩顶等顶部形态时,是卖出信号。

第三,RSI指标的交叉。在高位区,当短周期的RSI指标线由上往下跌破长周期的RSI指标线时,形成死亡交叉,是卖出信号;在低位区,当短周期的RSI指标线由下往上突破长周期的RSI指标线时,形成黄金交叉,是买进信号。

第四,RSI指标的背离。股价创新低,而RSI指标未同时创新低,成为底背离,是买进信号;股价创新高,而RSI指标未同时创新高,称为顶背离,是卖出信号。

(4)乖离率(BIAS)。BIAS是测算股价与移动平均线偏离程度的指标,其基本原理是:如果股价偏离移动平均线太远,不管是在移动平均线上方或下方,都有向平均线回归的要求。

①BIAS的计算。BIAS的计算公式为:

$$\mathrm{BIAS}(n)=\frac{C_t-\mathrm{MA}(n)}{\mathrm{MA}(n)}\times 100\% \tag{9.32}$$

式中 C_t——n日中第t日的收盘价;

$\mathrm{MA}(n)$——n日的移动平均数;

n——BIAS的参数。

分子为收盘价与移动平均的距离,可正可负,除以分母后,就是相对距离。一般说来,参数选得越大,允许股价远离MA的程度就越大。换句话说,股价远离MA到了一定的程度,就认为该回头了。

②BIAS的应用。一般而言,当BIAS过高或由高位向下时为卖出信号,当BIAS过低或由

低位向上时为买入信号。在中长期多方市场里,BIAS 在 0 上方波动,0 是多方市场调整回档的支持线,BIAS 在 0 附近掉头向上为买入信号。在中长期空方市场里,BIAS 在 0 下方波动,0 是空方市场调整反弹的压力线,BIAS 在 0 附近掉头向下为卖出信号。BIAS 若有效上穿或下穿 0,则是中长线投资者入场或离场的信号。

3. 人气指标

(1)心理线(PSY)。PSY 是在研究心理趋向的基础上,将一定时期内投资者倾向买方或卖方的心理与事实转化为数值,形成测定人气、用以分析股价未来走势的技术指标。

①PSY 的计算。PSY 是股市技术中一种中短期的研判指标,主要反映市场上投资者心理的超买或超卖,既适用于判断大势,也可以用来研判个股。其计算公式为:

$$PSY(n)=\frac{A}{n}\times 100\% \tag{9.33}$$

式中 n——天数,是 PSY 的参数;

A——n 天之中股价上涨的天数。

PSY 参数的选择是人为的,一般选择 $n=12$。参数越大,PSY 的取值范围越集中,越平稳;参数越小,PSY 波动越大。

②PSY 的应用。PSY 的取值范围是 0 ~ 100,以 50 为中心,50 以上是多方市场,50 以下是空方市场。

PSY 的取值在 25 ~ 75,说明多空双方基本处于平衡状态。如果 PSY 的取值超出了这个平衡状态,则是超卖或超买。

PSY 的取值过高或过低,都是行动的信号。一般说来,如果 PSY <10 或 PSY >90 这两种极端情况出现,是强烈的买入和卖出信号。

PSY 的取值第一次进入采取行动的区域时,往往容易出错。一般都要求 PSY 进入高位或低位两次以上才能采取行动。

PSY 的曲线如果在低位或高位出现大的 W 底或 M 头,也是买入或卖出的行动信号。

PSY 最好同股价曲线配合使用,以便从股价的变动中更好地了解超买或超卖的情形。

(2)能量潮(OBV)。OBV 也称为平衡交易量,是美国投资分析师葛兰威尔的主要分析工具。能量是因,股价是果,它是成交量方面的分析指标,是相当重要的分析指标之一。

①OBV 的计算。OBV 是按照递推的方式进行计算的。首先假设已经知道了上一个交易日的 OBV,然后根据今天的成交量和收盘价与上一个交易日的收盘价的比较,计算出今天的 OBV。其计算公式为:

$$\text{今日 OBV}=\text{昨日 OBV}\pm\text{今日的成交量} \tag{9.34}$$

这里的成交量指的是成交股票的手数,不是成交金额。计算 OBV 时的初始值可自行确定,一般用第一日的成交量代替。

②OBV 的应用。OBV 是预测股市短期波动的重要判断指标,能帮助投资者确定股市突破盘局后的发展方向。

当 OBV 在下降时,价格却在上升,表示买盘已无力,为卖出信号。

当 OBV 在上升时,价格却在下跌,表示低位接盘力道不弱,为买入信号。

当 OBV 从上升转为下降,或是由累计正值转为累计负值,则为卖出信号。

当 OBV 从下降转为上升,则为买入信号。

OBV 在缓缓上升,为跟进买入信号。

OBV 若急剧暴涨,市场可能出现了空翻多行情,买力有竭尽之虞,之后以卖出为宜。

4. 大盘指标

(1)腾落指数(ADL)。ADL 又称为涨跌线指标。ADL 是以每天股票上涨或下跌家数作为观察对象,通过加减来比较每日上涨股票和下跌股票家数的累计情况,形成升跌曲线,并与综合指数相互对比,对大势的未来进行预测。

①ADL 的计算。假设已经知道了上一个交易日的 ADL 的取值,则今天的 ADL 值为:

$$\text{今日 ADL} = \text{昨日 ADL} + N_A - N_D \tag{9.35}$$

式中 N_A——当天上涨的股票家数;

N_D——当天下跌的股票家数。

涨跌的判断标准是以今日收盘价与上一日收盘价相比较(无涨跌者不计)。ADL 的初始值可取为 0。

②ADL 的应用。ADL 不能单独使用,要同股价曲线联合使用才能显示出作用。

ADL 与股价同步上升(下降),创新高(低),则可以验证大势的上升(下降)趋势,短期内反转的可能性不大,这是一致的现象。

ADL 连续上涨(下跌)了很长时间(一般是 3 天),而指数却向相反方向下跌(上升)了很长时间,这是买进(卖出)信号,至少有反弹存在。这是背离的一种现象。

在指数进入高位(低位)时,ADL 并没有同步行动,而是开始走平或下降(上升),这是趋势进入尾声的信号。这也是背离现象。

ADL 保持上升(下降)趋势,指数却在中途发生转折,但很快又恢复原有的趋势,并创新高(低),这是买进(卖出)信号,是后市多方(空方)力量强盛的标志。

(2)涨跌比指标(ADR)。ADR 又叫上升下降比。由于与 ADL 有一定的联系,ADR 又称为回归式腾落指数。ADR 是由股票的上涨家数和下跌家数的比值,推断股票市场多空双方力量的对比,进而判断股票市场的实际情况。

①ADR 的计算。ADR 的计算公式为:

$$\text{ADR}(N) = \frac{\sum N_A}{\sum N_D} \tag{9.36}$$

式中 $\sum N_A$—— 为 N 日内股票上涨家数之和;

$\sum N_D$—— 为 N 日内股票下跌家数之和;

N——选择的天数,是 ADR 的参数。

②ADR 的应用。ADR 的常态分布为 0.5 ~ 1.5 之间,当 ADR 大于 1.5 时,表示股价上涨已超出常态,产生了超买现象,股价容易下跌,是卖出信号。当 ADR 小于 0.5 时,表示股价下跌已超出常态,产生了超卖现象,股价可能会反弹或回升,是买进信号。

(3)超买超卖指标(OBOS)。OBOS 是通过计算一定时期内股票涨跌家数来测量市场买卖气势的强弱及趋势,以此作为投资决策的参考依据。与 ADR 相比其含义更直观,计算更简便。

①OBOS 的计算。OBOS 的计算公式为:

$$OBOS(N) = \sum N_A - \sum N_D \tag{9.37}$$

OBOS 的多空平衡位置是 0，也就是 $\sum N_A = \sum N_D$ 的时候。当 OBOS > 0 时，多方占优势；当 OBOS < 0 时，空方占优势。

②OBOS 的应用。OBOS 反映的是股市的大势，不对个股的选择发生作用。

当 OBOS 大于 0 时，表明大盘处于多头市场，而且其值越大，大盘越是强势；当 OBOS 在 0 上下徘徊时，表明大盘处于盘整阶段；当 OBOS 小于 0 时，表明大盘处于空头市场；其值越小，大盘越是弱势。

如果 OBOS 与股价同步上升，且 OBOS 大于 0 的话，则预示大盘将继续看涨，应采取买进策略。如果 OBOS 与股价同步下降，且 OBOS 小于 0 的话，则预示大盘将继续看跌，应该采取卖出策略。

如果 OBOS 在高位区形成 M 头的话，为卖出信号；如果 OBOS 在低位区形成 W 底的话，为买进信号。

如果股价指数连续上涨，而 OBOS 却呈现下降趋势，出现背离现象，则表明小盘股票下降居多，大盘可能将会转弱，应当考虑卖出股票。如果股价指数连续下跌，而 OBOS 却呈上升趋势，出现背离现象，则表明小盘股大多上涨，大盘可能将会转强，应当考虑买入股票。

本章小结

证券投资分析是证券投资过程中不可或缺的一个重要环节。进行证券投资分析是实施科学投资决策的前提，是正确评估证券投资价值的基础，是投资者规避风险的需要，是投资者成功投资的关键。证券投资分析的信息渠道主要包括公开渠道、商业渠道、实地访查及其他渠道等。证券投资分析的主要方法可以分为以下四类：基本分析法、技术分析法、投资组合分析法和行为金融分析法。

基本分析是通过对决定证券价值及价格的基本要素，如宏观经济指标、经济政策走势、行业发展状况、产品市场状况、公司销售和财务状况等进行分析，评估证券的投资价值，判断证券的合理价位，提出相应的投资建议的一种分析方法。基本分析主要包括宏观经济分析、行业分析和公司分析。

证券投资技术分析，是相对于基本分析而言的，是以证券市场过去和现在的市场行为为分析对象，应用数学和逻辑的方法，探索出一些典型变化规律，并据此预测证券市场未来变化趋势的技术方法。证券投资技术分析的理论主要包括道氏理论、K 线理论、切线理论、形态理论、波浪理论和量价关系理论等。技术指标分析是一种定量分析方法，它克服了定性分析的不足，包括趋向指标、超买超卖指标、人气指标、大盘指标等。

复习思考题

一、名词解释

基本分析　技术分析　K 线理论　支撑线　压力线　趋势线　轨道线
形态理论　头肩顶（底）　三角形态　波浪理论　量价关系理论
移动平均线　平滑异同移动平均　威廉指标　随机指标　相对强弱指标

乖离率　心理线　能量潮　腾落指数　涨跌比指标　超买超卖指标

二、判断题

1. 财政补贴往往导致财政支出扩大,其政策效应是扩大社会总需求与刺激供给需求和刺激供给增加,从而使整个证券市场的总体水平趋于上涨。 (　　)

2. 根据行业变动与经济周期变动的关系程度,可将行业分为增长型、周期型、防御型三类。 (　　)

3. 营运能力是公司产生现金的能力,它取决于可以在近期转变为现金的流动资产的多少,是考察公司短期偿债能力的关键。 (　　)

4. 古典量价关系理论认为当价格下跌时,如果成交量放大,则会继续下跌。 (　　)

5. ADR、ADL 和 OBOS 既可以应用到个股,又可以应用到综合指数。 (　　)

三、单项选择题

1. 当 GDP 由低速增长转向高速增长时,证券市场将(　　)。

A. 快速上升　　B. 加速下跌

C. 平稳渐升　　D. 大幅波动

2. 某一行业有如下特征:企业的利润由于一定程度的垄断达到了很高的水平,竞争风险比较稳定,新企业难以进入。那么这一行业最有可能处于生命周期的(　　)阶段。

A. 幼稚期　　B. 成长期

C. 成熟期　　D. 衰退期

3. 某公司 2021 年的销售成本为 195 890 万元,2021 年年初的存货为 65 609 万元,2021 年年末存货为 83 071 万元,则该公司存货周转率为(　　)。

A. 2. 68　　B. 2. 54

C. 2. 64　　D. 2. 5

4. (　　)一般在 3 日内回补,且成交量小。

A. 普通缺口　　B. 突破性缺口

C. 持续性缺口　　D. 消耗性缺口

5. (　　)指标运用的理论基础是价量必须配合。

A. OBOS　　B. OBV　　C. BIAS　　D. RSI

四、多项选择题

1. 紧缩性货币政策的实施手段包括(　　)。

A. 加强信贷控制　　B. 征收利息税

C. 开展正回购交易　　D. 提高利率

2. 下列关于一个行业成长能力的判断,说法正确的是(　　)。

A. 需求弹性较高的行业成长能力较差

B. 技术进步较快的行业,生产率上升快,其成长能力也强

C. 产业关联度强的行业,成长能力强

D. 市场容量和市场潜力大的行业,其成长空间也大

3. 健全的公司法人治理机制至少包括(　　)。

A. 规范的股权结构　　B. 有效的股东大会制度

C. 董事会权利的合理界定与约束　　D. 完善的独立董事制度

4. 在圆弧顶(底)形成的过程中,表现出的特征有(　　)。

A. 形态完成、股价反转后,行情会持续较长时间

B. 成交量的变化都是两头多、中间少

C. 成交量的变化都是两头少、中间多

D. 圆弧形态形成所花的时间越长,今后反转的力度就越强

5. 下列哪些指标的应用是正确的?(　　)

A. 利用 MACD 预测时,如果 DIF 和 DEA 均为正值,当 DEA 向上突破 DIF 时,买入

B. 当 WMS 高于 80,即处于超买状态,行情即将见底,卖出

C. 当 KDJ 在较高位置形成了多重顶,则考虑卖出

D. 当短期 RSI > 长期 RSI 时,属于多头市场

五、简答题

1. 简述证券投资分析的意义。
2. 分析影响行业发展的主要因素。
3. 简述对公司基本分析包括的主要内容。
4. 简述技术分析“三大假设”的主要内容。
5. 简述葛兰威尔八大买卖法则的基本内容。

六、论述题

试述国家宏观经济运行环境对证券市场的影响。

案例讨论

在近 15 年的时间里,上证综指从 2007 年 10 月 16 日 6 124.04 点的峰顶,跌至 2008 年 10 月28 日的 1 664.93 点的谷底,之后在 1 800 点至 3 400 点间波动长达 6 年时间,于 2015 年 6 月 12 日达到 5 178.19 点,经过三轮的大跌后截至 2016 年 2 月 29 日最低为 2 638.96 点,直到 2022 年 2 月也未能突破前期高点达到 5 000 点以上。股票市场的剧烈波动,使得有些人认为买卖股票是一种投机行为,甚至是赌博的行为。

小王喜好购买彩票,最近一段时间他觉得自己运气特别好,某日购买了 10 元的彩票,竟然得到了 1 000 元的奖金,因此他决定拿出过去 2 年积蓄的 5 万元用于购买彩票。

讨论题:股票买卖行为和购买彩票行为到底是投资行为、投机行为抑或是赌博行为?它们有何种区别?

推荐阅读

[1] 中国证券业协会. 证券投资分析[M]. 北京:中国金融出版社,2012.

[2] 柯克帕特里克,达尔奎斯特. 经典技术分析:第 3 版[M]. 郑磊,朱红燕,郑杨洋,译. 北京:机械工业出版社,2019.

[3] 迈吉. 股市心理博弈[M]. 吴溪,译. 北京:机械工业出版社,2010.

[4] 爱德华兹,迈吉,巴塞蒂. 股市趋势技术分析:第 10 版[M]. 万娟,郭烨,姚立倩等,

译．北京:机械工业出版社,2017.

[5] 中国证券业协会．金融市场基础知识[M]．北京:中国财政经济出版社,2021.

[6] 汉科,李凡特．现金流量与证券分析:第2版[M]．张凯,刘英等,译．北京:华夏出版社,2001.

[7] 格雷厄姆,多德．证券分析:第6版,[M]．巴曙松,陈剑等,译．成都:四川人民出版社,2019.

[8] 格雷厄姆．聪明的投资者:第4版[M]．王中华,黄一义,译．北京:人民邮电出版社,2016.

[9] 泰纳斯．投资大师谈投资[M]．朱仙丽等,译．北京:北京大学出版社,1998.

[10] 普莱切特,弗罗斯特．艾略特波浪理论:市场行为的关键:第11版[M]．陈鑫,译．北京:机械工业出版社,2021.

第10章　证券投资风险与监管

教学目的

通过本章的学习使学生能运用证券投资风险管理的基本概念、投资组合的基本原理对证券投资风险进行深入探讨和分析，并能够根据证券市场监管的定义、本质、体系及形态，对证券监管体系的构建有深刻的理解，为更深入了解多层次金融监管体系奠定基础。

教学内容

1. 风险的本质及特征。
2. 风险的类型。
3. 证券投资风险的测度。
4. 证券投资组合。
5. 证券市场监管体系。

教学重点

证券投资风险的测度；证券投资组合；证券监管体系的演变。

教学难点

证券投资组合；证券市场监管体系的重构。

开篇案例

持续警惕新概念炒作之风

2021年以来,二级市场的新概念层出不穷,元宇宙、预制菜等相关板块大幅波动。这背后,诸多新概念的特性、市场表现、买方卖方配合等方面存在一定共性,值得市场及监管层关注,投资者更需要保持理性,持续警惕新概念炒作之风。

元宇宙、预制菜都属于新概念,目前仍无明确定义,系处于发展过程中的朦胧性事物,尚缺乏行业标准与监管。这些新概念的存在有一定的合理性,且可塑性强,有故事可讲,想象空间大,这是市场资金不顾基本面疯狂炒作的主要原因。

以元宇宙概念为例,它属于舶来品,曾出现在1992年的美国科幻小说《雪崩》中,简单而言,它属于由AR、VR构筑的虚拟现实世界,所以市场上凡是沾边AR、VR的公司,都可以称自己有元宇宙相关业务,股价据此站上风口。但事实上,从业务本质来看,元宇宙概念股早已从事AR、VR等业务,相关业务对公司经营的实际影响早已确定,披上元宇宙的马甲并不会改变业务实质。

预制菜也早已存在,冷链技术快速发展、疫情反复以及春节临近等因素,近期广受市场关注,水产、食品加工等传统行业突然被赋予了新的想象空间,卖方研究机构强推,上市公司主动贴靠,刺激股价走高。

Wind数据显示,2022年以来,标题中含有预制菜的券商研报已经有数十篇,内文中涉及预制菜内容的研报达到上百篇。在某机构服务平台上,各券商研究所合计组织的预制菜主题电话会有数十场之多。在投资者交流平台,相关上市公司针对预制菜的回复数量也明显增多。

新概念板块大幅波动背后,知名游资频繁买入,炒作迹象明显。

交易所极为关注新生概念的炒作问题,会第一时间发出问询函,追问上市公司是否存在主动迎合市场热门概念炒作的情形。上市公司在某一领域业务的实际情况往往会“原形毕露”,多数个股股价会开始回调。但是短期内股价回调往往有限,且炒作各方几无违法成本,因此这些虚无缥缈的新概念总是能够获得追捧。显然,此类现象不利于证券市场的健康发展,极易损害中小投资者利益,值得持续关注与警惕。

对于上市公司,在市场竞争中拼的是硬实力,主动贴靠相关概念固然可能令市值增长,却容易因一时的炒作而败坏了公司的声誉。对投资者而言,面对汹涌而来的新概念更应保持清醒,真正从经营业绩、未来发展等方面考虑公司的投资价值,尽量避免跟风炒作招致损失。①

10.1 证券投资风险概述

研究风险是为了更好地控制、规避风险,提高投资收益,因此对风险本质的认识是分析和控制风险的出发点。本章在研究证券投资风险的本质属性及其特征的基础上,对证券投资风险的类型与测度进行具体分析,并结合证券投资组合理论与策略,透视当代证券市场监管体制。

① 摘自证券时报网,2022年1月24日。

10.1.1　风险的概念与特征

1. 风险的本质属性及定义争论

(1)风险的本质属性在于风险的负面性。主要包括:损失的概率,指损失发生的可能性;可能损失的数量,指损失一旦发生,损失的数量或程度有多大;损失的不确定性或易变性,是指在损失域内,损失的易变程度。Fishbum 等指出的不确定性是整个可能结果的不确定性,既包括损失,也包括收益。根据效用理论,在损失域内多数投资者表现为风险追求型,这说明损失的易变性属于负面性的重要内容。这一观点不但符合效用理论,也符合现代决策理论的观点。

(2)风险的基本概念在不同学科中尚无统一的定义,总结为以下三种观点:第一,风险是事件未来可能结果的不确定性,等同于可能结果概率分布的方差。March & Shapira 认为风险是事物可能结果的不确定性,可由收益率分布的方差来测度。Bowman、Fiegenbaum & Thomas 认为风险定义为实际与预期结果的偏差,是信息的缺乏程度,只有不可预测的收入变化才是真正的风险。但此观点与行为理论及效用理论不符,用不确定性描述风险,具有其固有的缺陷性。第二,风险是一种损失机会或损失可能性、不确定性,可用损失的概率表示。例如,Broket、Chames、Cooper & Ruefli 直接定义风险为不利事件发生的机会,并用概率进行描述。这种观点最明显的不足之处是它没有考虑损失量的大小和不同的人对风险的主观认识不同。第三,风险是可能的损失,即仅从损失量的角度定义风险。根据 March & Shapira 的观点,投资者并不把方案的风险与可能性结果的概率分布结合起来看,他们更关心的是结果的不利程度。

以上分别从未来不确定性、损失发生的可能性及损失程度等角度定义了风险,但均存在不同程度的缺陷,因此提出一种全面、合理的新定义也是非常必要的。

2. 风险的概念与特征

(1)所谓风险,是指在决策过程中,由于各种不确定因素的作用,决策方案在一定时间内出现不利结果的可能性以及可能损失的程度。它包括损失的概率、可能损失的数量以及损失的易变性三方面内容,其中可能损失的程度处于最重要的位置。

这一定义全面反映了风险的本质属性,克服了以前定义的不足,更强调了可能损失的程度在描述风险中的作用,更加符合投资者的真实心理感受,因此对风险的描述更为全面、合理,对风险的分析也更为准确和有效。

(2)风险具有负面性、客观性、时限性、潜在性、可测定性、损失和收益的对立统一性等特征。风险是客观存在的,不以个人的主观愿望为转移,投资时间越短,风险变动的范围相对越小,从而风险也就越小,反之,则风险越大,虽然风险是潜在的,但它是可以用科学方法来分析度量预测的,并且损失和收益是相伴而生的。

10.1.2　证券投资风险的基本概念与本质属性

1. 证券投资风险的概念

对于证券投资风险的描述和测度是基于证券投资收益率指标的。该指标常用以下公式计算:

$$R_t = \frac{P_t - P_{t-1} + D_t}{P_{t-1}} \tag{10.1}$$

式中　R_t ——某证券在时期 t 的收益率;

P_t ——证券在 t 时期的收盘价；

P_{t-1} ——证券在 $t-1$ 时期的收盘价；

D_t ——证券在 t 时期每单位所获得红利、股息等收入；

t ——时间，可以取日、周、年等，计算出对应的收益率分别称为日收益率、周收益率、年收益率等。

D_t 的计算公式为：

$$D_t = \text{每股现金红利} + P_t \times \text{配股比例} - \text{每股配价} \times \text{配股比例} \quad (10.2)$$

证券投资风险是指由于不确定因素造成投资收益率的不确定性，这种不确定性可用收益率的方差或标准差测度。Markowitz、Sharpe 等以证券投资收益率的方差(值)作为风险测度指标，以收益率的均值作为回报，提出了现代证券投资理论和资本资产定价理论。但没有考虑风险是损失厌恶，而不是易变性厌恶，不符合行为科学的原理，证券投资者并不将回报的正负偏差同等看待，而是更看中下偏差，也没有明确风险的时间概念。

2. 证券投资风险的本质属性

负面性是证券投资风险的本质属性，它包括损失的概率、可能损失的数量以及损失的不确定性三个方面。但证券投资的特点是证券价格和收益率的高波动性。收益率的波动频率指单位时间内盈亏波动的次数，收益率的盈亏波动频率常称为风险负面性的紧迫程度。而损失的不确定性指在损失域内损失的波动性。

在一定的客观条件和时间内，由于不确定因素的作用引起证券价格的变动，给投资者造成损失的可能性以及损失程度，它包括损失的概率、可能损失的数量、损失的不确定性及投资收益率盈亏波动频率等四个方面，其中可能损失的程度处于核心地位。新的风险定义直接将风险与损失相连，不但考虑证券价格变动对投资者造成损失的可能性，而且还考虑了造成损失的可能程度(损失大小)及损失的易变性问题，同时考虑了时间因素(即收益率波动频率)，并且突出了可能损失的程度在风险描述中的地位。

10.1.3　证券投资风险的产生、分类与形式

1. 证券投资风险的产生

证券投资风险的产生，主要取决于以下几个方面：

(1)证券作为一种索取权的凭证具有虚拟属性，它可以在实物经济以外获得独立的存在和独立的价值。未来信息的不确定创造了一个市场的想象空间，产生了损失，形成了证券投资的风险。

(2)证券投资风险的另一个主要来源是不对称信息在证券市场上的广泛存在。由于筹资者对信息的优势地位，会诱使他们向有利于企业一方行动而产生不公平交易，损害投资者利益，导致逆选择和道德风险。在证券市场中前者是指越是高风险的筹资项目越容易融资，后者是指筹资者往往弄虚作假不按筹资时约定的用途使用资金，从而背离了证券投资者的成本-收益权衡下对风险的控制范围。

(3)证券投资风险的第三个原因，是证券产品的交易价值取决于各证券投资者基于各自拥有的信息(不论是否有信息缺陷)做出的不同的价值判断，使证券产品的价格变成一种集合竞价的行为，博弈的过程变得十分复杂。这种背景下一个理性的投资者会进行“反向操作”，即他们往往不重视基本面，而是在一个无序的市场上随时针对各种无法预测的噪声做出比别

人更快,同时更为合理的反应。这种反向操作可以解释为:由于证券交易价格取决于全体投资者的平均评价,个人对某一证券的评价越接近这一平均价格水平获利就会越大,所以,每个投资者对证券的判断并不完全是根据自己所掌握的基本面信息进行,也不是根据一般投资者的判断价值,而是推测一般投资者得出的价值判断,这就是约翰·凯恩斯所说的"第三级推测"。由于大多数投资者素质和投资理念的非理性形成的群体效应,增加了市场的不确定性,产生了证券投资的风险。

2. 证券投资风险的分类

证券投资是一种风险性投资。一般而言,风险是指对投资者预期收益的背离,或者说是证券收益的不确定性。证券投资的风险是指证券预期收益变动的可能性及变动幅度。在证券投资活动中,投资者投入一定数量的本金,目的是希望能得到预期的若干收益。从时间上看,投入本金是当前的行为,其数额是确定的,而取得收益是在未来的时间。在持有证券这段时间内,有很多因素可能使预期收益减少甚至使本金遭受损失,因此,证券投资的风险是普遍存在的。与证券投资相关的所有风险称为总风险,总风险可分为系统风险和非系统风险两大类。

(1)系统风险。系统风险是指由于某种全局性的共同因素引起的投资收益的可能变动,这种因素以同样的方式对所有证券的收益产生影响。在现实生活中,所有企业都受全局性因素的影响,这些因素包括社会、政治、经济等各个方面。由于这些因素来自企业外部,是单一证券无法抗拒和回避的,因此称为不可回避风险。这些共同的因素会对所有企业产生不同程度的影响,不能通过多样化投资而分散,因此又称为不可分散风险。系统风险包括政策风险、经济周期波动风险、利率风险和购买力风险等。

政策风险是指政府有关证券市场的政策发生重大变化或是有重要的法规、举措出台,引起证券市场的波动,从而给投资者带来的风险。政府的经济政策和管理措施可能会造成证券收益的损失,这在新兴股市表现得尤为突出。经济政策的变化,可以影响到公司利润、债券收益的变化;证券交易政策的变化,可以直接影响到证券的价格。一旦出现政策风险,几乎所有的证券都会受到影响。

经济周期波动风险是指证券市场行情周期性变动而引起的风险。这种行情变动不是指证券价格的日常波动和中级波动,而是指证券行情长期趋势的改变。证券行情变动受多种因素影响,但决定性的因素是经济周期的变动。经济周期是指社会经济阶段性的循环和波动,是经济发展的客观规律。经济周期的变化决定了企业的景气和效益,从而从根本上决定了证券行情,特别是股票行情的变动趋势。

利率风险是指市场利率变动引起证券投资收益变动的可能性。利率主要从两个方面影响证券价格:一是改变资金流向,二是影响公司的盈利。利率政策是中央银行的货币政策工具,中央银行根据金融宏观调控的需要调节利率水平。利率风险是固定收益证券的主要风险,特别是债券的主要风险。

购买力风险又称通货膨胀风险,是由于通货膨胀、货币贬值给投资者带来实际收益水平下降的风险。在通货膨胀的情况下,物价普遍上涨,社会经济运行秩序混乱,企业生产经营的外部条件恶化,证券市场也难免深受其害,所以购买力风险是难以回避的。购买力风险对不同证券的影响是不相同的,最容易受到影响的是固定收益证券,如优先股、债券。而普通股股票的购买力风险相对较小。

(2)非系统风险。非系统风险是指只对某个行业或个别公司的证券产生影响的风险,它通常由某一特殊因素引起，与整个证券市场的价格不存在系统、全面的联系，而只对个别或少数证券的收益产生影响。这种因行业或企业自身因素改变而带来的证券价格变化与其他证券的价格、收益没有必然的内在联系，不会因此而影响其他证券的收益。这种风险可以通过分散投资来抵消。若投资者持有多样化的不同证券，当某些证券价格下跌、收益减少时，另一些证券可能价格正好上升，收益增加，这样就使风险相互抵消。非系统风险是可以抵消、回避的，因此又称为可分散风险或可回避风险。非系统风险包括信用风险、经营风险、财务风险等。

信用风险又称违约风险，指证券发行人在证券到期时无法还本付息而使投资者遭受损失的风险。它主要受证券发行人的经营能力、盈利水平、事业稳定程度及规模大小等因素影响。信用风险是债券的主要风险。在债券和优先股发行时，要进行信用评级，投资者回避信用风险的最好办法是参考证券信用评级的结果，信用级别高的证券信用风险小，信用级别越低，违约的可能性越大。

经营风险是指公司的决策人员与管理人员在经营管理过程中出现失误而导致公司盈利水平变化，从而使投资者预期收益下降的可能。经营风险是普通股票的主要风险，公司盈利的变化既会影响股息收入，又会影响股票价格。影响公司经营业绩的因素很多，投资者在分析公司的经营风险时，既要把握宏观经济大环境的影响，又要把握不同行业、不同经营规模、不同产品特点、不同管理风格等对公司经营业绩的影响。

财务风险是指公司财务结构不合理、融资不当而导致投资者预期收益下降的风险。主要表现为无力偿还到期的债务，利率变动风险，再筹资风险等。形成财务风险的因素有资本负债比率、资产与负债的期限、债务结构等。一般而言，公司的资本负债比率越高，债务结构越不合理，其财务风险也就越大。投资股票就是投资于公司，投资者的股息收益与通过股票价格变动获得的资本利得与公司的经营效益密切相关。所以，股票的财务风险将直接取决于公司的经营效益。投资者在投资时应注重公司财务风险的分析。

系统风险和非系统风险都有可能使投资者踏入陷阱。一个老是看错大势的投资者可能在系统风险上输得血本无归，而非系统风险更表现为在某个证券上反向操作导致经济损失。系统风险对投资者来说无法通过投资组合来降低或消除，而非系统风险则可通过科学合理的投资组合得以规避。

投资者成功的一个主要标志就是他们的资金在投资期内的增值程度。证券的持有期收益率取决于投资期内证券价格变动的程度，以及证券所能提供的其他一些形式的收益。持有期收益率可表示为：

$$持有期收益率=\frac{期末价-期初价+其他收益}{期初价} \tag{10.3}$$

公式中的其他收益，不同的证券表示不同收益，例如股票为现金股利，债券是利息支付。

3. 证券投资风险的形式

证券投资风险的主要形式有股票投资风险、债券投资风险、衍生证券投资风险。其中，股票投资风险主要来自股票价格波动给投资者造成的损失，主要是市场风险，具有潜在性和非即可实现性的特点。由于以股票作为研究对象具有代表性，故本书选取股票投资作为对象进行研究，其他证券投资风险的形式在此不作介绍。

10.1.4　证券投资风险的测度

在金融投资领域，由于风险在很大程度上是取决于个体主观价值判断，直到1952年

Markowitz 提出证券投资组合理论之前,风险的测度方法一直停留在非定量的主观判断阶段。之后学者从不同方面对投资风险分析和控制问题进行了研究。

1. 国内外风险测度的研究

国外风险测度理论主要集中在包括效用函数的风险测度理论、随机优势选择模型理论、均值-方差测度理论、β 值理论、下偏矩测度理论、VaR 测度理论、非线性分形几何测度理论、信息熵测度理论等。

自 20 世纪 90 年代初我国建立证券市场以来,国内对证券投资风险的研究,主要是引进和介绍国外相关理论,没有开拓性,存在着各种各样的缺陷。

姜宝军认为投资风险应是时间、损益度、损益概率三个要素的有机统一。王春峰等认为测度风险的总体框架应包括三个层次:敏感性分析、VaR 和压力试验。赵振全等提出了以损失均值测度风险的一种新指标。吴明礼指出了方差和 β 值测度风险的不足,并认为市盈率可作为证券风险的测度指标,可克服方差和 β 值产生的问题圈。李世宏总结了西方投资理论中公司财务状况分析法、概率法和 β 值法,这三种风险评估方法,强调了财务分析法在评估证券投资风险、选择优质个股中的作用。

对证券投资收益率的预测,常见的模型为 CAPM 模型和 Ross 的套利定价模型。Mandelbrot 指出证券投资收益率的分布是属于非正态的帕雷托分布,即方差随时间在不断变化。在方差的变化过程中,较大幅度的变化会相对集中在某些时段内,较小幅度的变化也会集中在另一时段内。

对市场易变性的分析,集中体现在 Engle 的 ARCH 模型中。Engle 认为市场易变性是以最近的水平为条件,是近期误差的函数,高易变性水平后面跟随着更高的易变性,低易变性后面跟随着更低的易变性,与 Mandelbrot 的观察一致。

对风险易变性的预测,主要以 Engle 的 ARCH 模型、β 值为风险测度指标来预测研究,将 β 值看作随时间变化的风险,用自回归模型(AR)对其进行风险预测。随着新的预测方法的出现,特别是神经网络方法、ARCH 方法,小波分析方法以及混沌技术的出现,极大地改变了预测的模式,提高了预测精度,也为风险易变性的预测提供了新的思路。

对我国股票市场的研究,徐龙炳等用 R/S 分析法探讨了我国股票市场的非线性问题。丁华指出了上证指数波动中存在 ARCH 现象;吴长风利用 GARCH 模型分析了我国沪深股市的 ARCH 现象;吴其明等利用 ARCH 模型研究了深圳股票市场的 ARCH 过程,得出我国股市证券投资收益率不服从正态分布。由于认识到股市的非线性特征,越来越多的非线性方法如神经网络方法及其变形、小波分析法、ARCH 簇模型法、灰色预测法、混沌吸引子法等也被用在股票价格及股指的预测中。

2. β 风险系数的计算方法

对于不同的证券,它们的总风险不同,但由于其收益率不同,它们的系统风险和非系统风险也不尽相同。夏普在马克维兹均值-方差模型的基础上做了进一步的工作,他不以证券收益率的方差(或标准差)作为证券的风险度量,而是以证券收益率 r_i 与证券市场(组合)收益率 r_M 的回归系数 β 作为这种证券风险的度量。任何一个投资者对任何一种证券 i 的期望收益率 r_i 起码要大于市场无风险收益率 r_f,无风险收益率基本可以相当于投资者投资于国库券、货币市场基金或银行存款所获取的收益率,超过部分 $r_i - r_f$ 称为风险的市场价格(又称为风险酬金或风险代价),按照夏普的推导,在均衡市场上期望风险酬金 $E(r_i - r_f) = E(r_i) - r_f$ 与证券 i 的风险(β_i)成正比,其比例常数为市场证券组合的期望风险酬金 $E(r_M - r_f) = E(r_M) - r_f$,即:

$$E(r_i) = r_f + \beta_i[E(r_M) - r_f] \quad (i=1,2,\cdots,n)$$

这种形式称为资本资产定价模型(CAPM模型)。但CAPM只代表在均衡时证券 i 的期望收益率和市场证券组合 M 期望收益率之间的关系,是一种理想的状态。实际模型为:

$$r_i = r_f + \beta_i(r_M - r_f) + \varepsilon_i \quad (i=1,2,\cdots,n)$$

ε_i 为随机误差项,它满足 $\mathrm{Cov}(\varepsilon_i, r_M) = 0$。那么:

$$\sigma_i^2 = D[r_f + \beta_i(r_M - r_f) + \varepsilon_i] = \beta_i^2\sigma_M^2 + \sigma_{\varepsilon i}^2$$

从而σ_i^2 被分解为两部分,第一项为$\beta_i^2\sigma_M^2$,它与市场证券组合有关,称为系统风险,第二项,$\sigma_{\varepsilon i}^2$ 仅与第 i 种证券收益的不确定性有关,称为非系统风险。由市场风险$\beta_i^2\sigma_M^2$ 可以看出,β_i 较大的证券有较大的风险;由CAPM可以看出,β_i 较大的证券有较大的期望收益率。在具体计算 β_i 时,可用回归分析法,将β_i 作为 $r_M - r_f$ 与 $r_i - r_f$ 的回归系数。

利用β系数的大小可以对证券进行实际应用价值的分析:

$\beta_i > 1$ 的证券 i 被称为进攻型证券,它的系统风险高于市场风险。当市场证券组合的收益率 r_M 上升时,r_i 将上升得更快,当 r_M 下降时,r_i 也下降得更快。因此,当市场看涨时,应购进进攻性证券。

$\beta_i < 1$ 的证券 i 被称为防御型证券,它的系统风险低于市场风险。当 r_M 上升时,r_i 上升得较慢,当 r_M 下降时,r_i 下降也较慢。因此,当市场看跌时,应购进防御性证券。

$\beta_i = 1$ 的证券,它的系统风险等同于市场风险,与整个证券市场同命运,共兴衰。

β系数的实用价值是不言而喻的。β系数是测量系统风险大小的一个指标,能确切表达单一证券风险与市场风险间的关系。为帮助投资者分析系统风险的大小,树立科学的投资观念,发达国家的证券市场都定期在权威报纸杂志上公布每种证券的β系数,国际上著名的投资咨询公司提供的上市公司研究报告中也要列出证券的β系数。

3. VaR值的计算方法

VaR(Value - at - risk)方法是分析证券投资风险的常用方法。VaR模型是以JP摩根银行为代表的大型金融机构开发的基于风险价值原理的风险管理模型,它是一种组合潜在损失的总结性的统计测度方法,这种方法通过计算已知投资或投资组合经过某一时间间隔具有一定置信度的最大可能损失来评估投资风险。计算VaR值需要考虑置信区间的大小或置信度、持有期的长短、未来资产组合价值的分布特征三个因素。

本部分主要运用方差 - 协方差法来计算VaR值。

方差-协方差法的重要假设是线性假设和正态分布假定,并且一般假定收益率服从均值为零的正态分布。方差-协方差法的基本思路是:首先,利用历史数据求出证券投资组合收益的方差、标准差、协方差;然后,根据证券投资组合收益的分布情况求出在一定置信区间下反映分布偏离均值程度的临界值;最后,建立与风险损失的联系,从而得到VaR值。

(1)单一投资的VaR值计算。设$\{P_t\}$为某投资价格的时间序列,在金融市场价格的随机游走假设下,$\{P_t\}$服从独立的正态分布。因此,当 P_{t-1} 已知时,由 $R_t = \dfrac{P_t - P_{t-1}}{P_{t-1}}$ 构成的收益率序列也服从独立的正态分布。设 R_t 服从 $N(\mu, \sigma_t^2)$,令 Z_α 为标准正态分布单边置信区间的临界值,那么根据VaR的定义,可以将VaR值表示为:

$$\mathrm{VaR} = -Z_{\alpha}\omega_0\sigma_t \tag{10.4}$$

式中　ω_0 ——单一投资某个证券的当日价格。

(2)投资组合的 VaR 值计算。设投资组合中包含 n 种资产 $R_t = [R_{1(t)}, R_{2(t)}, \cdots, R_{n(t)}]$，假设 $R_{(t)}$ 服从多元正态分布，其相关系数矩阵为 $\boldsymbol{A} = (a_{ij})_{n\times n}$，投资比例为 $\boldsymbol{\omega} = (\omega_1, \omega_2, \cdots, \omega_n)$，则投资组合 $R_{p(t)} = \sum_{i=1}^{n}\omega_i R_{i(t)}$ 的 VaR 值为：

$$\begin{aligned}\mathrm{VaR}_p &= Z_{\alpha}\sqrt{[\omega^{\mathrm{T}}\sigma\boldsymbol{A}\sigma\omega]}\,\omega_0 \\ &= \sqrt{[Z_{\alpha}\omega_1\omega_0\sigma_1, \cdots, Z_{\alpha}\omega_n\omega_0\sigma_n]\boldsymbol{A}[Z_{\alpha}\omega_1\omega_0\sigma_1, \cdots, Z_{\alpha}\omega_n\omega_0\sigma_n]^{\mathrm{T}}} \\ &= \sqrt{[\mathrm{VaR}_1, \mathrm{VaR}_2, \cdots, \mathrm{VaR}_n]\boldsymbol{A}[\mathrm{VaR}_1, \mathrm{VaR}_2, \cdots, \mathrm{VaR}_n]^{\mathrm{T}}} \\ &= \sqrt{\mathrm{VaR}\times\boldsymbol{A}\times\mathrm{VaR}^{\mathrm{T}}}\end{aligned} \tag{10.5}$$

式中　$\mathrm{VaR} = [\mathrm{VaR}_1, \mathrm{VaR}_2, \cdots, \mathrm{VaR}_n]$——由每种资产风险价值乘以其各自的投资比例构成的向量；

Z_{α} ——标准正态分布单边置信区间的临界值。

基于 VaR 模型分析证券投资风险的方法在证券投资组合中的运用有很大价值，但是，VaR 模型所确定的是特定条件下证券投资风险的防线，即使设定较大的置信水平值，也绝对难以排除资产组合价值的损失超过 VaR 值的极端事件发生，哪怕是这一事件发生的概率很小。

4. 两种方法计算结果的比较

β 系数与 VaR 模型分析证券投资风险的对象是不同的。β 系数是对证券投资系统风险的度量，而 VaR 模型则是分析证券投资的潜在损失、最大可能损失。

β 系数是投资组合简化分析模型的核心，它能准确表达单一证券风险与市场风险之间的关系，而 VaR 模型既可用于单一证券投资，也可用于证券投资组合。

并不能简单认为，β 系数与 VaR 模型没有直接相连的关系，事实上，两者结合，对于预测证券投资风险及投资者最后决策十分有帮助。相对于单一投资，组合投资更能分散风险，投资前，利用 β 系数可以较准确评估单一证券的系统风险，而后计算 VaR 值，投资者根据自己所能承受损失的范围，可以很好地做出决策。β 系数与 VaR 模型是相辅相成的。

10.2　证券投资组合

10.2.1　证券投资组合

1. 证券组合的含义

证券组合是指投资者对各种证券资产的选择而形成的投资组合。

证券投资组合管理，又称证券组合管理，是指对投资进行计划、分析、调整和控制，从而将投资资金分配给若干不同的证券资产，如股票、债券及证券衍生产品，形成合理的资产组合，以期实现资产收益最大化和风险最小化的经济行为。

投资组合管理的前提：投资是有风险的，而且各类投资的风险不完全相关；投资者一般是风险厌恶型的。

2. 证券投资组合管理的特征

(1)证券投资组合管理的直接对象是证券,但实质上是对投资者所有资金的管理。

(2)证券投资组合管理的目的是要在风险一定的条件下实现资产收益最大化,或者是要在资产收益一定的条件下实现风险的最小化。

(3)证券投资组合管理总是在一定的环境中进行的,因此必须依据证券市场、衍生金融市场和整个经济、社会发展变动的趋势,对投资组合进行有效配置,并使其对环境具有良好的适应性。

(4)证券投资组合管理是指各种具体管理活动的概括,具体的管理活动包括计划、分析、决策、调整和评估等内容。

(5)证券投资组合管理因投资者拥有的资源不同、面临的经济环境和市场环境不同,加上管理者的心理状态、行为风格等存在差异,投资组合管理存在多种不同的风格,可以采取多种不同的方法。

3. 构建证券组合的原因

证券投资者构建证券组合的原因是为了降低系统风险。投资者通过组合投资可以在投资收益和投资风险中找到平衡点,即在风险一定的条件下实现收益最大化,或在收益一定条件下使风险尽可能地降低。

(1)降低风险。构建证券组合为什么可以降低证券投资风险呢?打个比喻来说,如果把鸡蛋放在同一只篮子里,万一这个篮子不小心掉在地上,所有的鸡蛋就都可能被摔碎;而把鸡蛋分放在不同的篮子里,一个篮子掉了,不会影响到其他篮子里的鸡蛋。这就是通常所说的,不要把所有的鸡蛋都放在一个篮子里。资产组合证明,证券组合的总体风险随着组合所包含的证券数量的增加而降低,资产间关联性极低的多元化证券组合可以有效地降低个别风险。

(2)实现收益最大化。理性投资者的基本行为特征是厌恶风险和追求收益最大化。投资者力求在这一对矛盾中达到可能的最佳平衡。如果投资者仅投资于单一资产,则选择有限,若将各种资产按不同比例进行组合时,则其选择相对增多,为投资者在给定风险水平下提供获取更高收益的机会,当投资者对风险和收益做出权衡时,能够得到比投资单一资产更为满意的收益与风险的平衡。

4. 证券组合的分类

证券组合的分类通常以组合的投资目标为标准,以美国为例,证券组合可以分为避税型、收入型、增长型、收入-增长混合型、货币市场型、国际型及指数化型等。

(1)避税型证券组合,通常侧重投资于市政债券,这种债券免联邦税,也常常免州和地方税。

(2)收入型证券组合,追求基本收益(即利息、股息收益)的最大化,能够带来基本收益的证券有附息债券、优先股及一些避税债券。

(3)增长型证券组合,以资本升值(即未来价格上升带来的价差收益)为目标,投资者往往愿意通过延迟获得基本收益来求得未来收益的增长。这种投资者会购买很少分红的普通股,投资风险较大。

(4)收入-增长型证券组合,试图在基本收益与资本升值之间达到某种均衡,因此也称为均衡组合。二者的均衡可以通过两种组合方式获得:一种是使组合中的收入型证券和增长型证券达到均衡;另一种是选择那些既能带来收益,又具有增长潜力的证券进行组合。

(5)货币市场型证券组合,是由各种货币市场工具构成的,如国库券、高信用等级的商业票据等,安全性极强。

(6)国际型证券组合,侧重投资于国外的证券品种,是组合管理的时代潮流。实证研究结果表明,这种证券组合的业绩总体上强于只在国内投资的组合。因为它可以减弱国家或地区的风险,在世界范围内追求收益最大化。

(7)指数化证券组合,模拟某种市场指数,信奉有效市场理论的机构投资者通常会倾向于这种组合,以求获得市场平均的收益水平。根据模拟指数的不同,指数化证券组合可以分为两类:一类模拟内涵广大的市场指数,这属于常见的被动投资管理;另一类模拟某种专业化的指数,如道琼斯公共事业指数,这种组合不属于被动管理,因为它对指数是有选择的。

10.2.2 证券组合管理的基本步骤

1. 确定组合管理目标

所谓组合管理目标,从大的方面讲,可以是以收入、增长或均衡为目标;从小的方面讲,可以是在大目标下具体设定收益率水平等。

组合管理目标对外是证券组合及其管理者特征的反映,在组合营销(如基金营销)时为组合管理者吸引特定的投资者群体;反过来说,则是便利投资者根据自身的需要和情况选择基金。组合管理目标对内可以帮助组合管理者明确工作目标,以便为实现一定风险下的收益最大化而努力,也可为组合管理者的业绩评估提供一种基准。

2. 制定组合管理政策

组合管理政策是为实现组合管理目标、指导投资活动而设立的原则和方针。证券组合的管理政策首先要规定的是投资范围,即确定证券组合所包含的证券种类。例如,是只包括股票,还是进行股票、债券等多种证券的投资。更具体一些,还要决定投资于哪些行业或板块的股票、哪些种类的债券,亦即资金在它们之间的分配。

3. 构建证券组合

证券组合的构建首先取决于组合管理者的投资策略。投资策略大致可分为积极进取型、消极保守型和混合型三类。采取积极进取型投资策略的组合管理者会在选择资产和买卖时机上下大功夫,努力寻找价格偏离价值的资产;采取消极保守型投资策略的组合管理者则相反,只求获得市场平均的收益率水平,一般模拟某一种主要的市场指数进行投资;混合型的组合管理者介于二者之间。

传统投资管理和现代组合管理的组合形成过程是不同的。现代组合管理构建证券组合的程序是:确定整体收益和风险目标→进行资源配置→确定个别证券投资比例。资源配置可以利用威廉·夏普(William Sharpe)的单一指数模型进行。个别证券投资比例可以利用哈里·马柯威茨(Harry Markowitz)的最小方差资产组合模型来确定。传统证券投资管理则是:证券分析→资产选择→自发形成一种组合。进行证券分析可选择的方法主要是基本分析方法和技术分析方法。

4. 修订证券组合资产结构

证券组合的目标是相对稳定的,但是,个别证券的价格及收益风险特征是可变的。根据上述原则构建的证券组合,在一定时期内应该是符合组合的投资目标的,但是,随着时间的推移和市场条件的变化,证券组合中一些证券的市场情况与市场前景也可能发生变化,如某一企业可能出现购并事件,导致生产和经营策略发生变化等。当某种证券收益和风险特征的变化足以影响到组合整体发生不利的变动时,就应当对证券组合的资产结构进行修订,或剔除该证券,或增加有抵消作用的证券。

5. 证券组合资产的业绩评价

对证券组合资产的经济效果进行评价是证券组合管理的最后一环,也是十分关键的一环,它既涉及对过去一个时期组合管理业绩的评价,也关系下一个时期组合管理的方向。更具体一点,可以把它看成证券组合管理过程中的一种反馈与控制机制。由于投资者在投资过程中获得收益的同时,还将承担相应的风险,获得较高收益可能是建立在承担较高风险的基础之上,因此在对证券投资组合业绩进行评估时,不能仅仅比较投资活动所获得的收益,而应该综合衡量投资收益和所承担的风险情况。对于收益的获得也应区分哪些是组合管理者主观努力的结果,哪些是市场客观因素造成的。

10.2.3　现代组合理论

1. 现代组合理论的形成与发展

现代组合理论最早是由美国著名经济学家哈里·马柯威茨于 1952 年系统提出的,他在 1952 年 3 月《金融杂志》发表的题为《资产组合的选择》的论文中提出了确定最小方差资产组合集合的思想和方法,开了对投资进行整体管理的先河,奠定了投资理论发展的基石。在此之前,经济学家和投资管理者一般都仅致力于对个别投资对象的研究和管理,20 世纪 30 年代,偶尔有人在论文中提出过组合的概念,但缺乏系统的理论支持,没有引起人们的注意。

马柯威茨在创立组合理论的同时,也用数量化方法提出了确定最佳资产组合的基本模型。在以后的岁月中,经济学家们一直在利用数量化方法不断丰富和完善组合管理的理论和实际投资管理方法,并使之成为投资学中的主流理论。马柯威茨的模型对资产之间的相互关系没作任何假设,其风险计算结果是十分精确的。但是,这一方法涉及计算所有资产的协方差矩阵,面对上百种可选择资产,其计算量是相当可观的,在当时的技术条件下难以应用,也不利于组合管理者对市场整体进行分析和研究。

1963 年,马柯威茨的学生夏普根据马柯威茨的模型,建立了一个计算相对简化的模型——单一指数模型。这一模型假设资产收益只与市场总体收益有关,计算量大大降低,打开了当代投资理论应用于实践的大门。如今,马柯威茨的模型被广泛应用于不同类型的资产组合,而夏普的模型则被广泛应用于同类资产内部不同资产的组合。马柯威茨本人也正将这些技术应用于证券组合的实际管理。

也是在 20 世纪 60 年代初期,金融经济学家们开始研究马柯威茨的模型是如何影响证券的估值的,这一研究导致了资本资产定价模型 CAPM 的产生。这一模型阐述了在投资者都采用马柯威茨的理论进行投资管理的条件下,市场价格均衡状态的形成,把资产预期收益与预期风险之间的理论关系用一个简单而又合乎逻辑的线性方程式表示出来。在实践中,很多专家用它来估计资产收益,指导投资行为,确定投资策略。

尽管 CAPM 由于其假设条件的超现实性而一直难以得到验证,对它的讨论却长盛不衰。1977 年,当罗尔(Roll)对其有效性提出质疑后,这种讨论发展到了一个新的阶段。一方面,其他资产定价模型开始出现,其中以套利定价理论 APT 为最著名,发展至今,其地位已不低于

CAPM;另一方面,人们通过释放传统 CAPM 的假设条件而发展了多种 CAPM,以便其更接近现实。资产组合理论和资产定价模型的发展为科学评价职业货币经营者的业绩提供了依据。

20 世纪 60 年代中期,费马(Fama)提出了一个绝妙的假设:如果市场分析家都能快速、有效地消化信息,则任何形式的证券分析都不可能产生异常的收益。同时,由于信息事件的发生是随机的,证券价格的运动也就是不规则的,这样,技术分析就是毫无意义的了。费马假设的一个重要结论便是,在一个高效益的市场中,任何资产的价格都是其均衡价值的真实反映。投资理论的研究很多都是以此为前提条件的。不过,实际市场并非如此完美,在大量的经验性研究结果中,既有支持它的,也有提出反面证据的。

这三大投资理论在众多学者的讨论中逐渐完善、深化,成为投资理论的主流,以各种方式被应用到实际投资管理中。进入 20 世纪 90 年代,资产价格波动和投资管理的历史使人们认识到,凭借资产价格预测来进行投资管理是不可靠的,还是应把重点放在科学地选择资产、确定最佳资产组合上,这样,投资理论便取代了投资分析,跃居首要地位,而投资管理的指导思想也作了相应的调整,投资理论的应用成为其核心。同时,随着衍生金融工具及其市场的发展,利用它们进行投资的风险管理也成了投资学的一个重要组成部分。

2. 资产组合选择理论

投资的分散化、多元化是投资风险管理的金科玉律,也是被投资考广泛接受的投资理念。如何进行分散投资,实现收益最大化并尽可能减少风险,是投资者面临的决策难题,也是理论界十分关心的研究课题。

资产组合选择理论主要讨论,如何进行金融资产的组合投资以分散投资风险。因为各项资产的收益率不同,风险大小也不同。各资产之间有一定的独立性,某一因素的变化对各资产的影响不一。所以,投资者进行组合投资,一方面可以减少单项资产的风险暴露,另一方面可以使各种资产的风险相互抵销,从而使总体风险大大降低。从理论上讲,投资越分散,风险越小。

按这一基本原理,投资者就可以确定投资组合。投资者可以先将要投资的资产大致分为安全性资产和风险性资产两大类,然后确定投资比例;再根据风险大小把风险性资产分为两大类,确定各类资产的投资比例。依此类推,最终可以形成一个投资组合,使其收益最大而风险最小。当然,也可以把这一分析推及多种资产的组合,只是具体的分析要复杂很多,相关系数的运算工作量也非常大。

值得指出的是,组合投资只能分散非系统性风险,无法降低系统性风险。因为多种资产的风险可以互相抵销,是因为影响其价格的因素各不相同,或者同一个因素对各资产的影响不同甚至相反。但是,对引起各种资产的价格发生同向同比例变化的系统性风险,则无法通过投资的分散化来降低。实际上,资产组合选择理论是以各种资产的相互独立为的提的,而在系统性风险方面,这一前提不复存在,资产组合选择理论也将失效。资产组合选择理论认为,只要各种资产不是完全正相关,分散投资总是有助于降低风险的。因此,一般投资机构都会对每一种资产的投资比例设定限制水平。

3. 资本资产定价模型(CAPM)

资本资产定价模型的核心思想是竞争均衡状态下资产价格的确定。如果说资产组合选择理论说明的是在不确定条件下投资者如何优化投资行为的问题,那么,资本资产定价模型则是考虑以资产组合选择理论的原则为指导的投资者如何达成市场均衡、形成资产均衡价格的问题。

夏普的标准模型有一些基本假设，主要有：投资者依据资产组合的预期收益及标准差进行投资决策；资产无限可分；允许无限卖空；存在无风险资产；所有投资者都是价格接受者；无交易费用；不存在套利机会，从而同一资产的一价定律得以成立。在这些假定条件下，夏普得出均衡结论。该模型表明，当资本资产市场达到均衡时，决定资产价格的因素是以β(风险系数)度量的系统性风险，而与非系统性风险无关，并且投资的预期收益与β呈线性关系。夏普等研究者还证明，如果存在无风险利率的借贷，投资者更愿意持有无风险资产和马科维茨的风险资产组合，这样的投资组合对投资者来说，收益最大、风险最小。

后来有许多研究者逐步放松夏普模型中的假设条件，对 CAPM 模型进行扩展性研究，使其更贴近现实。米勒(M. Miller)和斯科尔斯(M. Scholes)特别进行了资本资产定价模型的经验检验。也有学者提出了批评，认为无法凭实际经验数据来检验 CAPM 模型，这些批评产生较大的影响，以致人们把注意力由 CAPM 模型转向罗斯的套利定价理论。

4. 套利定价理论(APT)

CAPM 模型的假设条件过于严格，与实际距离太远，因而经验检验的结果不够理想。这就促使人们去研究新的资本资产市场均衡理论。1976 年，罗斯(S. Ross)提出套利定价理论。与 CAPM 一样，APT 也是一个决定资本资产价格的市场均衡模型，但它不是 CAPM 的简单扩展，而是摒弃了 CAPM 中的均值-方差分析框架和投资者风险厌恶的前提，代之以关于证券收益形成的线性多因子假设和风险回避一致收敛性假设。

套利是指投资者出于盈利的目的，同时或几乎在同时卖出和买入某一种风险相同但收益率不同的资产的交易行为，这种交易可以跨市也可以跨品种进行。实际上，套利是一种有利可图的不完全套期。套利遵循的是资本市场上的“一价定律”，即同质的资产必须有同一的价格。

套利定价理论的假设比 CAPM 更宽松，所以，该理论被认为是以较弱的假设形成强有力的结论。罗斯的套利定价理论发表后，许多研究者对其进行检验，其中一部分人认为可检验，而另一部分人的结论则相反。目前，一般学者都认为，从严格意义上讲，APT 是不可检验的。但这仍无损于套利定价理论成为资产市场定价理论中最重要的模型之一，并被广泛地用于衍生金融资产的定价。

10.3　证券市场的监管

10.3.1　证券市场监管概述

1. 证券市场监管的定义与监管对象

管制(regulation)一词，在中文中还多被翻译为监管、制约和控制，是指根据一定的规则对经济活动的主体行为加以某些限制。不同的学者对其形成了不同的看法：米惕尼克认为管制是对某种偏离既定规则的行为实施的某种干预，而对这种干预效果的评价则与人们在评价时所使用的价值体系有关；斯通恩认为管制是国家凭借政治权利对经济个体自由决策所实施的强制性限制；尼德汉姆认为管制是一个经济个体通过各种手段试图有意识地影响另一个经济个体或者其他多个经济个体行为的活动；格兰德认为管制是制定并实施规则的一种活动；萨缪尔森认为管制是由政府发布的用以控制价格、销售或厂商生产决定的规定和法律组成。国内学者潘振民偏重于管制的主体，认为政府管制（government regulation）或称公共管制（public regulation）在美国是指政府在微观层次上对经济的干预，并可分为经济的（如反托拉斯法、对某些具体部门的价格管制）和社会的（如环境保护）两类；梁小民则偏重于管制的范围，认为经济管制（economic regulation）包括政府机构通过价格决定、产品标准与类型以及进入一个行业的条件对经济进行管理、限制的规则。

虽然国内外学者对管制有不同的侧重点，但也有其共同之处：管制主体（监管者）为达到一定目标，通过某些手段对管制的对象（被监管者）施以一定影响。其中包含管制的四个要素：管制主体、目标、手段和管制对象。

比照一般意义上的“管制”，证券业监管可以定义为：为矫正证券市场失灵问题，政府及其监管部门（包括自律性组织）运用法律、经济、行政等手段对由提供证券中介服务的证券公司组成的证券业进行干预、管制和引导。

与银行业监管的范围相比较，证券监管具有明显的广泛性和复杂性。相比之下，证券监管的对象涵盖参与证券市场运行的所有主体，既包括证券经纪商和自营商等证券金融中介机构，也包括工商企业和个人。对于证券监管对象的设定可以从不同角度加以阐述。

（1）从参与证券经济活动的具体主体的性质来区分，证券监管对象就是参与证券市场活动的各法人和自然人主体。一般包括企业、基金、个人、证券金融中介机构、证券交易所、证券市场的其他中介机构。

（2）从种类主体在证券市场活动中所处地位和所扮演角色的不同来划分，证券监管对象大致可分为：“上市对象”，包括以股票、债券、基金等证券形式挂牌上市的种类市场主体，即筹资者；“交易对象”，包括所有参与证券买卖的市场主体，即投资者；“中介对象”，包括媒介证券发行与交易等各类活动，提供种类中介服务的上述金融机构、咨询机构、市场服务机构等；“自我管理对象”，主要指证券集中交易场所。

（3）从各项证券监管的法律、法规、制度等的框架和具体内容来划分，证券监管对象应包括证券发行市场、证券交易市场、证券商、自我管理机构、投资公司或投资基金（按美国模式归类并命名）、证券市场从业人员，尤其是证券市场上的专业人员。对于上述六个方面的管理构成证券市场监管的基本内容。

另一种较为权威的划分方式是法博齐和英迪亚尼所指出的，从金融监管活动的覆盖面出发，认为政府采取四种形式对金融市场进行监管：一是信息披露监管，即要求证券发行人对现实或潜在购买者提供有关证券的公开财务信息；二是金融活动监管，包括对证券交易者和金融市场交易的有关规定（如对内幕交易的监管）；三是金融机构监管；四是对外国参与者的监管，其内容主要是限制外国公司在国内市场上的作用以及其对金融机构所有权的控制。

2. 证券业监管目标、原则与手段

2017 年，国际证监会组织（IOSCO）修订了《证券监管目标与原则》，文件确立了证券监管的三项目标：保护投资者；保证市场的公平、有效和透明；减少系统性风险。美国《1933 年证券法》确立的两个目标为：向投资者提供有关证券发行的实质性（material）的信息；禁止证券售卖过程中的误导、虚假和其他欺诈行为。我国香港 1989 年颁布的《证券及期货事务监察委员会条例》订立的目标为：使市场有足够的流通量，并公平、有秩序和有效率地运作；控制和减低交易系统风险，避免市场失灵和适当的管理风险，以确保一个市场的危机不致影响其他金融范畴；保护投资者；促进一个有利于投资和经济增长的经济环境的设立。2020 年 3 月 1 日实施的《中华人民共和国证券法》第一条则规定："为了规范证券发行和交易行为，保护投资者的合法权益，维护社会经济秩序和社会公共利益，促进社会主义市场经济的发展，制定本法。"

综上所述，证券监管的具体目标是纠正市场失灵，保护市场参与者（尤其是投资者）的合法权益，保证证券市场"公开、公平、公正"运行，更好地发挥提高资源配置效率、分散投资风险、流通资本资产、建立企业的激励和约束机制、传导宏观经济调控等功能；最终目标是为了保证证券市场的稳定、健全和高效率，促进整个国民经济平稳发展。

"公开、公平、公正"原则已成为世界各国证券监管公认的最基本、最核心的原则。公开原则要求信息的完全性和对称性，是贯穿证券法律制度的核心思想，更是实现市场公平与公正的必要条件；公平原则不是指社会成员在收入分配和社会财富占有上的平等化，而是指证券市场的参与者，虽然存在资金和信息上的差异，但在市场上拥有平等的机会，不存在任何歧视或特殊待遇；公正原则要求监管者不偏不倚地介入证券市场，是监管者以法律框架实现市场所有参与者之间的平衡和秩序的关键，更是有效监管的生命。

证券监管的手段包括法律、经济、行政和自律手段。法律手段通过立法和执法规范证券市场运行中的各种行为，是证券监管的主要手段，约束力强。经济手段通过货币政策和财政政策对证券市场进行干预，相对比较灵活，但调节过程存在时滞，效果产生较慢。行政手段采用计划的办法对证券市场进行直接的干预和管理，具有直接性，但运用不当可能违背市场规律，无法发挥作用。自律手段是由证券市场的参与者进行自我管理、自我约束；它是西方证券市场在政府介入之前的主要管理手段；证券市场的复杂性和高度专业化的特点以及证券市场各方参与者之间的利益相关性决定了自律手段存在的必要和可能，它是其他监管手段的有效补充。在现实的监管行为中，对于证券监管手段的选择，应结合各国证券市场的发展水平和具体的监管环境、监管成本加以考虑。一般来说，在证券市场发展初期，法制不健全、市场机制尚未完全建立时行政手段的使用较为频繁；市场成熟后，行政手段逐步减少，以免形成过度干预，扭曲市场机制。

10.3.2　证券市场监管体制

1. 证券市场监管体制的演变

证券监管及其体制演变是伴随一国的证券市场发展，乃至随着国家经济、政治、金融、法律、文化和传统等的变化而变化的动态历史过程。证券监管体制同证券市场一样，也经历了从无到有，从缺陷到完善，从幼稚到成熟的必然阶段，并且仍然处在不断的发展变化之中。证券监管体制变迁的历史必然性就蕴藏在社会经济和政治生活的客观需要之中。社会历史的演进从经济、政治、文化等各方面在证券领域的投影决定了证券管理体制的变化过程。

证券市场监管的历史演变是与经济的发展阶段和监管理念的变化密切相关的。因而一般把证券市场监管的发展历史分为四个阶段。

（1）监管前阶段（Pre-regulation，20 世纪 30 年代前）。这一阶段从 17 世纪末至 20 世纪 30 年代。当时，亚当·斯密的经济学思想占主导地位，他极力主张一个国家最好的政策就是经济自由主义，反对国家干预经济。在这一经济思想的影响下证券市场和当时整个资本主义市场一样，基本上处在自由放任的状态。这种自由放任状态，曾激发了证券市场的活力，使其获得了迅速发展。但是，由于缺少必要的约束，欺诈、操纵行为得不到有效禁止，过度的投机造成股票猛涨猛跌，打击了投资者的信心，扰乱了金融秩序，终于导致了 1929 年证券市场的大崩溃。

（2）严格监管阶段（Regulation，20 世纪 30—70 年代）。20 世纪初，垄断资本主义代替了自由资本主义,特别是1929—1933年的资本主义经济大危机和股市大崩溃,宣告了自由放任的资本主义结束。凯恩斯的国家干预经济学代替了亚当·斯密的自由主义说,西方证券市场和整个资本主义经济都转到国家干预的轨道上来。以美国《1933年证券法》和《1934年证券交易法》为标志,开始了一个以立法来管理和监督证券市场的时代。这一时期证券市场监管的主要特征:一是重视对投资者利益的保护;二是加强对交易行为的监管;三是加强对证券商行为的监管。

(3)放松监管阶段(Deregulation,20世纪70—90年代)。20世纪70年代以来,西方国家经济停滞与通货膨胀同时出现,经济陷入了困境。为此,凯恩斯主义遭到西方各种经济学派的猛烈抨击。以弗里德曼为首的货币主义认为,必须从国家积极干预经济的道路上转变过来,充分发挥市场经济的自我调节机能,给经济充分的自由。20世纪80年代以来,英国、美国和日本都采取了弗里德曼的主张,西方经济生活又出现了自由主义的趋势。在证券市场上则表现为证券市场的自由化趋势。英国1986年的"金融大爆炸",出台了《1986年金融服务法》。美国20世纪90年代以来对《证券法》《证券交易法》和《投资公司法》进行了修改,1996年美国国会通过了《全国证券市场促进法》。1996年底,日本政府决定用5年时间,以自由、公平和全球化理念对日本的金融体制进行综合改革,并于1998年通过了《关于金融体系改革相关法律的调整等事宜》(简称《金融体系改革法》),对24部与金融相关法律作出一揽子修正。人们将这次大改革称之为日本版"金融大爆炸",证券法律制度的改革居于"大爆炸"的核心地位。证券业和银行业之间"金融防火墙"的拆除;打破境内外证券交易市场分割,放松对外国投资者的限制;大幅度降低证券发行和交易成本与服务价格自由化等是这一阶段的主要特征。

(4)再监管阶段(Reregulation,20世纪90年代后)。进入20世纪90年代以后,尤其是90年代中期以后,发达国家乃至新兴市场的金融与证券管理出现了全球性的加强监管的新趋势,它与前述的放松管制与金融自由化并行不悖,并非对前者的简单否定,而是一种再管制。它诱发于金融衍生产品交易的市场异化和国际投机性流动资本的冲击对各国金融体系乃至全球经济产生的现实或潜在的危害。其本质是以降低金融领域的系统性风险并减少外部负效应为目的的金融和证券管理制度的又一种调整。

2. 证券市场监管体制比较

(1)证券市场监管模式及其比较。由于经济制度、经济发展水平以及历史传统等方面的差异,各国在证券市场监管上存在着很多差别。根据这些差别可以将各国证券监管模式大致分为三类:

①集中立法型监管模式。在该模式下,政府通过设立专门的全国性证券监管机构,制定和实施专门的证券市场管理法规来实现对全国证券市场的统一管理。美国、日本、韩国等国都属此类,其中美国最为典型。美国证券监管框架如图10.1所示。

②自律型监管模式。在该模式下,政府对证券市场的监管主要依靠证券交易所及证券业协会等组织实施自律管理,而较少对证券市场进行集中统一的干预。英国、新加坡、马来西亚等国都属此类,其中英国最为典型。

③中间型监管模式。该模式是介于集中立法型和自律型之间的一种监管模式,它既强调集中统一的立法管理,又注重自律约束。德国、意大利、泰国等国都属此类,其中德国最为典型。由于各国国情不同,因此在实行该模式时侧重点就有所不同,有的侧重于立法管理,有的侧重于自律管理。目前,世界上大多数实行集中型或自律型模式的国家已开始逐渐地向中间型过渡,使集中型和自律型监管模式取长补短,发挥各自的优势。

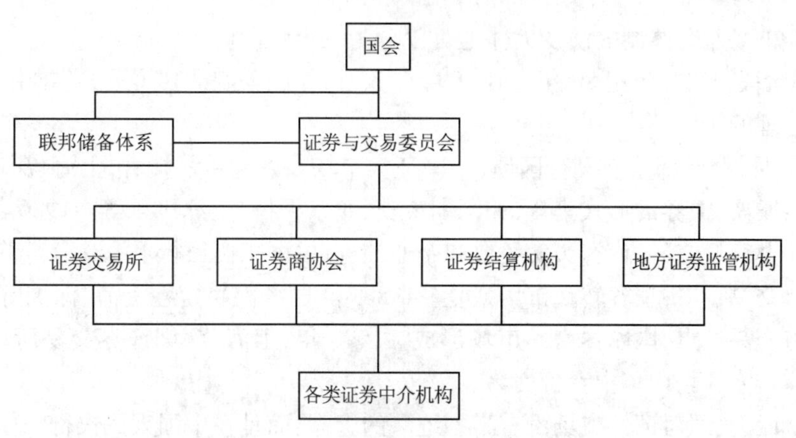

图10.1　美国证券市场监管框架

(2)证券市场监管主体的国际比较。在证券市场监管主管机构设立的法律规定方面,海外证券立法都规定了证券市场监管的主管机构。主要有两种类型的立法规定:一种是创设制;一种是确认制。在证券市场监管主管机构的性质方面,目前,海外有两种类型的证券市场监管机构:一种是政府型监管机构;另一种是非政府型监管机构。

10.3.3　中国证券市场的监管

1. 中国证券市场监管体制的演变

中国的证券监管体制是伴随着证券市场的产生和发展而逐步建立起来的,并且经历了从多头到统一、从分散到集中的过程,最终形成了以中国证券监督管理委员会及其派出机构为主,行业自律监管为辅,立法管理和政策性监管并存的这样一种复杂格局,如图10.2所示。

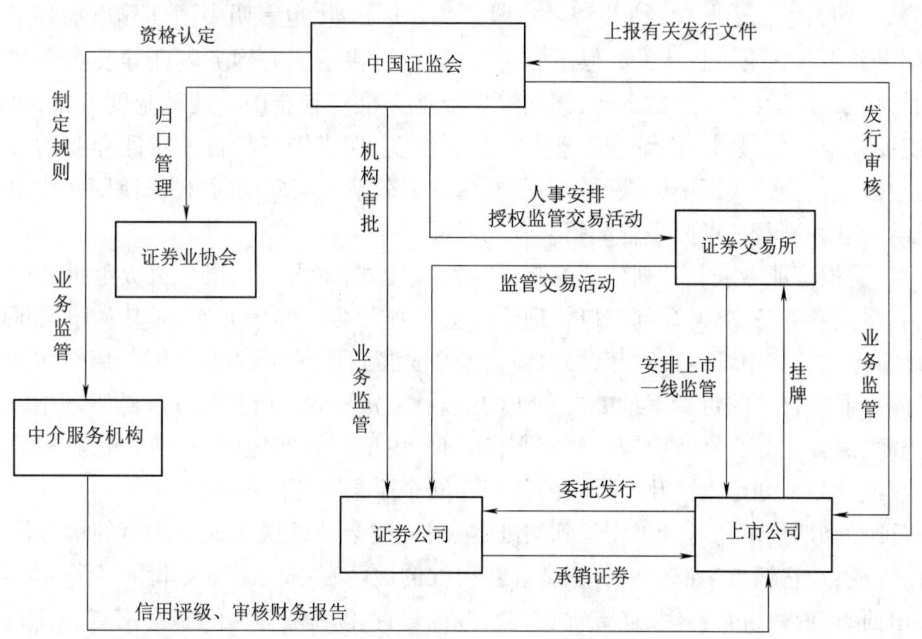

图10.2　中国证券市场监管体系

我国证券市场监管体制的演变大体上可以分为三个阶段。

(1)第一阶段:从20世纪80年代到1992年5月,在国务院的部署下,主要由上海、深圳两市地方政府管理的阶段。

1981年7月,财政部重新发行国债,中国证券市场开始起步。接着,上海、深圳、北京等地的企业开始以股票、债券的形式集资,如深圳宝安、北京天桥、上海飞乐等。1986年,沈阳市信托投资公司开办窗口交易,代客买卖股票和企业债券,中国工商银行上海市分行静安区营业部开始证券柜台交易,有价证券转让市场恢复。1988年,国务院决定在上海、深圳等七个城市进行国库券上市交易试点,国库券交易市场形成。1990年,上海、深圳证券交易所成立,分散的柜台交易迅速转变为场内集中竞价交易。

在这一阶段,我国对证券市场没有集中统一的管理,而是在中国人民银行和中国经济体制改革委员会等部门决策下,主要由上海、深圳两市地方政府管理。首先,证券发行与交易限于上海和深圳两市试点,是经国务院同意,由中国人民银行和中国经济体制改革委员会等部门共同决策的。其次,在实际的运作过程中,上海、深圳地方政府充当了主要管理者的角色,两地人民银行分行相继出台了一些相关法规,对证券发行与交易行为进行规范。

(2)第二阶段:从1992年5月到1997年底,是由中央与地方、中央各部门共同参与管理向集中统一管理的过渡阶段。

1992年5月,中国人民银行成立证券管理办公室,7月,国务院建立国务院证券管理办公会议制度,代表国务院行使对证券业的日常管理职能。中央政府参与证券市场的管理,是证券发行与交易规模日益扩大,要求建立全国统一市场的必然结果,但这种由中央银行代管证券市场的格局没有持续多久。

1992年8月10日,百万人拥至深圳争购1992年新股认购表,并发生了震惊全国的"8.10风波"。这一"风波",反映了广大投资者对股票的狂热心理,也表明中国证券市场到了需要按国际惯例设立专门的管理机构的时候了。为此,国务院决定成立国务院证券委员会和中国证监会,同时将发行股票的试点由上海、深圳等少数地方推广到全国。这种制度安排,事实上是将国务院证券委代替了国务院证券管理办公会议制度,代表国务院行使对证券业的日常管理职能,将中国证监会替代了中国人民银行证券管理办公室。与此同时,国务院赋予中央有关部门部分证券监管的职责,形成了各部门共管的局面。

国家计委根据证券委的计划建议编制证券发行计划;中国人民银行负责审批和归口管理证券机构,报证券委备案:财政部归口管理注册会计师和会计师事务所,对其从事与证券业有关的会计事务的资格由证监会审定;国家体改委负责拟订股份制试点的法规,组织协调有关试点工作,同企业主管部门负责审批中央企业的试点。另外,地方政府仍在证券管理中发挥重要作用。上海、深圳证券交易所由当地政府归口管理,由证监会实施监督;地方企业的股份制试点,由省级或计划单列市人民政府授权的部门会同企业主管部门审批。

为将证券和期货市场监管工作落到实处,中国证监会向隶属于地方政府的地方证券期货监管部门授权,让它们行使部分监管职责。获授权的地区有:北京市、天津市、上海市、重庆市、河北省、山西省、内蒙古自治区、辽宁省、安徽省、福建省、湖南省、广东省、海南省、云南省、陕西省、江苏省、四川省、吉林省、湖北省、黑龙江省、山东省、江西省、沈阳市、大连市、哈尔滨市、南京市、宁波市、厦门市、青岛市、武汉市、深圳市、成都市、广州市、西安市、长春市。

(3)第三阶段:从 1997 年底到现在,初步建立了集中统一的证券监管体制。

1997 年底,中共中央、国务院鉴于亚洲金融危机的严重形势,召开了全国金融工作会议,强调防范与化解金融风险。这次会议决定对证券监管体制进行改革,完善监管体系,实行垂直领导,加强对全国证券、期货业的统一监管。1998 年 12 月 29 日颁布的《中华人民共和国证券法》第七条规定,国务院证券监督管理机构依法对全国证券市场实行集中统一监督管理,从而以证券市场基本大法的形式,肯定了国务院证券监督管理机构的法律地位。首先,将证券交易所由地方政府转为中国证监会管理。其次,将国务院原证券委员会的职能、中国人民银行履行的证券业监管职能划入中国证监会。最后,在集中统一领导下,发挥证券业协会的自律功能。《中华人民共和国证券法》第八条规定,在国家对证券发行、交易活动实行集中统一监督管理的前提下,依法设立证券业协会,实行自律性管理。以法律的形式肯定证券业协会是证券业的自律性组织,是社会团体法人。要求证券公司应当加入证券业协会。

2. 中国证券市场的监管趋势

集中统一的证券监管体系模式不仅是世界监管发展的大势所趋,也是适合我国国情和市场发展状况的模式选择。展望我国证券市场的动态发展过程及其未来,必须针对目前证券市场中依然存在的种种问题和市场失灵现象,不断调整和改善现有的证券监管制度,在进一步完善监管制度的同时克服市场缺陷,从而尽可能地提高证券市场效率与公平,促进市场功能的良好发挥。

一方面,面对国际金融危机的机遇和挑战,证券业将面临艰难但又充满希望的新形势。证券监管只有不断解放思想,抓紧改革创新,才能从容应对各种困难和风险,进一步推进证券市场的改革与发展,因此监管的制度改革创新已经成为必然的发展趋势。另一方面,与传统的古典证券市场迥异,当代证券市场更多地借助现代科技,尤其是现代信息技术和电子计算机。由于股票自发行开始,其一切交易活动始终处于计算机的全面监控之下,因此,计算机也是证券市场实施有效监管最有力的工具。此外,从应对国际金融危机、规范发展证券市场的角度看,证券市场的监管将走适应国际化的道路。具体体现在完善适应国际化的监管制度,使监管法律体系和制度逐步向国际标准靠拢;引进国外先进经营管理技术、投资理念和海外人才,提高我国证券机构和基金管理机构的公司治理水平;支持有条件的机构,在符合当地法律法规和加强监管的前提下,到境外设立分支机构,参与国际竞争;推进会计和信息披露准则的国际化等。

本章小结

风险的本质属性在于风险的负面性。所谓风险,是指在决策过程中,由于各种不确定因素的作用,决策方案在一定时间内出现不利结果的可能性以及可能损失的程度。风险具有负面性、客观性、时限性、潜在性、可测定性、损失和收益的对立统一性的特征。证券投资风险是指由于不确定因素造成投资收益率的不确定性,这种不确定性可用收益率的方差或标准差测度。证券投资是一种风险性投资,与证券投资相关的所有风险称为总风险,总风险可分为系统风险和非系统风险两大类。证券投资风险的主要形式有股票投资风险、债券投资风险、衍生证券投资风险。国外风险测度理论主要集中在包括效用函数的风险测度理论、随机优势选择模型理论、均值 - 方差测度理论、β 值理论、下偏矩测度理论、VaR 测度理论、非线性分形几何测度理论、信息熵测度理论等。

证券组合是指投资者对各种证券资产的选择而形成的投资组合。证券组合可以分为避税型、收入型、增长型、收入－增长混合型、货币市场型、国际型及指数化型等。证券组合管理的基本步骤包括:确定组合管理目标;制定组合管理政策;构建证券组合;修订证券组合资产结构;证券组合资产的业绩评价。现代组合理论在形成与发展过程中逐渐形成了资产组合选择理论、资本资产定价模型(CAPM)和套利定价理论(APT)。

证券监管的具体目标是纠正市场失灵,保护市场参与者(尤其是投资者)的合法权益,保证证券市场"公开、公平、公正"运行,更好地发挥提高资源配置效率、分散投资风险、流通资本资产、建立企业的激励和约束机制、传导宏观经济调控等功能。最终目标是保证证券市场的稳定、健全和高效率,促进整个国民经济平稳发展。证券监管的手段包括法律、经济、行政和自律手段。集中统一的证券监管体系模式不仅是世界监管发展的大势所趋,也是适合我国国情和市场发展状况的模式选择。

复习思考题

一、名词解释

风险　　证券投资风险　　证券投资组合　　管制　　证券监管　　风险测度

证券组合　　资本资产定价模型(CAPM)　　套利定价理论(APT)

资产组合选择理论

二、判断题

1. 负面性是证券投资风险的本质属性,它包括损失的概率、可能损失的数量以及损失的不确定性三个方面。（　）

2. β 系数是测量系统风险大小的一个指标,能确切表达单一证券风险与市场风险间的关系。（　）

3. 证券监管的法律手段通过立法和执法规范证券市场运行中的各种行为,是证券监管的主要手段,约束力强。（　）

4. 股票投资风险主要来自股票价格波动给投资者造成的损失,主要是市场风险,具有潜在性和非即可实现性的特点。（　）

5. 在一定的客观条件和时间内,由于不确定因素的作用引起证券价格的变动,给投资者造成损失的可能性以及损失程度,它包括损失的概率、可能损失的数量、损失的不确定性及投资收益率盈亏波动频率等四个方面,其中可能损失的程度处于核心地位。（　）

三、单项选择题

1. 证券组合的方差是反映(　　)的指标。

A. 预期收益率　　B. 实际收益率

C. 证券之间相关程度　　D. 投资风险

2. 适合入选收入型组合的证券有(　　)。

A. 高收益的普通股　　B. 高收益的债券

C. 高派息的普通股　　D. 涨幅大的普通股

3. 证券市场监管的手段主要有(　　)。

A. 法律　B. 经济　C. 行政　D. 自律

4. 属于非系统风险的是(　　)。

A. 政策性风险　B. 利率风险　C. 汇率风险　D. 信用风险

5. 证券市场监管的核心任务是(　　)。

A. 保护投资者利益　B. 有效控制风险

C. 维护市场秩序　D. 监管证券中介机构

四、多项选择题

1. 属于系统风险的是(　　)。

A. 政策性风险　B. 利率风险

C. 汇率风险　D. 证券投资风险

2. 如果以组合的投资目标为标准对证券组合进行分类,(　　)是常见的证券组合类型。

A. 增长型　B. 指数化型　C. 避税型　D. 被动管理型

E. 货币市场型　F. 国际型

3. 证券市场监管的手段主要有(　　)。

A. 法律　B. 经济

C. 行政　D. 自律

4. 证券投资风险包括(　　)。

A. 损失的概率　B. 可能损失的数量

C. 损失的不确定性　D. 投资收益率波动

5. 符合增长型证券组合标准的股票一般具有以下特征:(　　)。

A. 高派息　B. 收入和股息稳步增长

C. 收入增长率非常稳定　D. 高预期收益

五、简答题

1. 简述证券投资风险的类型。
2. 证券投资组合的职能有哪些?
3. 证券投资风险测度的基本方法有哪些?
4. 美国证券监管体系对我国有哪些启示?
5. 简述我国证券监管制度的内容。

六、论述题

比较中美两国证券监管体系。

应退尽退！退市监管势大力沉　问题公司加速“出清”

随着“出口端”退市机制常态化,ST板块的投机套利日渐式微。备受关注的是,今年将产生退市新规下首批摘牌公司,“离场”的公司数量或超以往。

问得快、问得深，显示出监管部门的力度。一批＊ST公司在今年1月发布年度业绩预告或退市风险提示公告后，沪深交易所会在当日或次日，向相关公司快速发出关注函或问询函，甚至直接追问公司是否存在规避退市的情形。

“前一阶段对＊ST公司集中发布问询函、关注函应该只是个开始，可看作监管部门发出的明确信号。监管部门已将退市监管作为今年上市公司监管条线工作的重中之重，各级监管部门也将集中精力和资源，确保‘应退尽退’，实现‘退得下、退得稳’，全力打好退市监管攻坚战。”投资者对ST板块的投资务必慎重。

“＊ST”的保壳难关

生死攸关之际，为赢得一线生机，部分＊ST公司仍试图走扮靓业绩的保壳捷径。对此，监管部门火线出击，直指问题“七寸”。

虎年首个工作日(2月7日)，＊ST巴士、＊ST丹邦、＊ST当代等公司便因相关保壳事项收到监管部门的问询函或关注函。

在控股股东不遗余力的援助下，＊ST巴士于1月29日发布年报，显示公司已扭亏为盈。得益于控股股东赠予的中天美好服务100%股权，＊ST巴士2021年物业管理收入占全年营收比重高达88.13%。信心满满的＊ST巴士随即向深交所提交了撤销退市风险警示申请。

但是，深交所向公司发出年报问询函，提出11个尖锐问题，其中要求＊ST巴士说明是否存在年底突击交易调节利润或收入跨期确认的情形、是否存在规避终止上市情形等问题。

再看＊ST丹邦，公司1月29日发布公告，预计2021年营业收入为1.1亿元至1.2亿元。公司同期净利润虽仍为亏损，但营收却跨过了1亿元的“红线”，保壳意图十分明显。

面对＊ST丹邦去年第四季度收入“突兀”的大幅增长，深交所最新关注函要求公司详细说明2021年第四季度营业收入、净利润等财务指标变动的原因及合理性，第四季度收入大幅增长是否符合行业规律，是否存在以总额法代替净额法确认收入的情形等。同时，明确要求公司说明是否存在调节收入以规避终止上市的情形。值得一提的是，2021年11月，赶在年报编制工作开启前，＊ST丹邦因临阵变更审计机构领到了监管关注函。

一笔来自实控人捐赠的合计3.21亿元的股权、现金资产，或让＊ST当代2021年期末净资产变为正数。老套的保壳招数，快速引起监管部门的关注。深交所要求公司说明，控股股东捐赠资产是否具有必要性和合理性。

事实上，针对ST阵营中的一批“老大难”公司，监管部门始终保持着重点关注。1月28日晚，＊ST海创发布2021年度业绩预告，其中预计营业收入为1.09亿元到1.23亿元，刚好“过线”。

就在＊ST海创披露业绩预告后不到1小时内，上交所旋即对其发出问询函，要求公司说明2021年营业收入大幅增加的原因及合理性，并充分提示可能存在的终止上市风险。

部分公司岌岌可危

退市新规设置的财务类指标，是僵尸企业面临的一道硬门槛。其中，触发财务类组合型退市标准的＊ST中新等公司，命悬一线。

根据“扣除非经常性损益前后净利润孰低者为负值且营业收入低于1亿元”的组合型退市指标，“＊ST”公司2021年年报若继续触及退市指标，将直接退市。根据＊ST中新1月17日晚发布的业绩预告，公司2021年度净利润可能为负值、营业收入可能低于1亿元、期末净资产可能为负值，退市警报已然拉响。

因遭遇会计师事务所“打脸”，*ST澄星的保壳之路也不容乐观。1月28日，*ST澄星在披露业绩预增公告的同时称，“已就业绩预告有关事项与会计师事务所充分沟通，与会计师事务所在业绩预告方面不存在分歧”。但令市场错愕的是，相关会计师事务所称其“净资产转正的依据不充分”。当晚，上交所对*ST澄星下发问询函，要求公司严格遵守会计准则，对业绩预告进行更正。更正后，*ST澄星净资产预计为负。这意味着，在披露2021年年度报告时，公司股票或将终止上市。2月7日，上交所再度发出问询函，要求公司尽快更正业绩预告，并充分提示风险。

同样徘徊在退市红线边缘的*ST新亿，则以“0元收购”试探营收扣除规则底线。为此，上交所要求*ST新亿说明2021年营业收入大幅增加的原因及合理性。2021年第四季度，*ST新亿以0元作价受让亿翔源相关股权，引发外界广泛关注。

能否闯过“财务关”未有定论，*ST新亿头顶还悬着一道“重大违法退市关”。据披露，因2018年度至2019年度虚增收入，*ST新亿可能触及重大违法强制退市情形。此外，在2022年1月，因*ST新亿及公司实控人黄伟涉嫌违规披露、不披露重要信息犯罪，公安机关已立案侦查。

织密退市“监管网”

2022年是践行常态化退市机制的关键之年，在从严监管的明确信号下，上市公司通过种种手段规避退市的操作，将是一场“无用功”。截至2021年底，退市新规发布近一年来，共有27家A股上市公司退市，其中强制退市17家。目前，近百家公司被交易所实施退市风险警示。

为确保“应退尽退”，除了下发关注函或问询函外，监管部门还辅以现场检查来落实“零容忍”。比如，向*ST环球、*ST海创两家公司出具的问询函中，上交所明确表示，若公司涉嫌未按规定对营业收入予以扣除，规避终止上市情形，将在公司2021年年报披露后，及时提请启动现场检查等监管措施，并对公司及有关责任人予以纪律处分。“如根据最终现场检查结果，公司扣除相关影响后，触及终止上市情形，本所将依法依规对公司作出终止上市的决定。”

为压实审计机构的“看门人”责任，退市新规还明确了上市公司年报审计机构需对上市公司营业收入扣除是否恰当发表专项核查意见。从上交所2020年度退市监管情况看，审计机构出具的审计核查意见已成为财务类退市监管工作的重要抓手。

各地证监局也加强了年报披露前对上市公司和审计机构的督促提醒。1月26日，上海证监局在对辖区2021年年报审计进行执业提示时提出，会计师事务所进行年报审计时，应密切关注上市公司是否通过重大非常规交易规避退市，包括通过突击确认资产交易、政府补助等方式增加利润；突击达成明显缺乏商业合理性、可能附有前提条件的债务豁免协议或资产捐赠，实现净资产精准转正。

一个良性循环的资本市场，需要有进有出、优胜劣汰的健康机制。可以预见，在全面注册制改革的背景下，在监管强光的持续照射下，今年的退市监管与违规保壳之间的“交锋”将比以往更加激烈。①

讨论题：1. ST股票面临哪些投资风险？

2. 监管部门加强退市监管的必要性有哪些？

---

① 摘自《上海证券报》，2022年2月9日。

推荐阅读

[1] 盛智明,周仁磊. 制度环境与证券监管:基于2001—2018年证监会行政处罚决定书的分析[J]. 社会学研究,2021,36(6).

[2] 刘沛佩. 证券异常交易行为监管问题研究[J]. 金融发展研究,2021(7).

[3] 吕成龙. 金融科技时代证券市场技术监管的制度革新[J]. 甘肃社会科学,2021(4).

[4] 刘陆宇,冯科. 证券违规处罚与投资者过度反应[J]. 安徽师范大学学报(人文社会科学版),2021,49(4).

[5] 李敏. 我国债券市场监管分割及统一路径[J]. 中国政法大学学报,2021(2).

[6] 李文华. 美国对加密货币的证券监管及对中国的启示[J]. 首都师范大学学报(社会科学版),2020(3).

[7] 王静,张昊. 新《证券法》下复杂资管产品的监管构建:路径与逻辑[J]. 行政管理改革,2020(5).

[8] 付彦,邓子欣,曾斌,等. 从瑞幸事件看新证券法下强化财务造假监管[J]. 证券市场导报,2020(5).

[9] 王年咏,朱云轩,陈尚静荷,等. 美国证券注册制及证券监管对我国的启示[J]. 西南金融,2019(10).

[10] 王晓秋. 证券组合风险最小时证券投资比例及相关系数探讨[J]. 财会月刊,2016(8).

参考文献

[1] 迈吉．股市心理博弈[M]．吴溪,译．北京:机械工业出版社,2010.

[2] 中国证券业协会．证券投资分析[M]．北京:中国金融出版社,2012.

[3] 赵庆国,朱玉林．证券投资基金[M]．南京:东南大学出版社,2012.

[4] 陈文汉．证券投资学[M]．北京:人民邮电出版社,2019.

[5] 盛洪昌,于丽红．证券投资学[M]．南京:东南大学出版社,2014.

[6] 赵锡军,魏建华．证券投资分析[M]．北京:中国人民大学出版社,2015.

[7] 王朝晖．证券投资学[M]．北京:人民邮电出版社,2016.

[8] 任淮秀,戈岐明．证券投资学[M]．北京:高等教育出版社,2016.

[9] 博迪凯恩,马库斯．投资学:第 10 版[M]．汪昌云,张永骥,译．北京:机械工业出版社,2017.

[10] 黄贞贞．证券投资学[M]．重庆:重庆大学出版社,2017.

[11] 爱德华兹,迈吉,巴塞蒂．股市趋势技术分析:第 10 版[M]．万娟,郭烨,姚立倩,等译．北京:机械工业出版社,2017.

[12] 唐平．证券投资分析[M]．重庆:重庆大学出版社,2018.

[13] 尼森．日本蜡烛图技术新解[M]．梁超群,陈辉,译．北京:机械工业出版社,2018.

[14] 李向科．证券投资技术分析[M]．北京:中国人民大学出版社,2019.

[15] 阮其华,蔡美德．证券投资分析[M]．南京:南京大学出版社,2019.

[16] 唐凌,林文玲．证券投资学[M]．南京:南京大学出版社,2019.

[17] 格雷厄姆,多德．证券分析:第 6 版[M]．巴曙松,陈剑,译．成都:四川人民出版社,2019.

[18] 柯克帕特里克,达尔奎斯特．经典技术分析:第 3 版[M]．郑磊,朱红燕,郑扬洋,译．北京:机械工业出版社,2020.

[19] 吴晓求．证券投资学[M]．北京:中国人民大学出版社,2020.

[20] 齐杏发．证券投资学[M]．北京:北京大学出版社,2020.

[21] 田文斌．证券投资分析[M]．北京:中国人民大学出版社,2020.

[22] 姚禄仕．证券投资理论与实务[M]．北京:科学出版社,2020.

[23] 李英,姜司原．证券投资学[M]．北京:中国人民大学出版社,2020.

[24] 田穗．证券投资学[M]．杭州:浙江大学出版社,2021.

[25] 中国证券业协会．金融市场基础知识[M]．北京:中国财政经济出版社,2021.

[26] 胡金焱．证券投资学[M]．北京:高等教育出版社,2021.

[27] 霍文文．证券投资学[M]．北京:高等教育出版社,2021.

[28] 纪宣明,王堃．证券投资学[M]．北京:中国财政经济出版社,2021.

[29] 刘永芝,张春娇．证券投资学[M]．北京:中国铁道出版社有限公司,2021.

[30] 刘德红．证券投资学[M]．北京:清华大学出版社,2021.

[31] 杨德勇,葛红玲. 证券投资学[M]. 北京:中国金融出版社,2021.

[32] 韩复龄. 证券投资学[M]. 北京:首都经济贸易大学出版社,2021.

[33] 李存金. 证券投资教程[M]. 北京:北京理工大学出版社,2021.

[34] 张启智,初海英,石英剑. 证券投资学[M]. 北京:经济管理出版社,2021.

[35] 李国强,李雯. 证券投资分析[M]. 北京:机械工业出版社,2022.